中國近世鄉村社會史研究

宋 正 洙

　연세대학교 문과대학 사학과 졸업(1975년)
　연세대학교 대학원 문학석사(1980년)
　연세대학교 대학원 문학박사(1990년)
　현재 전북대학교 사범대학 사회교육과(역사교육전공) 교수

주요 논문
「明末・淸初 鄕村統治制度의 變遷」(1983년)
「淸初 鄕村統治의 理想」(1983년)
「明淸時代 鄕約의 成立과 그 推移」(1985년)
「明末・淸初 賦役徵收와 保甲制」(1987년) 외 다수

역서
『中華帝國의 完成』(1992년)
『중국민중반란사』(1996년)

中國近世鄕村社會史研究
宋正洙

초판 1쇄 인쇄・1997년 8월 25일
초판 1쇄 발행・1997년 8월 30일

발행처・도서출판 혜안
발행인・오일주
등록번호・제22 - 471호
등록일자・1993년 7월 30일
121 - 210 서울 마포구 서교동 326 - 26
전화・3141 - 3711, 3712
팩시밀리・3141 - 3710

값 14,000원

ISBN 89 - 85905 - 44 - 9 03910

中國近世鄉村社會史研究

−明淸時代 鄉約·保甲制의 形成과 展開−

宋 正 洙

도서
출판 혜안

머리말

　70년대 초반 학부에 다니던 시절은 유신철폐, 교련반대 등 계속되는 학생운동과 함께 학교 휴업상태가 일상화하였다. 그러는 중에도 3학년 2학기 故 洪以燮 선생님의 마지막 수업인 '한국사상사' 강의는 무지한 필자에게 역사학에 대한 관심과 흥미를 촉발시켰고 학문에 대한 매력을 갖도록 하였다. 그러나 선생님의 급작스런 他界는 허탈감 속에 결심을 흐뜨려 놓았다. 그러던 중 '한중관계사' 수업을 들으면서 다시 학문에 대한 새로운 흥미를 느끼게 되었고, 당시 출간되는 '한중관계사'에 관한 서적들을 보면서 막연한 관심 속에 동양사로 방향을 바꿔 대학원에 진학하게 되었다. 사실 어떤 뚜렷한 문제의식을 가지고 학문의 문턱에 들어선 것은 아니었다.

　그런데 70년대만 하더라도 대학원에 진학하는 사람은 별로 많지 않았다. 더구나 동양사를 전공하는 사람은 거의 없는 형편이어서 자연 한국사를 전공하는 몇몇 선배 동료들 틈에 끼여 이들과 어울리는 시간이 많았다. 당시 한국사 전공자들은 鄕村共同體 문제에 대해 관심을 기울이고 있었고, 필자도 귀동냥을 하면서 이에 대해 새로운 관심을 갖게 되었다. 마침 金容燮 선생님께서 빌려 주신 淸水盛光의 『中國鄕

村社會論』(東京, 1951)과 和田淸의『支那地方自治發達史』(東京,1939)의 두 고전은 이 문제에 접근할 수 있는 좋은 길잡이가 되었고, 지금 필자가 이러한 拙著를 낼 수 있게 된 실마리를 제공해 주었다.

필자가 明淸시대에 관심을 갖게 된 것은, 줄곧 지도를 해 주신 黃元九 선생님의 영향과 더불어 당시 국내에서도 활발하게 발표되는 明淸時代에 관한 연구논문이 눈길을 끌게 하였기 때문이다. 이 무렵 일본 학계에서는 '鄕紳的 土地所有'論과 '鄕紳支配'論이 풍미하였거니와 국내에서도 閔斗基 교수님의 「淸代 生監層의 性格 - 특히 그 階層的 個別性을 중심으로 - 」라는 논문과 吳金成 교수님의 이 분야에 대한 일련의 논문이 발표되어 필자로 하여금 明淸시대 향촌사회를 이해하는 데 큰 도움을 주었고, 이 시대 향촌사회의 변화에 관심을 갖게 하였다. 이에 필자는 명청시대에 하나의 큰 사회적 변화가 일어났다고 한다면, 사회의 격변기에는 일반적으로 사회 혼란으로 인한 치안 및 질서유지라는 측면이 하나의 큰 문제로 대두된다는 인식을 갖게 되었다. 여기에서 특히 里甲制(里老人制)에 대신하여 明淸시기 향촌사회의 공동체 질서유지 기능을 주로 담당해 온 鄕約과 保甲制에 주목하게 되었으며, 이에 대한 해명은 '鄕紳論'과 더불어 명청시대의 사회변화상을 나름대로 설명해 줄 수 있으리라는 생각이 들었다. 필자가 「明末·淸初 鄕村統治制度의 變遷 - 保甲制 成立過程을 중심으로 - 」(『學林』 5, 1983)를 碩士論文으로 택하게 된 것도 이러한 관심에서였다.

이후 이에 대한 관심을 넓혀 나가면서 「淸初 鄕村統治의 理想 - 黃六鴻의 保甲制를 중심으로 - 」(『慶尙大學校論文集』 22, 1983), 「明淸時代 鄕約의 成立과 그 推移」(『慶尙史學』 1, 1985), 「明末·淸初 賦役徵收와 保甲制」(『宋俊浩敎授停年紀念論叢』, 1987) 등을 발표하였고, 나아가 보다 체계적이고 종합적인 안목에서 정리할 필요성과 함께 욕심을 가지게 되었다. 이에 따라 기왕에 발표된 拙稿를 토대로 해서 명청시대 향약·보갑제의 형성과 그 전개과정을 각 시기의 사회변화

속에서 정리하고자 했으며, 그 결과물이 『明淸時代의 鄕村社會硏究 -
鄕約·保甲制의 形成과 施行을 중심으로 - 』라는 제목으로 제출한 박
사학위논문이다. 그러나 당시 시간상의 촉박과 자료수집의 제약, 그리
고 본인의 능력 부족으로 욕심만큼 만족스러운 성과는 되지 못하였다.
물론 지금도 마찬가지지만 그간 세월이 지나면서 舊稿를 수정 보완하
여 학계에 발표하기도 하고 미진한 부분을 새롭게 구성하기도 하였다.
따라서 本書는 기왕에 제출한 학위논문을 수정 보완하여 제목을 바꾸
어 꾸민 것에 불과하다.

  본서의 출간을 앞두고 사실 非才한 필자로서 학문의 또 다른 公害
를 유발하는 게 아닌가 하는 생각에 저으기 주저스러웠다. 그렇지만
주변의 권유도 있고, 또 필자 자신의 학문정진을 위한 채찍으로 삼겠
다는 각오와 용기로 問世하기로 결심하였다. 부족한 부분에 대해 先輩
·同學 여러분의 많은 敎示를 바라는 바이다.

  한편 보잘것 없는 책이나마 이렇게 세상에 선보이게 되기까지에는
적지 않은 분들의 도움이 있었다. 학부시절부터 동양사에 눈을 뜨게
해 주시고, 아둔한 필자를 자상하게 줄곧 지도해 주신 황원구 선생님
의 깊은 學恩을 잊을 수 없다. 또한 비록 전공분야는 다르지만 社會經
濟史의 연구방법을 수시로 일깨워 주시고, 여러 모로 항상 깊은 관심
을 기울여 주신 김용섭 선생님께 진심으로 감사의 말씀을 드린다. 그
리고 학문의 엄격한 자세를 따끔하게 가르쳐 주신 민영규 선생님, 구
미 학계의 연구성과에까지 시야를 넓혀 주신 박영재 선생님과 誤謬를
세심하게 지적해 주신 전해종 선생님과 함홍근 선생님께도 깊은 감사
를 드린다. 본서를 쓰는 동안 고민과 갈등도 많았다. 그 때마다 옆에서
많은 조언과 격려를 해 주신 박광선, 강길원 두 분 선배님과 배영동 교
수님의 따뜻한 배려도 잊을 수 없다. 그리고 변변치 못한 필자에게 선
배랍시고 싫은 내색도 없이 자료 심부름과 교정을 해 준 최윤오 님의
도움도 잊을 수 없다. 아울러 어려운 가운데서도 부족하고 無味한 필

자를 위해 뒷바라지해 온 아내와 식구들에게도 감사의 마음을 전하고 싶다.

끝으로 무더위에 교정작업에 애써 준 대학원생 김수연 군에게 고마움을 표하고 어려운 여건 속에서도 별로 도움이 되지 못할 책을 흔쾌히 출판하도록 배려해 준 도서출판 혜안 오일주 사장님과 꼼꼼하게 교정과 편집을 맡아 준 김현숙 선생, 그리고 편집부 여러분께도 고마움을 표한다.

1997년 7월
저자

차 례

제1장 서 론

제1절 연구의 목적

秦漢시대 이래로 郡縣制度에 입각한 중앙집권적 專制體制는 시대에 따라 그 지배의 강약 및 형식에는 차이가 있을지라도 淸末에 이르기까지 2천여 년 간 중국 지배체제의 근간을 이루어 왔으며, 이것은 중국 왕조지배의 큰 특징을 이루는 것이다.

그런데 전제체제는 그 유지기반을 위로는 天子로부터 아래로는 知州, 知縣 등 소위 牧民(親民)의 官에 이르는 질서정연한 관료제도에 두고 있으면서도, 한편으로 각기 하나의 독립된 작은 단위로 자체의 안녕질서와 공공이익을 도모하면서 유지·발전해 온 향촌공동체에 두어야 했다.[1] 이 때문에 중국왕조는 그들 나름의 지배를 계속 유지하고, 또 확고히 해 나가기 위해서 부단히 관료제를 정비해야 했거니와 관료

---

[1] 專制國家의 기초를 최초로 촌락공동체에서 구하려 한 것은 마르크스에 의해 아시아적 사회의 특질을 논하는 데서부터 비롯되었다. 이후 이 이론은 발전되어 전제국가의 성격을, 주관적으로는 官僚群의 백성에 대한 계급지배에서, 객관적으로는 관료군의 계급지배를 가능케 한 촌락공동체의 분산적, 고립적 성격에서 찾으려는 방향으로 전개되었다. 그러나 이 같은 소위 촌락공동체론은 이론이나 실증 면에서 많은 난점이 있음도 지적되고 있다. 淸水盛光, 『支那社會の硏究』(東京 : 岩波書店, 1950), 120~140쪽 ; 旗田巍, 『中國村落の共同體理論』(東京 : 岩波書店, 1976), 3~19쪽 참조.

제와 향촌공동체와의 긴밀한 관계를 유지시켜야만 했다. 이러한 과정에서 중국의 역대 왕조는 관료제와 향촌공동체와의 상관관계 속에서 향촌통치제도를 불가피하게 형성시킬 수밖에 없었던 것이다. 문헌상에 나타나는 周代의 六鄕六遂制를 비롯하여 秦漢의 什伍制, 北魏의 三長制, 唐代의 隣保制, 宋代의 保甲制, 元代의 社制, 明代의 里甲制, 淸代의 保甲制 등이 바로 그 대표적인 것들이다.

이러한 향촌통치제도는 주로 徵稅, 治安秩序維持, 勸農, 敎化 등 국가의 여러 가지 통치목적상에서 이루어져 왔다. 그렇지만 그 주요 기능은 각 왕조의 지배이념 및 성격과 시대상황에 따라 각기 달리 나타나고 있고, 또한 그 편성조직도 여러 형태로 나타나고 있다. 따라서 當時代의 국가권력의 성격과 향촌사회구조를 살피는 데 있어 향촌통치제에 대한 연구는 하나의 중요한 관건이라 생각되는 것이다. 본고에서는 이러한 시각의 바탕에서 明 중기 이후 淸朝에 걸쳐 향촌사회의 질서유지에 운용, 시행되었던 鄕約·保甲制의 형성과 그 시행과정을 중심으로 이 시기의 사회상황과 아울러 국가권력의 성격을 살펴보고자 하였다.

향약과 보갑제가 중국 역사상에 나타나는 것은 일찍이 北宋朝 熙寧年間이다. 보갑제는 北宋의 대내외적인 위기상황 하에서 王安石의 新法改革의 일환으로 창안되었고, 군사·국방의 기능까지도 포함한 적극적인 치안질서의 기능을 담당하였다.[2] 향약 역시도 같은 무렵 陝西省 藍田縣의 呂氏 兄弟에 의해 相勸相規의 法을 바탕으로 향촌민에 대한 교화를 위해 민간자치조직으로서 창안되었다.[3] 이들 두 조직은

---

2) 王安石의 보갑법에 대해서는 和田淸, 「宋代」, 『支那地方自治發達史』(東京 : 汲古書院, 1939) ; 池田誠, 「保甲法の成立とその展開 - 王安石の政治改革の問題 - 」, 『東洋史硏究』12-6, 1954 ; 喬炳南, 「北宋時代の地方自治制度について」(上·下) 『帝塚山大學紀要』12·13, 1975·76 등 참조.

3) 宋代의 향약에 대해서는 淸水盛光, 『中國鄕村社會論』(東京 : 岩波書店, 1951), 340~350쪽 참조.

서로 다른 계통으로 형성되기는 했지만 모두 향촌질서를 유지하기 위한 방안이었고, 거의 동시에 창안되기도 했지만 南宋의 멸망과 함께 동시에 사라졌거니와 또한 明朝에 이르러 거의 동시에 다시 역사상에 모습을 나타내어 이후 향촌질서를 유지하는 데 활발하게 활용되었다. 그런데 여기에서 명대에 향약·보갑제가 나타난 것은 명조의 지배체제인 이갑제의 붕괴와 함께 전반적인 향촌사회의 변화에 대응한 것으로 明·淸時代 變革期論과도 일정한 관계가 있으리라 생각되는 것이다.

일반적으로 명·청시대(보다 구체적으로는 明末·淸初)는 中國史上 사회구조적인 큰 변화가 일어났던 시기로 널리 인식되어지고 있다. 즉, 이 시기에 自作農을 기반으로 하여 성립된 이갑제의 해체과정 속에서 새로운 형태의 토지소유관계(地主·佃戶關係)가 형성되고, 상품생산 및 화폐경제의 발달과 함께 賦役制度의 변화(兩稅法體系 → 一條鞭法 → 地丁銀制)가 이루어졌으며, 이러한 사회구조 내지 국가구조의 변화에 조응하여 鄕紳層(紳士層)이 하나의 사회계층으로 정착되어 정치·경제·사회·문화적인 제 역할을 독점하여 사회의 지배적 지위를 확립하였다는 것이, 이 시기를 보는 일반적인 시각이다.[4] 그런

---

4) 明末·淸初時期를 상정한 變革期論은 활발하게 전개되어 왔다. 특히 이에 대한 연구는 戰後 일본의 동양사학계에서 아주 활발하게 이루어져 왔는데, 그 전개과정에 대해서는 吳金成, 「日本에서의 明·淸社會의 性格硏究에 대하여」, 『東亞文化』 22, 1984에 자세한 연구사적 검토가 있으며, 이외에 同氏, 「日本에 있어서 中國 明·淸時代 紳士層硏究에 대하여」, 『東亞文化』 15, 1978 ; 足立啓二, 「明淸時代の商品生産と地主制硏究をめぐって」, 『東洋史硏究』 36-1, 1977 ; 小山正明, 「アジアの封建制 - 中國封建制の問題 - 」, 『前近代硏究の課題と方法』(現代歷史學の成果と課題 2), 1974 ; 寺田隆信, 「商品生産と地主制をめぐる硏究」, 『東洋史硏究』 19-4, 1961 ; 西村かすよ, 「明淸時代の奴僕をめぐって」, 『東洋史硏究』 36-4, 1978 ; 田中正俊, 「補農書をめぐる諸硏究(上) - 明末·淸初土地制度史硏究の動向 - 」, 『東洋學報』 43, 1962 ; 森正夫, 「日本の明淸時代史硏究における鄕紳論について」(1·2·3), 『歷史評論』 308·312·314, 1975·76 등도 이에 관련된 연구물이다. 한편 구

데 이러한 부문에 대하여 그 동안 많은 학자들의 연구로 상당한 성과를 거두었음에도 불구하고 이 시기에 대한 역사적·시대적 위치를 어떻게 규정지을 것인가에 대해서는 아직도 공통된 합의에 도달하지는 못하고 있는 것 같다.5) 그것은 지금까지의 많은 연구가, 물론 王朝循環論이나 停滯性理論을 비판하는 선상에서 중국사 고유의 발전패턴을 추구하려는 것이면서도 서구의 역사발전단계의 틀을 아직도 크게 벗어나지 못하는 데서 기인하는 각자의 시각차이 때문이 아닌가 생각된다. 아울러 先目的的인 연구의 추구로 인한 연구주제 설정의 편협성과 이에 聯하여 定態的인 연구에서 크게 벗어나지 못하였던 것도 그 한 원인이라 여겨진다. 따라서 이 시기의 시대적 성격을 보다 선명하게 하기 위해서는 방법론상의 再考와 더불어 보다 다각적이고 체계적

미학계에서도 1960년대 이후 이와 같은 인식의 바탕에서 신사층의 정치·사회적 동향 및 사회적 계층이동에 관한 연구가 활발하게 이루어져 왔으며, 70년대 이후에는 이들의 사회경제적 존재형태 및 이 시기의 도시와 상업의 발달 등과도 관련한 연구가 진행되고 있다. 그 대표적인 연구로는 Chang, Chung-li, *The Income of the Chinese Gentry*, Seattle, 1962 ; Hsiao, Kung-chuan, *Rural China*, Seattle, 1960 ; Robert M. Marsh, *The Mandarins*, New York, 1961 ; Ho, Ping-ti, *The Ladder of Success in Imperial China*, New York, 1962 ; Ch'u, T'ung-tsu, *Local Government in China under the Ch'ing*, HUP., 1962 ; Mark, Elvin, *The Pattern of the Chinese Past*, ch.3, Stanford Univ. Press, 1973 ; Hilary J. Beattie, *Land and Lineage in China*, Cambridge Univ. Press, 1979 ; Skinner, G. William, "Urban Social Structure in Ch'ing China", *The City in Late Imperial China*, Stanford Univ. Press, 1977 등을 들 수 있다.

5) 중국사시대구분론에 근거하여 이 시기에 대한 성격규정은 크게 두 견해로 나뉘고 있다. 그 하나는 宋代로부터 19세기 전기까지를 봉건제시대로 보고, 봉건제의 큰 범주 안에서 이 시기에 사회구조적인 변화가 일어났다는 견해가 있고, 다른 하나는 이 시기에 봉건제가 체제적으로 성립했다는 주장이다. 아직 단정적으로 말할 수는 없지만 小山正明과 重田德이 주장하는 후자의 견해보다는 田中正俊 등이 주장하는 전자의 견해가 보다 설득력 있게 받아들여지고 있다. 이에 대해서는 吳金成, 앞의 논문(1978)과 小山正明, 앞의 논문(1974)에 자세히 정리되어 있다.

인 연구가 이루어져야 하리라고 생각된다.

이러한 요청에 따라 반드시 이에 부합된다고는 볼 수 없지만 명·청시대에 하나의 큰 사회적 변화가 일어났다고 한다면, 사회의 격변기에는 일반적으로 사회의 혼란으로 인한 향촌의 치안 및 질서 유지라는 측면이 하나의 큰 문제로 대두되는 것이고 보면, 향촌지배에 대한 문제는 당연히 주목의 대상이 되는 것이다. 따라서 이 시기의 사회변화에 대응하여 종래 향촌질서 유지의 중추를 담당해 온 里老人制를 대신한 향약·보갑제가 어떠한 배경에서 형성되었고, 또 그 시행과정에서 어떠한 역할과 기능을 했는가 하는 문제는 당연히 중요한 과제로서 주목되는 것이다. 더구나 향촌제도라는 것이 국가의 의지에 의해 시행되는 것이면서도, 그에 못지않게 當時代의 여러 가지 사회상황을 도외시하고서는 그 기능을 제대로 발휘할 수 없는 것이고 보면, 里老人制를 대신하여 명·청시기 향촌사회의 질서유지 기능을 주로 담당해 온 향약·보갑제에 대한 해명은 이 시기의 국가권력 및 사회적 성격을 밝히는 데 크게 도움이 되리라 기대되는 것이다.

위와 같은 중요성과도 관련해서 향약·보갑제에 대한 연구는 비교적 일찍부터 여러 학자들의 관심의 대상이 되어 왔고, 또 적지 않은 연구가 이루어져 온 것이 사실이다. 즉, 1930·40년대에 山田秀二, 松本善海, 聞鈞天, 小早川欣吾 등의 연구6)로부터 시작하여 50·60년대에는 淸水盛光, 今堀誠二, 酒井忠夫 등의 연구7)로 이어졌으며, 70·80

---

6) 山田秀二, 「明淸時代の村落自治について」(1・2・3), 『歷史學硏究』 2-3・5·6, 1934 ; 松本善海, 「明代」, 『支那地方自治發達史』(東京 : 汲古書院, 1939) 후에 同氏, 『中國村落制度の史的硏究』(東京 : 岩波書店, 1977)에 재수록 ; 聞鈞天, 『中國保甲制度』(臺北 : 商務印書館, 1935) ; 小早川欣吾, 「淸時代に於ける地方自治團體の牌の形式について」, 『東亞人文學報』 1-2, 1941 ; 小早川欣吾, 「淸時代に於ける保甲冊の形式とその編制について」, 『東亞人文學報』 3-1, 1943 등.

7) 淸水盛光, 앞의 책, 1950, 제2장 ; 淸水盛光, 앞의 책, 1951, 1편 2장 1절 ; 今堀誠二, 『中國の社會構造』(東京 : 有斐閣, 1953), 제4장 ; 酒井忠夫, 『中國善

년대에는 目黑克彦, 三木聰, 谷口規矩雄, 王賢德 및 구미에서도
Philip A. Kuhn, Timothy Brook 등에 의해 적지 않은 업적8)이 이루어
져 왔다. 그런데 그 대체적인 연구의 동향을 보면, 초기의 연구는 주로
마르크스로부터 제기된 동양적 전제체제의 특질문제와 관련하여 국가
통치 목적에 부응하여 조직된 이른바 行政村의 대표적 類型으로 지목
되어 국가지배의 고정된 형태를 파악하려는 대상에서 그 관심이 모아
졌었다. 따라서 그 연구는 고정된 틀을 크게 벗어날 수가 없었다. 이후
개별적이고 부분적으로 연구의 깊이를 더해 가면서 보갑제 자체의 군
사적·치안적 역할 등 제도의 내용에 대해서는 어느 정도 해명이 되었
으나, 이들 연구도 대부분 이갑제에 초점이 맞추어져 이갑제에 부수된
연구로 일관되었다. 이 때문에 當社會의 질적 변화를 간과하였으며 단
순히 제도적 이행만을 추구하였다는 비판을 받기도 하였다. 그 후 이
러한 반성의 토대에서 鄕紳層(紳士層)에 대한 연구가 활발하게 진행
되는 70년대 중반부터는 개별 사례를 통해서 향촌사회의 계층분화라
는 사회구조의 변화와도 관련한 연구가 활발하게 이루어지기 시작했
다. 그렇지만 이러한 일련의 연구도 국가권력과 향신층과의 관계에 있
어서 향약·보갑제를 매개로 한 양자의 유착이라는 방향만 제시되었
을 뿐, 아직 推論의 단계를 크게 벗어나지 못한 초보적인 연구에 머무

書の硏究』(東京:國書刊行會, 1960) ; 酒井忠夫, 「明代前中期の保甲制につ
　　いて」,『淸水博士追悼紀念明代史論』(東京:大安社, 1962) 등.
8) 目黑克彦, 「淸末の反保甲鬪爭について」,『集刊東洋學』31, 1974 ; 目黑克彦,
　　「淸朝初期の保甲法に關する一考察-浙江省　臨安縣の場合-」,『愛知敎育
　　大學硏究報告』25, 1976 ; 目黑克彦, 「淸朝中期の保甲制について-嘉慶期浙
　　江平湖縣の場合-」,『愛知敎育大學硏究報告』29, 1980 ; 三木聰, 「明末の福
　　建における保甲制」,『東洋學報』61, 1979 ; 谷口規矩雄, 「于成龍の保甲法に
　　ついて」,『東洋史硏究』34-3, 1975 ; 王賢德, 「明末動亂期における鄕村防
　　衛」,『明代史硏究』2, 1975 ; Philip A. Kuhn, *Rebellion and Its Enemies in
　　Late Imperial China : Militarization and Social Structure, 1796~1864*,
　　HUP., 1970 ; Timothy Brook, "The Spatial Structure of Ming Local
　　Administration", *Late Imperial China* 6-1, 1985 등.

르고 있는 형편이다. 따라서 이 같은 추론이 보편성을 가지기 위해서
는 今後 보다 많은 개별 사례에 대한 연구가 뒤따라야 하겠고, 또한 종
합적인 안목에서 체계적인 연구가 이루어져야 하리라고 생각된다.

아울러 지금까지의 연구는 명·청시대를 同一構圖의 사회체제로 봄
으로 해서 청조라는 異民族으로서의 특수성을 너무 소홀히 하지 않았
나 하는 생각도 든다. 주지하다시피 청조는 征服王朝9) 가운데 가장 성
공적인 왕조로 일컬어지고 있는 만큼 정복국가 나름대로의 성격이 향
촌사회를 통제하는 데에 상당한 영향을 미쳤던 것은 분명하다 할 것이
다.10) 때문에 명·청시대의 성격을 논함에 있어 이러한 점에 대한 고
려도 간과될 수 없는 요소라 생각된다.11)

본고에서는 위와 같은 시각을 바탕으로 명·청시기 사회변화에 조
응하여 나타난 향약·보갑제의 형성과 그 시행과정을 중심으로 다음
과 같은 범위와 초점에서 이 시기의 사회적 성격과 아울러 국가권력의
성격에 대하여 살펴보고자 한다.

---

9) 征服王朝(Dynasties of Conquest, Conquest Dynasties)라는 용어는 K. A.
Wittfogel & Feng, Chia-sheng(馮家昇)이 *History of Chinese Society :
Liao(907~1125)* (Philadelphia, 1949)의 서론에서 사용한 이래 일반화되었다.
여기에서 그는 중국사회를 전형적 중국사회와 정복왕조형 사회로 양분하고
北魏·遼·金·元·淸의 5왕조를 征服王朝라 칭하였다(그러면서도 그 가운
데 정권을 획득하는 수단의 차이에서 北魏를 侵透王朝로 구분하였다). 정복
왕조론에 대해서는 이외에 田村實造, 『中國征服王朝の硏究(上)』(京都 : 京
都大學東洋史硏究會, 1964) ; 東亞硏究所 編, 『異民族の支那統治史』(東京 :
大日本雄辯會 講談社, 1945) 등을 참조.

10) Ho, Ping-Ti, "The Significance of the Ch'ing Period in Chinese History",
The Journal of Asian Studies 26, 1967, 191쪽.

11) 奧崎裕司도 명·청 두 왕조 간의 연속성과 단절성 모두를 극단이라고 피력
하고 있다. 「中國の專制主義と民衆 - 明·淸兩朝を中心に - 」, 『東アジア世
界史探究』(東京 : 汲古書院, 1986), 250쪽.

제2절 연구의 범위와 초점

明·淸時期 향촌지배의 성격을 논함에 있어 우선 고려되어야 할 것이 시기상의 범위와 내용상의 범위 설정이다. 왜냐하면 중국사 시대구분상에서 흔히 하나의 변혁기로서 明末·淸初를 상정하고 있으면서도 누구나가 명확한 시기를 설정하여 사용하고 있지 않으며, 또 향촌지배라면 국가의 향촌사회에 대한 모든 통치행위 및 향촌 내에 있어서 지배·피지배계층 간의 다양한 이해관계를 포괄하기 때문이다.

우선 시기 면에서 본고에서도 明·淸時代라는 막연한 시기를 설정하였지만 그 상한은, 기본적으로 里甲制의 붕괴현상이 크게 나타나거니와 치안유지적 성격이 강한 조직으로서 保甲制의 초기 형태로 지목되는 編甲互保策, 總小甲制와 鄕約이 등장하는 宣德·正統朝를 前後한 시기로 설정하였고, 그 하한은 일반적으로 청조의 전성기로 보고, 또 향약·보갑제가 완성되거니와 중원의 질서에 적합한 통치질서가 대체로 완결되었다고 보는 乾隆朝[12]까지를 주된 대상시기로 삼았다. 그러나 里老人制를 대신하여 나타난 향약·보갑제는 이를 시행하는 주체자, 즉 국가권력의 지배이념 하에서 이루어지는 것이고, 또 지배이념은 當時代의 사회 제 관계(生産關係, 階級關係, 身分關係 등을 포함하는)를 바탕으로 現狀保全을 목적으로 설정되는 것이기 때문에[13]

---

12) 宮崎市定은 청조의 시대를 4기로 나누고 있다. 즉, 順治·康熙朝(1644~1722)를 흥륭기, 雍正·乾隆朝(1723~1795)를 전성기, 嘉慶·道光朝(1796~1850)를 퇴폐기, 咸豊朝에서 宣統朝(1851~1911)를 쇠망기로 분류하고 있다 [「淸朝文化とその背景」,『アジア史硏究』5(京都 : 同朋舍, 1978)]. Ho, Ping-Ti도 乾隆時代를 Pax Sinica의 시기로 보고 있다(앞의 논문, 1967, 195쪽). 또한 이 시기는 督撫制가 완성이 되어 실질적인 지방통치가 확립되었던 시기이기도 하다(Lawrence D. Kessler, "Ethnic Composition of Provincial Leadership during the Ch'ing Dynasty", The Journal of Asian Studies 38-3, 1969, 491~493쪽).

그 형성은 단순히 里老人制에 대신한 제도적 이행만으로 볼 수 없고, 명조의 향촌지배에 있어 그 지배이념의 수정(내지는 보완)을 의미하는 것이기도 하다. 때문에 명 초기의 里老人制를 중심으로 한 명조의 향촌지배체제가 어떻게 형성되고 변화되었는가는 사실 본 논고의 대전제가 되거니와 이를 살피기 위해 비록 위와 같은 시기를 설정하였지만 명초까지도 포괄시켰다.

다음으로 국가권력의 향촌사회에 대한 통치행위는 징세, 치안질서유지, 권농, 교화, 수리관개 등 다방면에 걸치고 있다. 물론 이러한 기능은 상호 유기적으로 연관을 가지고 있고, 명초에는 이들 기능을 포괄적으로 수행하는 이갑제에 의해 향촌지배가 이루어져 왔다. 그렇지만 향약·보갑제가 요구되었던 것은, 당시의 사회혼란에 따른 향촌 치안질서의 문란에서 비롯된 것이기 때문에 본고에서는 주로 향촌사회의 치안질서 유지면에 주안점을 두고자 한다.

본고는 위와 같은 범위를 한정하여 다음과 같은 방향에서 명·청시대의 향촌사회 지배구조에 대해 살펴보고자 한다.

첫째, 명조사회에 향약·보갑제가 새로운 향촌제도로 나타난 것은 명초 이래 향촌질서를 담당해 온 里老人制의 기능상의 쇠퇴에 연유한다. 따라서 里老人制의 붕괴는 향약·보갑제의 형성배경이 된다고 하겠다. 그런데 里老人制는 명조의 초기 향촌 지배이념 하에서 확립된 것이고, 왕조 창업기의 지배이념은 대체로 왕조 말기까지 지켜지는 것이고 보면 향약·보갑제가 비록 이를 대신했다고는 하지만 그 안에는 역시 기본적으로 里老人制의 이념이 내재해 있으리라 생각된다. 따라서 본고 제2장에서는 향약·보갑제를 다루기에 앞서 명조 국가권력의 성격과 이에 관련한 향촌지배이념을 살피고, 이에 입각한 里老人制의

---

13) 檀上寬, 「'鄭氏規範'の世界 - 明朝權力と富民層 - 」, 『明淸時代の政治と社會』(小野和子 編), 京都大學人文科學研究所, 1983, 25~27쪽 ; 森正夫, 「明末の社會關係における秩序の變動について」, 『名古屋大學文學部三十周年記念論集』, 1979 참조.

확립이 어떠한 과정에서 이루어졌으며, 그 내용은 어떠한가14)에 대하여 먼저 살펴보고자 한다.

둘째, 明 中期에 접어들면서 중국사회는 사회계층분화와 함께 전반적인 사회적 모순이 확대되어 갔다. 이러한 와중에서 기존의 지배체제인 이갑제도 붕괴되어 갔거니와 그 어느 때보다도 향촌질서의 안정이 절실히 요구되었던 것이다. 따라서 기존 향촌질서를 담당해 온 里老人制의 역할이 크게 기대되었던 것인데, 본고 제3장에서는 당시 里老人制의 상태는 어떠했는가를 살피고, 이 무렵 향촌사회 변화에 대한 명조의 대응책으로 강구된 編甲互保策과 總甲制 및 鄕約 등의 형성과 그 내용15)에 대해 살피고자 한다. 이것은 실질적인 향약・보갑제의 설립배경이라 할 수 있는 것이다.

셋째, 명조의 사회모순은 특히 正德年間 이래 격화되어 갔거니와 이에 따라 향촌질서 안정책이 크게 요청되었다. 이 때부터 향약・보갑제는 각지에서 성행하였는데, 본고 제4장에서는 일반적으로 향약・보갑제 시행이 보편화되는 正德朝에서 그 극성기를 이루는 萬曆朝까지16)

---

14) 이에 대한 기왕의 연구로는 松本善海, 앞의 책, 1977, 제1부 2편 3장 ; 栗林宣夫, 『里甲制の硏究』(東京 : 文理書院, 1971), 제1장 3절 및 제4장 1・3절 ; 淸水盛光, 앞의 책, 1951, 제1편 3장 2절 ; 淸水盛光, 앞의 책, 1950, 제3편 2장 ; 金漢植, 「明代里老人制의 硏究」, 『大丘史學』 1, 1969 ; 細野浩二, 「耆宿制から里老人制へ」, 『中山八郎敎授頌壽記念明淸史論叢』, 1977 ; 細野浩二, 「里老人と衆老人」, 『史學雜誌』 78-7, 1969 ; 小畑龍雄, 「明代極初の老人制」, 『山口大學文學會誌』 1, 1950 ; 小畑龍雄, 「明代鄕村の敎化と裁判」, 『東洋史硏究』 11-5・6, 1952 ; 曾我部靜雄, 「明太祖六諭の傳承について」, 『東洋史硏究』 12-4, 1954 ; 拙稿, 「明末・淸初 鄕村統治制度의 變遷」, 『學林』 5, 1983 등이 있다.

15) 이에 관한 연구로는 酒井忠夫, 앞의 논문, 1962 ; 栗林宣夫, 앞의 책, 1971 ; 淸水盛光, 앞의 책, 1951 ; 酒井忠夫, 앞의 책, 1960 ; 拙稿, 「明淸時代 鄕約의 成立과 그 推移」, 『慶尙史學』 1, 1985 등이 있다.

16) 일반적으로 향약・보갑제는 弘治年間에 고안된 이래 正德, 嘉靖, 隆慶年間에 성행하고 萬曆年間에 그 극성기를 이루었다고 지적되고 있다(淸水盛光, 앞의 책, 1950, 155쪽 ; 栗林宣夫, 앞의 책, 1971, 260~261쪽 참조).

각 시대의 사회사정과 함께 향약·보갑제에 대한 논의과정을 살피고, 아울러 각 시대의 대표적인 사례를 추출하여 當時代의 향약·보갑제의 시행상황과 그 구조에 대하여 살펴보고자 한다.

넷째, 天啓年間에 들어서 종전의 제 농민반란세력은 李自成, 張獻忠 등의 流賊集團으로 결집됨으로써 극한적인 치안부재 상황이 전개되었다. 이때 각지에서는 자위집단이 형성되었거니와 이를 중심으로 향촌방위활동이 활발하게 전개되었다.17) 그런데 종래 향촌질서를 담당해 온 향약·보갑도 一端의 향촌방위의 임무를 가졌던 것으로 이 무렵 형성되는 자위집단과 향약·보갑과는 일정한 관련이 있을 것으로 보인다. 따라서 본고 제5장에서는 당시의 사회상황과 아울러 향촌방위활동에 있어 기존의 향약·보갑제의 역할에 대하여 살펴보고자 한다.

다섯째, 청조는 중원에 진출하는 데 일단 성공하였다. 그렇지만 여전히 각지에는 강력한 抗淸勢力이 건재하여 향촌사회는 불안정한 상태가 지속되었다. 때문에 청조로서는 항청세력을 물리치고 중원을 정복하는 것이 무엇보다도 우선적 과제였지만 궁극적으로 그들 지배를 관철하기 위해서는 향촌질서의 안정을 필요로 하였다. 따라서 본고 제6장에서는 청조가 향촌질서를 안정시키기 위해 어떠한 대책을 강구하였는가를 살피고, 청조 역시 명조를 이어 향약·보갑조직을 초기부터

---

17) 이에 관한 연구로는 谷口規矩雄,「明末の鄕兵·義軍について」,『硏究』43, 1969 ; 谷口規矩雄,「明末淸初の堡寨について」,『東海史學』9, 1973 ; 李文治,「明末の寨堡與義軍」,『明史硏究論叢』2輯, 1983 ; 佐藤文俊,『明代農民反亂の硏究』, 硏文出版, 1985, 1장 3절 3 襄京地方政權と堡寨 ; 王賢德, 앞의 논문, 1975 ; 日比野丈夫,「鄕村防衛と堅壁淸野」,『東方學報』(京都) 22, 1953 ; 鄭炳喆,「明末·淸初 華北의 鄕村防衛活動과 紳士 - 冀·魯·豫 三省交界地域을 中心으로 - 」, 서울대 석사학위논문, 1988 ; 吉尾寬,「明末楊嗣昌の地域防衛案について」,『東洋史硏究』45-4, 1987 ; 吳景賢,「金正希之地方自衛」,『學風』5-6, 1935 ; Jerry Dennerline, 'Hsu Tu and the Lesson of Nanking : Political Integration and the Local Defense in Chiang-nan, 1634 ~1645", *From Ming to Ch'ing*, ed. by Spence, Jonathan D. and Wills Jr., John E, Yale U.P., 1979 등 참조.

시행하고 있는데,[18] 그 시행과정을 특히, 청조의 異民族으로서의 특수성과 관련하여 살펴보고자 한다.

여섯째, 청조의 中原征服은 康熙年間에 들어와 臺灣 鄭氏勢力과 三藩의 난을 평정함으로써 완결이 되었다. 이러한 상황변화에 조응하여 入關 초부터 시행되어 온 향약·보갑제도 전국적으로 시행령이 반포되어 국가의 공식적인 향촌통치제로 확립되는데, 본고 제7장에서는 구체적으로 그 확립과정과 내용 및 성격에 대해 살피고자 한다.

일곱째, 향약·보갑제가 청조의 향촌통치제도로 확립되긴 했지만 종래 이갑제처럼 획일적이고 치밀하게 시행되지는 못하였다. 따라서 제8장에서는 제도적 확립 이후에 있어 향약·보갑제의 시행상황을 추적해 봄으로써 청조의 향약·보갑의 운용실태를 파악해 보고자 한다.

물론 이상과 같은 연구내용으로 명청시대(구체적으로는 明末·淸初期)의 국가권력과 사회적 성격을 밝히고자 하지만 여러 가지 면에서 부족한 점이 많으리라 생각된다. 그것은 국가권력 및 사회적 성격의 諸相이 비단 제도면에서뿐 아니라 다방면에 걸쳐 나타나는 것이며, 제도면에 국한한다 하더라도 향약·보갑제는 그 일부분에 지나지 않기 때문이다. 더구나 향약·보갑제만 해도 명말·청초기의 격변하는 사회의 질서유지에 중추적 역할을 담당했다고는 하지만 사실 각 지역에 따라 그 편성조직이 다르고, 시대에 따라서도 그 내용이 약간씩 차이가 있기 때문에[19] 이를 확실히 파악하기 위해서는 각기의 수많은 사례를 분석하여 종합함으로써 가능한 것이다.

---

18) 이에 관련된 연구로는 松本善海,「淸代における總甲制の創立」,『東方學報』(東京) 13-1, 1942(후에 앞의 책, 1977에 재수록) ; 荒川淸,「淸代の鄕村に關する一考察 - 淸代の總甲·地方, 就中, 順治元年の總甲制について -」,『史流』11, 1970 등이 있음.

19) "청대에는 보갑의 사례는 있으나 詳規는 없고, 조직방식의 具文은 있으나 保甲編査의 수속방안은 없다"라는 聞鈞天의 지적처럼(聞鈞天, 앞의 책, 1935, 235쪽) 향약·보갑제가 전국에 걸쳐 成文化되었던 청대에 있어서도 그 편성방식은 일정하지가 않았다.

그러나 본서에서는 위의 문제점을 고려하면서도 명말·청초의 격변기에 향촌질서 유지가 큰 문제로 대두되기 때문에 국가권력의 향촌지배에 주안점을 두었으며, 각 시기의 사회상황의 변화와 관련하여 향약·보갑제의 계기적인 전개과정을 주로 살피고자 했다. 그것은 이 시기의 국가권력과 사회적 성격을 체계적으로 이해하는 데 나름의 방법이라 생각되기 때문이었다. 물론 시기별로 나누어 살핌으로써 향약·보갑제의 공통된 내용은 분산될 수밖에 없는데, 이에 대해서는 결론에서 종합하여 정리하고자 한다.

제2장 明朝 국가권력의 형성과 향촌지배

제1절 明朝 권력의 형성과 향촌지배이념

1. 明朝 권력의 형성과 그 성격

朱元璋은 극빈한 하층농민 출신으로 일찍이 紅巾軍의 한 집단인 郭子興軍團에 투신하여 농민계급의 요구에 따라 元軍과 地主武裝軍에 대항하였다. 따라서 그의 초기 행위를 표면적으로 보면 농민군적인 성격을 띠었다고 할 수 있다. 그러나 그가 丙午年(1366)에 博士 許存仁 등에게 述懷하기를,

나는 옛날 어렸을 때 스스로 말하기를, 내 일평생은 田野의 일개 농민으로 끝날 것이라고 했다. 그러나 곧 兵亂을 만나 行伍에 投身하였는데, 이것은 역시 保身之計에 지나지 않았다.[1]

라고 한 것이나 그 후에도

짐이 부득이 起兵한 것은 自全을 도모하기 위함이었다.[2]

---

1) 『[明]太祖實錄』卷20, 丙午歲 4月 庚申條, 284쪽(以下 『明實錄』은 中央研究院 歷史語言研究所校印本임).

라고 종종 술회하고 있음을 보면 그가 당시 郭子興軍團에 가담한 것이 사실이라 할지라도, 그것은 홍건군의 민족적·계급적 의식에 동조해서라기보다는 당시의 危難한 상황에서 최소한의 自全과 保身을 위한 어쩔 수 없는 선택에 의해서였던 것으로 보인다.3) 그렇다고 한다면 그의 행위는 어디까지나 잠정적인 행위였을 뿐 自意的인 행위라고는 볼 수 없는 것이다. 이것은 이후 朱元璋이 자기 향리에서 700여 명의 병사를 모집하여 一團의 부대를 형성함으로써 郭子興으로부터 鎭撫라는 지위에 발탁되기도 했지만 郭子興集團의 횡포가 심하여 그 화가 자기에게 미칠 것이 두려워 郭集團으로부터 일정 거리로 이탈해 나왔던 것에서도4) 확인할 수 있다.

이와 같은 입장에서 그는 至正 13년(1353) 6月에 定遠지방의 향촌방위를 위해 驢牌寨에 據하고 있던 張家堡의 民兵 3,000인을 수용하였고, 그 7일 뒤에는 이들 민병을 이끌고 橫澗山寨를 夜襲하여 그 곳에 있던 민병 2만여(남녀 7만, 精壯 2만)를 확보하게 되었다.5) 이로써 그는 이제 2만 수천에 달하는 병력을 가진 독자적인 집단을 형성하게 되었거니와 종래 추구해 온 自全·保身이라는 그의 잠정적인 조건을 어느 정도 충족시킬 수 있게 되었다.

---

2) 『[明]太祖實錄』卷54, 洪武 3年 6月 丁丑條, 1044쪽, "朕不得已起兵 欲圖自全".

3) 『明太祖文集』卷14, 紀夢에 "予當是時 尙潛草野 托身緇流 兩畏而難 前欲出爲元 慮繫絏之廢生 不出 亦慮紅軍入鄕以傷命"이라는 내용은 주원장이 郭集團에 투신한 것은 강제적인 선택에 의해서였다는 점을 분명하게 보여준다.

4) 『[明]太祖實錄』卷1, 癸巳歲 6月 丙申條, 8~9쪽, "上乃歸鄕里募兵 得七百餘人以還 子興善 以上爲鎭撫 是時彭·趙二人馭下無道 所部多暴橫 上觀其所爲 恐禍及己 及以七百人屬他將 而獨與徐達等二十四人南去 略定遠".

5) 『[明]太祖實錄』卷1, 癸巳歲 6月 丙申條, 9쪽, "定遠張家堡有民兵號驢牌寨者 孤軍乏食 且無所屬 欲來降猶豫未決 主帥將遣人招之……卽焚其營壘 悉驅其衆 以還 得壯士三千人 後七日 率之而東 夜襲元知院老張于橫澗山 黎明入其營 老張棄軍遁去 降民兵男女七萬 得精壯二萬 悉加訓練".

그런데 그의 주변에는 그보다 훨씬 강력한 군웅들이 여전히 상존해 있었고, 또 붕괴의 일로를 걷고는 있었지만 아직 무시할 수 없는 元朝 勢力도 엄존해 있었다. 때문에 布衣出身으로 가장 열세에서 출발한 朱元璋으로서는 이들 가운데서 생존하고 보다 더 발전하기 위해서는 자기의 세력을 계속 확보해야만 했다. 이를 위해 그는 이전에도 지주적 성격을 띤 민병집단을 흡수해 왔지만, 비록 입장을 달리하는 지주세력이라 할지라도 될 수만 있으면 많이 확보해야 했다.

한편, 元朝 지배체제 하에서 비교적 안정을 누려 왔던 각지의 대소 호족·지주 들은 종래 산발적·고립적 流寇性을 면치 못하였던 농민 봉기가 1350년대에 접어들면서부터 대규모 집단으로 화하고, 상대적으로 종래 그들의 기득권을 보장해 주던 원조정권이 무기력해지자 각기 자신들의 안전을 도모해야만 했다. 이를 위해 그들은 義兵·民兵[6]을 조직하여 自衛에 임했거니와, 한편으로 구질서를 회복하기 위해 元朝를 지지하기도 했다. 그러는 중에 그들은 때로 적극적인 군사행동도 전개하면서 元朝의 군사력을 보조하는 역할도 하였다.[7] 그런데 이들의 이와 같은 행위는 오히려 法度의 어지러움만 더욱 초래하는 자가당착의 모순된 행위이기도 했고,[8] 이 때문에 농민군으로부터 직접적인 공격대상이 될 수도 있는 위험성을 내포하는 것이었다.[9] 그럼에도 불

---

6) 義兵·民兵이라는 명칭은 경우에 따라 土兵, 鄕兵, 義丁, 民義 등으로도 불렸다.

7) 察罕帖木兒, 李思齊 등은 화북지방에서 강대한 의병을 조직하여 홍건군을 견제하는 데 큰 역할을 했고, 北系紅巾軍의 발전이 抑止된 것도 이들의 활동 때문이었다(山根幸夫, 「'元末の反亂'と明朝支配の確立」, 『岩波講座世界歷史』 12, 1971, 24~25쪽).

8) 細野浩二, 「元·明交替の論理構造－南京京師體制の創出とその態樣をめぐって－」, 『中國前近代史研究』(早稻田大學文學部東洋史研究室 編), 雄山閣, 1980, 176~177쪽.

9) 『宋學士全集』卷22, 墓誌銘 故懷遠大將軍同知鷹揚衛親軍指揮使司事于君墓誌銘에 "君召父老子弟謂曰 吾等皆良民 順寇兵 官軍以爲叛 從官軍 則寇兵又將屠我 行見無礁類矣"라는 내용을 보면 그 상황을 짐작할 수 있다.

구하고 그들이 이러한 행동을 취한 것은 자신의 생명과 재산을 지키기 위해서는 元朝의 편에 서는 것이 보다 유리하다고 판단했기 때문이다. 이것은 그들이 본래 사회적·경제적 이익을 도모하기 위해서는 보다 강력한 세력을 배후로 해야만 하는 그들의 속성을 잘 보여주는 것이기 도 하다.

그런데 지주들이 이와 같이 위험을 감수하면서까지 元朝에 대해 협조를 하였지만, 元朝 당국의 태도는 그들의 기대에 미치지 못하였다. 즉, 원조는 곤궁한 농민의 부담을 경감하여 그들의 반감을 완화시키지 도 못하였고, 민병을 조직하여 자기에게 협력하려는 漢人 호족·지주 들을 신뢰하기는커녕 오히려 농민반란군 내지는 反元集團으로 간주하 기도 하였다.[10] 이후 대다수의 호족·지주들이 元朝에 대해서 적극적 인 협조를 하지 않고, 이제 단지 '鄕曲保全', '結寨自保'라는 自衛方式 만을 취하였던 것은[11] 바로 이 때문이었다.

그렇지만 이와 같은 자위방식만으로는 결코 자신의 안전을 도모할 수는 없었다. 때문에 그들은 元朝를 대신하여 현재의 사회경제체제를 견지하며 봉건지주로서의 자기들 이익을 옹호해 줄 수 있는 새로운 강 력한 세력을 찾아야만 했던 것인데, 여기에서 일찍이 의병집단을 흡수 하여 다른 군웅에 비해 계급성이 비교적 희박하고, 또 지주세력을 규 합할 필요성을 보이고 있던 주원장 집단이 이들에게 자연스럽게 부각 되었다. 이와 같은 분위기 속에서 이들 양 세력의 이해관계는 쉽게 합 치되었고, 이후 이들 양자의 협력관계는 순조롭게 이루어져 갔다.

이들의 협력관계는 대체로 至正 14년(1354)을 전후로 해서 크게 진 전되어 갔다. 그 해 朱元璋이 滁州를 공략하기 위해 진군하는 중에 定 遠의 지주인 李善長이 투항해 왔고,[12] 이를 시작으로 이후 馮國用·

---

10) 山根幸夫, 앞의 논문, 1971, 30쪽.
11) 鄕曲保全論理에 대해서는 細野浩二, 앞의 논문, 1980, 171∼179쪽 참조.
12)『明史』卷127, 李善長傳, "太祖略地滁陽 善長迎謁".

勝 형제가 자신들의 민병을 이끌고 귀순해 왔으며,[13] 1355년에 和陽을
점령할 무렵에는 巢湖에 있던 廖永安, 兪廷玉·通海 父子 등 지주들
이 투항해 왔고,[14] 또 같은 해 太平路를 공략할 때에는 명망이 높은
유학자 陶安과 耆儒인 李習이 그 휘하의 父老들을 이끌고 朱元璋을
出迎해 왔다.[15]

이처럼 많은 지주들의 투항을 받게 된 朱集團은 그 세력을 크게 확
대시킬 수 있었거니와 점차 지주적 성격을 가지게 되었다.[16] 이러한
경향은 1356년 浙東을 공격하면서 수많은 浙東地主들이 자발적으로
투항해 옴으로써 그 濃度를 더해 갔다. 특히, 集慶(南京)을 점령한 이
후인 1360년에 소위 浙東地主를 대표하고, 朱子의 학통을 이어 當代
에 文名이 높은 이른바 四先生이라 부르는 劉基, 宋濂, 章溢, 葉琛 등
이 주원장 집단에 중용됨으로써 그 지주정권적 성격은 보다 뚜렷해지
게 되었다.[17]

이처럼 浙東地主를 중심으로 한 지주들의 전면적인 지지와 협력을
받음으로 해서 주원장은 이제 다른 군웅에 비해 매우 안정된 세력을
구축해 나갈 수 있게 되었다. 우선 이들 지주들의 보증으로 농민들로
부터 많은 액수의 稅糧을 징수하고 대량의 장정을 징발할 수 있게 됨
으로써, 다른 군웅에 비해 경제적인 안정을 이룰 수가 있었다.[18] 뿐만

---

13) 『明史』 卷129, 馮勝·國用傳, "太祖略地至妙山 國用借勝來歸".
14) 『明史』 卷133, 廖永安·兪通海傳.
15) 『明史』 卷136, 陶安傳.
16) 주원장 집단의 변질시기에 대해서는 1960년대에 중국학자들 사이에 활발한
　　논쟁이 전개되었다. 그러나 주원장 집단이 언제부터 명확하게 지주적 성격으
　　로 변질되었는가에 대해서는 의견이 분분하다. 그 시기는 대체로 滁州·和州
　　를 공략할 무렵인 1354~55년, 봉건왕조를 재건하기 위한 전쟁을 개시한
　　1360~61년, 韓林兒를 滁州에 軟禁하고 陳友諒을 무너뜨린 1363년, 龍鳳이
　　라는 연호를 폐지하고 홍건군과의 관계를 단절한 1367년 등으로 집약되어 주
　　장되고 있다(山根幸夫, 앞의 논문, 1971, 32~33쪽 참조).
17) 위의 논문, 35~36쪽 참조.
18) 處州, 婺州 일대에서 朱政權은 劉基를 비롯한 지주층의 보증으로 다액의 稅

아니라 많은 지주출신 지식인(儒士)의 도움을 받아 그보다 먼저 봉기한 대집단들이 여전히 農民起義軍으로서의 편협성과 秘密結社的 폐쇄성을 脫却하지 못하고 농민착취를 일삼고 있을 때 그러한 성격을 일찍이 극복할 수 있었고, 더 나아가 유교주의를 표방하며19) 이에 입각한 국가건설을 지향하는 제 제도를 정비할 수도 있게 되었다.20) 농민들에 대한 수탈의 폐해를 최소화하기 위해 屯田策을 실시한다던가21) 灌漑·水利對策을 위해 營田司를 설치하는 등22)의 농민생활을 안정시키기 위한 여러 가지 勸農政策도 바로 이들의 협력에서 나온 것이다. 이로써 朱集團은 이미 확보된 점령지역을 보다 확고하게 유지할 수 있게 되었거니와 또 이를 바탕으로 더욱 그의 세력을 확대시킬 수 있었다. 결국 주원장은 천하를 얻는 데 성공하였던 것인데, 그것은 바로 이와 같은 바탕에서 많은 지주층과 민중의 지지를 확보할 수 있었기에 가능했던 것이다.

糧을 징수할 수 있었다(위의 논문, 36쪽 참조).

19) 朱集團의 지주적·유교주의적 입장을 극명하게 보여주는 것은 龍鳳 12년 (1366) 5월 張士誠을 공격하기 직전에 拔한 檄文에 백련교를 妖術·妖言으로 매도하고 있는 내용에서 볼 수 있다. 吳晗, 『朱元璋傳』(香港 : 傳記文學社印行, 1948), 78~80쪽.

20) 이미 至正 16년(1356)에 江南等處行中書省과 江南行樞密院, 提刑按察司 등을 설치하고, 1360년에는 儒學提擧司를 설치하여 유학교육에 힘썼으며, 1365년에는 관료양성을 위한 기관으로 國子學을 설치하고, 吳 원년(1367)에는 과거 실시를 표명하였다.

21) 屯田을 처음 실시한 것은 1358년 吳良·吳楨 형제가 江陰을 지키고 있을 때 둔전으로 軍餉을 자급하도록 했고, 다음 해에 王愷에 의해 軍屯이 실시되었으며, 1363년에는 지배지역 전역에 걸쳐 屯田之令을 내려 시행토록 하였다. 둔전과 군둔에 대해서는 淸水泰次, 『明代土地制度史研究』(東京 : 大安, 1968)에 수록된 「明代の屯田」, 「明代の軍屯」, 「明初における軍屯の展開とその組織」 등을 참조.

22) 1358년에 처음 堤防을 수축하고 수리를 관리하기 위해 설치되었으며, 이를 바탕으로 洪武 3년에 司農司가 설치되었다. 營田司에 대해서는 淸水泰次, 위의 책에 수록된 「營田考」 참조.

이상에서와 같이 明朝를 건국하기 전 朱集團은 지주들의 민병집단을 바탕으로 초기 그 집단을 형성했던 것이지만, 이후 浙東地域으로 세력을 확대시키면서 더욱 수많은 지주집단을 흡수하게 되었고, 이들의 적극적인 협력을 바탕으로 왕조를 건설하게 되었다. 따라서 明朝權力의 핵심은 지주층으로 구성되게 되었으며, 그럼으로써 명조는 지주층의 계급적 이익을 대변할 수밖에 없는 성격을 가지게 되었다. 이런 측면으로 볼 때, 명조는 비록 '驅逐胡虜 恢復中華'라는 구호를 전면에 내세워 왕조를 건설하였을지라도 결국, 元朝의 옛 체제를 그대로 계승한 것이나 다름이 없다 할 것이다. 명조를 칭하여 擬制元朝的 明朝[23]라고 일컫는 것도 바로 그 때문이며, 明 건국 직후부터 농민반란이 지속적으로 일어났던 것[24]도 이와 같은 명조의 성격과 관련하여 元末에서부터 이어지는 계급적 모순[25]이 계속되었기 때문이다.

태조 朱元璋은 지주층의 적극적인 협력을 받아 세력을 확보하였고, 결국 명왕조를 건설하는 데 성공하였다. 그럼으로 해서 그가 종래 추구해 왔던 保身·自保라는 조건은 이제 완전하게 충족시킬 수 있게 되었다. 그렇지만 왕조를 건립한 이상 이제는 전제군주로서의 一君萬民的인 위상을 세워 나가야 했다. 그런데 이러한 입장을 견지하는 한에서는 그의 自保·保身이라는 조건을 충족시켜 주었던 지주세력은 오히려 큰 장애물이 될 수밖에 없었다. 왜냐하면 지주세력은 향촌사회의 계급적 모순을 더욱 심화시키는 요인이 될 뿐만 아니라 이제는 오히려 황제로서의 독자성과 권위를 제약하는 요소로 작용하였기 때문

---

23) 細野浩二, 앞의 논문, 1980, 198~199쪽 참조.

24) 명조가 성립한 1368년부터 浙江의 蘭秀山의 亂, 董孟怡의 亂, 江西의 浦卒들의 亂을 비롯하여 이후 洪武 후반에 이르기까지 농민반란은 각지에서 끊임없이 계속되었다. 그 중에는 백련교를 중심으로 한 반란도 상당수 보이고 있다(山根幸夫, 앞의 논문, 1971, 44~49쪽 참조).

25) 相田洋은, 원말의 반란은 기본적으로 계급모순에서 비롯되었던 것이며, 표면적으로 민족모순이 내세워지게 된 것은 지주층에 의해서였다고 지적하고 있다("'元末の反亂'とその背景", 『歷史學研究』 361, 1970, 14쪽).

이었다. 따라서 태조는 불만세력을 형성하고 있는 하층농민에 대한 일정한 배려에서, 한편으로는 그의 군주로서의 위상을 세워 나가기 위해서 이들 지주층에 대한 어느 정도의 제약을 가하지 않으면 안 되었다.

明朝를 건설한 이후 태조가 洪武 3년(1370)에 "民을 計하여 田을 주도록 하라"라는 計民授田策을 취하고,[26] 洪武 5년(1372)에 현재의 丁力을 驗해서 丁力에 상응하는 토지를 부근의 荒地에서 할당하여 耕種토록 하는 驗丁授田의 정책을 취했던 것은,[27] 바로 위와 같은 그의 입장에서 소농민을 보호하여 자작농으로 육성하려는 데에서 나온 것이다. 또한 "이전에 兵亂으로 백성들이 流散하여 노예로 된 자는 즉시 放還하라"[28]라던가 "庶民의 家에 노비를 存養하는 자는 杖 一百에 처한다. 즉시 풀어서 良人이 되게 하라"[29]고 하여 노예해방과 노예소유 금지령을 내리고, 이와 아울러 "만일 겸병하는 무리가 많은 토지를 점하여 자기의 業으로 하고, 빈민에게 轉嫁하여 佃種시키는 자가 있으면 이를 죄로 다스린다"[30]라는 조칙의 내용에서와 같이 田土를 겸병하여 佃戸에 소작시키는 것을 금지한 것도 직접적으로 지주계급의 이익에 反하여 하층민에 대한 그의 배려에서 나온 것으로 이해되는 것이다.

이 같은 지주의 이익을 억제하고 자작농을 보호·육성하려는 정책과 병행하여 태조는 정치적인 면에서도 지주층, 특히 남방지주·관료층을 억제하며 자신의 법제적 권위를 세워 나가기 위해 여러 조치를 취하였다. 일찍이 태조는 남방의 지주·관료층의 요청에 따라 金陵(南京)을 京師로 정하였지만,[31] 大梁(開封)을 평정한 직후 이 곳 역시 京

---

26) 『[明]太祖實錄』 卷52, 洪武 3年 5月 甲午條, 1012쪽.
27) 『皇明詔制』 卷1, 洪武 5年 5月 正禮儀風俗詔 ; 『[明]太祖實錄』 卷73, 洪武 5年 5月 詔, 1353쪽.
28) 『[明]太祖實錄』 卷73, 洪武 5年 5月 詔, 1352쪽.
29) 『皇明制書』 卷13, 大明律 戸律 戸役 立嫡子違法, 1802쪽.
30) 『[明]太祖實錄』 卷62, 洪武 4年 3月 壬寅條, 1198쪽.
31) 金陵을 南京으로 확정한 것은 洪武 원년 8月 1일의 初定南北京詔에 의해서이고 정식으로 京師로 결정된 것은 洪武 11년 정월이지만 실제로는 至正 16

師로 정하여 南北 兩京을 설치한 後 遷都를 계획해 나갔던 것[32]이라
던가, 洪武 3년(1370) 4월부터 諸子를 책봉하여 北邊要地에 就藩시켜
나갔던 것[33] 및 洪武 6년(1373)에 과거시험을 일시 중단시켰던 일[34]
등은 이들 세력을 견제할 목적에서 취해진 조치의 일단이며, 胡藍의
獄 및 文字의 禍[35] 등 일련의 숙청작업은 정치기구의 개혁[36]을 통한
절대적인 황제권을 확립해 나가려는 적극적인 조치였다.

그런데 이러한 정책과 일련의 사건들에 대해서 그것은 어디까지나
태조의 주관적인 의도에 지나지 않았고, 결국에는 현실적으로 지주적
토지소유제의 용인 하에서 지주층을 사회·경제적 기반으로 할 수밖
에 없었다는 견해[37]가 피력되고 있고, 또 한편으로 군주독재체제라는
것은 군주독재의 형태를 취하지만 군주의 주관이라 할지라도 계급적
이해의 범위를 떠나서 실현되는 경우는 그다지 많지 않기 때문에 이러

년(1356) 集慶을 점령하면서 朱集團의 정치·군사적 거점으로 사실상 國都
로 결정되었다(『[明]太祖實錄』 卷34, 洪武 元年 8月 己巳朔條, 599쪽 ;『明
史』 卷40, 地理1 南京 ;『[明]太祖實錄』 卷4, 丙申歲 3月 辛卯條, 43쪽).

32) 細野浩二, 앞의 논문, 1980, 189~197쪽 ; 檀上寬, 『明朝專制支配の史的構
造』(東京 : 汲古書院, 1995), 58~61쪽. 京師問題의 事實經過에 대해서는 吳
晗, 「明代靖亂之役與國都北遷」, 『淸華學報』 10-4, 1935 참조.

33) 洪武 3년 4월에 第2子 이하 10子까지 藩王으로 책봉되었지만 실제 就藩이
실시된 것은 洪武 11년 2월부터이다. 太祖의 諸王封藩策에 대해서는 布目潮
渢, 「明朝の諸王政策とその影響」, 『史學雜誌』 55-3·4·5, 1944 참조.

34) 生駒晶, 「明初科擧合格者の出身に關する一考察」, 『山根敎授退休記念明代
史論叢(上卷)』(東京 : 汲古書院, 1990) ; 檀上寬, 앞의 책, 1995, 152~160쪽.

35) 『明史紀事本末』 卷13, 胡藍之獄 ; 趙翼, 『二十二史箚記』 卷32, 胡藍之獄 ;
徐道隣, 「明太祖與中國專制政權」, 『淸華學報』 8-1·2, 1932 ; 山根幸夫, 앞
의 논문, 1971, 49~53쪽 ; 細野浩二, 앞의 논문, 1980, 189~197쪽 ; 檀上寬,
「明王朝成立期の軌跡 - 洪武朝の疑獄事件と京師問題をめぐって -」, 『東洋
史研究』 37-3, 1978(後에 앞의 책, 1995에 수록) 등 참조.

36) 山根幸夫, 「明太祖政權の確立期について - 制度史的側面よりみた -」, 『史
論』 13, 1965 ; 檀上寬, 앞의 책, 1995, 246~251쪽.

37) 鶴見尙弘, 「明代における鄕村支配」, 『岩波講座世界歷史』 12, 1971, 63~67
쪽.

한 제 정책은 오히려 지주계급의 요청에 의해 이루어졌던 것이 아닌가 하는 견해[38]도 제기되고 있다. 그러나 이러한 견해들은 나름대로 수긍이 가는 면도 없지 않지만, 현실적인 상황보다 결과적으로 明朝가 지주정권적인 성격을 가지게 되었다라는 그 결과만을 중시한 데에서 비롯된 것으로 보여진다. 전제군주제 하에서 황제는 그를 지지하는 세력을 무시할 수는 물론 없다. 그렇지만 국가의 중대한 정책을 입안하고 결정하는 데에 있어 황제는 누구보다도 실질적인 결정권자인 것이다. 따라서 어떤 사안을 결정함에 있어서 그의 主觀은 결코 무시될 수 없으며, 오히려 그의 주관에 의해 결정되는 경우가 많은 것이다. 더구나 王朝를 開創하고 군주권을 확대해 나아가려는 太祖의 입장에서, 특히 지주층과의 이해관계가 걸려 있는 사안을 판단하는 데에는 더욱 더 그의 주관이 작용하지 않았을까 한다.

그러나 태조가 위와 같은 지주에 대한 억압정책을 취하기는 했을지라도 그것은 지주층을 완전히 배제한 농민만으로 구성된 정권을 세우기 위한 것은 아니었다. 그보다는 元末 이래의 계급갈등을 완화시킬 목적에서 농민의 이익을 보장해 주기 위해 상대적으로 지주층의 이익을 어느 정도 억제하지 않으면 안 되었으며, 一君萬民的인 그의 위상을 정립해 나아가기 위해 일반 백성뿐 아니라 지주세력까지도 그의 권위 하에 예속시켜야 하는 정도로만 국한했던 것이다.

따라서 일반적으로 명조가 지주정권적인 성격을 벗어나지 못했다는 것은 사실이지만, 그것은 明 건국 전과 같이 일방적으로 지주의 우위만을 보장하는 형태에서 벗어나 어느 정도 왕조권력에 의해 통제되는 제한된 형태의 지주제를 취했던 것이다. 다시 말하면 명조는 이제 지주층을 자작농, 즉 일반 농민들과 같이 국가권력 하에서 同次元的으로 대응해 나가면서[39] 명조의 지주적 성격을 새롭게 정립하고자 하였던

---

38) 奧崎裕司, 「中國の專制主義と民衆 - 明・淸兩朝を中心に - 」, 『東アジア世界史探究』(東京 : 汲古書院, 1986), 250~253쪽.

것이다.

2. 향촌지배의 이념

오랜 전란 속에서 건설된 명조가 항구적인 왕조지배를 관철해 나가기 위해서는 무엇보다도 흐트러진 향촌사회 질서를 바로세워 나가는 것이 선결문제였다. 그러기 위해서는 우선 질서(規範)의식, 즉 지배이념을 세워야 했는데, 그 기준과 방향은 앞서 살핀 明朝를 건설해 나아가는 과정에서 형성되는 권력의 성격과 긴밀한 관련하에서 설정되어질 수밖에 없었다는 것이다.

태조는 자신의 세력을 확대하기 위한 기반을 지주층에 두었기 때문에 새로 점령된 지역에 대한 지배를 자연 이들 지주층에 전면적으로 의존할 수밖에 없었다. 그는 새로 점령된 지역에 元朝의 舊官吏를 그대로 임명하기도 했지만 대부분 그 지역의 儒士라 불리는 유학적 교양을 가진 지주들을 대거 지방관에 임명하였다. 특히, 浙東地域에 들어온 후부터는 더욱 적극적으로 이들 儒士를 초빙하여 관료기구에 종사시켰다. 뿐만 아니라 자신의 顧問으로 삼아 天下之大計에 대해 자문을 받기까지 했으며, 점령지에 학교를 세워 이들을 敎官으로 임명하여 유학교육을 실시하기도 했다.[40] 이러는 중어 태조 朱元璋은 자연스럽게 유교주의에 젖어들 수밖에 없었거니와 향촌민에 대한 지배 역시 자연스럽게 유교주의에 그 이념적 바탕을 두게 되었다.

태조 주원장이 유교주의를 최초로 표방한 것은 至正 16년(1356) 集慶을 점령한 후, 9월에 鎭江에 들어가 孔子廟에 참배하면서부터로 보

---

39) 田中正俊,「中國の變革と封建制研究の課題(1)」,『歷史評論』271, 1972, 66쪽.

40) 山根幸夫, 앞의 논문, 1971, 41~43쪽 ; 吳金成,「明代 提學官의 一研究」,『東洋史學研究』6, 1973, 20~21쪽 등 참조.

인다.[41] 그 이래로 그는 줄곧 유교주의 노선을 견지해 나갔던 것으로 보이는데, 至正 19년(1359) 정월에 浙東 諸路에 대한 공략에 앞서 태조는 이에 임하는 諸將에게 이르기를,

> 仁義로써는 天下를 얻을 수 있어도 武威로써는 人心을 服할 수 없다.[42]

라 하고 있는 것은, 그가 천하백성들을 유교의 주요 이념인 仁・義에 바탕을 두어 지배하려는 것으로 유교주의에 입각한 그의 통치입장을 확실하게 보여준다. 물론 이러한 그의 입장표명은 당시 세력을 확장시키는 과정에서, 특히 浙東의 많은 지주세력에 대한 宣撫工作의 일환으로 볼 수도 있다. 그렇지만 이미 유교주의적 색채를 띤 많은 지주집단이 그의 세력의 핵심을 이루고 있었고, 또 그의 지주지향적인 성향을 감안한다면 이러한 지배이념의 설정은 당연한 것으로 보여진다.

이와 같은 유교적 지배이념은 이후 세력을 확대해 가면서 더욱 많은 지식인층을 수용하게 됨에 따라 보다 구체화되고 철저화되어 갔다. 浙東地域을 공략하면서 이미 劉基, 宋濂 등 많은 儒學者를 수용한 후인 1362년 정월에 주원장은 일반 백성들에 대하여

> 각자 本業에 힘쓰고 游惰하지 말며, 非爲스러운 일을 하여 刑罰을 받지 말고, 權貴와 交結하여 良善을 擾害하지 말며, 각기 父母妻子를 보살펴 良民이 되게 하라.[43]

---

41) 『[明]太祖實錄』 卷4, 丙申歲 9月 戊寅朔條, 48쪽 ; 『明史』 卷1, 太祖本紀1 至正 16年條, "九月戊寅 如鎭江 謁孔子廟".
42) 『[明]太祖實錄』 卷7, 己亥歲 正月 乙巳條, 77쪽 ; 『明史』 卷1, 太祖本紀1 至正 19年條.
43) 『[明]太祖實錄』 卷10, 壬寅歲 正月 戊辰條, 126쪽.

라고 敎示를 내리고 있다. 여기에 있는 여러 敎訓을 遵守한다는 것은
다름 아닌 백성들에게 각자 자기의 '分'에 충실해야 함을 일컫는다.[44)
이것은 이미 이전에 설정한 유교적 지배이념을 보다 구체화시킨 것이
라 할 것이다. 그런데 '分'이라는 것은 이미 朱子學에서 확립된 君臣,
上下, 尊卑, 長幼, 主佃 등 다양한 사회관계의 서열을 의미하는 것으
로, 이를 지키도록 한 것은 백성들로 하여금 스스로 피지배계급으로서
의 지위를 自認케 하는 것이다. 태조가 이러한 의식을 강조한 것은 이
미 元末에 폭발적인 파괴력을 보였던 농민들을 현재의 질서에 어떻게
해서든 절대 복종토록 해야만 했기 때문이다.

　이와 같은 '分'은 지주층과 긴밀하게 유착할 수밖에 없었던 당시 권
력의 성격과 관련해서 초기에는 대체로 피지배계층인 일반 농민들에
게만 강조되었다. 그러나 甲辰歲(1364)에 태조가 내린 諭旨 가운데,

　　나라를 세우는 데에는 마땅히 正名을 서워야 한다……君臣之間에는
　敬을 爲主로 삼아야 하는데 敬은 禮의 本이다. 때문에 禮가 서야 上下
　의 分이 定해지고, 分이 定해져야 名이 바르게 되며, 名이 바로 되어야
　天下가 다스려진다.[45)

라고 한 것을 보면, 이제 보다 현실적으로 이를 적용해 가려 했던 태조
의 의지를 엿볼 수 있다. 즉, 이것은 明을 건국하기 전이지만 태조가
君臣 上下間의 名分을 세워 君主를 정점으로 한 專制體制를 구상하
고 있음을 암시한다. 이와 같은 구상은 앞에서 서술한 바와 같이 明을
건국한 후 一君萬民的 위상의 정립과 함께 지주에 대해서도 일반 농
민과 함께 同次元的으로 대응하고자 한 그의 입장을 보여준다.

---

44) '分'에 대하여는 仁井田陞, 『中國法制史研究』(東京 : 東京大學出版會, 1962),
　　제4·5장 ; 曹永祿, 「陽明思想에 있어서의 '分'의 問題」, 『東洋史學硏究』 6,
　　1973 등 참조.
45) 『[明]太祖實錄』 卷14, 甲辰歲 6月 戊戌條, 196~197쪽.

이러한 그의 입장은 명조를 건설한 후부터는 더욱 뚜렷하게 천명되는데, 洪武 3년(1370) 2월에 전국의 富民을 南京에 모아 놓고

> 너희들은 田里에서 편안하게 富稅를 享有하는 자다. 너희들은 이를 아는가? 古人의 말에 民에는 生과 欲이 있다고 하였고, 主가 없으면 곧 亂이 일어나고, 천하에 하루라도 主가 없으면 강한 자가 약한 자를 업신여기게 되고 다수가 소수에 횡포하며, 부자는 스스로 편안할 수 없고, 가난한 자가 스스로 보전할 수 없느니라. 지금 짐은 너희들의 主가 되어 法을 세우고 制를 定하니 부자가 그 富를 보전할 수 있고, 가난한 자가 스스로 그 목숨을 보전할 수 있을 것이다. 너희들은 마땅히 分을 循하고 法을 지켜야 한다. 능히 法을 지키면 자신을 보전할 수 있을 것이다. 약한 자를 업신여기지 말고, 가난한 자를 경시하지 말며, 어린 자를 학대하지 말고, 노인을 속이지 말고, 父兄을 孝敬하며, 親族과 和睦하고, 굶주린 자를 두루 도와주고, 鄕里에서 겸손하고 순종하라. 이와 같이 하면 良民일 것이다.[46]

라고 내린 訓諭를 보면 이를 확실히 알 수 있다. 여기에서 태조는 인간에게는 원래 본질적으로 욕망이 있고, 따라서 욕망을 억제하기 위한 하나의 권위로서 主가 존재해야 한다고 하고 있다. 즉, 主가 존재하지 않으면 사회는 강한 자가 약한 자를 업신여기게 되고, 다수가 소수에게 횡포를 부리는 혼란이 일어날 수밖에 없기 때문에 이러한 欲을 억제하기 위해서는 主, 즉 皇帝의 권위가 반드시 필요하다고 하였다. 이러한 논리에 바탕을 두고 그는 종래 지주층만을 대변하는 입장에서 탈피하여 이제 一君萬民의 君主의 입장을 표명했던 것인데, 현실적으로 대토지소유화가 진행되는 상황에서 地主·富民層의 일반 농민에 대한 압박은 충분히 예견되는 것이고, 이러한 계급갈등은 사회의 안정을 해칠 뿐 아니라 나아가 왕조의 기틀마저 해치는 요인이 되는 것이기 때

---

46) 『[明]太祖實錄』 卷49, 洪武 3年 2月 庚午條, 965쪽.

문에 일반 백성들에게 그들의 '分'을 지키게 함은 물론, 이를 보다 원활하게 실행하기 위해 지주·부민층에게까지도 나름대로의 '分'을 지키게 했던 것이다. 즉, 지주들에게도 "弱을 凌하지 말라", "貧을 呑하지 말라", "小를 虐하지 말라", "굶주린 자를 두루 도우라"라는 등의 '分'을 지키도록 하였다.47) 이렇게 해서 '分'의 관념은 종래 단순한 사회서열 관계상 하위층에게만 강조되는 개념에서부터 이제 사회 제 관계의 당사자 쌍방에게 과해지는 규범 내지 규범의식으로 확대되었고, 또 그 내용도 보다 구체화되었다.

　이후 태조는 이를 바탕으로 군주권을 강화하고, 향촌사회의 기강을 세워 나감과 동시에 백성들에 대한 지배근거로 삼아 나가려 했다.

　　食祿의 家와 庶民은 貴賤에 차별이 있다. 事役을 하여 上에 奉하는 것은 서민의 도리이다. 賢人 君子는 그 家를 귀히 여겨 그 자신의 役을 면케 한다. 君者와 野人을 분별하지 않는 것은 선비로 하여금 어질게 되기를 기대하는 도리가 아니다. 今後 現職官員의 家로 田土를 가지고 있는 자는 租稅를 내는 외에는 모두 그 徭役을 면제하노라.48)

라고 한 洪武 10년(1377)에 내린 태조의 諭는 관료를 내고 있는 지주의 家에 대해 徭役을 면제해 주는 근거를 野人과 君子의 각기의 '分'에 두었던 것을 보여주거니와, 洪武 15년(1382)에 兩浙·江西의 백성들에게

　　우리의 백성된 자는 당연히 그 分을 알아야 한다. 田賦와 力役을 내어 上供하는 일이 바로 그 分이다. 능히 그 分에 순응할 줄 알아야 부모,

---

47) 명조 권력은 私利추구형 富民의 행동을 규제하고 향촌유지에 기여하는 부민층을 육성하려는 데 지배의 이념을 두었다(檀上寬, 앞의 책, 1995, 238~242쪽).

48) 『[明]太祖實錄』卷111, 洪武 10年 2月 丁卯條, 1847쪽.

처자를 보전하며 家가 昌成하고, 몸이 편안할 것이다. 이런 사람이 仁·義·忠·孝의 民이다. 刑罰이 어찌 미칠 수 있겠는가?[49]

라 한 것은 백성들에 대한 徭役부과의 근거 역시 '分'에 두고 있음을 단적으로 보여주는 예이다.

이상에서와 같이 明朝의 향촌민에 대한 지배는 그들 권력의 성격과 관련하여 일찍부터 채택한 전통적 유교주의에 입각하여 유가에서 끊임없이 강조해 온 仁·義·忠·孝의 덕목을 실현시키는 데 두고자 했으며, 이후 이를 사회신분 서열상의 '分'의 관념으로 발전시켜 나아갔다. 다시 말해서 처음에는 일반 백성들에게만 강조하였던 '分'을 황제의 一君萬民的인 권위를 세워 나가면서 현실적으로 존재하는 계급모순을 줄이기 위해 이를 지주층에까지 확대 적용해 나갔으며, 그럼으로써 모든 만민을 각기 자신의 '分'에 순응하여 왕조권력에 순종하는 백성이 되도록 하였던 것이다.

제2절 明朝의 향촌대책과 里老人制

1. 향촌질서 유지방안과 조직의 일체화

사회질서를 바로세워 나가기 위해서는 질서의식 내지 규범의식도 필요하지만 이와 아울러 이러한 의식을 타율적으로 규정하는 벌칙규정으로서 강제력을 수반한 法을 제정해야 하며, 또 법을 현실적으로 운용하기 위한 장치로서 제도도 만들어야 하는 것이다. 그러나 이러한 법과 제도 역시 기본적으로 當時代의 질서의식, 즉 지배이념을 벗어나

---

49) 『[明]太祖實錄』卷150, 洪武 15年 11月 丁卯條, 2362쪽.

서 만들어질 수는 없다.

태조가 향촌민을 지배하는데 유교적 이념, 구체적으로는 '分'의 관념에 입각하고자 했다는 것은 이미 앞에서 살핀 바이지만 명 왕조를 건설해 나가는 과정에서 그는 국가의 기강을 이러한 이념을 바탕으로 하여 세워 나가고자 했다. 吳王으로 즉위한 甲辰年(1364) 정월에 太祖가 左相國 徐達 등에게 말하기를,

　建國 初에는 마땅히 먼저 기강을 바로서워야 한다……禮法으로 나라의 기강을 세워야 하는데 예법을 세우면 사람의 뜻이 定해지고, 상하가 편안해진다. 建國의 初에는 이것이 先務이다.50)

라고 言明한 것이나, 또 吳國을 성립시킨 丙午年(1366)에도 太史令인 劉基에게

　喪亂이 일어난 후 법도는 弛緩되었다. 따라서 마땅히 기강을 바로세우고 法條目을 만들어 更張해야 하는데, 그 要體는 禮儀를 확실히 하는데 있으며, 그것은 人心을 바르게 하고 風俗을 厚하게 하는 것을 本으로 해야 한다.51)

라고 한 것에서 이를 알 수 있다. 즉, 명조를 건설하기 전이지만 나라를 건설함에 있어 무엇보다도 먼저 예법으로써 국가의 기강을 바로잡아 나가야 한다는 그의 의지를 단적으로 코여주고 있다. 그런데 禮라는 것은 儒家의 敎學에 있어 구별과 차등을 지움으로 王의 지배하에 질서를 정하여 인간의 행위를 규율하는 인간생활의 가치기준이며, 교화의 기준이다.52) 따라서 예법은 인간관계의 질서를 규정하는 것으로

---

50) 『[明]太祖實錄』 卷14, 甲辰歲 春正月 戊辰條, 176쪽.
51) 『[明]太祖實錄』 卷19, 丙午歲 3月 甲辰條, 273쪽.
52) 島田正郎, 『東洋法史』(東京 : 敎學社, 1976), 148~149쪽. 유교적 禮의 개념

종래 '分'의 관념을 보다 철저히 한 것으로 볼 수 있다. 이렇게 본다면 태조는 '分'이라는 지배이념을 바탕으로 국가의 법과 질서를 확립하려 했던 것임을 알 수 있다. 명조를 건립하여 황제에 오른 태조는 향촌질서를 유지하기 위한 구체적인 여러 방안들을 강구해 나갔는데, 그것은 바로 이러한 의지를 바탕으로 한 것이다.

그러면 명 건국 초기에 태조가 향촌지배를 위해 어떤 방안들을 강구하였는가를 살펴보도록 하겠다. 태조는 먼저 洪武 원년(1368) 11월에 각종의 祀典을 中書省 및 禮部로 하여금 마련케 하였거니와,53) 여기에서 일반 서민들이 祭祀를 행할 때 지켜야 할 의례를 정하였다. 이러한 내용은 이후 洪武 3년(1370) 6월에 禁淫祀制54)를 命하는 데에서도 강조가 되는데, 일반 서민의 가정에서는 祖先과 竈神, 향촌에서는 里社의 土穀之神과 鄕属의 제사를 행하며, 각종 淫祠의 祭祀는 일체 금지하도록 했다. 이것은 백성들의 일상적인 종교생활에 대한 규제를 통해서 당시 사회혼란을 조장하고 있던 白蓮敎55)를 비롯한 邪敎로부터 백성들을 분리시켜 사회안정을 도모하고자 취했던 조치이기도 했지만

에 대해서는 黃元九, 「李朝 禮學의 形成過程」, 『東方學志』 6, 1963, 3절 참조.

53) 『[明]太祖實錄』 卷36, 洪武 元年 11月 丙午條, 668쪽, "中書及禮部定奏天子親祀圜丘方丘 宗廟社稷 若京師三皇孔子 風雪雷雨 聖帝明王 忠臣烈士先賢等祀 則道官致祭 郡縣宜立社稷 有司春秋致祭 庶人祭里社 土穀之神 及祖父母父母 幷得祀竈載諸祀典 餘不當祀者 竝禁止".

54) 『[明]太祖實錄』 卷53, 洪武 3年 6月 甲子條 禁淫祀制, 1037~1038쪽, "朕思天地造化能主萬物而不言 故命人君代理之前代不察乎 此聽民人祀天地祈禱無所不至 普天之下 民庶繁多一日之間……中書省臣等奏 凡民庶祭先祖 歲除祀竈 鄕村春秋祈土穀之神 凡有災患 禱于祖先 若鄕属邑属郡属之祭則里社 郡縣自擧之其僧道建齋設照不許 章奏上表仗拜責詞亦不許 塑書天神地祇 及白蓮社・明尊敎・白雲宗・巫覡扶鸞禱聖書符呪水諸術 竝加禁止".

55) 명대에 있어 백련교의 전개에 대해서는 相田洋, 「白蓮敎の成立とその展開」, 『中國民衆反亂の世界』(靑年中國硏究者會議 編), 汲古書院, 1983, 191~217쪽 ; 馬西沙・韓秉方, 『中國民間宗敎史』(上海 : 上海人民出版社, 1992), 156~164쪽 참조.

禮制의 하나로 里社와 鄕厲의 祭가 정해짐으로써 里民의 饗宴·會食
을 통해 鄕里를 화목케 하였으며, 그럼으로써 향촌질서를 바로세울 수
있게 되었다.

이와 더불어 洪武 5년(1372) 2월에는 당시 일반 백성들이 禁令을 어
기고 刑憲을 犯하는 경우가 많으므로 태조는 이를 방지하고 향촌민을
勸導敎化할 목적에서 各 府·州·縣 및 鄕의 里社에 懲惡의 방책으
로 申明亭을 세우게 하였다.[56] 이것은 향촌민을 교화함에 있어 학교교
육처럼 근원적이고 적극적이라고는 할 수 없지만 거의 같은 시기에 건
립된 旌善亭과 더불어 향촌사회의 권선징악의 기능을 담당케 함으로
써 역시 향촌사회 질서를 바로세우는 데 일익을 담당케 하였다.[57]

또한 같은 해 4월에는 천하에 鄕飮酒禮를 擧行하라는 詔를 내려 禮
部로 하여금 唐·宋의 儀禮와 周官의 讀法의 취지를 采入하여 鄕飮
酒의 儀禮를 정하도록 하였다.[58] 이것 역시 가족도덕에서 파생한 長幼
의 序를 바탕으로 한 연령의 권위, 즉 孝悌의 확충을 鄕黨에까지 확대
시킴으로써[59] 里社·鄕厲의 祭와 함께 和睦鄕里를 도모하여 향촌질
서를 바로세우려 한 것이다.[60]

---

56) 『[明]太祖實錄』卷72, 洪武 5年 2月 丁未條 1332~1333쪽, "是月 建申明亭
上以田野之民 不知禁令 往往誤犯刑憲 乃命有司於內外府州縣 及其鄕之里
社 皆立申明亭 凡境內人民有犯 書其過名 榜于亭上 使人有所懲戒".

57) 旌善亭은, 申明亭이 범죄자의 이름을 記錄해서 供衆에 昭示하는 懲惡의 기
능을 한 데 반해 선행자를 기록하여 권선의 기능을 했던 것이다. 이 兩亭의
기능은 태조의 상당한 관심과 기대 속에서 향촌민뿐만 아니라 관리들에게까
지도 미쳤다(小畑龍雄, 「明代鄕村の敎化と裁判」, 『東洋史硏究』 11-5·6,
1952, 23~26쪽 참조).

58) 『[明]太祖實錄』卷73, 洪武 5年 4月 戊戌條, 1342~1343쪽, "詔天下擧行鄕飮
酒禮 上以海內宴安 思化民俗以復于古 乃詔有司擧行鄕飮 於是 禮部奏取儀
禮及唐宋之制 又采周官屬民讀法之旨 參定其儀 在內應天府及直隷府州縣
每歲孟春正月孟冬十月 有司與學官士大夫之老者 行之於學校……".

59) 淸水盛光, 『中國鄕村社會論』(東京 : 岩波書店, 1951), 274~281쪽.

60) 鄕飮酒禮는 洪武 16년(1383) 10月 25일에 鄕飮酒禮圖式이 頒行되면서부터

그러는 한편 태조는 元代에 勸農을 목적으로 시행한 社制와 밀접한 관계를 가진 鄕學의 부활이라고 할 수 있는 社學도 설립하였다.61) 태조는 일찍부터 기회 있을 때마다 "治國의 要體는 敎化가 우선이고, 敎化의 道는 學校가 그 本이다"62)라고 피력하였거니와, 향촌민을 교화하기 위해서는 학교 교육이 필요함을 인식하고 있었다. 그렇지만 이미 설치되었던 里社의 祭, 申明·旌善亭 및 鄕飮酒禮 등 향촌의 諸 敎化方策이 시행되고 있었기 때문에 이를 유보해 왔다. 그러나 이런 교화책만으로는 제대로 향촌민을 교화시킬 수 없게 되자, 태조는 洪武 8년(1375) 정월에 中書省의 臣下에게 이르기를

옛 成周시대에는 家에는 塾이 있고, 黨에는 庠이 있었기 때문에 백성들은 모두 다 배움이 있어 敎化가 행해지고 風俗이 아름다웠다. 지금 京師 및 郡縣에 모두 학교가 있지만 鄕社의 백성은 아직 敎化가 미치지 못하는 바 마땅히 官吏들에게 社學을 설치하도록 명하여 儒學者를 선생으로 모셔 民間子弟를 가르치면 가히 導民善俗을 이룰 것이다.63)

라 하여 보다 적극적인 교화방안으로 학교교육,64) 즉 社學을 통하여

─────────

종래 정월 15일과 10월 1일 兩季에 거행되던 祭가 春秋에 행해지는 里社의 祭日로 정해지게 되었다. 그 결과 里社의 祭와 鄕飮酒禮는 일체화되고 里社의 祭의 부속적인 행사로 되었다. 松本善海, 「明代における里制の創立」, 『東方學報』(東京) 12-1, 1941, 115쪽[후에 『中國村落制度の史的硏究』(東京 : 岩波書店, 1977)에 재수록)].

61) 원대의 社制와 鄕學에 대해서는 松本善海, 위의 책, 1977, 제1부 2편 1장 참조.

62) 『[明]太祖實錄』卷46, 洪武 2年 10月 辛巳條, 923~924쪽, "朕恒謂 治國之要 敎化爲先 敎化之道 學校爲本". 同月 辛卯條(923쪽)에도 비슷한 내용이 보인다.

63) 『[明]太祖實錄』卷96, 洪武 8年 正月 丁亥條, 1655쪽. 社學 설립에 관한 내용은 『明史』卷69, 選擧1 및 『大明會典』卷78, 學校 社學條에도 보인다.

64) 명대의 학교교육은 대부분 관학이었다. 명대 교육제도에 대해서는 吳金成, 「明朝前期의 生員政策에 대하여 - 士人層形成過程을 중심으로 - 」, 『歷史敎

향촌사회 깊숙이에까지 導民善俗이 잘 이루어지도록 하였다. 그런데
이 社學은 설립 당초 관리들로 하여금 관장케 하여 민간자제를 가르치
도록 했지만 오히려 관리들에 의한 폐해가 심해지자 설치된 지 얼마
되지 않아 폐지되어 버렸다.[65] 그렇지만 洪武 16년(1383) 10월에 다시
부활되었는데 이 때에는 이를 개선하여 관리들의 간여를 배제하고 민
간이 주도하는 里의 통제 하에서 운영되도록 하였고,[66] 다른 교화방안
과 함께 향촌교화의 일익을 계속 담당하도록 하였다.

그런데 이러한 교화방안을 보다 철저하게 이루기 위해서는 讀書의
儀式[67]이 수반되어야 했다. 여기에서 教育勅語를 담은 많은 勸戒書도
勅撰되었다.[68] 그 중에서도 각 教化機關에서 暗誦되었던 대표적인 것
은 洪武 18년(1385) 10월에 발포된 「御製大誥」[69]인데, 이것은 이후 洪

育』10, 1967 ; 吳金成, 「明太祖의 文教政策」, 『歷史教育』11·12 , 1969 ; 金
漢植, 「明代 學校教育에 대한 考察」, 『大邱教大論文集(人文·社會科學篇)』
5, 1969 ; 蔡義順, 「明代의 教育思想과 教育制度에 대한 연구」, 『서울師大研
究論叢』1, 1971 ; 權重達, 「明代의 教育制度 - 특히 明王朝의 君主獨裁性格
과 관련하여 -」, 『大東文化研究』17, 1983 ; 全淳東, 「明代監生의 履修制에
대하여」, 『忠北大論文集』31, 1986 등 참조.

65) 社學停廢에 대해서는 全淳東, 「明初 社學의 設立과 그 推移」, 『忠北史學』1,
1987, 36~41쪽 참조.

66) 『[明]太祖實錄』卷157, 洪武 16年 10月 癸巳條, 2435쪽, "詔郡縣復設社學 先
是命天下 有司設社學 以教民間子弟 而有司以是擾民 遂命停罷至是復詔 民
間自立社學 延師儒 以教子弟 有司不得干預'.

67) 里社나 鄕厲에서 제사가 행해진 뒤에는 會飮讀書가 행해졌는데, 이를 통해
社厲祭祀集團의 상호협력, 친목도모는 물론 조직의 연대감과 통일성이 강화
되었다[栗林宣夫, 『里甲制의 研究』(東京 : 文理書院, 1971), 7~9쪽 참조]. 한
편 洪武 16년에 里社의 祭와 鄕飮酒禮가 일체화되면서 종래 이에 포함되었
던 讀法의 의식은 祭 의식과는 달리 다른 형식으로 발전해 갔다(松本善海,
앞의 책, 1977, 117쪽).

68) 역대왕조 가운데 勸戒書가 가장 많이 勅撰된 시기는 명대이며 명대 중에서
도 거의 대부분이 洪武, 永樂年間에 간행되었다. 명대 勅撰勸戒書에 대해서
는 酒井忠夫, 『中國善書의 研究』(東京 : 國書刊行會, 1972), 제1장 참조.

69) 『[明]太祖實錄』卷176, 洪武 18年 冬10月 己丑條, 2665~2666쪽, "御製大誥

武 19년(1386) 3월에 「御製大誥續編」70)과 같은 해 12월에 「御製大誥三編」71)으로 내용이 보강되면서 연이어 刊布되었던 것으로, 이들 三種의 大誥를 이른바 '大誥三編'이라 한다. 이것은 元의 정치·사회·윤리의 敗類를 물려받은 명조의 입장에서 萬機를 振肅하고, 綱常을 바르게 하기 위해 頒示한 것이었으며,72) 그 내용은 중앙·지방의 정치상 여러 가지 구체적 사례에 대한 判決例가 대부분으로 다분히 明의 전제정치를 추진하기 위한 행정·사법의 구체적인 내용을 담고 있다. 하지만 여기에는 도덕에 관한 조목으로 '申明五常第一', '明孝第七' 등 민중을 도덕적으로 교화시키기 위한 내용도 담고 있거니와,73) 이를 모든 臣民에게 奉讀케 하여 俾爲官吏를 監戒케 하였을 뿐 아니라 성인은 물론 어린 아동에까지도 奉讀케 하여 良善의 民으로 만들고자 했던 것으로74) 民衆敎化에 상당한 기능을 했던 것으로 보인다.

이상에서와 같이 明朝는 일찍부터 유교주의를 채택하여 보다 구체적인 이념으로서 '分'이라는 질서의식을 강조해 나갔으며, 이를 바탕으로 국가기강을 확립키 위한 향촌질서 유지방안으로서 里社와 鄕厲의 祭, 鄕飮酒禮, 申明·旌善亭, 社學 등의 교화방안을 강구해 나가는 한편, 이를 철저히 하기 위해 많은 勸戒書도 勅撰하여 이를 읽힘으로써 향촌질서를 바로잡아 나가고자 했다.

그런데 이러한 교화방안은 각기 나름대로의 기능과 역할을 가지고

成頒示天下".

70) 『[明]太祖實錄』卷177, 洪武 19年 3月 辛未條, 2682쪽, "御製大誥續編成頒示天下".

71) 『[明]太祖實錄』卷179, 洪武19年 12月 癸巳條, 2715쪽, "御製大誥三編成頒示天下".

72) 酒井忠夫, 앞의 책, 1972, 35쪽.

73) 위의 책, 36쪽.

74) 『[明]太祖實錄』卷182, 洪武 20年 閏6月 甲戌條, 2753쪽, "上謂禮部試尙書李原名曰 朕御製大誥三編 頒示天下 娛爲官者知所監戒 百姓有所持循若能遵守 不至非爲 其令民間子弟 御農隙之時 講讀之".『[明]太祖實錄』卷214, 洪武 24年 11月 己亥條, 3159쪽에도 같은 내용의 기사가 보인다.

행해졌지만 본원적으로는 공히 향촌질서를 안정시키는 데에 그 목적
이 있고, 또한 모두 다 동일한 향촌민을 대상으로 하고 있다. 따라서
이들 방안은 각기 별개의 단위로서보다는 단일조직으로 운용하는 것
이 보다 효율적이었을 것으로 생각되거니와 사실 점차 하나의 조직으
로 一體化되어 갔다.

　洪武 5년(1372)에 내려진 「詔天下擧行鄕飮酒禮」의 내용 가운데

> 　민간의 里社는 百家를 一會로 하여 糧長 혹은 里長이 이를(鄕飮酒禮
> 를) 주관한다. 百人 가운데 가장 연장자가 正賓이 되고, 나머지는 연령
> 에 따라 자리한다. 每 季節에 里 內에서 이를 행한다……75)

라는 것을 보면, 일찍이 里社의 祭는 百家로 구성된 '會'를 단위로 행
해졌음을 알 수 있고, 鄕飮酒禮의 거행 역시 里長 혹은 糧長의 주관
하에 百家로 구성된 '會'를 단위로 행해졌던 것임을 볼 수 있다. 즉, 里
社의 祭와 鄕飮酒禮는 동일한 조직 하에서 동시에 거행되었던 것이다.
이와 함께 "有司에 命하여 內外 府·州·縣 및 향촌의 里社에 모두
申明亭을 세웠다"76)라는 내용에서와 같이 향촌민의 勸善을 위해 세워
진 申明亭 역시 향촌의 각 里社에 설치되었던 것이어서, 이것 역시도
'會'라는 조직 하에서 운용되었음을 볼 수 있다.

　그런데 한편, 「洪武禮制」의 里社條에

> 　무릇 각 지역의 향촌 백성들은 每 里 一百戶 내에 壇 一個所를 세워
> 五土 五穀의 神에게 祭祀를 지내고 기도하면, 때에 맞춰 비가 오고 맑
> 기도 하여 五穀이 풍성해진다.77)

---

75) 『[明]太祖實錄』 卷73, 洪武5年 4月 戊戌條, 1342~1343쪽.
76) 주 56).
77) 『皇明制書』 卷7, 「洪武禮制」 里社, 1260쪽.

라고 한 것과 鄕厲條에

　　무릇 各 鄕村에서 每里 一百戶 內에 壇 一個所를 세워 祭를 지내고 祈禱하면 모든 백성이 건강하고 가축은 번성한다……78)

라는 내용을 보면, 里社와 鄕厲의 祭祀는 모두 百戶로 구성된 '里'를 단위로 하여 시행되었던 것임을 알 수 있다. 여기에서 百家로 구성된 '會'라는 조직과 百戶로 구성된 '里'라는 조직상의 차이가 보인다. 그러나 明初에 이러한 두 개의 조직이 동시에 존재했었던 것 같지는 않고 동일한 조직을 달리 표현한 것이 아닌가 한다. '會'라는 명칭은 촌락의 지연적 단체를 가리키는 것으로 明末에도 존재하여 鄕約・保甲制의 시행단위로 나타나기도 하지만79) 明 초기에는 일반적으로 '里'라는 명칭이 통용되었던 것으로 보인다. 그것은 鄕飮酒禮의 시행이 禮部에 의해 唐・宋의 儀禮에 따라 周官의 讀法을 采入하여 定해졌던 것으로 "百戶爲里 五里爲鄕 四家爲鄰 五家爲保"80)라는 唐代의 鄕里制가 그대로 明初에도 채용되었을 것이라는 판단에서도 그렇고, 또한 거의 비슷한 무렵인 洪武 3년경에 稅糧과 軍需의 催辦을 임무로 한 이른바 小黃冊圖의 法81)이 百戶 一里라는 조직을 바탕으로 湖州府를 중심으

---

78) 『皇明制書』 卷7, 洪武禮制 鄕厲, 1267쪽.
79) 會에 대해서는 山田秀二가 일찍이 章潢의 保甲條規(『圖書編』 卷92)를 분석하면서부터 주목되었다(「明淸時代の村落自治について(1)」, 『歷史學硏究』 2-3, 1934). 한편 松本善海는 이 會를 명대의 이갑제에서 청대의 보갑제로 이행하는 과도기에 존재하는 촌락자치조직으로 설명하고 있다[松本善海, 『支那地方自治發達史』(東京 : 汲古書院, 1939), 125~126쪽].
80) 『舊唐書』 卷48, 志28 食貨上, 2089쪽.
81) 小黃冊圖의 법은 洪武 14년에 제정된 이갑제의 전신으로 洪武 3년 湖州府에서 이미 100戶 1里로 편성된 稅糧・軍需의 催辦을 목적으로 시행된 이갑제를 일컫는데, 이 이갑제는 세량・군수를 催辦하기 위해 小黃冊을 만들었던 것으로 鶴見尙弘은 「明代の畸零戶について」(『東洋學報』 47-3, 1964)에서 처음으로 小黃冊圖의 법이라 칭하였다. 이 법은 湖州府에서 시행된 것이지만,

로 상당히 넓은 지역에 걸쳐 시행되고 있음을 감안한다면 百戶로 구성
된 里라는 조직은 明初의 향촌단위로서 이미 각지에 널리 활용되었던
것임을 알 수 있다. 또한 여기에서 稅糧과 軍需의 催辦을 임무로 한
小黃冊圖의 法 역시 諸 敎化策의 운용조직과 같은 100戶 1里의 조직
을 단위로 시행되었다는 것은 이들 여러 교화방안과 함께 징수의 사무
와도 하나의 조직으로 일체화되어 갔음을 보여준다.

洪武 14년(1381) 정월에 태조는 천하에 里甲制를 제정함[82]으로써
징수사무를 포함하여 諸種의 교화방안을 포괄한 明代 사회 전 구조에
걸친 지배체제를 확립했던 것인데,[83] 이것은 바로 위와 같은 제 향촌
질서 유지방안의 일체화가 이전부터 줄곧 행해져 온 바탕에서 이루어
진 것이다.『明律』을 보면 이갑제 하의 里長과 甲首의 임무를 "稅糧을
催辦하고, 一里의 公事를 管攝한다"[84]로 규정하고 있는데, 여기에서
公事라 함은 里內의 稅糧徵收와 함께 里甲에 부수된 사무 전체, 즉 里
內의 勸農, 敎化, 治安秩序維持, 裁判, 相互扶助 등을 가리키는 것으
로[85] 명초부터 행해진 諸種의 교화방안에서 강구되어 행해져 온 일체
의 사무를 가리킨다.

그런데 이갑제에 종래의 제 방안이 망라되었음에도 불구하고, 종래
향촌민에 대한 교육을 담당했던 社學만은 포괄되지 않았다. 그것은 종

山根幸夫는 같은 시기에 호적을 제작하기 위해 전국적으로 실시된 戶帖制와
연관시켜 보다 넓은 지역에 걸쳐 시행되지 않았을까 전망하고 있다[山根幸
夫,『明代徭役制度の展開』(東京 : 東京女子大學學會, 1966), 16~22쪽].

82)『[明]太祖實錄』卷135, 洪武 14년 正月條, 2143~2144쪽 ;『明史』卷77, 食貨
志 ;『大明會典』卷21, 戶口2 撰造黃冊.

83) 鶴見尙弘은 이갑제는 이러한 자치조직으로서뿐만 아니라 현실의 계급관계를
기초로 在地의 제 생산과정을 유지하기 위한 공동체적인 제 생산기능에까지
도 관여하고 있기 때문에 명대 사회의 전 구조에 걸친 지배체제라고 하고있
다(앞의 논문, 1971, 57~58쪽).

84)『皇明制書』卷13, 大明律 戶律 戶役 禁革主保里長, 1807쪽.

85) 山根幸夫, 앞의 책, 1966, 41~42쪽 ; 酒井忠夫「明代前中期の保甲制につい
て」,『淸水博士追悼紀念明代史論叢』(東京, 1962), 578쪽.

래 社學이 元代의 社制를 그대로 답습하여 50家로 편성된 '社'를 단위
로 설치되었고,[86] 官立으로 운영되었거니와 더구나 곧 폐지되어 버
렸기 때문이다. 그러나 洪武 16년(1383) 10월에 다시 부활되고, 또 종
전의 官立의 원칙이 배제되고 순수한 民立의 社學으로 설립되면서부
터는 이 역시 里甲制組織을 기반으로 설립·운용되었다.[87] 洪武 24년
(1391) 11월에 태조는 大誥에 능통한 민간자제에게 賞을 내리도록 命
하면서

　　일찍이 皇上은 天下 府·州·縣民에게 命하여 每 里에 塾을 두고, 塾
　에 선생을 두어 生徒를 모아 御制大誥를 暗誦할 것을 가르치도록 했는
　데, 이것은 어렸을 때부터 마땅히 지켜야 할 바를 알도록 하기 위해서였
　다.[88]

라 하고 있는데 여기에서 里를 단위로 학교, 즉 社學을 세웠던 것을
알 수 있고, 또 明 말기의 인물이기는 하지만 馮應京이 저술한『皇明
經世實用編』에서 社學을 설명하는 가운데에

　　社學은 一社의 學이다. 里는 110戶로 되었는데 里에는 반드시 社가
　있었다. 때문에 里中에 있는 學을 이름하여 社學이라 한다.[89]

라고 한 데에서도 이를 확인할 수 있다. 이러한 예증이 아니더라도 사
실 하나의 교육기관이 민간의 힘으로 설립되고 또 유지되기 위해서는
향촌의 조직을 바탕으로 하지 않으면 불가능한 것으로, 당시 향촌조직
인 이갑제를 바탕으로 설립·운용되지 않을 수 없는 것이다.

---

86) 松本善海, 앞의 책, 1939, 472~473쪽.
87) 全淳東, 앞의 논문, 1987, 41~45쪽.
88)『[明]太祖實錄』卷214, 洪武 24년 11月 己亥條, 3159쪽.
89)『皇明經世實用編』卷17, 社學編.

아무튼 이상에서 明 건국 초부터 향촌질서를 유지하기 위한 여러 향
촌방안이 강구되었거니와 이들 방안은 모두 그 성립 초부터 里라는 향
촌조직을 중심으로 운용되어 왔으며, 징세를 목적으로 한 小黃冊圖의
法과도 일체화되어 이후 明代 향촌지배의 모든 기능을 망라한 이갑제
로 제정되었던 것을 알 수 있다.

2. 里老人制의 형성과 그 기능 및 성격

1) 老人의 활용

明朝의 향촌사회에 대한 지배는 洪武 14년(1381) 정월에 이전의 제
향촌통치방안을 망라하여 제정된 이갑제를 근간으로 하게 되었으며,
명조는 이를 기반으로 전제권력을 유지하고자 했다. 그런데 이갑제는
설립 당초부터 혈연적 가족노동력을 기본으로 하는 小土地所有者, 즉
자작농을 바탕으로 均分均役을 이념으로 하면서도 현실적으로 존재하
는 중층적인 제 사회신분관계를 포함하고 있었던 것이어서 이미 그 내
재적인 모순을 안고 있었다.[90] 또한 稅糧의 징수와 이를 위한 黃冊의
編造 및 권농, 교화, 재판, 치안질서유지 등 이른바 里甲自治를 모두
里長이 수행해야만 했기 때문에 里長의 업무가 너무 과중하고 번잡해
졌거니와, 실제 里長이 均分均役의 이념에 입각해서 每年 교체되어
임무를 수행하였기 때문에 향촌사회 질서유지에 있어서 중요한 향촌
민의 정신적 결합과 연대성을 강화한다는 면에 있어서도 그 기능은 약
화될 수밖에 없었다.[91] 게다가 이갑제는 향촌민의 자치에 의해 운용되
는 것이면서도 황제지배체제의 중요한 정치 의도적 구성체로 官治의
개입이 반드시 필요했던 것인데,[92] 이갑제 제정 당초의 地方官治 상황

---

90) 鶴見尙弘, 앞의 논문, 1971, 59~67쪽.
91) 栗林宣夫, 앞의 책, 1971, 56쪽 ; 和田淸, 『支那地方自治發達史』(東京 : 汲古
書院, 1939), 112쪽 참조.

은 元末 이래의 부패구조에서 벗어나지 못한 상태로 명 태조의 끊임없는 엄벌에도 불구하고 백성들의 원성이 증폭되는 상태였기 때문에 그 운용상에 많은 문제가 있었다.93) 따라서 이갑체제를 안정적으로 유지하기 위해서는 里長의 역할을 보좌하고 공동체 강화를 목적으로 하는 어떠한 대책이 강구되어야만 했다.

그런데 중국사회에서는 고래로 優老의 俗, 尙齒思想이 존중되어 왔고 이를 바탕으로 일찍부터 향리 민중을 교화시키는 데에 향리의 지도자로서 父老들을 이용하여 왔거니와 明朝도 이러한 전통적인 방식을 채택하여 향촌질서를 유지하는 데 父老들로 하여금 이갑제를 보조케 하였다. 그런데 명 태조가 향촌사회를 지배해 나가는 데 父老들을 이용하려 한 것은 보다 일찍부터 나타나고 있다. 그가 1354년 滁陽을 공략할 때 그를 出迎해 나온 李善長이 里의 長인 것을 알고 禮로써 그를 대하였던 것94)은 이들 父老들이 향촌사회에 있어 지도자로서 위치하고 있음을 일찍부터 인식하고 그들을 慰撫하여 향촌사회 안정에 그들을 활용하려는 태조의 의도를 보여주는 것이다. 이러한 의도는 이후 太平路를 공략할 무렵부터 많은 父老들이 출영해 나오게 되고 이들과 긴밀하게 접촉하게 되면서 더욱 확고해졌다.95)

至正 26년(1366) 11월에 태조가 그의 戰勝을 축하하러 온 父老들에게 諭를 내리기를,

너희 父老들은 마땅히 백성들을 戒諭하여 각자 生業에 노력하도록

---

92) 細野浩二, 「耆宿制から里老人制へ」, 『中山八郎敎授頌壽記念明淸史論叢』, 1977, 35쪽.
93) 明初 官界腐敗狀況에 대해서는 細野浩二, 앞의 논문, 1980, 28~40쪽 ; 淸水泰次, 「明初の民政 - 官を抑え民をあぐ - 」, 『東洋史硏究』 13-3, 1941 참조.
94) 『明史』 卷127, 李善長傳, "知其爲里中長者 禮之 留掌書記".
95) 太平路를 공략한 다음 해인 1356년 9월 태조는 儒士로 하여금 父老들을 깨우쳐 農桑을 권장케 하기도 했다(『明史』 卷1, 本紀1, "遣儒士告諭父老 勸農桑").

하며 非義를 하지 않도록 해야 한다.96)

라고 하고 있는데, 이것은 바로 위와 같은 의도에서 직접 향촌의 지도적 위치에 있는 父老들을 향촌민 교화에 활용하려 한 것이다. 이와 아울러 洪武 원년(1368) 8월에 太祖는 「初定南北京詔」를 내리면서

　　大梁에 행차하여 父老들에 이르러 물으니 모두 아뢰기를 옛 聖人은 나라의 가운데에 居하여 四夷를 다스려 天下가 두루 편안했다고 한다. 朕도 中原의 土壤이 사방에서 朝貢해 오는 길이 아주 적절하다고 보이는 고로 父老들이 이야기한 바는 곧 짐의 뜻과 합치가 되는데, 가히 이를 따르지 않을 수 있겠는가?97)

라고 하고 있는데, 이것은 태조가 향촌민에 대한 교화뿐 아니라 정책을 입안하는 데에 있어서도 父老들의 자문을 구하고자 했음을 보여준다.

　이처럼 태조가 父老들에 대한 기대와 함께 이들을 활용하려 한 것은 일찍부터 유교주의적 지배이념을 바탕으로 향촌지배에 임하려 했던 그로서는 당연한 것이기도 했지만, 현실적으로 왕조지배체제를 확립해 나가는 과정에서 향촌 내에서 그들의 영향력을 무시할 수 없었기 때문이다. 이미 洪武 14년(1381)에 명대 향촌사회의 전 구조에 걸친 통합된 지배체제로서 이갑제가 설치되었지만, 앞에서 지적한 바와 같이 이를 보완해야 할 필요성이 생김에 따라 이들 老人들에 거는 기대는 더욱 커질 수밖에 없었다.

　이 같은 사정에서 태조는 향촌사회에서 영향력이 있는 老人을 보다 적극적으로 활용해 나갔다. 확실한 설립연대98)는 알 수 없으나 이갑제

----

96) 『[明]太祖實錄』 卷21, 丙午年 11月 庚辰條, 305쪽.
97) 『皇明詔令』 卷1, 太祖高皇帝上 洪武 元年 8月 1日條.
98) 耆宿의 설립연대에 대해서는, 그것이 里를 단위로 한 전국적 규모의 기구였

가 제정이 된 이후 里를 단위로 高年有德한 者를 耆宿에 임명하여[99]
公事에 임하는 지방관에게 자문하도록 했던 것은 그 좋은 예라 할 것
이다. 즉, 태조는 이들로 하여금 지방관이 公事·疑難案件을 처리하는
데 자문을 하도록 했으며,[100] 里中의 是非를 質正케 하여 里甲의 향촌
질서 유지를 보좌토록 하였다.[101] 그뿐 아니라 官界의 부패를 시정하
기 위해 耆宿에게 지방관이 펼치는 施政에 대한 善惡을 上奏할 권한,
즉 監察面奏權까지 부여하였다.[102] 그러나 耆宿制는 처음 의도했던
바와는 달리 官界의 부패구조에 물들어 부적격자가 임용되어 오히려
鄕里를 蠹蝕하고 백성들에게 害를 끼치게 되어[103] 결국 洪武 21년
(1388) 8월에 耆宿制를 일단 폐지시키기도 했다.[104] 그러나 耆老, 耆民
등 老人을 향촌사회의 公的인 일에 활용하는 것은 이후에도 그치지
않았다. 예컨대 洪武 22년(1389)에 "江西 廣信 等地의 府의 耆民인 江
謙叔 등에게 酒肉을 下賜했다"[105]라는 것은 耆宿制가 폐지되었음에

다는 점에서 대체로 이갑제 설립 이후로 보고 있다(小畑龍雄, 「明代極初の老
人制」, 『山口大學文學會誌』 1, 1950, 63쪽 ; 小畑龍雄, 앞의 논문, 1952 ; 松本
善海, 앞의 논문, 1941, 464쪽 ; 細野浩二, 앞의 논문, 1977 등 참조). 그러나
里라는 조직이 이미 앞에서 살핀 바와 같이 이갑제 이전부터 존재하고 있었
기 때문에 이에 대한 의문은 여전히 남아 있다.

99)『大明會典』 卷9, 吏部8 關給須知 到任須知1, "設耆宿 以其年高有德·諳知
土俗·習聞典故 凡民之疾苦 事之易難 皆可訪問".

100)『御製大誥續編』 耆宿8.

101)『[明]太祖實錄』 卷193, 洪武 21年 8月 壬子條, 2894쪽. 細野浩二는 耆宿은
원래 勸農에도 관여하지 않았을 뿐 아니라 이들에게 주어진 재판권도 자치적
질서유지를 위해 허용된 것이 아니고 정책적 의도 하에 地方官治의 연장선
상에서 부여된 직능으로 보고 있다(細野浩二, 앞의 논문, 1977, 32쪽).

102)『御製大誥』 耆民奏有司善惡45.

103)『御製大誥續編』 耆宿8.

104)『[明]太祖實錄』 卷193, 洪武 21年 8月 壬子條, 2894쪽, "罷天下府州縣耆宿
初令天下郡縣 選民間年高有德行者 里置一人 謂之耆宿 俾質正里中是非 歲
久更代 至是 戶部郎中劉九皐言 耆宿頗非其人 因而蠹蝕鄕里民反被其害 遂
命罷之".

105)『[明]太祖實錄』 卷195, 洪武 22年 正月 壬子條, 2931쪽.

도 불구하고 이들을 계속 우대하고 있음을 보여주거니와 역시 洪武 22
년 8월에 公布된 『大明律』 戶律 戶役의 「禁革主保里長」의 내용 가운
데

　　이와 함께 耆老를 설치하는데, 반드시 本鄕의 年高有德하고 衆으로
　부터 推服을 받는 사람을 뽑아 충당하고, 罷職된 吏卒과 過가 있는 자
　는 그 충당을 不許한다. 위반한 자는 杖 60, 當該 官吏는 笞 40에 처한
　다.106)

라는 데에서 볼 수 있듯이 耆宿에 대신하여 鄕을 단위로 새로이 耆老
를 설치하였던 것이다. 여기에서 새로이 鄕老人制가 설립되는데, 鄕老
人은 그 임무상 기본적으로 이전의 耆宿制와 차이는 없지만 종전의
耆宿이 지방관에게 그 선출이 일방적으로 위임되어짐으로써 혼란이
야기되었던 제도적 결함을 시정하여 이제는 鄕을 단위로 民의 推服을
받는 자를 선출하도록 하여 鄕老人으로 하여금 오히려 지방관의 자의
성을 규제하도록 하였다. 아무튼 이들 老人은 이제 지방관으로부터 보
다 많은 자율성을 부여받게 되었고, 그뿐만 아니라 洪武 23년(1390) 3
월에 官民服飾을 定함에 있어

　　耆民・有司・生員은 文職과 같이 服制를 정하라.107)

라고 하고 있는 바와 같이 耆儒・生員과 함께 文官에 準하는 대우를
받게 되었으며, 또한 같은 해 6월에는

　　吏部에 命하여 천하의 耆老 중에 才德이 있고 典故를 아는 자를 뽑아
　官을 제수했는데 그 수가 452人이었다.108)

---

106) 『皇明制書』 卷13, 大明律 戶律 戶役 禁革主保里長, 1807쪽.
107) 『[明]太祖實錄』 卷200, 洪武 23年 3月 乙丑條, 3001쪽.

라고 하고 있는 데서와 같이 다수의 耆民·耆老가 직접 관직에 등용
되기도 하였다.109)

이상에서와 같이 明朝는 일찍부터 유교주의적 통치이념을 채택함과
동시에 전통적인 優老·尙齒思想에 입각하여 향촌사회의 질서를 유지
하는 데 父老들을 활용해 왔었거니와 특히, 국가통치의 근간으로서 이
갑제를 제정한 이후 이를 보다 원활하게 유지시켜 나가기 위해 더욱
적극적으로 父老들을 활용해 나갔다. 즉, 명조는 耆宿制를 설치하여
향촌사회의 경미한 사건에 대한 재판권과 또 지방관에 대한 面奏權을
이들에게 부여하였고, 里長의 역할을 분담케 했을 뿐 아니라 官界의
부패상황에 대처해 나가기도 했다. 耆宿制는 곧 폐지되었지만 이후로
도 父老들의 활용은 제도적으로 보완을 하면서 계속 이어졌던 것이며,
명조의 향촌질서 유지에 중추적인 역할을 담당한 里老人制는 바로 이
러한 과정에서 성립되게 되었다.

2) 里老人制의 성립

그러면 里老人制는 보다 구체적으로 언제 어떻게 성립되었는가에
대하여 살펴보도록 하겠다. 里老人制에 대해서는 이미 여러 사람에 의
해 충분한 연구와 논의가 이루어져 왔기 때문에 여기서는 다만 기존의
논의를 중심으로 살펴보도록 하겠다.

里老人制에 대한 그간의 논의는 공통적으로 향촌민에 의해 推擧된
老人이 「敎民榜文」에 있는 제 역할을 자율적으로 수행함으로써 그 제
도적 성립이 이루어졌다는 데 인식을 같이하고 있다. 그러면서도 실제
이러한 내용을 갖춘 里老人이 제도적으로 언제부터 이루어지기 시작

---

108) 『[明]太祖實錄』卷202, 洪武 23年 6月 庚寅條, 3032쪽 ; 卷206, 同年 11月 癸
丑條, 3071쪽, "選耆民百六十七人 授府州縣官 俾歷事于諸司".
109) 이 해에 총 1,916명의 耆民을 관리에 등용했다(『[明]太祖實錄』卷206, 洪武
23年 12月 戊子條, 3078쪽, "是歲 選天下耆民才智可用者 得千九百十六人").

했는가에 대해서는 각기 견해를 달리하고 있다. 이들 里老人制 성립에 대한 대표적인 견해로, 小畑龍雄은 일찍이 洪武 22년(1389) 11월의 政令을 바탕으로 이때 耆宿制가 다시 부활됨으로써 里老人制가 성립되었다고 보고 있고,[110] 松本善海와 淸水盛光은 洪武 27년(1394) 4월에 老人들이 재판을 행할 때 그 準則으로서 이들에게 주어졌던 「敎民榜」이 「敎民榜文」의 실제적 내용을 이룬다는 것을 바탕으로 洪武 27년에 里老人制가 성립했다고 주장하고 있으며,[111] 이들 두 견해에 대해 細野浩二는 老人의 지방관과의 위치관계상 그 선출방식에 착안하여 耆宿制에서 鄕老人制로 이후 里老人制로의 발전과정을 논하면서 기존의 설을 비판하고, 「敎民榜文」의 간행시기인 洪武 31년(1398)을 그 성립시기로 보고 있다.[112] 따라서 본고에서는 편의상 小畑과 松本氏의 견해에 대한 細野氏의 비판을 중심으로 살펴보고, 이에 덧붙여 細野氏의 견해에 대한 나름대로의 문제점을 지적해 보고자 한다.

먼저 小畑龍雄은 『明實錄』洪武 22年 11月 癸未條[113]의

吏部에 명하기를 天下 州·縣의 민간에서 耆年有德者를 每 里마다 一人씩 뽑아 차례로 來朝케 하고, 이미 來朝한 자는 朝廷의 政治를 參觀케 하여 3개월 후에 돌려보내라.

라는 政令을 근거로 하여 每里의 民間에서 선출된 耆年有德者를 前年에 폐지된 耆宿이 다시 부활된 것으로 보았다. 즉, 그는 이들 耆民이 이전의 耆宿과 거의 같이 태조의 신뢰를 받으면서 지방사정을 중앙에

---

110) 小畑龍雄, 앞의 논문, 1950 ; 앞의 논문, 1952.
111) 松本善海, 앞의 책, 1939, 明代 第5節 ; 松本善海, 앞의 논문, 1941 ; 淸水盛光, 『支那社會の硏究』(東京 : 岩波書店, 1950), 208~221쪽 ; 淸水盛光, 앞의 책, 1951, 247~248쪽 ; 顧炎武, 『日知錄集釋』卷8, 鄕亭之職(臺灣 : 中華書局印行, 1976).
112) 細野浩二, 「里老人と衆老人」, 『史學雜誌』73-7, 1969 ; 앞의 논문, 1977.
113) 『[明]太祖實錄』卷198, 洪武 22年 11月 癸未條, 2971쪽.

통보하고, 지방관의 善惡을 백성의 입장에서 批判上言하면서 향촌사
회에 있어 유력한 지도자로서 里長에 못지않는 영향을 미쳤다고 주장
하고 있다.114) 다만 이 무렵 耆民이 행하는 역할 중에는 종래 耆宿이
행사하던 재판권 등이 확실히 규정되지는 않았지만, 洪武 27년(1394)
4월에 이르러

　　민간의 나이 많은 老人에 명하여 그 鄕의 詞訟을 재판하도록 했다. 이
　에 앞서 州·郡의 小民은 대부분 小忿으로 번번이 獄訟을 일으켜 京師
　에 越訴하니 逮問이 대부분 부실하였다. 이에 皇上은 越訴를 엄히 禁하
　고, 지방관에게 명하여 민간의 耆民 중 공정하게 일에 임할 수 있는 자
　를 택하여 그 鄕의 소송을 재판하도록 했다. 만일 戶婚·田宅·鬪毆 등
　의 일이 있으면 吏胥가 모여 이를 결정하고 사안이 중요한 것은 비로소
　官에 알린다. 또 敎民榜을 주어 이를 지켜 행하도록 했다.115)

라고 하는 내용에서와 같이 鄕에서 일어나는 비교적 경미한 범죄에 대
한 재판권이 이들 耆民에게 다시 부여되었다고 하였다.116) 이와 함께
그는 洪武 31년(1398)에 頒布된 里老人의 주요 내용을 담은 「敎民榜
文」은 바로 위 인용문에 보이는 「敎民榜」에서 연유하며, 또 이 「敎民
榜」은 耆宿이 그의 권한을 행사할 때 準據로 삼아 온 「老人手榜」에서
연유하는 것이라 하여117) 洪武 22년(1389) 11월에 耆宿制가 부활되므
로 里老人制는 성립한다고 하였다.
　이 같은 小畑氏의 주장에 대해서 細野浩二는 견해를 달리하고 있

---

114) 小畑龍雄, 앞의 논문, 1952, 28쪽.
115) 『[明]太祖實錄』卷232, 洪武 27年 4月 壬午條, 3396쪽.
116) 小畑龍雄, 앞의 논문, 1952, 29쪽.
117) 「老人手榜」은 洪武 26년의 「諸司職掌」, 戶部, 民科, 戶口, 讀法에 보이는데,
　　小畑氏는 이를 「敎民榜」과 같은 것으로 보고 있으며, 洪武 21년 이전부터 里
　　의 耆宿이 이미 里內의 시비를 質正하고 그의 권한을 행사하는 데 준거로 삼
　　아 왔던 것으로 추정하고 있다(小畑龍雄, 앞의 논문, 1952, 30쪽).

다. 그는 우선 小畑氏가 里老人制 성립의 예증으로 들고 있는 洪武 22
년(1389) 11월의 政令을 같은 해 8월에 내려진 老人을 官員에 推擧하
라는 詔勅[118]을 실행에 옮기기 위한 구체적인 準備指令에 지나지 않
는다고 보고 있다. 즉, 그는 政令에서 말하는 老人은 官員後補를 선발
하기 위해 잠정적으로 설치된 것으로, 일단 官員으로 선발이 되면 이
미 老人으로서 그 존재의미는 상실되는 것이기 때문에 이 政令에 의
해 임명된 老人은 耆宿制의 부활이나 里老人制의 성립으로 볼 수 없
다는 것이다.[119] 이와 아울러 그는 "洪武 27년에 「敎民榜」이 老人에게
주어짐으로 해서 이제 지방관은 「勅諭老人手榜」으로 보증되어 그 자
문에 응하는 鄕老人과 「敎民榜」을 배경으로 그 권능을 발휘하는 理訟
專擔의 鄕老人에 의해 그 官治가 分掌·補完된다"[120]고 하여 洪武 27
년(1394)에 「敎民榜」이 老人에게 주어지지만 이것은 이전에 老人에게
주어진 「老人手榜」과는 내용적인 면에서 차이가 있다고 주장하고 있
다.

이러한 비판과 함께 細野氏는 洪武 22년(1394) 8월에 공포된 『大明
律』 戶律 戶役의 「禁革主保里長」에

　　이와 함께 耆老를 설치하는데 반드시 本鄕의 年高有德하고 衆으로부
터 推服을 받는 사람을 뽑아 충당하고, 罷職된 吏卒과 過가 있는 자는
그 충당을 불허한다. 위반한 자는 杖 60, 當該 관리는 笞 40에 처한
다.[121]

라는 내용을 바탕으로 鄕老人制가 설치되었다고 주장하고 있다. 즉,

---

118)『[明]太祖實錄』卷197, 洪武 22年 8月 乙卯條, 2954쪽, "詔 天下府州縣 各擧
　　高年有德 識達時務 言貌相稱 年五十以上者一人".
119) 細野浩二, 앞의 논문, 1969, 64~65쪽.
120) 細野浩二, 앞의 논문, 1977, 46쪽.
121)『皇明制書』卷13, 大明律 戶律 戶役 禁革主保里長, 1807쪽.

그는 이 무렵에 설치된 耆老는 이전의 耆宿과 같이 지방관에게 그 선출이 위임되었던 점에서는 耆宿의 부활이라고도 할 수 있지만, 종래의 耆宿은 里를 단위로 설치되었던 데에 비해 제도적 보완을 거쳐 보다 범위가 넓은 鄕을 단위로 설치되었다는 점에서 이를 鄕老人이라 명명하였다.122) 그러면서 그는 이 때에 설립된 鄕老人制는 洪武 31년(1398)에 「敎民榜文」이 반포되기 이전까지 존속했던 것이지만, 「敎民榜文」이 頒布되면서 새로 里老人制가 성립했다고 보고 있다.

한편 松本善海는 洪武 27년(1394)에 老人에게 民事 및 경미한 형사사건의 재판권이 다시 주어지고, 사안을 처리할 때 준수해야 할 準則으로 「敎民榜文」의 실제적 내용을 이루고 있다는 「敎民榜」이 지급되었다는 점에 주목하여 이때 里老人制가 성립했다고 주장하고 있다.123) 그러나 이에 대해서도 細野氏는 洪武 27년의 老人도 鄕을 단위로 운용되었기 때문에 이것은 별개로 새로 시행된 것이 아니라 이미 洪武 22년(1389)에 설치된 鄕老人制를 일컫는 것이며,124) 이때 주어진 재판권은 耆宿制가 鄕老人制로 재편성될 때 지방관에 회수되었던 것을 이후 지방관의 소송처리능력이 부족하여 越訴가 많아졌기 때문에 이에 대한 조치로서 鄕老人에게 다시 分與되었던 것이라고 하고 있다.125) 아울러 그는 洪武 31년(1398)에 성립되는 里老人制에서는 里老人이 理訟을 할 때 里長·甲首와 會同하여 처결하는 데에 비해 이 때에는 老人이 吏胥 등과 會同하여 결정했던 것으로 양자간의 차이점이 있음을 지적하고 있다.126)

이어서 松本氏는 洪武 30년(1397) 9월 2일에 戶部에서 발령된 3개의 條令,127) 즉 敎化에 관한 것으로

---

122) 細野浩二, 앞의 논문, 1977, 43~44쪽.
123) 松本善海, 앞의 논문, 1941, 118~119쪽.
124) 細野浩二, 앞의 논문, 1969, 67쪽.
125) 細野浩二, 앞의 논문, 1977, 46쪽.
126) 위의 논문, 47쪽.

皇上이 戶部에 命하여 天下民에 令하기를 每 鄕里에 木鐸 하나를 두어 年老한 자, 혹은 소경을 뽑아 매월 여섯 차례 木鐸을 들고 도로를 다니면서 孝順父母, 尊敬長上, 和睦鄕里, 敎訓子孫, 各安生理, 毋作非爲를 외치도록 했다.

勸農에 관한 것으로

每村마다 큰북 하나를 두어, 무릇 농사의 파종을 할 시기에 이른 새벽이를 울려 사람들을 모이게 한다. 북이 울리면 모두 다 밭에 모여 곧 밭에서 일하고, 게으른 자는 里老人이 이를 督責한다. 만일 里老人이 그 게으른 자를 놓아 두면 罰을 내린다.

里民의 相互扶助에 관한 것으로

무릇 민간에 戶婚·死喪·吉凶 등의 일이 있으면 一里의 內에서 서로 비용을 내어 도우라. 貧富에 한하지 않고 그 힘에 따라 도움으로써 서로 親愛하게 하여 風俗을 厚하게 하라.

라는 내용을 이후에 확립되는 里老人制의 職務를 보충하는 것으로 보았다. 즉, 그는 이들 직무가 洪武 27년(1394)의「敎民榜」과 합해져 洪武 31년(1398)에 41개조로 구성된「敎民榜文」으로 發布되었다고 하였다.[128] 그런데 이에 대해서도 細野氏는 위의 세 가지 條令은「敎民榜文」과 직접적인 연관을 갖는다기보다는 단순히 이갑제의 기능을 보완하기 위해 취해진 조처로 보고 있다. 즉, 洪武 28년(1395) 2월에 應天府 上元縣 典史인 隋吉이 田土의 황폐에 의한 困窮農民의 流民化, 즉 里甲農民의 파산상황에 대해서 이갑제의 기능상의 결함을 上奏하였는

---

127)『[明]太祖實錄』卷255, 洪武 30年 9月 辛亥條, 3677쪽.
128) 松本善海, 앞의 논문, 1941, 119~120쪽.

데,129) 태조가 이를 인정하고 이에 대한 구체적인 시책을 戶部에 지시한 데에서 바로 이 세 가지 條令이 成案된 것이라 하고 있거니와 이 詔令은 洪武 17년 4월 이래 개정되지 않았던, 즉 里長에게 위임된 里內의 勸農, 敎化, 秩序維持 등의 직책을 보완하여 나온 조치라고 하였다.130) 그러나 이러한 조치에도 불구하고 洪武 31년(1398) 정월에 山東·河南 일대에서 농민들이 농사를 방치하는 사태가 크게 일어났기 때문에 이에 대한 善處策을 다시 강구해야만 했던 것이다. 따라서 당시 명조는 戶部의 官員을 諸 縣에 파견하는 등 이갑제에 대한 직접적인 규제를 지시하고, 鄕老人制에 내재한 기구상의 결함을 보완하려 했던 것이며,131) 이에 대한 구체적인 지시를 바로 그 해 3월에 戶部에 내렸는데,132) 翌 4월에 戶部는 바로 이 聖旨를 받들어 「敎民榜文」을 頒行133)했다는 것이다. 즉, 그는 이렇게 해서 향촌민에 의한 자율성이 보장된 里老人制가 비로소 성립되었다고 주장하고 있다.134)

이상에서 기존의 小畑과 松本氏의 견해에 대한 細野浩二의 비판을 중심으로 里老人制 성립에 관하여 단편적이나마 살펴보았다. 기존의 견해는 대체로 추론에 그친 데 비해 細野氏는 논리정연하게 그 나름대로의 立論을 펼치고 있다. 따라서 수긍이 가는 점도 많지만 그러나 그의 견해에도 의문의 여지가 없는 것은 아니다.

먼저 細野氏는 小畑氏가 제시했던 『實錄』 洪武 22년 11월 癸未條의 政令에 보이는 老人을 官員後補를 선발하기 위한 존재로 보고, 따라서 官員으로 선발되면 그 존재의미가 없어지기 때문에 잠정적으로 설치된 존재로 보았다. 그러나 이때 各 里에서 선발된 老人의 상당수

129) 『[明]太祖實錄』 卷236, 洪武 28年 2月 乙丑條, 3456쪽.
130) 細野浩二, 앞의 논문, 1977, 48~49쪽.
131) 『[明]太祖實錄』 卷256, 洪武 31年 正月 乙丑條, 3696쪽.
132) 『皇明大訓記』 卷9, 洪武 31年 3月 19日條.
133) 「敎民榜文」 末尾의 내용 참조.
134) 細野浩二, 앞의 논문, 1977, 51쪽.

가 官職을 받은 것은 사실이지만 모두 다 官員으로 선발된 것은 분명
아니다. 또한 관원만을 선발할 목적에서 전국의 수많은 鄕里에서 老人
을 중앙에 소집하여 3개월 동안 조정의 일을 參觀케 했다는 점에 대해
서도 수긍하기 어렵다. 이 당시 老人을 上京시킨 것은 그 주된 목적이
관리를 선발하기 위해서였다기보다는 태조도 洪武 23년(1390) 2월에
"지금 짐이 너희 父兄·伯叔을 來朝케 한 것은 짐이 행하는 바를 보고
돌아가 鄕里의 백성들을 깨우쳐 백성들로 하여금 法을 犯함이 없게
하려는 것이다"135)라고 하고 있는 데에서와 같이 오히려 그들이 중앙
에서 습득한 지식을 향촌을 관리하는 데 반영시키도록 하는 것이 우선
이었던 것이다. 그렇다고 한다면 이 무렵 설치된 老人制는 잠정적인
것이라기보다는 중앙에 이들 老人을 上京시켜 교육을 시킴으로써 이
전의 耆宿制의 폐해를 줄이는 한편, 그 중에서 우수한 老人을 官員에
임명하려는 一擧兩得의 방책이 아니었을까 한다.

다음으로 그는 洪武 22년(1389) 8월에 공포된『明律』에 수록된「禁
革主保里長」의 내용을 바탕으로 鄕을 단위로 한 鄕老人이 등장한다
고 하였다. 그런데 앞에서 지적한 대로 같은 해 11월에 里를 단위로 한
老人制가 존재하고 있음을 감안한다면 그 상호관계는 어떠했을까 하
는 의문이 생긴다. 그의 주장대로 관리를 선발하기 위해 잠정적으로
里를 단위로 老人을 선발했다고 할지라도 이미 里보다 범위가 넓은
鄕을 단위로 해서 老人이 선출이 되고있는 터에 국가행정의 근간인 관
원을 선발함에 있어 굳이 그보다 작은 단위인 里에서 선발된 老人 중
에서 발탁하려 했다는 것은 납득하기 어렵다. 또한 앞에서 지적한 바
와 같이 里단위의 老人制가 존재하고 있음에도 불구하고 새로이 鄕을
단위로 한 老人制가 있었다고 한다면 결국 복합적으로 老人制가 시행
되었다고 할 수밖에 없는데, 동일한 직무를 수행하는 老人制가 鄕과
里에 각기 동시에 시행되었다고는 생각되지 않는다. 여기에서 鄕은 분

---

135)『[明]太祖實錄』卷200, 洪武 23年 2月 癸卯條, 2994쪽.

명 縣과 里 사이의 구획명칭으로 里보다 큰 것은 사실이지만136) 鄕과 里를 확실히 구분하여 명칭을 사용했다기보다는 흔히 鄕里라고 병칭 하여 사용하는 것처럼 동일한 의미로 기술된 것이 아닌가 하는 생각이 다.137) 즉, 鄕老人과 里老人은 별개의 것이 아니라 동일한 존재가 아니었던가 한다.

아울러 細野氏는 松本의 說을 비판하면서『實錄』洪武 27년 4월 壬午條의 기사에 있는 耆民에 대해 鄕을 단위로 해서 재판을 행하기 때문에 이는 里老人이 아니라 鄕老人의 연장이라 하였다. 그러면서도 그는 松本氏가 里老人의 직무를 보충하는 내용으로 제시한 洪武 30년 (1397) 9월 辛亥에 戶部에서 發한 勸農에 관한 條文에 "里老人은 농사에 게을리한 자를 督責하라"라는 내용에 분명히 里老人으로 명명하고 있음에도 불구하고 이에 대해서는 구체적인 구분을 유보하고 다만 里甲農民의 상황과 관련해서 나름대로 재음미하는 데 그쳤던 것인데, 이것은 논리 정연한 그의 논지에 설득력을 缺하는 것이다.

이상에서 여러 견해, 특히 다른 견해에 대한 細野氏의 비판을 중심으로 里老人制의 성립에 대하여 살펴보았다. 여기에서 里老人制의 성립시기는 里老人의 확실한 내용이 갖추어지고, 또 그 자치적 성격이 부여되는 시기, 즉「敎民榜文」이 발해진 洪武 31년(1398)에 성립되었다는 데에 공통적으로 인식이 모아지고 있고, 다만 나름대로의 의미해석에 따라 그 연원을 달리하고 있음을 볼 수 있다. 사실 사회제도뿐만 아니라 어느 사건이든지 그 의미를 어디에 더 부여하느냐에 따라 그 발생시기는 달라질 수 있다. 里老人制만 하더라도 특히 尙古主義를

---

136) 顧炎武, 『日知錄集釋』卷20, 鄕里.

137) 鄕과 里의 연원과 그 구체적인 의미에 대해서는 Timothy Brook, "The Spatial Structure of Ming Local Administration", *Late Imperial China* 6-1, 1985, 9~16쪽 참조. 그런데 Timothy Brook도 이를 구분하여 설명하고는 있지만 일반적으로 鄕里는 하나의 自然鄕村地域(native rural area)을 의미한다고 지적하고 있다.

바탕으로 하고 있는 중국전통에 입각하여,[138] 굳이 그 연원을 따진다면 周代의 六鄕六遂의 制에까지 거슬러 올라갈 수 있다. 따라서 里老人制의 성립에 대한 여러 견해가 피력되고 있지만 각기 나름대로 그 의미는 인정된다고 생각된다. 다만 명대에 국한하여 본다면 老人制는 어느 특정한 시기에 발생했다고 보기보다는 앞 절에서도 살핀 바와 같이 明朝 성립과 함께 유교주의가 지배이념으로 채택되면서부터 향촌 공동체에 기반을 두고 있던 父老들은 향촌질서 유지에 자연스럽게 활용되었던 것이고, 이후 여러 향촌대책이 점차 강구되고 조직화되면서 老人에게 보다 구체적인 여러 향촌업무가 담당되어지면서 제도화되어 나타난 것으로 보인다. 특히, 향촌의 지배단위로 里라는 조직이 형성되고 또 여러 향촌지배 방안들이 里를 중심으로 획일화되는 과정에서 자연스럽게 里老人制가 형성되었던 것으로 생각된다. 이렇게 볼 때 細野氏가 말하는 耆宿制에서 소위 鄕老人制도, 또 里老人制로의 발전도 결국 그 계기적 전개에 지나지 않는 것이라 할 수 있을 것이다.

3) 里老人制의 機能과 役割

다음으로 里老人制는 어떠한 역할과 기능을 했던 것인가 그 내용에 대해서 살펴보도록 하겠다. 여기서는 里老人制의 상세한 내용을 담고 있는 「敎民榜文」 41개조의 내용을 그 주요한 것만 뽑아 정리하고 나름대로 분석해 보도록 하겠다.[139]

里老人의 첫번째 임무로 들 수 있는 것은 里內의 모든 일상적인 爭

---

138) 복고주의는 유교 성립기부터 형성되어 이후 그대로 仍襲되어 왔으며, 여기에는 尙古를 수반한다. 복고주의는 유교사상에서도 특히 정치, 사회, 경제사상에 그 비중을 더했다(黃元九, 「儒敎思想에서의 復古主義」, 『東亞細亞史硏究』, 一潮閣, 1976).

139) 松本善海, 앞의 책, 1939, 第4章 5節 ; 淸水盛光, 앞의 책, 1951, 248～266쪽 ; 金漢植, 「明代 里老人制의 硏究」, 『大丘史學』 1, 1969 참조.

訟에 대한 재판권 행사이다. 「敎民榜文」中 序文 및 1조에서 14조, 23조, 38조 등 거의 절반 정도의 내용이 里老人의 재판권에 대해 설명하고 있다. 우선 里老人이 행하는 재판권의 범위를 보면, 이전의 『明律』에 기초해서[140] 민간에서 일어나는 戶婚, 田土, 鬪毆, 爭占, 竊盜, 罵詈, 錢債, 賭博, 擅食田園瓜果等, 私宰耕牛, 棄毁器物稼穡等, 蓄産咬殺人, 卑幼私擅用材, 褻瀆神明, 子孫違犯敎令, 師巫邪術, 六蓄踐食禾稼等, 均分水利 등 19개 항목으로 대부분의 민사사건과 10惡, 强盜 및 殺人을 제외한 경미한 형사사건이 규정되어 있다. 이것은 향촌공동체의 질서를 손상시키는 일체의 사건과 향촌공동체의 전통적 제사의례 및 윤리에 반하는 일이 포괄된 것으로, 이러한 사안에 대한 재판권이 里老人에게 부여되었다는 것은 里老人으로 하여금 反社會・反共同體的 행위를 규제시키려 하고 있음을 알 수 있거니와 그 범위가 얼마나 광범위한가를 짐작할 수 있다.

다음으로 里老人의 재판권한은 그 취급하는 사건이, 비록 小事에 限한다 할지라도 만일 里老人을 경유치 않고 직접 官에 訴하는 자가 있을 경우 杖 60의 刑에 처함과 동시에 그 사건을 里老人에게 回發시

---

140) 「敎民榜文」이 발포되기 전 해에 공포된 『明律』에 이미 16개 항의 해당 조문이 정해졌다. 이를 비교하기 위해 도표화해 보면 아래와 같다.

明律	敎民榜文	明律	敎民榜文
戶役・婚姻	戶婚	擅食田園瓜果	擅食田園瓜果等
田宅	田土	宰殺馬牛	私宰耕牛
鬪毆	鬪毆	棄毁器物稼穡等	棄毁器物稼穡等
	爭占	畜産咬殺人	畜産咬殺人
失火	失火	卑幼私擅用材	卑幼私擅用材
竊盜	竊盜	褻瀆神明	褻瀆神明
罵詈	罵詈	子孫違犯敎令	子孫違犯敎令
錢債	錢債		六蓄踐食禾稼等
禁止師巫邪術	師巫邪術		均分水利
賭博	賭博		

키도록 했다. 뿐만 아니라 里老人의 재판을 문란시키는 자가 있을 경
우 일반인은 그 家를 化外의 地에 遷하고 관리라 할지라도 극형에 처
하였으며, 里老人의 처단에 不服할 경우 頑民과 有賂의 貪吏에 대해
극형으로 治罪한다고 규정하고 있다. 이로 볼 때 里老人의 재판권한이
비록 州·縣 이상의 官府의 訴訟이 煩累하여 이를 방지하고, 편익을
도모하기 위해서였다고는 하지만 얼마나 그 독자성이 강조되고 또 신
성시되었는가를 알 수 있다. 이것은 아울러 민간에서 일어난 사건은
극력 민간에서 해결시키려 했던 명조의 민간자치 우선의 정책의지를
보여주는 것이기도 하다. 그러면서도 한편 牢獄을 만들지 못하게 하고
被疑者를 종일 구금하는 것을 허가하지 않았는데, 이것은 재판의 엄격
성을 강조하면서도 재판을 행함에 있어 피의자도 포함한 당사자간의
매우 강고한 신뢰관계를 바탕으로 하고 있음을 보여주거니와 재판의
진정한 목적이 처벌만이 아니라 교화의 측면도 있음을 간접적으로 보
여주는 것이다.

또한 이들 재판은 各 里에 설치된 申明亭에서 행해졌으며, 그 구체
적인 시행방법은 里의 里長·甲首 및 敬服·公直한 자 3명 내지 10명
을 衆老人으로 推擧하여 재판에 참가시켜 老人 혼자의 능력으로 판결
이 곤란할 경우, 혹은 里老 자신의 子弟 및 親戚이 범죄를 저질렀을
경우에 이들의 협력을 구해 공정한 처결을 하도록 하였다. 또 里老人
자신이 罪責이 있을 경우 衆老人과 里長으로 하여금 里老를 배제하여
공동 판결토록 하고, 重罪일 경우 京師에 送達하도록 하였다. 또 他里
와 관계된 사건이 일어났을 경우에는 他里의 里老人 등과 합동으로
재판을 행하도록 하였다. 이와 아울러 재판을 지연시키거나 里老人의
개인적 관계로 불공정한 처치를 했을 경우 杖 60의 刑에 처한다는 등
의 규정도 있다. 이를 볼 때 재판을 행함에 있어 里老人의 독단을 배
제하고 얼마나 공정하고 합리적으로 재판을 시행하려 했는가를 알 수
있다.

두번째 임무로는 導民善, 즉 교화의 임무를 들 수 있다. 이에 대해서도 「敎民榜文」의 내용 가운데 16, 17, 19, 21, 26~28, 31~36조 등 상당 부분을 점하고 있는데, 里老人은 孝順父母, 敎訓子孫, 尊敬長上, 和睦鄉里 등 유교적 내용을 담은 四綱領을 바탕으로 한 적극적인 勸民爲善을 里甲住民에게 행하도록 하였다. 이를 위해 里老人으로 하여금 善行者에 대한 褒賞을 신청하도록 하고, 향촌의 수호신에 대해 春秋 2회에 걸친 제사의 집행과 年 3회에 걸친 鄉厲의 祭를 거행하도록 했으며, 춘추 2祀의 당일에 鄉飮酒禮를 통해 里民의 풍속을 淳化하도록 했다. 이와 함께 社學을 설치하여 민간자제의 교육을 관리하도록 했을 뿐 아니라 '大誥三編' 講讀을 勵行하여 교화의 準則으로 삼게 했다. 동시에 구체적인 교화방안으로 每里, 每甲에 木鐸老人을 두어 태조의 「六諭」, 즉 孝順父母・尊敬長上・和睦鄉里・敎訓子孫・各安生理・毋作非爲라는 6개의 格言을 외치며 里內를 巡行케 하고 이를 감독하도록 했다. 이는 明朝가 그들 체제유지 기반을 가족 및 향촌공동체 질서의 안정에서 마련하려 했음을 엿볼 수 있게 해 준다. 이와 관련하여 里老人의 교화임무는 老人의 본래 속성으로 보아 그 본원적 기능이었던 것으로 보이거니와 前述한 재판의 기능은 사실 里老人의 향촌교화를 위한 부수적인 강한 의지의 산물이 아닌가 생각된다.

세번째로 勸農에 대한 임무를 들 수 있는데, 이에 대한 내용은 「敎民榜文」의 24・29・30조에 규정되어 있다. 이에 의하면 里老人은 每里에 勸農鼓 1面을 두고 耕種時에 매일 아침 5更에 이를 울려 里民으로 하여금 그 시기를 잊지 않게 하고, 만일 이를 듣고도 밭에 나가지 않는 자가 있으면 責罰을 하도록 했다. 또한 里老人은 副業으로 里民에게 桑・麻・綿을 심게 하여 흉년에 대비하도록 했고, 동시에 조세의 일부로 징집하며 이를 감독하도록 하였다. 이외에도 水利灌漑에 관한 지도를 해야 하는 임무도 규정되어 있다.

이상의 勸農의 사무는 明朝 성립 직후에는 오랜 전란으로 황폐화된 농촌사회를 부흥시키기 위해 州縣官에게 맡겨졌던 것이지만, 이를 里老人에게 이관시킨 것은 역시 明朝의 향촌민 자치우선정책과 관련한 것이라 할 수 있다.

네번째로 和睦鄕里의 하나의 수단이기도 하지만 婚人·死喪 및 吉凶에 里民間의 相互扶助를 행하도록 하고 있다(25조).

다섯째로 치안질서유지의 임무인데, 里老人은 里甲 內의 犯法을 관리하고, 工·軍役을 기피하고 도망한 자, 强盜, 軍·獄舍에서 도망한 자, 그리고 타지에서 도망온 자 및 惡人에 대하여 里老人은 里長·甲首의 협력을 받아 이들을 告發·逮捕·捕送 및 戒告 등의 의무를 져야 하며, 이를 위반할 때는 연좌처벌을 받도록 규정하고 있다(13·15·18·21·22·37조).

그 외에도 豫備倉의 관리임무, 上意下達·民意上達 등 여러 임무가 부여되었다.

이상으로 볼 때 里老人制는 명조의 향촌지배체제인 이갑제를 보강하기 위해 설립되었지만 明 성립 초부터 행해진 제 향촌교화방책, 즉 里社와 鄕厲의 祭 및 鄕飮酒禮의 主催와 집행, 申明·旌善亭의 관리, 社學의 운영과 '大誥三編' 講讀의 勸行 등의 임무를 포함하여 권농, 상부상조, 치안유지 등의 여러 기능을 망라한 명 태조의 종합된 지배책으로 향촌지배에 관한 한 오히려 이갑제보다도 중추적 역할을 담당했다고 할 수 있다. 그러면서 이갑제의 110호를 단위로 한 조직과 결부되어 자치적 조직으로서 명대 향촌지배의 체제적인 형태를 이루었으며, 里老人은 실천도덕의 주요 항목을 요약한 태조의 「六諭」의 정신을 비롯한 유교적 이념에 입각하여 향촌민을 교화하는 등의 훈도적인 규제와 때로는 향촌 연대책임을 바탕으로 한 통제를 병행하여 태조의 통치이상인 '分'에 순응하는 백성을 만들고, 전통적인 유가의 덕목인 仁·義·忠·孝를 실현시키려고 하였다. 또한 명조는 이러한 里老人制를 통하여 不備한 관료조직을 보강하여 행정력을 줄이는 한편 지배체제의 근간인 이갑제의 안정적 유지를 보장함으로써 전제군주체제를 유지시켜 나가고자 했다. 따라서 里老人制는 이갑제와 더불어 明朝體制를 유지하기 위한 중요한 축이라고도 할 수 있는 것이다.

제3장 향촌사회의 동요와 明朝의 대응

제1절 향촌사회의 변화와 질서의 혼란

1. 前·中期의 사회변화

太祖는 明을 건국하기 전부터 점령지에 대한 勸農에 지대한 관심을 기울여 왔지만 開國 後에도 元末의 戰亂으로 황폐화된 농토를 조속히 회복시키기 위하여 徙民·開墾·屯田策을 실시해 나갔으며,[1] 지방관을 통한 勸農行政을 계속 펴 나갔다.[2] 그 결과 洪武 14년(1381)에 이르러서는 전체 경지면적의 반가량의 開墾을 이룰 수 있게 되었다.[3] 太祖의 이러한 권농정책은 "計口授田·計民授田·驗丁授田에 입각하여 丁力에 상응한 土地所有만을 용인하고 丁力 이상의 토지소유는 인정하지 않는다"[4]라던가 또한 奴隸解放·奴隸所有禁止令을 發布하고,[5]

---

1) 鶴見尙弘, 「明代における鄕村支配」, 『岩波講座世界歷史』 12, 1971, 59~60쪽.

2) 『[明]太祖實錄』 卷77, 洪武 5年 12月 甲戌條, 1409쪽, "詔曰 農桑衣食之本……特勅中書令 有司今後考課 必書農桑……".

3) 國初의 총 경지면적은 3,667,715頃이었으나 이 무렵까지 1,803,989경이 개간되었다[藤井宏, 「明代田土統計に關する一考察(3)」, 『東洋學報』 31-1, 1947, 101쪽 ; 淸水泰次, 「明代の田地面積について」, 『明代土地制度史硏究』(東京 : 大安, 1968), 485~486쪽].

4) 『[明]太祖實錄』 卷52, 洪武 3年 5月 甲午條, 1012쪽 ;『皇明詔制』 卷1, 洪武

많은 田土를 겸병하여 佃戶로 하여금 소작케 하는 것을 금지시키면
서6) 대지주세력의 확대를 억제하고 자작농을 보호·육성하는 방향에
서 전개되었다.

이와 같은 정책을 시행하였던 것은, 당시에 이미 대토지소유의 욕구
가 팽배해 있고, 현실적으로 지주·전호의 생산관계의 관행이 엄존해
있음을 반증해 주는 것이다. 洪武 3년(1370) 강남을 중심으로 한 지방
의 徭役인 均工夫에 관한 규정에 "田이 많고 丁이 적은 자는 佃人으
로서 賦에 充當하라"7)라는 내용은 지주·전호라는 현실적으로 존재하
는 계급관계를 당시 국가권력이 용인하고, 이를 徭役勞動體係에 반영
하고 있었음을 보여준다. 또한 태조가 洪武 5년(1372)에 公侯를 戒하
기 위해 만든 「鐵榜」의 내용 가운데

　　功臣의 家의 屯田에 있는 佃戶 중 管莊幹辨火者와 奴僕 및 그 親屬
　　人 등은 세력을 믿고 백성을 凌蔑하고 田産財物을 탈취하며,……公侯
　　의 家가 法을 어겨 門下에 私託하여 差徭를 影蔽하고,……公侯의 家가
　　권세를 믿고 良善한 자를 欺壓하여 虛錢實契, 他人의 田地房屋을 침탈
　　한다.8)

라 하고 있는데, 이것은 이미 明 초기부터 功臣들이 投託 등의 방법을
이용하여 상당한 양의 田土를 보유하였고, 稅制上의 特典을 이용하여
일반 백성들의 田土를 침탈하는 폐해상황을 보여준다. 아울러 『實錄』
洪武 9년 2월 丙戌條의

　　5年 5月 正禮儀風俗條.

　5) 『[明]太祖實錄』 卷73, 洪武 5年 5月條, 1352쪽 ; 『皇明制書』 卷13, 大明律 戶
　　律 戶役 立嫡子違法, 1802쪽.

　6) 『[明]太祖實錄』 卷62, 洪武 4年 3月 壬寅條, 1198쪽, "若兼幷之徒多占田 以
　　爲已業 而轉令貧民佃種者 罪之".

　7) 『[明]太祖實錄』 卷54, 洪武 3年 7月 辛卯條, 1060쪽.

　8) 『[明]太祖實錄』 卷74, 洪武 5年 6月 乙巳條, 1380쪽.

郡王 諸子가 나이 15세가 되면 位階를 살펴 田 60頃을 내려 永業으로 삼으며, 租稅를 면제하고 諸子 所生의 자식이 世世로 永業하도록 하라.9)

라는 내용에서도 封建 諸王에게 방대한 양의 莊田을 지급하였다는 것을 확인할 수 있다. 이처럼 이들 封建 諸王 및 功臣들에게 방대한 양의 토지와 세제상의 특권을 부여한 것은 이들을 예우하기 위한 필요에서였다고 하지만, 이것은 명조의 자작농 보호·육성 및 均分均役이라는 이념과 배치되는 것이며, 실제 이로 인한 세제상의 폐해와 하층민에 대한 피해는 매우 컸거니와 현실적인 사회모순으로 나타나게 되었다.

이와 같이 현실적으로 존재하는 사회의 제 계층관계는 均分均役을 이념으로 하고 있는 이갑제에도 그대로 반영되었다. 즉, 里內의 各戶는 丁·糧의 多寡, 事産의 厚薄에 의해 3等 내지는 9等의 戶則으로 나뉘어져 이에 따라 부역징수의 기준이 정해졌으며,10) 또한 里甲成員 이외에도 畸零戶·帶管戶11)가 里甲에 덧붙여졌는데, 이것은 바로 위와 같이 현실적으로 빈부의 차이가 존재하는 상황에서 당연한 것이었다. 뿐만 아니라 이갑제 설립 당초부터 광범위한 지역에 寄莊 및 寄莊戶12)가 상당히 존재하고 있었는데, 이와 같은 현상은 里甲構成員間의 불균등을 점차 확대시키게 되고 均分均役을 이념으로 하고 있는 이갑제의 모순을 표면화시키는 요인으로 작용하였다.

---

9) 『[明]太祖實錄』 卷104, 洪武 9年 2月 丙戌條, 1743쪽.

10) 田賦(稅糧)는 직접 田에 대해 科派하는 것이 원칙이었으나 그 내부에는 잡다한 항목으로 나뉘어지고, 또 納糧條件의 차이가 있었기 때문에 실질적인 그 부담은 戶制에 따라 이루어졌다(小山正明, 「賦役制度의 變革」, 『岩波講座世界歷史』 12, 1971, 319쪽).

11) 鶴見尙弘, 「明代의 畸零戶에 대하여」, 『東洋學報』 47-3, 1964 참조.

12) 川勝守, 『中國封建國家의 支配構造 - 明淸賦役制度史의 研究 -』(東京 : 東京大出版會, 1980), 162~169쪽.

일반적으로 명 초기에는 부역부담이 비교적 경미했고, 또 국가의 적극적인 권농 및 향촌교화정책의 추진(그 일환으로 里老人制도 형성된 것이지만)으로 인해 이갑체제 하에서 어느 정도 사회의 안정이 이루어졌다고 보고 있다. 그렇지만 실제 상황에 있어서는 그러한 評과는 달리 이미 洪武年間부터 里甲農民의 파산상황이 심하게 나타나고 있음이 看取된다. 이미 앞장에서도 인용한 洪武 28년(1395) 2월 應天府 上元縣 典史 隋吉이 農務의 협조를 위해 社制의 설립을 奏請한 내용 가운데

> 농민 가운데 한 夫婦가 100畝 혹은 40~50畝의 전토를 받아 春夏 시절에 耕種을 열심히 하였으나 혹 불행히 남편이 病에 들어 부인이 湯藥을 마련해야 하므로 農務는 이미 廢하게 되고, 전토도 황폐되어 갑니다. 게다가 병이 오래 지속되므로 농사의 때를 놓쳐 위로는 나라의 稅를 내지 못하고, 밑으로는 집안을 부양치 못하여 결국 곤궁하여 流離하게 됩니다.……청하옵건대 鄕里의 小民 20家 혹은 40~50家로 1社를 구성하여 농사일이 급할 때나 질병이 있을 때 1社가 협력하여 농사일을 도우면 田土는 황폐되지 않고……13)

라는 것을 보면, 이갑제 하에서 수행되고 있는 교화, 권농 및 상호부조의 기능상의 결함이 나타나고 있음을 엿볼 수 있다. 또한 이에 대한 보강조치로서 戶部로 하여금 교화, 권농 및 상호부조 등을 강화하라는 詔令을 頒布14)하였지만, 그럼에도 불구하고 洪武 31년(1398) 정월의 『實錄』기사에 보이는

> 山東, 河南의 농민들이 대부분 농사에 태만하여 衣食을 해결치 못하므로 곧 戶部에 命하여 人才를 各縣에 보내어 耕種을 감독케 하라.…

---

13) 『[明]太祖實錄』卷236, 洪武 28年 2月 乙丑條, 3456~3457쪽.
14) 『[明]太祖實錄』卷255, 洪武 30年 9月 辛亥條, 3677~3678쪽.

...15)

는 내용은 명조의 의지와는 달리 이갑제의 시행이 그다지 효과가 없었음을 보여주는 것이다. 이처럼 명조의 향촌지배의 근간을 이루고 있는 이갑제가 그 성립 초기부터 기능을 원활하게 수행치 못하게 된 것은 앞에서 지적한 바와 같이 현실적으로 존재하는 대토지소유화 현상과 이에 따른 향촌사회의 계층분화가 이루어지고 있었기 때문이었다.

그런데 사회의 분화과정에서는 자연 逃戶와 流民의 발생이 나타나기 마련인데, 이러한 현상 역시 明初부터 나타나고 있다. 洪武 24년(1391) 4월 山西 太原府 繁治縣에서 올라온 上奏에

　도망민이 300여 호가 생겼는데, 累歲 招撫했으나 돌아오지 않습니다.16)

라는 내용과 永樂 7년(1409) 11월 山西 安邑縣에서 올라온 上言에

　縣民이 逃走하여 田土는 이미 황무지로 되었습니다. 그러나 稅糧은 계속 里甲이 倍納하도록 되어 있습니다.17)

라던가 또 永樂 22년(1424) 10월에 역시 山西 渾源州에서 올라온

　백성 가운데 100여 호가 도주하여 그 田土가 횡폐하였으나 그 稅額은 아직 除外되지 않고 있습니다.18)

---

15) 『[明]太祖實錄』 卷256, 洪武 31年 正月 乙丑條, 3696쪽.
16) 『[明]太祖實錄』 卷208, 洪武 24年 4月 癸亥條, 3099쪽, "太原府代州繁峙縣奏 逃民三百餘戶 累歲招撫不還".
17) 『[明]太宗實錄』 卷67, 永樂 7年 11月 丙寅條.
18) 『[明]仁宗實錄』 卷3(下), 永樂 22年 10月 乙丑條, 126쪽, "山西渾源州奏 民逃徙者百餘戶 其田荒廢而歲額未除".

라는 상소의 내용은 逃戶와 流民의 발생이 局地的이고 그 규모는 적었을지라도 이미 洪武·永樂年間부터 각 지역에서 일어나고 있음을 보여준다. 이러한 현상은 이갑제의 모순에서 비롯되는 것이지만 또 한 편으로 이갑제의 붕괴를 더욱 초래하는 요인으로 작용했다.

 이러한 사회분화 현상은 필연적으로 사회의 변화·발전의 속도에 따라 확대되어 가는 것이다. 이미 明初부터 발생하기 시작한 이러한 사회모순은 중기경에 들어서부터 표면화되기 시작했거니와 가속화되었다. 이 무렵 사회모순은 사회 여러 부문에 걸쳐 동시 병렬적으로 일어나 확대되었던 것인데, 특히 명대 과거제도가 가지는 사회적 기능이 변화[19]하는 가운데 紳士(鄕紳)[20]라는 새로운 사회의 특권층이 대두되면서 더욱 가열되었다. 이들에게는 이미 洪武年間부터 국가로부터 徭

---

19) 명대에 들어와 학교가 과거시험의 예비단계로 포괄되면서 과거제는 관료선 발을 위한 시험제에 그치지 않고 향리의 지방정치에 커다란 발언권을 행사하는 在籍官僚와 더불어 生員·擧人 등을 사회에 있어서 하나의 신분서열로 규정해 주는 기능까지 갖게 되었다[小山正明, 「中國社會の變容とその展開」, 『東洋史入門』(東京 : 有斐閣, 1967), 50~51쪽 ; 吳金成, 「明朝前期의 生員政 策에 대하여 - 士人層 形成過程을 중심으로 - 」, 『歷史敎育』10, 1967 ; 吳金 成, 「明代 紳士層의 形成過程에 대하여」, 『震檀學報』48, 1979 등 참조].

20) 紳士 혹은 鄕紳이라는 용어는 관인계층과 未入仕學位所持者層, 환언하면 科 擧制·捐納制·學校制 등을 매개로 하여 나타난 제 계층을 총칭(凡稱)하는 것으로 그 개념에 대해서는 종래 많은 논란이 있어 왔다. 일본학계에서는 이 상의 개념을 표현하는 것으로 향신이라는 용어를 대부분 사용하고 있다. 그 러나 향신이라는 용어로는 지배층의 계급적 성격은 쉽게 설명할 수 있을지라 도 지배층의 분화 내지 지배층의 개별적 성격과 다양한 존재형태를 설명하는 데에는 불충분하기 때문에 학자에 따라서는 상층향신·하층향신으로 구분하 기도 한다. 한편 사회의 실재면에서 이러한 구분의 가능성을 감안하여 국내 학계에서는 紳士라는 개념이 제창되고 있다. 신사(鄕紳)의 개념에 대해서는 閔斗基, 「淸代 生監層의 性格 - 특히 그 階層的 個別性을 중심으로 - 」, 『亞 細亞硏究』20, 1965(후에 『中國近代史硏究』, 一潮閣, 1973에 재수록) ; 吳金 成, 『中國近世社會經濟史硏究』, 一潮閣, 1986, 序論 ; 重田德, 「鄕紳の歷史 的性格をめぐって - 鄕紳觀の系譜 - 」, 『人文硏究』22-4, 1971[후에 『淸代社 會經濟史硏究』(東京 : 岩波書店, 1975)에 재수록] 등 참조.

役優免特權[21)이 부여되었던 것인데, 즉 本人 外 戶內의 2丁에 대해서
雜徭差役(里甲徭役 중의 雜役)이 면제되었으며, 이 외에도 이들에게
免糧(減糧)·免責·奴婢所有 등 여러 가지 특권이 부여되었다.[22) 徭
役을 면제받는다는 것은 고래로 요역을 부담하는 계층과 요역을 면제
받는 계층 사이에 본질적으로 신분상의 차등이 있어 온 중국에서는 경
제적인 혜택은 물론, 국가로부터 법적인 보장 하에 서민층과의 계층적
인 구분을 지우는 것으로 역사적·사회적·경제적인 의미에서 매우
중요한 의미를 가지는 것이다.[23) 이들은 이러한 특권을 이용하여 각종
부역의 회피 및 토지겸병을 이루어 가면서 사회의 계층분화를 촉진시
켜 나갔다. 또한 이들은 점차 수적인 증가와 함께 하나의 특권신분계
층으로 고정되어 갔거니와[24) 정치·경제·사회 등 다방면에 걸쳐서
큰 영향력을 행사하게 되었다.

이들의 세역기피행위와 토지겸병의 사례는 『大明會典』이나 『明實
錄』, 『御製大誥』 및 『續文獻通考』 등의 내용에 수없이 많이 보이거니
와 그 방법도 다양하게 나타나고 있다. 이미 洪武年間부터 세역기피행
위로서 지주나 富戶들이 자기의 재산을 분할해서 미력한 親隣·家僕
등의 名儀로 바꾼다던가 또는 세역과 관계 없는 地目과 地方에 書換

---

21) 優免特權은 명말·청초에 紳士(鄕紳)층이 지배계급으로 대두되는 계기였다
는 점에서 지금까지 학계의 많은 관심을 끌어 온 부분이다. 明朝가 공식적으
로 현임관인층에 대해 優免特權을 부여한 것은 洪武 10년이고 洪武 12년에
致仕官에까지 확대하였다. 한편 생원층에 대해서는 洪武 20년 전후, 擧人·
監生에 대해서는 그 이전으로 확실하지는 않지만 洪武 15~20년중에 부여된
것으로 보고 있다(吳金成, 앞의 책, 1986, 제1편 1장 참조).

22) 吳金成, 앞의 논문, 1979, 68쪽.

23) Ho, Ping-ti, *The Ladder of Success in Imperial China ; Aspects of Social
Mobility, 1368~1911*(『明淸社會史論』), New York, 1962, ch.1(曹永祿 外 譯,
『中國科擧制度的 社會史的 硏究』, 동국대출판부, 1987, 1장).

24) 명대 신사층, 그 중 특히 生監層의 수적 증가와 함께 그 고정화의 과정에 대
하여는 주 23 및 吳金成, 앞의 논문, 1979 ; 吳金成, 앞의 책, 1986, 제1편 2장
참조.

해서 脫稅하는 詭寄, 자기의 재산을 권력가에게 바쳐 과세를 면하려는 投獻[25] 등이 조정의 금지령[26]에도 불구하고 상당히 일어나고 있음이 보이고 있고, 이 밖에도 전토를 면세대상의 地目 또는 조사가 미치지 못하는 遠隔地에 寄有해서 탈세하는 寄莊, 토지의 등기를 관리하는 胥吏인 書手에게 賄賂를 통해 일단 田土를 書手의 名儀로 한 후 書手가 그것을 1里 내에 있는 人戶에 세분하여 본인의 부담을 피하는 影射 및 과세대상의 稅目이나 地目을 위조하여 탈세하는 那移 등도 일찍부터 행해졌던 것으로 보인다.[27]

아무튼 紳士層은 국가로부터 부여된 특권을 이용하여 많은 토지를 겸병하여 대지주로 성장해 갔는데, 이들은 明初부터 농촌수공업 및 단순상품생산이 발전하는 과정에서 점차 상업적 대지주로 탈바꿈해 갔는가 하면[28] 토지소유 면에서 지주제의 형태변화(在地地主 혹은 鄕居地主에서 不在地主 혹은 城居地主로) 및 지주·전호관계의 변질(家僕에서 傭工으로)을 초래하기도 했다.[29]

---

25) 이에 관한 기사와 내용은 다음 글에 자세히 소개되어 있다. 淸水泰次, 「明代の稅役と詭寄」, 『東洋學報』 17-3~4, 1929~30 ; 淸水泰次, 앞의 책, 1968 ; 酒井忠夫, 『中國善書の硏究』(東京 : 國書刊行會, 1972), 98·197·198쪽.

26) 『大明會典』 卷19, 戶部4 誥, 227쪽.

27) 이 밖에도 서로간의 내용이 약간 상충되기도 하지만 花分, 飛灑, 虛懸, 乾沒 등으로 불리는 부정행위도 있다(川勝守, 앞의 책, 1980, 240~244쪽 ; 山根幸夫, 『明代徭役制度の展開』(東京 : 東京女子大學學會, 1966), 117~128쪽 ; 濱島敦俊, 『明代江南農村社會の硏究』(東京 : 東京大出版會, 1982), 238~244쪽 등 참조).

28) 寺田隆信, 「明淸時代における商品生産の展開」, 『岩波講座世界歷史』 12, 1971 ; 西嶋定生, 「明代における木棉の普及について」, 『史學雜誌』 57-4·5·6, 1948 ; 藤井宏, 「新安商人の硏究」, 『東洋學報』 36-1~4, 1953~54 등 참조.

29) 향촌사회의 신분변화는 전면적이기보다는 부분적으로 이루어졌으며 그 결과 향촌 내의 지주층은 중층적인 관계로 변화되어 갔다. 이에 대한 제 논의는 吳金成, 「日本에 있어서의 明淸時代 紳士層硏究에 대하여」, 『東亞文化』 15, 1978, 7~16쪽 ; 安野省三, 「明末·淸初揚子江中流域の大土地所有に關する

　한편 이 무렵 상품경제의 진전과 함께 화폐경제가 발달하여 농촌사
회 깊숙이에까지 침투하게 되었다.30) 그 영향으로 稅役의 銀納化가
추진되었거니와 이러한 과정에서 徭役의 할당기준이 점차 戶等보다도
田土를 중시하는 경향으로 바뀌었다. 이로써 里甲正役의 일부마저도
優免의 대상으로 되게 되었으며,31) 따라서 신사층의 脫免을 더욱 촉진
시키는 결과를 초래했다. 그런가 하면 화폐경제의 진전으로 定額地代
가 보급되고, 銀을 포함한 화폐 위주의 채무관계가 형성되어 지주·전
호관계를 면식이 없는 관계로 변질시켜 갔다.32) 또 이에 편승해서 각
지에서는 一田兩主制 및 三主制의 관습도 널리 행해져 보편화되어 갔
다.33) 그런데 이것은 한편으로 전호들에게 잉여생산물을 축적할 수 있
는 계기를 마련케 하여 그들 스스로 자립호의 기반을 마련하게도 했지
만34) 그보다는 오히려 그들의 농업생산물을 상업적 대지주의 이윤의

　　一考察 - 湖北漢川縣蕭堯宋の場合を中心として - 」,『東洋學報』44-3, 1961,
　　61~88쪽 ; Mark Elvin, "Market Towns and Waterways", *The City in Late*
　　Imperial China, ed. by G. William Skinner, Stanford Uiv. Press, 457~459쪽
　　등 참조.
30) 화폐경제는 특히, 華中·華南地方에 크게 영향을 주었으며 이로 인한 부역의
　　銀納化는 宣德·正統年間부터 시작되어 그후 크게 진전되었다(小山正明, 앞
　　의 논문, 1971, 321~323쪽).
31) 山根幸夫, 앞의 책, 1966, 120~121쪽.
32) 15, 6세기 지주·전호관계의 존재형태는 생산물지대에 정액지대가 보급되면
　　서 특히, 전호는 상품생산자로서의 성격을 가지게 되었다(森正夫, 「明淸時代
　　の土地制度」,『岩波講座世界歷史』12, 1971, 253쪽).
33) 一田兩主制 및 三主制의 관행은 이미 원대 이전부터 나타나고 있으며 이는
　　전호의 지위 및 실력의 상승으로 평가되고 있다[仁井田陞, 「明淸時代一田兩
　　主慣習とその成立」,『中國法制史硏究』(東京 : 東京大出版會, 1960), 164~
　　215쪽 ; 白石博男, 「淸末湖南の農村社會 - 押租慣行と抗租傾向 - 」,『中國近
　　代化の社會構造』(東京 : 汲古書院, 1973), 1~19쪽 등 참조].
34) 명조 전기 단계에서는 항조투쟁과 같은 공통된 요구에는 이르지 못했지만,
　　복수의 지주와 계약을 맺는 전호가 증대하면서 전호들의 자각이 크게 이루어
　　지고 있음이 지적되고 있다(相田洋, 「'元末の反亂'とその背境」,『歷史學硏
　　究』361, 1970 참조).

대상에 직결되게 함으로써 경제적 수탈을 더욱 격심하게 초래하였
다.35) 이상과 같은 상황은, 결국 농민들의 계급분화를 더욱 가속화시켰
으며 失業하여 유랑하는 농민들을 속출시켰고, 佃戶의 지위 및 실력상
승과 함께 각지에서 抗租運動36) 등 농민반란을 촉발시켜 향촌공동체
를 크게 동요시키게 되었다.

이와 같은 사회변동이 진전되는 속에서 명초 이래 定期的이고 定糧
的인 형태로 고정되어 科派되어 온 이갑제의 징수기능은 제대로 유지
될 수 없었다. 게다가 국가통치기구의 팽창에 따른 세역부담이 더욱
과중해짐에 따라 세역징수의 기능은 더욱 약화되게 되었다. 이에 대한
대책으로 明朝는 里長의 업무를 분담시켜 덜어 주기도 하고,37) 세역징
수의 번잡함과 평균화를 도모키 위해 均徭法을 제정하였으며,38) 그 후
속조치로서 十段法39)을 제정하기도 하였다. 뿐만 아니라 세역기피행

---

35) Hilary J. Beattie, *Land and Lineage in China*, Cambridge Univ. Press, 1979,
　　10~15쪽.
36) 이 당시 일어난 대표적인 抗租 사례로는 正統 13년부터 14년에 걸쳐 일어난
　　鄧茂七의 난과 天順 8년부터 일어난 荊襄의 난을 들 수 있다. 전자는 福建省
　　延平府 沙縣 24都의 總甲인 鄧茂七을 중심으로 副租인 冬牲의 全廢를 지주
　　측에 주장하며 일으킨 농민반란으로 중국사상 최초의 소작폭동이며, 항조운
　　동의 원형을 이룬 것으로 평가되고 있고, 후자는 河南·湖北·陝西의 三省
　　交界인 산악지대를 중심으로 일어난 劉通의 난과 李原의 난을 일컫는다. 이
　　에 대해서는 田中正俊, 「民變·抗租奴變」, 『世界의 歷史』 11(東京 : 筑摩書
　　房, 1961) ; 田中正俊, 「鄧茂七の亂の所傳について」, 『淸水博士追悼明代史
　　論叢』, 1962 ; 谷口規矩雄, 「明代の農民反亂」, 『岩波講座世界歷史』 12, 1971
　　 ; 谷口規矩雄, 「明代中期荊襄地帶農民反亂の一面」, 『硏究』 35, 1965 등 참
　　조.
37) 嘉靖 초년부터 각지에서 里長役의 분해가 이루어지면서 里長·甲首 외에 塘
　　長, 書手, 總小甲, 糧長 등도 正役을 담당하게 되었다. 이에 대한 구체적인
　　사례는 山根幸夫, 앞의 책, 1966, 37~39쪽 ; 栗林宣夫, 『里甲制の硏究』(東京
　　 : 文理書院, 1971), 183~194쪽 참조.
38) 均徭法은 正統 8년(1443) 夏施에 의해 江西에서 처음 시행되었지만 그 이듬
　　해인 正統 10년에 폐지된 후 다시 景泰 원년(1450)에 부활된 뒤로 弘治 원년
　　(1488)에 전국적으로 시행되었다(山根幸夫, 앞의 책, 1966, 102~108쪽).

위와 대토지소유화에 있어 중추적 역할을 했던 紳士(鄕紳)의 優免特權에 대한 제한40)을 가하기도 하였고, 浮額와 虛糧을 淸算하고 原額을 확보하기 위해 土地의 丈量41)도 새로이 행해 나갔다. 그렇지만 이러한 明朝의 여러 조치에도 불구하고 明 중기 이후 사회의 급격한 계층분화 속에서 이갑제를 유지하는 기반이었던 甲首戶는 물론, 里長·糧長戶마저도 몰락하는 상황에서 이갑체제의 붕괴를 막을 수는 없었다.

2. 里老人制의 붕괴

앞서 살핀 바와 같이 극심한 사회변동 속에서 명조 향촌통치의 근간인 이갑체제는 붕괴되어 갔던 것인데, 이러한 과정에서 사회풍조도 크게 頹落해 갔다.42) 이미 宣德年間부터 관료들의 퇴폐풍조는 크게 만연하여 宣德帝가 禮部尙書로 하여금 禁約을 세워 이를 막도록 할 정도였다.43) 그러나 이러한 풍조는 여기에 그치지 않고 이후 더욱 확대되어 士大夫層으로까지 만연되었고,44) 都市의 富民 사이에서도 사치풍조가 크게 일어났다.45) 이러한 풍조는 점차 심해져 도시뿐만 아니라

---

39) 十段法은 주로 華中·華南지역에 보급된 것으로, 均徭法의 10년 1차라는 원칙을 유지하면서 호수원칙에 의해 편성된 里內 各甲의 人丁과 田土額을 융통·균등화하여 이를 균등화된 各甲의 丁·口에 대해 里甲銀을 現年里甲에, 銀形態의 均徭를 均徭里甲에 일률적으로 균등하게 科派하려는 제도였다(小山正明, 「明代の十段法について」, 『千葉大學文理學部文化科學紀要』 10輯, 1968).

40) 山根幸夫, 앞의 책, 1966, 120~122쪽.

41) 川勝守, 앞의 책, 1980, 제5장.

42) 栗林宣夫, 앞의 책, 1971, 235~242쪽 참조.

43) 『國朝典彙』 卷133, 禮部36 風俗 宣德 4年 8月 宣德帝의 戒諭.

44) 『國朝典彙』 卷30, 建言 弘治 13年 禮部郎中 蔡淸의 上疏 ; 『[明]世宗實錄』 卷480, 嘉靖 39年 正月 壬辰條, 8021~8022쪽, 吏科給事中 胡應嘉의 上條四事.

향촌사회에까지 만연되었고 각계각층으로 확산되었다. 이에 따라 세상
인심은 크게 변하여 종전의 素朴·敦朴한 기풍은 이제 찾아볼 수 없
게 되었을 뿐 아니라 각지에는 光棍無賴의 무리46)들이 跋扈하여 橫行
하는 혼란된 사회로 변해 가게 되었다.

　이러한 사회변동 속에서 야기되는 향촌공동체의 분해를 저지하고,
또한 사회의 퇴폐풍조의 만연을 바로잡기 위해 기존의 향촌사회의 질
서유지를 담당해 온 里老人의 역할은 당연히 크게 기대되었을 것이다.
그러면 당시 里老人의 상태는 어떠했는가에 대해 살펴보도록 하겠다.

　전통적으로 老人의 역할이라는 것은 유교적인 질서가 지켜지는 어
느 정도 안정된 공동체 내에서 제대로 그 기능을 발휘할 수 있는 것이
다. 里老人 역시·기본적으로 중국의 전통적인 老人崇拜에 기초하여
성립한 것으로 앞장에서 살핀 바, 여러 기능을 원활히 수행하는 데에
는 유교적 질서체계가 바탕이 되어야 했다. 그런데 사회 내 계층분화
와 계층간의 여러 가지 이해를 중심으로 한 상호대립이 날로 격화되어
가는 明 중기 상황에서 과연 里老人의 기능과 역할이 얼마만큼 그 기
대에 부응할 수 있었던가는 극히 의문이다.

　물론 里老人制를 설립한 것은, 이미 明 초기에도 비록 표면화되지
는 않았지만 사회분화 현상이 일어나고 있었기 때문에 이를 막고 향촌
공동체를 보다 안정시키기 위해서였다. 또한 이러한 목적에 부응하여
里老人制가 설립된 洪武時代에는 일반적으로 里老人의 역할이 잘 시
행된 것으로 알려지고 있다. 그러나 이러한 世評과는 달리 실제 여러

---

45)『國朝典彙』卷133, 禮部36 風俗 成化 6年 12月 給事中 丘弘 등 上奏.
46) 無賴는 士農工商이라는 말로 집약되는 중국의 전통적 직업관에 의한 正業에
　　종사하지 않고 폭력을 하나의 수단으로 생활하는 자를 가리킨다. 이들은 지
　　방행정의 말단에 있는 胥吏, 衙役 등과 결합하여 사회에 큰 영향을 줄 뿐 아
　　니라 농민반란에서도 중요한 역할을 담당하는 존재이다(上田信,「明末淸初·江
　　南の都市の無賴をめぐる社會關係 - 打行と脚夫 - 」,『史學雜誌』90-11, 1981, 1
　　~2쪽).

상황에서 부정적인 측면도 없지는 않았다. 우선 里老人制가 성립되는 과정에서 明朝는 里內의 是非를 質正키 위해 耆宿을 두었으나 오래지 않아 오히려 鄕里를 蠹蝕하고 백성들에게 害를 입히므로 폐지시켰던 것인데,47) 이것은 명조의 의지와는 달리 향촌사회에서의 老人의 역량이 기대에 못 미쳤음을 보여주는 것이다. 이후 이를 보강하여 里老人制를 설립하여 이에 지방관까지도 규제하면서 독자적인 향촌자치의 임무를 부여하려고도 했지만,48) 국가의 전반적인 통치의 근간이라 할 수 있는 관료기구까지 배제한 里老人制가 과연 어느 정도 기능을 할 수 있을 것인가 의문을 가지게 하는 부분이다.

이와 함께 洪武 23년(1390)에 태조가 내린 諭旨 가운데

　　짐이 이전에 天下에 申明・旌善亭을 세운 것은 확실히 이를(善을 旌하고 惡을 懲함) 위해서였다. 그런데 數年 이래 有司들이 奉行을 게을리하여 廢弛되므로 심히 勸懲의 뜻을 잃게 되었다.……마땅히 다시 申明하여 天下民으로 하여금 遵守토록 하라.49)

라고 한 내용은, 里老人의 역할 가운데 하나인 申明・旌善亭의 관리가 里老人制가 성립되기도 전에 이미 그 廢弛現狀을 보이고 있음을 보여주거니와 이후 永樂帝가 즉위하자마자 곧 木鐸老人制를 부활시키라고 한 것50) 및 洪堪의 上奏文 가운데

　　里甲 內의 小事件 小犯罪는 洪武年間의 「敎民榜文」에 의해 里甲老人이 里長과 함께 재판해야 하고, 鄕飮酒禮를 때때로 시행하여 '大誥'와 '律令'을 講讀시켜야 합니다.51)

47) 『[明]太祖實錄』卷193, 洪武 21年 8月 壬子條, 2894쪽.
48) 細野浩二, 「耆宿制から里老人制へ」, 『中山八郎敎授頌壽記念明淸史論叢』(東京 : 燎原書店, 1977), 53~54쪽.
49) 『太祖寶訓』卷4.
50) 『[明]成祖實錄』卷12(下), 洪武 35年 9月 乙亥條, 215쪽.

라는 내용에서 里老人의 구체적인 업무가 그 시행 당초부터 제대로 시행되지 못하였음을 推見할 수 있다. 아울러 「敎民榜文」의 내용을 보면, 里老人에게 엄한 형벌을 내릴 수 있는 등 강력한 권한행사의 내용이 규정되어 있으므로 明朝가 里老人制를 강력하게 시행하고자 했음을 보여주고 있지만, 한편 이는 역설적으로 그 시행이 원활하게 행해지지 못한 당시의 상황을 대변해 주는 것이기도 하다. 이상의 여러 정황으로 볼 때, 里老人制는 그 성립 초기부터 일반 世評처럼 그다지 잘 시행되었다고는 보이지 않는다.

그런데 사회계층분화가 표면화되는 明 중기경에 들어서게 되면 여러 기록에 里老人制의 기능상의 한계를 뚜렷하게 보여주는 내용들이 많이 보인다. 먼저 里老人制의 붕괴를 확실히 보여주는 가장 이른 시기의 기록으로는 洪熙 원년(1425) 7월에 巡按四川監察御史인 何文淵이 上奏한

　　每年 (里老人을) 등용하는 바 그 인물에 그르침이 많습니다. 혹은 僕隷에서 나오고 혹은 差科를 避하려고 합니다. 그런데도 縣官이 나이와 德이 어떠한가를 살피지 않고 함부로 充應시키고 있으므로 官府를 의지하여 일반 백성에게 잔학한 짓을 거리낌 없이 합니다. 혹은 民訟을 크게 貪하고, 혹은 公文書를 마음대로 하여 소요를 일으키며, 편히 威福을 채우고 是非를 轉倒합니다.……청하옵건대 天下의 州·縣을 살펴 이들에게 禁約을 세워야 합니다.52)

라는 내용이다. 이를 보면 老人의 職은 이미 향촌사회의 지도자로서 名譽職이 아니라 하나의 職役으로 변하여 그 권위가 실추되었을 뿐만 아니라 부적격자가 老人으로 선임되어 오히려 향촌사회에 폐해를 일

---

51) 『[明]成祖實錄』卷33, 永樂 3年 3月 丁丑條.
52) 『[明]宣宗實錄』卷4, 洪熙 元年 7月 丙申條, 122쪽 ; 顧炎武, 『日知錄集釋』
　　卷8, 鄕亭之職(臺灣 : 中華書局印行, 1976).

으키는 존재로 변화되었음을 보여준다. 즉, 이것은 앞에서 본 바와 같이 사회분화가 진행되면서 光棍無賴輩가 각 지역에 발호하여 횡행하였거니와 바로 이들이 里老人에 충당되어 향촌사회를 크게 어지럽혔음을 말해 준다. 또한 이 上言을 채택한 明 조정은 이후 洪武시대의 舊制度를 申明하고 老人의 선임을 잘못한 자에 대해서는 법에 의해 처치할 것을 명하고 있는데,[53] 이것은 명 조정에서도 확실히 인정하고 있을 정도로 里老人制의 폐해상태가 일반화되었음을 보여주거니와 이러한 현상은 洪熙 원년 훨씬 이전부터 이루어졌던 것이 아닌가 한다.

里老人의 폐해상황을 보여주는 예는 이후에 보다 많이 보인다. 宣德 3년(1428)에 山東 新城知縣 董諒이 上奏하기를

老人 岳景賢 등 41人이 官을 기만하고 法을 농락하며, 前縣官이 따르지 않으면 이를 모함하여 해를 입게 합니다. 근자에 이르러서는 더욱 방자하여 官府를 欺凌하고, 公事를 把持하며 稅糧을 不納하여 鄕民에게 陋를 끼치고 있습니다. 청하옵건대 이를 懲治하옵소서.[54]

라 하여, 당시 里老人이 법을 농락하고 백성들에게 누를 끼치고 있음이 많아 이를 징벌해야 한다고 하고 있으며, 이에 대해 宣德帝는 戶部에

祖宗의 시대에는 老人을 세워 백성을 敎化하고 小訟을 판결함으로써 향촌을 바로잡았고 老人은 반드시 나이가 닳고 德이 있는 자를 뽑았었다. 그런데 근자에 듣자하니 이들 老人들은 推擇에 의해 선출되지 않음이 많고 거의 다 뇌물을 줌으로써 충당이 되고 上官에 기대어 백성을 침해하여 公事를 減함이 이르지 않는 곳이 없다. 성심껏 知縣들에게 이를 들추어 내도록 하고 布政司에게 이를 다스리도록 命을 내려 法이 새

---

53) 위와 같음.
54) 『[明]宣宗實錄』 卷47, 宣德 3年 9月 乙亥條, 1148쪽.

어나가는 것을 경계하도록 하라.55)

라고 諭를 내리고 있는데, 여기에서도 洪武時代의 老人의 모습은 이 제 완전히 찾아볼 수 없게 되었음을 확인할 수 있다. 즉, 이미 洪熙 원 년(1425) 이전부터 부적격자가 里老人이 되는 등 里老人의 銓衡이 疏 略하게 되었다는 것은 앞의 예에서도 보았지만 위의 예에서 보다 구체 적으로 里老人의 선출이 부적당하게 됨으로써 官府를 기만하고 公事 를 把持하며 稅糧도 납부하지 않고 下民을 침해하는 사례가 만연하였 고,56) 勢豪·豪民들의 전유물로 되면서 里老人制의 제도상의 문제점 이 크게 노출되고 있음을 볼 수 있다. 그런가 하면 종래 里老人에게 부여된 임무가 하나의 특권으로 전화되어 악용되었던 예도 보인다. 즉, 景泰 3년(1452) 10월에 太僕寺 少卿인 黃仕儁이 아뢰기를

　　각지의 巡撫가 州縣의 官吏를 고찰함에 老人의 呈說에 의하는 바가 많았습니다. 그것은 잡초를 뽑고 벼만을 保하고, 진흙을 없애 샘을 깨끗 이 하는 것과 같습니다. 그런데 어찌하여 사람의 마음이 교활해져 法을 빠져나가 姦을 낳고 그 利點은 오히려 害로 되었습니다. 근자에 들으니 里老가 대부분 地方官과 往來하여 公事를 囑託하고 催辦을 營求하며 결탁하여 뇌물을 취하므로 民衆을 해치고 자기의 부를 꾀함이 오랫동안 계속되었다고 합니다.……이 때문에 廉正의 관리에 대해서 怨을 품고 허위를 날조하여 보고를 합니다. 그런데 巡撫는 분주히 지역을 통과하 므로 실상을 확실히 파악할 틈도 없이 老人의 呈說에 의해 罷職을 합니 다. 이에 지방관은 誣陷을 두려워하여 考察이 있음을 들으면 老人을 위 해 酒席을 열고 그의 뜻에 맞추는 상태라고 듣고 있습니다……57)

---

55) 위와 같음. 이와 같은 예는 『[明]宣宗實錄』 卷59, 宣德 4年 10月 乙亥條 監 察御史 王豫의 上奏, 1395쪽에도 보임.
56) 『國朝典彙』 卷44, 吏部11 優老.
57) 『[明]英宗實錄』 卷222, 景泰 3年 10月 庚戌條, 4807~4808쪽.

라고 한 내용은 里老人이 지방관의 賢・否, 治積에 대해서 공정하게
상고해야 할 권한을 오히려 그들의 이해관계에 惡用하고 있음을 보여
준다. 이외에도 里老人은 編審에도 참가허서 胥吏・吏書와 결탁하여
뇌물을 받고 役을 경감시켜 주기도 하고, 농민들의 無知를 이용하여
賦稅額을 속이는 부정을 행하기도 했으며, 鄕里의 재판에 있어서도 酒
宴과 뇌물을 바라는 등의 행위를 공공연히 자행하였다.[58] 이처럼 종래
里老人의 여러 가지 역할은 하나의 특권으로 악용되었으며, 이제 里老
人은 향촌사회 질서를 유지시키기보다는 오히려 파괴하는 데 일조를
하게 되었다. 이와 같은 상황에서 종래 전통적 儒敎觀에 입각한 里老
人의 권위라는 것은 전혀 찾아볼 수 없게 되었던 것이다.

한편 이 무렵에 里老人의 임무로 규정되었던 豫備倉의 管理 및 儲
糧의 賑給도 크게 廢弛되어 갔다. 宣德 4년(1429) 당시 吏部聽選官인
歐陽薺는

　　洪武年間에는 各 州・縣에 倉을 두어 곡식을 저장하고 耆民大戶가
　관장하여 지키도록 명하고, 凶年을 만나면 賑濟하고 가을에 곡식을 거
　두어 官에 갚았습니다. 그런데 지금 各 倉은 대부분 廢하여 한 번 흉년
　을 만나면 백성들은 바랄 바가 없습니다.[59]

라고 上言하고 있는데 이 내용에서 그 상황을 알 수 있다. 이에 대해
明朝도 豫備倉의 운영관리를 개선하여 그 부흥을 시도하였지만 결국
실효를 거두지 못하였으며, 차후 豫備倉의 관리는 里老人으로부터 지
방관으로 넘어가게 되었다.[60]

또한 里老人이 향촌사회에서 재판을 행할 때 종래에는 각 향촌에

---

58) 栗林宣夫, 앞의 책, 1971, 246~247쪽.
59) 『[明]宣宗實錄』卷55, 宣德 4년 6月 壬午條, 1310쪽.
60) 星斌夫,「豫備倉の成衰と社倉」,『明代漕運の研究』(東京 : 日本學術振興會,
　　1963) 附篇.

세워진 申明亭에서 행하는 것이 보통이었지만 宣德 7년(1432) 당시 陝西 按察僉事인 林時의 上言 가운데

> 지금 각 곳의 亭宇는 대부분 廢해졌고 백성들의 善惡은 쓰여지지 않았으며 勸懲은 없어졌습니다. 무릇 爭鬪小事가 있어도 里老에 의해서가 아니고 곧바로 上司에 告해졌는데 獄訟이 繁雜해진 것은 모두 이에 연유합니다. 청하옵건대 舊制를 擧興하면 民風을 厚하게 할 수 있고, 獄訟을 省케 할 수 있을 것입니다.61)

라고 하고 있음에서 각 지역에 세워진 申明·旌善 2亭 모두 다 이미 廢弛되었음을 볼 수 있거니와 그럼으로써 민간에 대한 裁判·勸懲을 주로 한 里老人의 敎戒도 제대로 행해지지 못했던 당시 상황을 살필 수 있다.62) 사실 당시 지방관리들도 里老人의 교화를 경시하여 2亭의 廢弛를 그대로 방치하는 상태가 일반화하였다.63)

이상에서와 같이 里老人制의 목적은 원래 향촌질서를 유지하여 향촌공동체의 안정을 유지하는 데 있었지만 明 중기 이후 향촌사회 분화과정에서 里老人制는 점차 붕괴되어 향촌질서를 유지하기보다는 오히려 향촌사회의 혼란을 초래하는 데 일조를 할 정도였다. 따라서 明朝로서는 이러한 사회변화에 대응한 새로운 대책을 강구하지 않으면 안되었다.

그런데 里老人制의 붕괴에 대해 명조는 수수방관만 하고 있었던 것은 아니었고, 나름대로 여러 방안을 강구하기도 했다. 이미 앞에서 든

---

61) 『[明]宣宗實錄』 卷86, 宣德 7年 正月 乙酉條, 1990~1991쪽.
62) 曾我部靜雄은 申明·旌善亭을 비롯한 제 교화방책은 이미 태조 때부터 具文化되고 廢弛現象이 나타나고 있음을 지적하고 있다(「明太祖六諭の傳承について」, 『東洋史硏究』 12-4, 1954, 31~33쪽).
63) 『[明]英宗實錄』 卷42, 正統 3年 5月 庚子條, 821쪽, "近年有司 視爲文具 廢弛不擧 將何以示勸懲"; 卷43, 同年 6月 己未條, 831쪽 順天府 宛平縣의 上言에서도 이를 볼 수 있다.

사례에서와 같이 宣德帝는 宣德 3년(1428)에 里老人이 推擇에 의해
선출되지 않고 뇌물을 줌으로써 충당되어, 上官에 기대어 公事를 그르
침이 많은 데 대하여 戶部에 諭示하기를 布政司의 감독 하에 各 知縣
들로 하여금 이를 적발하도록 하였다.[64] 그렇지만 官界腐敗는 말할 필
요도 없거니와 이미 앞서 지적한 대로 당시 里老人의 횡포가 지방관을
誣陷하고 官府를 기만하는 상황에서[65] 그 실효를 거둔다는 것은 사실
기대될 수 없는 것이었다. 이후 이에 대해 다시 宣德帝는 宣德 7년
(1432) 六部 都察院에

> 짐이 天下의 주인이 되어, 오직 천하의 백성이 모두 安居樂業하기만
> 을 바랄 뿐이다.……巡按御史·按察司 등 官은 각 府·縣의 관리 및
> 里老가 剝削貪酷하는 것을 廉察하고, 또 官員·軍民의 家가 못 된 짓
> 을 함을 가려내어 중죄로 다스리고 만일 廉察을 게을리하고 백성의 患
> 亂을 앉아서 보는 자는 그 죄를 같이 다스리도록 하라. 각자 이에 힘을
> 써서 짐을 편하게 하라.[66]

라고 명하여 巡按御史와 按察司로 하여금 里老人이 剝削貪酷하는 것
을 廉察할 것을 촉구하면서 里老人制의 회복을 도모하였다. 그러나 이
때에도 里老人이 자신들을 廉察하는 관리들을 오히려 誣陷하는 행위
가 여전히 횡행하였던 것이어서,[67] 역시 실효를 거두지 못하였다. 이어
明朝는 景泰年間에도 각 지역에 鎭守하고 있는 巡撫 및 兵部尙書 孫
原貞 등에게

> 짐은 오직 農桑을 衣食의 원천으로 삼고 이를 권장함을 각 관리의 책

---

64) 주 55) 참조.
65) 주 56) 참조.
66) 『[明]宣宗實錄』卷91, 宣德 7年 6月 乙巳條, 2081~2082쪽.
67) 주 57) 참조.

무로 하노라. 이는 古今의 通務였는 고로 이에 특히, 너희 督同三官에 명하노니 督撫, 府 · 縣 · 屯堡官이 나누어 里老에게 명하여 鄕村을 살펴 깨우치게 하라.……감히 자기의 生業을 게을리하고 노력하지 않는 자가 있으면 里老로 하여금 敎民榜例에 의거해 懲治하도록 하라.[68]

라는 詔勅을 내려, 里老들이 행하는 勸農의 임무를 진흥시키고 이 敎諭에 따르지 않는 자를 「敎民榜文」에 따라 懲治함으로써 里老人制를 회복시키고자 하였다. 그러나 이러한 대책도 그다지 효과가 없었던 것으로 이후에 있어서도 勢豪 · 豪民의 횡포와 士人層의 퇴폐풍조의 만연은 계속되고 일상 도덕규범의 혼란은 더욱 가중되어 갔거니와,[69] 里老人制의 기능회복은 이제 기대할 수 없을 정도로 사회모순은 심화되어 갔던 것이다. 따라서 明朝로서는 극심한 사회변동이 진행되는 현실적인 상황에 효과적으로 대응하기 위해서 붕괴 일로에 처해 있는 里老人을 부흥시키려는 소극적인 방책에서 탈피하여 이제 보다 적극적이고 조직적인 새로운 방책의 마련이 불가피하였다.

제2절 향촌사회의 변화에 대한 새로운 대응

1. 流民對策과 編甲互保策의 성립

앞절에서 살핀 바와 같이 明朝의 사회는 明初 이래 사회의 발전과정에서 토지의 편중, 稅役 불균형과 과중, 사회질서의 해이 등의 사회

---

68) 『[明]英宗實錄』 卷234, 景泰 4年 10月 庚寅條, 5105쪽.
69) 『[明]世宗實錄』 卷71, 嘉靖 5年 12月 辛酉條 福建道御史 朱豹의 修省十事, 1600쪽 ; 『[明]世宗實錄』 卷480, 嘉靖 39年 正月 壬辰條 吏科給事中 胡應嘉의 上條四事, 8021쪽.

적 모순이 나타났다. 이러한 현상은 자연 사회의 계층분화를 촉진시키기 마련이며, 여기에서 많은 流民과 逃戶가 析出되었거니와[70] 향촌공동체를 파괴시키는 결과를 초래했다. 사실 이갑제 및 里老人制가 붕괴현상을 보이게 된 것도 이러한 사회적 요인에서 기인한 것이다. 따라서 기존체제를 유지하기 위해서는 사회변동을 유발하는 여러 가지 요인에 대한 처방이 동시에 마련되어야 하겠지만 그보다 우선해서 반란세력을 형성하여 직접적으로 사회변동을 촉진시키는 逃戶와 流民에 대한 대책마련이 무엇보다도 시급한 것이었다. 이에 따라 明朝에서는 10家를 1甲으로 편하여 相互保識케 하는 이른바 編甲互保策을 마련하게 되는데, 여기에서 明朝의 流民對策과 아울러 互保策의 성립과정에 대해 살펴보도록 하겠다.

元末의 전란으로 인해 대량의 流民이 발생했었지만 이후로도 局地的이고 그 규모는 적었지만 유민은 明 初期에도 계속 발생하고 있었다. 이에 따라 明朝의 流民에 대한 대책도 초기부터 강구되었다. 明朝의 流民對策은 일찍이 건국 직후부터 이루어지고 있는데, 그것은 원말의 전란으로 황폐된 농토를 조속히 회복시키기 위한 목적에서였다. 즉, 명조는 還鄕復業者에게 荒田을 주어 정착케 하고 稅役을 면제해 주었는가 하면,[71] 流民이 歸鄕하면 計口授田토록 하는 등[72] 유민의 귀향을 적극 장려하였다. 그런데 이러한 대책은 어느 정도 그 성과를 거두기는 했지만, 流民 발생을 근원적으로 근절시키지는 못했다.

이미 앞절에서도 살폈듯이 洪武·永樂年間에도 각지에서 逃戶와 流民이 계속 발생했던 것이어서 이에 대한 새로운 대책을 마련해야 했

---

70) 流民의 발생원인은 여기에서 지적한 것 외에도 인구과밀 및 전쟁·전란, 질병, 종교활동 등이 지적되고 있다(吳金成, 앞의 책, 1986, 106쪽 ; 大澤顯浩, 「明末宗敎的反亂の一考察 - 礦徒と宗敎結社の結合形態 - 」, 『東洋史硏究』 44-1, 1985, 48~49쪽).

71) 『[明]太祖實錄』 卷34, 洪武 元年 8月 己酉條, 615쪽.

72) 『[明]太祖實錄』 卷73, 洪武 5年 5月條, 1352~1353쪽.

거니와 여기에서 逃戶·流民에 대한 규정이 정해지게 되었다. 『明律』
逃避差役條에

　　무릇 백성 가운데 인접 州·縣에 逃走하여 差役을 피해 숨는 자는 杖
　一百에 처하고, 原籍에 發還하여 差役에 當하게 하라.73)

라는 내용이 그것인데, 明朝는 원칙적으로 鄕貫을 떠나 他鄕으로 移
住하는 것을 인정하지 않고 流民에 대해 原籍地 發還主義에 입각하여
天下民에 대한 原籍을 확정하여 差役을 부과하도록 하는 원칙을 세웠
다. 이것은 사실 原籍에 입각하여 편성된 이갑제를 유지하기 위한 절
대적인 방안이기도 한 것이다. 명조는 이러한 원칙에 입각하여 流民에
대해 강력히 대처해 나갔는데, 洪武 23년(1390)에 監生과 各 府·州·
縣官에 명령을 내리기를

　　각 里甲人들을 끌어모아 逃戶를 자세히 살펴, 해당 縣에 回覽케 하고
　親隣里甲에 보내어 각처의 본래의 이갑에 取하도록 하라. 혹 他郡에서
　이주해 온 자는 즉시 縣에 보내어 行糧을 지급하여 原籍의 州·縣에
　압송하여 復業토록 하라.74)

라 한 것은 바로 그 실행 예이다.

　이와 같은 대응은 明朝에 있어 아주 필요했던 것으로 그 후에도 계
속되었다.75) 그러나 그것은 流民의 발생을 억제하기 위한 규제책으로
서 초기에는 어느 정도 효력이 있었을지는 모르나 점차 사회변동이 가
속화되어 가는 과정에서 오히려 문제를 더욱 야기시키는 요인으로 작
용하였다. 明初에 天下民의 原籍은 元末 大亂의 여파가 아직 수습되

---

73) 『皇明制書』卷13, 大明律 戶律 逃避差役, 1808쪽.
74) 『大明會典』卷21, 戶部6 事例 洪武23年令, 249쪽.
75) 『大明會典』永樂19년에도 비슷한 내용이 보임.

지 않은 시기에 이루어졌기 때문에 토지와 인구의 평균화가 제대로 이
루어지지 않은 상태에서 정해졌다.[76] 따라서 지역에 따라 富의 불균
형, 조세부담의 격차가 자연 커질 수밖에 없었다. 바로 이 때문에 조세
부담이 많은 곳에 있는 백성이 부담이 적은 곳으로 이주하려는 것은
당연한 귀결로 原籍地로 發還한다 하더라도 그것은 하나의 규제에 지
나지 않으며 결코 근본적인 해결책이 되지는 못했던 것이다. 더욱이
이갑제는 바로 이러한 原額人戶, 原額租稅에 입각하여 제정되었기 때
문에 일단 流民이 발생하면 현재 남아 있는 人戶에 관계 없이 流離民
의 액수까지 殘存 里甲人에게 부과되므로 그 부담을 더욱 가중시켜
流民의 발생을 더욱 촉진시키는 결과를 가져왔던 것이다.

　이러한 현상은 永樂 7년(1409) 11월에 영락제가 戶部尙書인 夏原吉
에게 내린 諭에

　　백성은 반드시 농사를 지어 조세를 내야 하는데 이미 業을 버리고 도
　　망한즉 租稅가 나올 데가 없다. 만일 남아 있는 이갑이 賠納을 하면 필
　　시 파산을 하고 파산도 부족하면 도망을 할 수밖에 없으며 이로 조세는
　　더욱 부족하게 된다.[77]

라고 한 것이나 이미 앞에서 인용한 山西 渾源州의 上奏에 대하여 영
락제가

　　백성들의 궁핍이 심한 것은 도망 때문이다. 지금 남아 있는 백성들에
　　게 (도망간 자들의 稅額까지를) 均分하는 것은 모두 다 궁핍하여 도망
　　가도록 할 것이다.[78]

---

76) 태조는 건국 직후 토지의 板籍을 편찬하였다. 즉, 洪武 2년에 모든 인구를 호
　　적에 등록하여 파악하였다. 따라서 호적에서 빠진 자는 자수하라고 했으며,
　　다음 3년에는 천하의 호마다 戶帖을 주어 각기 가족상황을 적어 내도록 했
　　다.
77) 『[明]太宗實錄』 卷67, 永樂 7年 11月 丙寅條

라고 한 것을 보면 보다 확실히 알 수 있거니와 일찍이 永樂年間부터 사회문제로 표면화되고 있음을 볼 수 있다.

물론 田土의 均等을 기하기 위해 明初 이래 稠密한 지역의 백성들을 황무지로 강제 이주시켜 개간케 하는 移徙政策을 취하기도 하였다.[79] 그러나 移徙가 행해진 것은 대체로 山西의 중부 이남에 한정되었을 뿐만 아니라 영락 중기 이후부터는 이 정책마저도 아예 중단되어 버렸다. 이에 따라 永樂 중기 이후 이러한 문제는 더욱 심화되어 갔던 것인데, 15세기 중엽 丘濬은 이 당시의 상황을 다음과 같이 묘사하고 있다.

　　무릇 백성들에게서 稅를 거두는 것은 연못에서 고기를 잡는 것과 같다. 연못에 고기를 기르면 반드시 늘 살이 찌고 번식을 한다. 그러나 눈앞의 이익만을 생각하고 (고기를) 잡으면 기를 물고기가 없어져 버릴 것이다. 생겨나는 것이 없으면, 한 번 취하게 되면 다 없어져 버린다. 후에 어떻게 (물고기를 기르는 일을) 계속할 것인가? 後世에 백성들에게 稅金을 취하는 것은 대체로 이와 같은데, 灘稅의 害는 매우 毒하다.……一里에 대해 論한다면, 1里 百戶의 각 한 戶는 한 해에 오직 1戶의 稅만 내야 한다. 가령 今年에 20戶가 도망했을 경우 20戶의 稅를 80戶에 부과하는 것은, 4戶인데 5戶의 稅를 내는 것과 같다. 明年에 30戶가 도망하여 30戶의 稅를 70戶에 부과하는 것은 5戶가 7戶의 稅를 내는 것과 같다. 또 明年에 50戶가 도망을 가 50戶의 稅를 50戶에 부과하면 1戶가 2戶의 稅를 내는 것과 같다. 도망가는 자는 날로 늘고, 남아 있는 자가 내야 할 액수는 날로 쌓인다. 따라서 남아 있는 자는 이를 감당하지 못하여 또 같이 도망을 친다.……[80]

아무튼 이후 流民의 문제는 보다 심각한 문제로 대두되었는데, 특히

---

78) 『[明]仁宗實錄』卷3(下), 永樂 22年 10月 乙丑條, 126쪽.
79) 『明史』卷77, 食貨志1 戶口.
80) 『大學衍義補』卷22, 制國用 貢賦之常.

宣德・正統年間에 이르게 되면 사회의 계층분화와 함께 북방 蒙古族의 南侵과 계속되는 기근 등으로 流民의 수는 급격히 증가하게 되었다.[81] 이 무렵 流民을 발생시키는 지역은 대체로 山東, 山西, 四川, 陝西 등 北中國 일대와 비교적 농업발전이 앞선 江西 등지로 嶺南地方을 제외한 거의 전역에 이르렀고, 이 곳의 流民은 비교적 인구가 적고 토지가 비옥한 河南 및 湖廣 등지로 몰려 들어갔다.[82] 그렇지만 省外로의 流出뿐만 아니라 같은 省內에서도 인구이동은 활발하게 이루어졌는데, 先進地域에서 落後地域으로, 農村地域에서 都市・手工業地域으로, 農村・都市地域에서 封禁山區地域으로의 패턴으로 부단히 인구이동이 이루어지기도 했다.[83]

宣德 3년(1428) 당시 工部郎中인 李新이

山西의 飢民이 流徙해서 南陽 諸郡에 이르른 자가 10만을 넘는다.[84]

라고 한 것이나, 正統年間 大理寺左少卿인 于謙이

河南・湖廣에서는 山東・山西・陝西 등지로부터 도망해 온 자가 7만여 호를 넘는다.[85]

라고 하고 있음은 이 당시 流民의 발생규모가 얼마나 컸는지를 보여준다. 아무튼 이와 같은 流民의 발생은 자연 里甲空缺을 초래함은 물론이요 또한 이들 유민들은 반란세력의 기반이 되어 왕조 지배체제에 위협을 가하는 요인이 되기도 했다. 때문에 조정으로서는 이를 방치할

---

81) 명대 호구이동 및 流民에 대해서는 横田整三, 「明代における戸口の移動現象に就いて」(上・下), 『東洋學報』 26-1・2, 1938 참조.
82) 위의 논문(上) 참조.
83) 吳金成, 앞의 책, 1986, 118쪽.
84) 『[明]宣宗實錄』 卷42, 宣德 3年 閏4月 甲辰條, 1038쪽.
85) 『[明]英宗實錄』 卷134, 正統 10月 10月 庚申條, 2675쪽.

수만은 없었다. 따라서 이에 대한 대책으로 明朝는 宣德 5년(1430)에 종래의 鄕貫主義에 대한 수정을 가하여 逃戶로서 50畝 이상의 토지를 가지고 있는 자는 逃移地에 寄籍시켜 里甲에 편입시키도록 하는[86] 한 편, 같은 해 5월 四川 大昌縣 知縣인 徐子善이

  國初에는 民이 400戶였으나 후에 充軍·死徙로 인하여 100戶 남짓밖에 안 되어 大寧縣에 幷入되었다가, 永樂 初에 다시 大昌縣을 세워 冊籍을 만들었으나 100戶도 못 되어 丁이 많은 家를 析하여 보충했습니다.……生員·吏典·驛夫의 役에 충당할 사람이 없고, 田土는 대부분이 황폐하여 稅粮은 額數에 미치지 못합니다. 청하옵건대 陝西 漢中府 沔縣의 사례와 같이 徙流人을 連하여 家에 소속시킴으로써 이를 보충하여 徭役과 稅糧에 이바지하게 했으면 합니다.[87]

라고 한 상주에서도 알 수 있듯이 流民이 많이 유입된 지역에 대해서는 縣이나 里를 增編시키고, 반대로 流民이 발생하여 호구가 격감한 지역에 대해서는 縣과 里를 減編함으로 里甲을 재편시키기도 했다.[88] 그러나 明朝가 이러한 정책을 취했다고 해서 종래에 고수해 오던 原籍地 發還主義를 완전히 포기한 것은 아니었다. 宣德 5년(1430) 8월에 兵部尙書인 張本이 "근자에 天下各處에 재난으로 많은 백성들이 굶주리고 流徙가 많이 발생하였는데 이들이 復業의 諭令을 어기고 있으며, 官吏·里甲도 이를 은폐하고 이를 숨겨 주는 자도 있으므로 이에 대해 엄히 禁令을 내려야 합니다"[89]라고 상주한 내용에서 알 수 있듯이 여전히 原籍發還을 원칙으로 고수하고 있었으며, 寄籍은 다만 편

---

86) 『大明會典』卷21, 戶部6 事例 宣德5年奏准, 249쪽.
87) 『[明]宣宗實錄』卷66, 宣德 5年 5月 戊辰條, 1568~1569쪽.
88) 이러한 재편은 이후로도 각지에 계속 행해졌다. 그 구체적인 사례는 吳金成, 앞의 책, 1986, 190·191·244쪽 ; 樊樹志, 『中國封建土地關系發達史』(北京 : 人民出版社, 1988), 446쪽 참조.
89) 『[明]宣宗實錄』卷69, 宣德 5年 8月 乙未條, 1629쪽.

의에 따라 허락한 것이었다. 이러한 원칙은 이후로도 이어졌거니와 正統年間에 들어와 原籍主義가 재차 강조되면서 逃戸·流民에 대한 보다 구체적인 방책이 강구되었다. 正統帝는 卽位詔90)에서 流民復業令을 강력히 시달하는 한편, 山西, 河南, 山東, 湖廣, 陝西, 南北直隸, 保定 등의 府·州·縣에 逃戸周知의 文冊을 만들고 逃戸의 鄕里, 姓名, 男婦, 口數, 軍·民·匠·竈 등의 籍 및 原籍에 남아 있는 田地의 稅糧額, 原籍에 糧差에 응해야 할 人丁이 있는가 없는가를 상세히 기록하도록 命하였다.91) 이러한 逃戸策을 강구하는 한편 流民策도 강구해 나갔는데, 正統 2년(1437) 2월 河南右參政인 孫原貞이

陳州 項城縣 그 남쪽에 있는 穎州·歸德府 鹿邑縣, 동쪽에 있는 太和縣 등이 지방 수백 리는 田土가 기름져 강명자들이 많이 聚居하고 있습니다. 근자에 籍을 살피러 이 縣에 이르면 저 縣에 籍이 있다고 하고, 저 州에 이르면 이 州에 籍이 있다고 하며, 相互影射를 하면서 나라의 법을 어기고 있습니다. 청하옵건대 각 州·縣官에게 地界를 分定하도록 命하여 이 곳에 田이 있는 자는 이 곳에 籍이 있게 하고, 저 곳에 田이 있는 자는 저 곳에 籍이 있게 해서 影射를 하여 어지럽히는 자가 있으면 罪로 다스리고, 그 籍에 丁·口를 기재하여 每 10家를 甲으로 해서 서로 알게 하고 當地의 里長에 나누어 계속시켜 租·賦에 이바지하도록 했으면 합니다.92)

라고 상주하여, 河南과 安徽의 경계지역에 많은 流民들이 聚居하여 부역기피의 폐해에 대해 이를 방지할 목적으로 10家 1甲으로 이들을 편성하여 相互保護시킬 것을 청하였다. 이를 바탕으로 해서 正統帝는 같은 해에

---

90) 『[明]英宗實錄』 卷1, 宣德 10年 正月 壬午條, 16쪽.
91) 『大明會典』 卷21, 戸部6 事例 正統元年令, 250쪽.
92) 『[明]英宗實錄』 卷27, 正統 2年 2月 己丑條, 550쪽.

각 지역의 관리들은 流民의 이름과 남자와 여자, 성인과 어린아이의 丁口를 조사해서 10家를 1甲으로 편성하고, 이들을 서로 保識시키며, 각기 그 지역의 里長으로 하여금 관리하도록 하라. 만약 집단으로 山林 및 호수나 강가에 거주하고 혹은 官家 및 權勢의 家門에 投托해서 숨어 官司에 항거하고 招撫에 복종하지 않는 자는 正犯으로 死刑에 처하거나 변방의 군인으로 충당하라. 또 里老가 도둑을 알면서도 잡지 않거나 이를 숨기고 고발하지 않는 자가 있으면 같은 罪로 다스려라.[93]

라고 命을 내렸다. 즉, 明朝는 流民에 대한 대책으로서 逃戶周知冊과 같은 流民文冊은 보이지 않지만 流民들의 名籍과 戶口數를 구체적으로 조사하여 이들을 10家 1甲으로 編하여 寄籍地의 里長의 관리 하에 相互保識시킴으로써 향신의 家에 投托해서 官에 항거하는 것을 방지하고자 했던 것이다.

여기에서 10家를 1甲으로 조직한 새로운 향촌대책으로서 互保策이 마련되었는데, 이것은 명 중기 이후 사회모순의 확대로 말미암은 사회분화의 결과 이갑제라는 틀 밖으로 분출되어 나오는 계층분자인 逃戶 및 流民들을 확실히 파악해서 붕괴되어 가는 이갑제를 보강하기 위해 마련된 것이다.[94] 또한 여기에서 10家 1甲이라는 조직은 丁·業을 가지고 賦役에 當하는 戶만으로 편성된 10戶 1甲이라는 기존의 이갑조직과는 달리 丁·業의 유무에 관계 없이 相互保識을 하기 위한 조직으로서 강한 연대의식을 바탕으로 한 새로운 自警自衛의 민간조직임에 틀림없는 것이다. 이후 치안질서 유지조직으로서 보갑제가 10家 1甲을 기간조직으로 조직되거니와,[95] 따라서 이때 마련된 互保策은 바로 보갑제의 선구적인 형태를 이룬다고 할 수 있다.

---

93) 『大明會典』卷21, 戶部6 事例, 正統2年令, 250쪽.
94) 酒井忠夫, 「明代前中期の保甲制について」, 『淸水博士追悼記念明代史論叢』 (東京 : 大安社, 1962).
95) 명대 보갑제의 시원이라고 일컬어지는 王陽明이 시행한 보갑법의 실제 명칭이 '十家牌法'인 데서도 그 관련성을 볼 수 있다.

2. 總小甲制의 설치

한편 이 무렵 각 지역에서 향촌치안질서를 유지하기 위해 總小甲制가 설치되기도 했다. 總小甲制의 확실한 기원은 명확하지는 않지만[96] 正統 3년(1438) 당시 直隷巡撫였던 周枕이 松江地方의 竈戶들의 도망이 많으므로 이에 대한 逋課의 徵收策으로 四事를 상주하고 있는데, 이 내용에서 처음으로 보인다.

明初에는 蕩草·盤 등의 생산수단을 소유한 竈戶가 많았고, 明朝는 生産鹽을 보다 많이 확보하기 위해 이들이 소유하고 있는 생산수단의 典賣를 금지해 왔었다. 그러나 生産鹽의 대가로서 종래 工本米를 대신하여 鈔를 지급하여 왔는데, 이 鈔의 가치가 폭락하면서 竈戶들은 생활이 어렵게 되었다. 이에 따라 竈戶들은 생활을 영위하기 위해 종래 전매가 금지되었던 생산수단을 전매할 수밖에 없게 되었다. 이 때문에 富竈에게 생산수단이 겸병되게 되었으며, 이로써 竈戶에 있어서도 계급분화가 나타나게 되었거니와 이제 貧竈는 富竈에게 고용되는 鹽勞動者로 전락하여 富竈로부터 생산수단을 빌려 製鹽을 하는 佃戶로 轉化되게 되었던 것이다.[97] 이러한 竈戶의 계급분화는 특히 상인들이 鹽場에 투자를 하면서부터 급속히 진행되었는데, 이러한 상인들의 鹽場으로의 진출은 宣德·正統年間부터 크게 이루어졌다.[98] 私鹽의 유출도 이 무렵부터 크게 이루어졌는데, 그것은 이러한 竈戶의 계급분화의 진전이 그 주요 원인으로 작용하였기 때문이다.

---

96) 酒井忠夫는 總小甲이 鹽場의 조직인 總催 및 衛所軍의 總小旗에 대응해서 이미 明初부터 존재한 것이 아닌가 추정하고 있으며, 또 正統 2년의 10家 1甲의 조직과도 어떤 관련이 있지 않은가 하고 지적하고 있다(酒井忠夫, 앞의 논문, 1962, 587~588쪽 참조).

97) 佐伯富, 『淸代鹽政の硏究』(京都 : 東洋史硏究會, 1952), 57~59쪽 ; Ho, Ping-Ti 著, 曹永祿 外 譯, 앞의 책, 1987, 70~71쪽.

98) 明代 竈戶의 계급분화의 원인·경과에 대해서는 藤井宏, 「明代鹽場の硏究」, 『北海島大學文學部紀要』 1·3, 1952·54 참즈.

　　이와 같은 상황은 이 무렵 특히 松江지역에서 심하게 일어나 竈戶
들이 빈곤하여 도망하는 자가 많이 나타났는데, 明朝는 당시 直隷巡撫
였던 周忱에게 이 지역의 鹽課를 兼理하도록 명하였던 것이다.[99] 그
가 逋課의 徵收策으로서 四事를 올린 것은 바로 이 때이다. 그는 上奏
文에서 鹽場에서 催納을 담당하는 總催頭目 가운데에는 殷實良善者
는 적고, 貧難刻薄者가 많아 催納時 이들이 많은 부정을 자행하므로
竈戶들이 安業할 수가 없어 도망치게 되기 때문에, 今後 總催頭目에
는 殷實良善한 자를 항상 선발해야 한다고 하였다. 이와 아울러 그는
私鹽이 행해짐으로 해서 鹽課가 連年 완납되지 않는데, 私鹽이 행해
지는 까닭은 巡捕가 取締를 하지만 이에 대한 賞罰이 제대로 지켜지
지 않기 때문이라 하여 私鹽을 엄중히 取締할 방법으로 다음과 같은
조치를 강구하였다.

　　마땅히 上海의 華亭 및 蘇州의 嘉定 두 縣에 令을 내려 행동거지가
　여러 사람에게 모범이 되는 자를 老人으로 삼아 지역을 나누어 각기 그
　곳의 總小甲을 이끌고 防守에 나서게 하며 官司는 왕래하며 이를 巡視
　해야 한다. 단 (소금의) 密賣가 발각되면 반드시 통과하는 河路를 규찰
　하도록 하며, 이를 종용한 자까지도 罪로 다스린다.[100]

　　여기에서 總小甲制가 처음으로 나타나는데, 어느 정도 그 실효를 거
두었는지는 알 수 없지만 이전부터 붕괴해 가는 里老人을 보좌해서 松
江지방의 私鹽密賣를 발각하기 위해 설치 운용되었음을 알 수 있다.
이와 아울러 『天下郡國利病書』의 松江府志條에서 顧炎武는

　　각 圖에서는 해마다 總甲 1명을 輪番으로 한다. 오로지 喧譁의 일을
　職으로 하며, 평상시 爭鬪가 있으면 官에 보내어 究治하고, 盜賊이 발

　99) 『明史』卷80, 食貨4 鹽法, 1936쪽.
100) 『[明]英宗實錄』卷47, 正統 3年 冬10月 乙丑條, 915쪽.

생하면 衆을 이끌고 桿禦하며, 오직 附郭의 總甲이 가장 煩苦하다.101)

라고 기술하고 있는데, 이로 보아 松江지방에서는 총소갑제가 계속해서 시행되었던 것으로 보이거니와 私鹽密賣에 대한 취체뿐 아니라 里內의 치안질서유지의 임무까지도 담당하였음을 알 수 있다.

그런데 松江지역에서 시행된 總小甲制는 福建지역에서도 正統 12년(1447)에 監察御史인 柳華에 의해 礦盜의 害를 막기 위한 방책으로 시행되었다. 福建지역은 明代 대표적 銀産地의 하나였다.102) 그러나 明初부터 계속되는 채굴로 礦脈은 고갈되고 民力도 감당하기 어려웠다. 따라서 英宗은 즉위의 大詔를 내려 각 지역의 礦山에 대한 閉鎖令을 내렸다.103) 그러나 이미 부역에 있어서도 銀納化가 추진되었거니와104) 백성들의 銀에 대한 욕망이 그치질 않았기 때문에 광산에 대한 도굴과 약탈은 계속되었다. 이에 대해 明朝는 금령을 내려 도굴한 자는 死刑에 처하고, 그 가족은 化外의 지역으로 추방하는 등 엄한 규제를 취해 나갔다.105) 그러나 이러한 엄한 조치에도 불구하고 도굴과 약탈은 그치기는커녕 계속 이어져 오히려 집단적인 礦賊까지 불러일으켰으며, 관료가 礦賊에게 살해되는 사태까지 초래되었다.106) 이에 따

---

101) 『天下郡國利病書』 原編 第6冊, 蘇松 松江府志 田賦1.
102) 福建지역은 원대에는 개발되지 않았으나 명대에 들어와서는 浙江省과 더불어 명대의 중요한 銀産地로 각광을 받게 되었다. 百瀨弘, 「明代の銀産と外國銀に就いて」, 『靑丘學叢』 19, 1935[후에 『明淸社會經濟史硏究』(東京 : 硏文出版, 1980)에 수록], 27~32쪽 ; 田中正俊·佐伯有一, 「十五世紀における福建の農民叛亂(1)」, 『歷史學硏究』 167, 1954, 4쪽 참조.
103) 『[明]英宗實錄』 卷1, 宣德 10年 正月 壬午條, 912쪽, "上卽皇帝位 頒詔大赦天下 詔曰……各處開辦金銀硃砂銅錢等課 悉皆停罷 將坑冶封閉".
104) 주 30) 참조.
105) 『[明]英宗實錄』 卷47, 正統 3年 12月 乙丑條, 915쪽, "今後犯者 卽令該管官司拏問具奏 將犯人處以極刑 家遷化外 有如不服追究者 卽調軍剿捕".
106) 正統 9년 7월 福安縣 劉洋坑에서 福建右參議 竺淵이 礦賊에게 살해되고, 都指揮僉事 劉海는 傷害를 입었다(『[明]英宗實錄』 卷106, 正統 9年 7月 己卯

라 明朝는 당시 사적 이익을 추구하려는 礦山再開論者들의 강력한 요구도 있고 해서 결국 銀産을 재개하였다.107) 그렇지만 銀産의 再開는 관료들의 사적 이익만 채워주었을 뿐 현지 백성들에게는 아무런 得도 주지 못하였다. 오히려 이들은 民田의 賦稅와 함께 다시 銀産勞動의 요역을 감당해야 하므로 더욱 어려움만 가중되었으며, 파산하여 流亡할 수밖에 없게 되었다. 이러한 상황에서 이들은 집단화하여 일대 반란세력을 형성하기에 이르렀던 것인데,108) 바로 이러한 상황이 전개되던 正統 11년(1446) 3월에 浙江右參議 吳昇의 薦擧에 의해 御史에 임명된 柳華는 福建, 浙江, 江西의 三司를 제독하게 되었거니와109) 福建 지역의 礦盜와 群盜의 害에 대처하기 위해 總小甲制라는 自警組織을 설치하였던 것이다. 즉, 그는 각 郡·縣의 성곽 및 향촌에 隘門을 세워 그 위에 重屋을 건설하고 여기에 金鼓器械를 갖추도록 했으며, 또 향촌마다 높은 望樓를 세우게 하였다. 또한 각 鄕의 居民을 什·伍로 編하여 總·小甲으로 하여금 이들을 통솔케 하여 밤이면 輪番으로 隘門 위에서 宿直하며, 鳴鼓擊析하여 不虞에 대비하도록 하였다. 그리고 令에 따르지 않는 자가 있으면 總·小甲으로 하여금 이를 究治하도록 하고, 그래도 悛이 없는 자는 官에 물어 처치하도록 했다.110)

이와 같은 柳華의 總小甲制는 확실한 관련성은 확인할 수 없지만

條, 2159~2160쪽).

107) 銀産 재개는 正統 9년 윤7월 1일에 이루어졌다(『[明]英宗實錄』 卷119, 正統 9年 閏7月 戊寅朔條, 2395쪽). 그 과정에 대해서는 田中正俊·佐伯有一, 앞의 논문, 1954, 5쪽 참조.

108) 葉宗留, 陳鑑胡, 陶得二, 葉希八 등의 群盜가 발생했다. 『明史紀事本末』 卷31, 平浙捔盜 ; 田中正俊, 「起ちあかる農民たち」, 『世界史講座』 2(弘文堂, 1954) 참조.

109) 『[明]英宗實錄』 卷139, 正統 11年 3月 壬申條, 2755쪽, "上命御史柳華 往督福建·浙江·江西三司 調兵剿之 但推奸姦賊 必罪無赦".

110) 『明史』 卷165, 丁暄傳 ; 『天下郡國利病書』 原編 16冊, 福建 延平府志 ; 『[明]英宗實錄』 卷153, 正統 12年 4月 辛亥條, 3004쪽.

그 명칭과 시기상으로 보아 正統 3년(1438)에 周忱이 松江·蘇州지역
에 행한 總小甲制를 모방하여 福建지방에 행했던 것이 아닌가 생각된
다. 한편 이 곳의 총갑제는 향촌민을 什·伍라는 조직으로 편성했다는
점에서 보다 구체적인 조직을 알 수 있는데, 이것은 明初 巡檢司·五
城兵馬司下에서 巡警의 임무를 수행한 弓兵도 民戶에서 調發했다는
점을 감안할 때, 종래의 巡警治安制度를 보다 확고히 조직화한 것으로
도 보인다.[111]

이와 관련하여 『天下郡國利病書』福建 泉州府條에

　　每 里에 또 總甲 1인을 두어 지방의 非常한 일을 乘察하는 일을 관장
　　케 하고, 老人 1人을 두어 風俗·詞訟을 주관케 했다. 무릇 總甲·老人
　　의 執役에 年을 限하지 않는다.……[112]

라는 내용과 연결시켜 보면, 福建지방에서도 總甲制는 이후로도 계속
시행되었던 것으로 보이며, 또 里老人과 함께 里內의 치안의 役을 담
당하고 있는 것으로 보아 里老人制를 보좌하는 역할까지도 수행했던
것임을 알 수 있다. 그러나 福建에서의 총갑제는 상업취락지에서 노동
자 무뢰배들이 總甲에 임명됨으로써 그 역기능적인 면이 나타나기도
했다. 즉, 正統 13, 14년에 延平府 沙縣 24都의 總甲인 鄧茂七을 중심
으로 한 반란[113]은 그 대표적인 예라 할 수 있다.

이와 같이 正統年間에 들어와 蘇松지역 및 福建지역에서 시행된 總
小甲制는 여타 지역에서도 시행되었던 것이 확인된다. 正統 14년 3월
에

　　江西 龍南縣의 賊인 蔡妙光이 妖術로써 여러 사람을 매혹하고 무리

111) 酒井忠夫, 앞의 논문, 1962, 585~586쪽.
112) 『天下郡國利病書』原編 16冊, 福建 泉州衛屯田條.
113) 주 36) 참조.

200여 인을 규합하여 天生帝主東殿國王 등으로 호칭하고, 龍南縣治를
攻破하여 재물을 劫虜하였다.……妙光이 廣東 始興縣에 숨어들자 總甲
인 何得文 등이 이를 죽이고 그 餘黨을 막았다.……114)

라는 내용은 廣東지역에서도 총소갑제가 시행되었음을 보여주거니와
康熙『金華府志』卷9, 曆法志의 明代 曆法에 "總小甲은 거주하는 곳
의 村巷에 따라 每 10人에 小甲 1人을 세우고 每 50名에 總甲 1名을
세웠다"라는 내용에서 그 편성조직은 다르지만 浙江 등지에서도 總小
甲制가 설치·운용되었음을 볼 수 있다.

　이상에서 里老人制가 점차 붕괴해 가는 正統年間에 새로운 향촌치
안질서 유지책으로서 각지에 총소갑제가 실시되었음을 보았다. 이 제
도는 비록 전국적인 규모로 획일적으로 시행되지는 못하였지만 이보
다 바로 앞서 시행된 10家 1甲으로 조직된 互保策을 바탕으로 행해졌
던 것으로 보이고, 이것 역시 명대 보갑제의 실질적인 선행형태로 보
여진다. 이러한 사실은 隆慶年間 福建 惠安知縣을 지낸 葉春及이 "總
小甲立 有司祗以徒役煩之 亦不能任盜賊 故又變爲保甲"115)이라고 하
고 있는 데서도 알 수 있거니와 본격적인 명대 보갑제를 이루었다는
王守仁이 '十家牌法'과 함께 '總小甲制'를 시행했다는 점에서도 推見
할 수 있다.

3. 鄕約의 논의와 그 시행

　사회변동과 함께 里老人制의 기능상 한계가 나타남에 따라 치안질
서유지를 위한 보완책으로서 編甲互保策과 總小甲制가 새로이 편성
되었다는 것은 앞에서 살펴보았다. 그러나 사회질서유지의 본원적인

---

114) 『[明]英宗實錄』卷176, 正統 14年 3月 癸巳條, 3395쪽.
115) 『石洞集』卷7, 惠安政書12 保甲篇.

요소라 할 수 있는 敎化의 면도 도외시할 수 없는 것이며, 종래 里老人이 담당해 온 교화에 대한 새로운 대응도 필요했다. 여기에서 강구된 방안이 바로 鄕約이다.

향약은 鄕人 스스로가 행위의 準則을 세우고 相勸相規의 법을 통해 鄕里 전체를 敎化・善導하는 민간사회단체의 하나이다.116) 이것은 北宋朝 熙寧 9년 12월에 呂大鈞을 비롯한 4형제가 그의 향리인 陝西省 藍田縣에서 교화를 목적으로 창안한 것으로, 德業相勸, 過失相規, 禮俗相交, 患難相恤의 4綱領으로 성립된 규약을 향약이라고 한 데에서 비롯된 것이다.117) 이 향약은 이후 朱子의 補訂・增損을 거쳐 '朱子增損呂氏鄕約'으로 내용이 확충되어 널리 알려지게 되었고, 成俗化民을 정치의 중요한 조목으로 삼아 왔던 중국 왕조에 의해 '導民善'의 방책으로 채택되어 지배체제를 유지하는 데에 이용되었던 것이다.118)

그런데 이와 같은 교화를 위주로 한 향약이 초기 明朝에서는 채택되지 않았었다. 그것은 바로 교화의 기능까지도 포괄하고 있는 里老人制를 설치 운용하였기 때문이다. 그렇지만 향약에 대한 논의가 전혀 없었던 것은 아니었다. 洪武 21년(1388) 4월에 庶吉士 解縉은 申明・旌善亭이 행하여지고 있으나 訓告의 방법이 不備하다고 하여 鄭氏의 家範을 治家의 禮로, 呂氏의 鄕約을 睦隣의 法으로 천하에 행할 것을

---

116) 향약은 鄕人의 約이라는 점에서 鄕黨의 주체성을 나타낼 뿐 아니라 그 조직, 통제, 운영의 방법도 향당의 주체성에 의해 자율적으로 이루어졌던 것이다 [淸水盛光, 『中國鄕村社會論』(東京 : 岩波書店 1951), 347~348쪽].

117) 이것을 이른바 呂氏鄕約이라 부른다. 呂氏兄弟는 大忠, 大防, 大鈞, 大臨인데 呂氏鄕約의 작자에 대해서는 大鈞이라는 설과 大忠이라는 설이 있으나 주자를 비롯한 대개의 사람은 大鈞을 眞作者로 보고 있다(淸水盛光, 위의 책, 350쪽 주 9) 참조).

118) 중국에서는 전통적으로 導民善의 방법으로 鄕官 혹은 鄕職을 설치한다든가 학교 및 향촌조직을 통해서 勸導敎化를 하고, 또 황제 스스로 聖諭를 내린다든가, 勸諭文을 발하여 민중의 교화에 임해 왔었다. 물론 향약이 등장하면서부터 당시 그 실현 정도가 어떠했는지는 의문이지만, 권도교화의 시행은 보다 광범위하고 철저하게 이루어졌던 것이다.

제안하기도 했고,119) 또 理想의 표현에 머물렀지만 永樂刊本인 『牧民心鑑』에도 향약과 유사한 법이 보이고 있다.120) 그러나 당시 향약이 채택되지 못한 데에는 里老人에 의한 교화만으로도 충분했던 것이고, 세상일이 간소하고 인심이 후박한 明初의 상황에서는 오히려 조직도 없는 간소한 里老人制가 교화에 더욱 효과적이었기 때문이었다.121)

그런데 앞절에서도 살폈듯이 明朝의 사회는 점차 복잡다단해져 갔거니와 특히, 중기경에 들어와 심한 사회변동이 표면화되면서 里老人의 붕괴마저 심하게 일어났다. 따라서 里老人制에 대한 보강이 필요해지게 되는 한편으로 새로운 사회상황에 부응한 교화책이 요구되었다. 여기에서 보다 조직적이고 철저한 지도를 주로 한 향약122)이 다시 대두되는 것은 당연한 추세였으며, 여러 지역에 실제 시행되기에 이르렀다.

명대 향약이 본격적으로 시행되어진 것은 역시 기존에 향촌사회에서 치안질서와 교화의 임무를 맡아 온 里老人制가 廢弛되어 編甲互保策, 總小甲制가 시행되는 正統年間부터로 보인다. 그 최초의 예는 正統 초년 당시 廣東 潮州府 知府인 王源이 시행했던 것인데, 『明史』 王源傳에 보이는

潮州知府 王源은 城 동쪽의 廣濟橋가 오랫동안 무너져 있었는데 백성들로부터 萬金을 거두어 이를 重築하고, 그 여분으로 管內의 各村에 亭을 건설하여 옛 聖人 四配・十哲像을 세우고 藍田呂氏鄕約을 刻하

---

119) 『皇明經世文編』 卷11, 解學士集 大疱西封事.
120) 『牧民心鑑』 卷上, 立敎條. 金成俊, 『牧民心鑑硏究』, 高大民族文化硏究所, 1990, 95~97쪽 참조.
121) 栗林宣夫, 앞의 책, 1971, 278쪽.
122) 栗林宣夫는 향약의 里老人制와의 차이점으로 첫째 보다 조직적이고, 둘째 교화 내용을 보다 철저하게 주지시키며 이해의 심화를 기할 수 있고, 셋째 관료계층의 적극적인 지도가 이루어진다는 점을 지적하고 있다(위의 책, 279쪽).

여 백성들 가운데 約正·約副·約士를 뽑아 그 내용을 講하여 익히게
했으며, 때로 官僚들과도 더불어 의논하여 이를 따르게 했다.[123]

라는 내용에서 볼 수 있다. 여기에서 王源은 이미 廢弛된 각 촌의 申
明·旌善亭을 복구하고, 종래 향촌의 교화를 담당했던 里老人은 쇠퇴
했던 것이어서 이에 대신하여 송대에 행해졌던 呂氏鄕約을 채용하여
향촌의 교화를 도모했음을 알 수 있다. 이와 같은 향약의 시행은 『明
史』 劉觀傳에 "呂氏鄕約을 취하여 이를 표창하고, 향촌의 교화에 임
했다"[124]라는 데에서 볼 수 있듯이 같은 무렵 劉觀에 의해서도 시행되
었던 것으로 正統 무렵부터 교화조직으로 향약이 여러 곳에서 시행되
었음을 推察할 수가 있다. 향약의 시행사례는 이후 成化·弘治年間에
이르러서는 더욱 많이 보이는데 그 몇몇 사례만을 든다면, 즉 成化 원
년에 山東 昌樂縣에서 蔣芳이 昌樂縣民을 訓導하기 위해 士人의 주
관 하에 「鄕約條文」을 만들어 서로 갈고 닦도록 한 예가 보이고,[125]
역시 같은 해 利津縣에서도 陳仲成이 士類를 중심으로 향약을 행했던
예[126]가 보이며, 같은 무렵 浙江 嵊縣知縣인 許岳도 社學을 열어 敎
民子弟하고 동시에 藍田鄕約을 거행하여 풍속을 바로잡고 勸農에 힘
썼다는 예[127]가 보인다. 弘治年間에 들어서도 廣東 布政使인 林間이
弘治 8년(1495)에 呂氏鄕約과 朱文公家禮를 행하여 勸民을 하였
고,[128] 弘治 16년(1503)에 陳祥이 上虞縣에 학교를 세워 사대부의 기
상을 발양함과 동시에 향약을 시행하여 교화에도 힘을 쏟은 예[129]가
보인다. 이로 볼 때 正統年間부터 시행되기 시작한 향약은 줄곧 이어

123) 『明史』 卷281, 王源傳.
124) 『明史』 卷282, 劉觀傳.
125) 『咸豊靑州府志』 卷36, 名宦傳2 蔣芳.
126) 『咸豊武定府志』 卷19, 宦蹟 利津 明 陳仲成.
127) 『乾隆紹興府志』 卷43, 人物志 名宦下 許岳.
128) 『嘉靖廣東通志』 卷13, 藩省志12 名宦 國朝林䯞.
129) 『萬曆上虞縣志』 卷11, 官師志 名宦 陳祥.

져 시행되었으며, 점차 그 시행범위를 확대해 갔던 것을 알 수 있다.

이와 같은 초기의 향약은 里老人에 대신한 새로운 교화방안으로 시행되었던 것으로 그 내용은 朱文公家禮와 呂氏鄕約의 내용을 範으로 해서 행해졌는데, 이것은 이후 正德年間에 와서도 확대 시행되었거니와 같은 무렵 나타난 編甲互保策, 總甲制를 바탕으로 한 保甲制와 表裏關係를 이루며 명대 중후기의 향촌질서를 유지하는 데 중추적인 역할을 담당해 갔던 것이다. 이에 대한 구체적인 내용은 다음 장에서 살펴보도록 하겠다.

제4장 明 中期 이후 향촌사회의 재편과정

제1절 正德朝의 사회상황과 王陽明의 향촌대책

1. 正德朝의 향촌사회와 鄕約·保甲制 논의

1) 正德朝의 정국과 향촌사회

英宗의 治世를 지나 成化·弘治年間에 이르러 明朝는 비교적 평온한 시기를 맞게 되었다. 이 시기를 일반적으로 '中興의 世'라 칭하기도 한다. 그 이유는 이 시기에 환관들의 폐해를 줄이면서 政事를 바로잡으려는 노력과 함께 태조 이래의 행정법규를 집대성하여 『大明會典』을 편찬하는 등 이전시기에 비해 중흥의 면모를 보이기 때문이다. 그러나 이러한 일반적인 世評과는 달리 이 무렵에도 정치상의 부패와 사회혼란은 지속적으로 일어나고 있었다. 이디 前代부터 있어 온 皇室과 王府의 私利追求는 여전하였으며,[1] 환관들의 폐해 역시 전에 못지 않았다.[2] 뿐만 아니라 憲宗 즉위년부터 河南, 湖北, 陝西交界의 山岳地帶에 20~30만의 流民이 유입되는 등 유민 발생이 현저하였거니와 이

---

1) 孟森, 『明淸史講義(上冊)』, 成化朝政局(北京 : 中華書局, 1981), 2편 3장 6절 157쪽 ; 曹永祿, 『中國近世政治史硏究 - 明代 科道官의 言官的 機能 -』(知識産業社, 1988), 1편 4장 2절 참조.

2) 『明史』 卷304, 宦官1 汪直傳 ; 『明史紀事本末』 卷37, 汪直用事.

들에 의한 대규모 반란도 지속적으로 일어났었다.3) 成化帝를 이어 弘治帝가 즉위하여서도 비록 內閣을 일신하고, 言路를 개방하여 새로운 정치를 단행하려는 노력도 있었지만 成化朝로부터 이어지는 帝室勳戚의 '與民爭利'의 기풍은 그치지 않았고 환관들의 폐해 역시 여전하였으며,4) 대기근의 발생과 더불어 전국 각지에서 반란이 계속 일어났다.

그렇지만 成化・弘治年間은 여러 모순이 내재해 있었을 뿐 표면화되지는 않았다. 이 시기를 '中興의 世'라 칭하는 것도 이 때문이다. 그런데 弘治帝를 이어 武宗 正德帝가 즉위하면서부터는 황제의 정치적 亂行과 함께 환관들의 횡포가 극심해지고 향촌사회의 분해가 촉진되어 정치・사회적 퇴폐와 소란은 英宗治世의 사회혼란을 방불할 정도로 크게 야기되었다.

孝宗을 뒤이어 15세에 즉위한 武宗은 역대 황제 가운데 유례 없는 奇人으로 성장하였다. 그는 황태자 시절부터 환관들과 가까이하면서 유흥을 탐닉하였지만 즉위한 뒤에도 宮廷을 빠져나가 微行을 즐긴다던가 환관들을 상대로 상인 흉내를 내고, 전국의 藝人을 불러모아 百戲를 개최하는 등5) 亂行을 일삼았다. 그러나 보다 심한 것은 궁중에 豹房新寺라는 괴이한 사원을 만들어 유희에 빠졌던 것이며,6) 이러한 생활은 31세로 죽을 때까지 계속되었다. 그런데 이와 같은 황제의 난행을 유인한 것은 劉瑾을 비롯한 馬永成, 谷大用, 魏彬 등 이른바 八虎7)로 불리는 환관들이었고, 이들의 전횡으로 인한 폐해는 극심하였

---

3) 『明史紀事本末』卷38, 平鄖陽盜 ; 谷口規矩雄, 「明中期荊襄地帶農民反亂の一面」, 『硏究』35, 1965, 199~201쪽 ; 谷口規矩雄, 「明代の農民反亂」, 『岩波講座世界歷史』12, 1971, 97~105쪽 ; 樊樹志, 「明代荊襄流民與棚民」, 『中國史硏究』, 1980-3(后에 『中國封建土地關系發達史』, 北京人民出版社, 1988에 수록) 참조.

4) 曹永祿, 앞의 책, 1988, 1편 4장 3절 참조.

5) 『[明]武宗實錄』卷40, 正德 3年 7月 壬子條, 942쪽.

6) 『[明]武宗實錄』卷29, 正德 2年 8月 丙戌條, 742~743쪽.

7) 八虎는 이들 외에 張永, 邱聚, 高鳳, 羅祥 등을 일컫는데, 이들을 八黨이라고

다. 이들의 전횡에 대해 正德 원년(1506) 南京의 諫官職에 있던 戴銑
을 위시한 강직한 정의파 인사들이 감연히 일어나 劉瑾을 탄핵하고 나
왔지만,[8] 오히려 劉瑾 등에 의해 이들이 姦黨으로 몰려 투옥될 정도로
환관들의 위세는 대단하였다.

특히 이들에 의한 毒害는 皇莊, 皇店, 皇鹽, 皇棍 등으로 불리는 이
른바 皇害가 그 대표적인 것으로 들려지고 있다.[9] 武宗代에 들어와
皇莊은 크게 확대되었거니와[10] 이 때문에 농민들은 자신들이 경작해
온 토지를 빼앗기게 되었다. 그뿐 아니라 皇莊의 관리·운영을 맡은
환관들이 額外의 誅求를 일삼았고, 또 그 家人들까지도 심하게 착복함
으로써 농민들의 피해는 더욱 가중되었다. 또한 교통의 요충지에 皇店
(勅許에 의해 開設된 倉庫業)이 설치되어 환관들이 이 곳에서 거래되
는 모든 물품을 검열했는데, 이때 환관들은 무뢰배들을 使役하여 무리
하게 과세하여 착복하였다.[11] 아울러 환관들은 鹽을 거래하는 데에도
간여하였는데, 皇鹽을 운반할 때 그들 권한을 이용하여 공공연히 私鹽
을 板運하여 私腹을 채웠다.[12] 뿐만 아니라 御用을 명목으로 통과하
는 州·縣에서 賄賂를 일삼았고 백성들을 구타하는 횡포를 자행하기
도 하였다.

이와 같은 환관들의 횡포는 당시 농민들의 생활을 극도로 피폐시켰
는데, 正德 원년(1506) 2월에 巡撫眞定都御史인 王璟과 大學士 劉健

도 한다. 이들 폐해에 대해서는 『明史紀事本末』 卷43, 劉瑾用事 참조.

8) 八虎 타도에 대한 戶部와 科道官의 계획에 대해서는 阪倉篤秀, 「武宗朝にお
   ける八虎打倒計劃について」, 『明淸時代の政治と社會』(小野和子 編), 京都
   大學人文科學硏究所, 1983 ; 曹永祿, 앞의 척, 1988, 123~129쪽 참조.

9) 西村元照, 「劉六劉七の亂について」, 『東洋史硏究』 32-4, 1974, 46~47쪽.

10) 正德帝 즉위시에 皇莊은 7개소였으나 그 후 24개가 증가하여 31개소로 증가
   하였고, 그 田土額은 3만 7천여 頃에 이르렀다(『明史』 卷77, 食貨志1 戶口·
   田制 ; 『皇明經世文編』 卷202, 夏文愍公文集 勘報皇莊疏).

11) 『[明]武宗實錄』 卷108, 正德 9年 正月 丙戌條, 742~743쪽 ; 丁亥條, 2213쪽.

12) 『[明]武宗實錄』 卷17, 正德 元年 9月 辛卯條, 513쪽.

등이 皇莊을 革罷할 것을 請하는 上言에

> 백성들이 가산을 탕진하고 어린아이를 팔아야 할 정도로 원성이 땅을
> 진동하고 流民이 道路를 가득 메우며, 京畿 內外에 도적이 횡행하는 것
> 은 管莊內官이 위세를 부리기 때문입니다.13)

라고 한 내용에서 그 상황을 알 수 있거니와 正德 6년(1511)에 河南巡
撫 鄧庠이

> 河南에 도적이 일어나는 것은 농민이 궁핍하여 재산을 탕진했기 때문
> 인데, 이는 모두 환관의 誅求 때문입니다.14)

라고 한 내용에서도 당시 환관들의 폐해와 이에 빌붙은 지방관들의 주
구가 농민들의 생활을 얼마나 궁핍화시키고, 流亡하게 했는가를 살필
수 있다.

한편 前代부터도 상업의 발달과 官僚·富有層의 토지겸병으로 사
회계층분화 현상은 있어 왔다. 그러나 이러한 현상은 커다란 사회문제
로까지 확대되지는 않았었는데, 正德年間에 이르러서부터는 公私 田
莊의 확대, 대토지사유화 현상, 상업의 발달 및 徭役의 과중 등이 서로
어우러져 점차 사회문제로 표면화되기 시작했고, 이로 인해 많은 游亡
人이 발생하게 되었다. 이미 栗林宣夫도 인용한 바 있는 正德 15년
(1520)의 御史 許光庭이

> 근년 이래 백성들의 거짓이 날로 많아지고 舊法은 寢廢되었습니다.
> 富者는 田連阡陌하는 데도 貪併의 마음은 억제되지 않으며, 가난한 자
> 의 땅은 아주 적어지고 徵科의 逼은 심하니 도망하는 자는 점차 많아지

---

13) 『[明]武宗實錄』卷10, 正德 元年 2月 乙卯條, 304쪽.
14) 『[明]武宗實錄』卷73, 正德 6年 3月 乙亥條, 1621쪽.

며, 訟獄은 繁興해집니다.15)

라고 한 내용에서 이 무렵의 상황을 알 수 있거니와, 또 嘉靖年間의
사회사정을 설명할 때 자주 인용되는 嘉靖年間 松江府의 鄕紳인 何良
俊이 말한

 正德 이전에는 백성 가운데 1/10은 官職에, 9/10는 田土에 있었다. 무
릇 4民이 각기 業이 정해져 백성들은 農畝에 안주하여 다른 뜻을 품지
않았으며, 官府 역시 농촌에 나아가 이들을 다그침이 煩擾하지 않았다.
……그런데 4, 50年 以來 賦稅는 날로 증가하고 徭役은 날로 무거워져
백성들은 살아갈 수가 없어 드디어 모두 遷業을 하게 되었다. 옛날에는
鄕官의 家人이 많지 않았으나 지금은 농업을 버리고 鄕宦의 家人이 되
는 자가 전에 비해 수십 배가 되었고, 전에는 官府의 人員이 한정이 있
었으나 지금은 농업을 버리고 官府에 蠶食하는 자가 전에 비해 5배나
늘었다. 또 전에는 상공업자들이 적었으나 지금은 農業을 버리고 業을
바꾸어 商工에 종사하는 자가 전에 비해 3배나 늘었고, 옛날에는 원래
無賴游手人이 없었으나 요즘은 農事를 버리고 游手無賴人으로 된 자
가 2, 3할 정도를 차지하게 되었다. 대저 백성들 중 6, 7할이 농업을 떠
났다.16)

라고 한 내용은 嘉靖年間에 사회의 분화가 크게 일어났던 상황을 보
여주지만 그 시작이 이미 正德年間부터 이루어졌음을 보여주는 것으
로 이 당시의 사회상황을 推見케 한다.
 아무튼 이와 같은 정치의 부패와 사회모순으로 사회계층분화와 함
께 많은 유민을 발생시켰거니와 이로 말미암아 전국 도처에는 群盜가
크게 일어나게 되었으며, 이후 이는 반란으로까지 확대되게 되었다. 正
德 3년(1508)에서 正德 9년(1514)에 걸쳐 藍廷瑞·廖麻子·方四 등이

---

15)『同治安吉縣志』卷4, 賦役 請均湖州府各州縣糧耗疏.
16) 何良俊,『四友齊叢說』卷13, 史9.

일으킨 四川地域의 反亂, 正德 6년(1511)에서 正德 13년(1518)에 걸쳐
王浩八·池仲容 등이 일으킨 江西에서의 반란, 그리고 正德 4년
(1510)부터 4년 간에 걸쳐 일어난 劉六·劉七의 亂이 대표적인 예이
며,[17] 이들 농민반란과 함께 正德 5년(1510) 4월에 寧夏에서 安化王의
亂,[18] 正德 14년(1519) 6월에 南昌에서 寧王의 亂[19] 등 정치적인 반란
도 일어났다. 그 중에서도 劉六·劉七의 亂은 연 수십만이 참가하여
河北, 山東, 河南, 山西, 湖北, 江蘇, 安徽 등 7개 省에 걸쳐 전개된 최
대규모의 난이었으며, 이를 진압하는 데에만 太倉銀 2백만 냥이나 소
비될 정도의 일대 소란이었고, 이로 인한 피해는 그 피해액이 얼마인
지 계산할 수 없을 정도였다.[20] 이 난은 正德 7년(1512) 8월에 진압되
었지만 이것은 반란의 예봉만 꺽는 데 불과했고, 이 무렵 福建·江西
·湖南의 각 省에서 廣東에 이르는 여러 지역에는 流賊들이 여전히
횡행하고 있었다. 게다가 이를 전후해서 水旱으로 인한 재해가 빈발하
여 사회불안은 다시 크게 격증하게 되었는데, 이에 대해 조정에서는
여러 차례에 걸쳐 稅糧의 蠲免[21]을 시행하여 농민들의 생활을 안정시
키려 했지만 별다른 실효를 거두지도 못하였다.

---

17) 趙儷生,「明正德間幾次農民起義的經過和特徵」,『文史哲』, 1954年 12期 ; 西
　　村元照, 앞의 논문, 1974 ; 西村元照,「明代中期の二大叛亂」,『中國民衆叛亂
　　史』2(東京 : 平凡社, 1979).
18)『明史紀事本末』卷44, 寘鐇之叛.
19)『明史紀事本末』卷47, 宸濠之叛.
20)『[明]武宗實錄』卷54, 正德 4年 9月 丙午條, 1221쪽.
21) 농민들에 대한 賑恤로 稅糧의 蠲免은 당시 兵部尙書인 何鑑의 상주에 의해
　　正德 7年 10월 이후 여러 차례에 걸쳐 행해졌다. 이에 대한 내용은『[明]武宗
　　實錄』卷93, 正德 7年 10月 己巳條, 1987쪽 ; 卷93, 同年 10月 丁卯條, 1987
　　쪽 ; 卷95, 同年 12月 庚戌條, 2005쪽 ; 卷96, 同 8年 正月 戊子條, 2028쪽 ;
　　乙未條, 2030쪽 ; 同 12年 2月 壬戌條, 2855쪽 ; 同年 4月 癸丑條, 2885쪽 등
　　에 나타남.

2) 鄕約·保甲制 논의

이와 같은 사회상황에서 향촌사회의 치안질서는 극도로 문란해질 수밖에 없었다. 따라서 이 무렵 향촌사회의 치안질서 확립은 그 어느 때보다도 절실히 요구되었던 것이며, 향촌질서 확립을 위해 이전에 강구된 제 방책, 즉 보갑제적 조직 및 향약의 대두는 당연한 것이었다.

正德期에 들어오기 바로 직전인 弘治 16년(1503) 7월에 江西按察僉事인 任漢은 다음과 같은 상주문을 올리고 있다.

> 每村 大戶 가운데 1人을 推擧하여 團長으로 하고, 또 小戶 내에서 25家 내지 15家마다 1人을 선출하여 保長으르 삼아 만일 賊이 村에 들어와 劫掠할 경우 團保長은 丁壯을 이끌고 救護를 함과 동시에 부근 촌락의 策應을 받으며, 또 만일 團保長이 村ㄹ를 따라 도적질할 경우 窩主의 罪로서 論하고, 本村에 거주하는 자 역시 連座토록 해야 합니다.[22]

이 내용에서 당시 전국 각지에는 群盜들이 크게 일어나 향촌을 유린하였거니와 江西지역도 예외는 아니어서 按察僉事 任漢이 도적으로부터 江西지역의 향촌사회의 안전을 도모하기 위해 團保法을 시행했다는 사실을 알 수 있다. 또 이 내용은 自然村을 바탕으로 團을, 그 밑에 15家 내지 25家를 保로 편성하여, 각 조직에는 保長과 團長을 두어 이를 중심으로 連座制에 입각한 相互保護과 丁壯을 통솔하여 향촌을 구원한다는 團保法의 구체적인 내용을 소개하고 있다. 여기에서 團保法은 비록 그 명칭과 구조는 다르지만 그 내용면에서 이전에 강구된 編甲互保策 및 總小甲制를 바탕으로 하여 조직된 것임을 알 수 있으며, 한편 鄕村救護의 역할까지 수행하고 있다는 점에서 이전의 방책에 비해 보다 적극적인 치안유지책이었음을 알 수 있다. 이 당시 團保法

---

22) 『[明]孝宗實錄』 卷201, 弘治 16年 7月 丙戌條, 3737쪽.

이 얼마만큼 성행하였고 또 효과를 거두었는지는 알 수 없다. 그러나 正德 5년(1510)에 江西 吉水縣에서 土民의 亂이 일어나자 이에 대처하기 위해 曾昴을 중심으로 한 이 지역 鄕宦들이 自全을 목적으로 團保法을 시행했던 예23)가 있음을 보면 江西지역에서 團保法은 任漢이 제안한 이후 계속 시행되었던 것으로 보이며, 얼마간의 성과도 거두었던 것으로 생각된다.

이와 같은 향촌치안질서를 유지키 위한 방안은 이 무렵 다른 여러 지역에서도 제안이 되고, 또 시행되었다. 앞에서도 살폈듯이 正德 3년(1508)부터 四川지역에 반란세력이 번성하였고, 그 이듬해부터는 북중국 거의 전 지역을 무대로 劉六·劉七의 반란이 확대되어 群盜들이 횡행하여 焚掠함으로 각지의 향촌사회는 크게 어지럽혀졌다. 이에 대처하기 위해 正德 4년(1509) 9월 六科十三道 御史들은 합동으로 兩廣, 江西, 湖廣, 四川, 陝西 등지에 窩主隣佑人 등을 遞相하여 連座시켜 치안질서를 확립할 것을 청하였는데,24) 正德 5년(1510) 吉水縣에서 曾昴이 團保法을, 역시 같은 해 吉安府 盧陵縣에서 王陽明이 十家牌法을 시행한 것 등은 바로 이를 계기로 이루어진 것으로 보이거니와 이후 이들 각지에서 相互覺察을 위주로 한 保甲制的 조직이 널리 편성·운용되었던 것도 바로 이를 바탕으로 한 것으로 보인다. 또한 正德 9년(1514)에 浙東 蕭山縣에서는 婚禮에 있어 과다한 사치를 금하는 데까지 相互覺察하는 連座制를 시행했던 예도 보이는데,25) 이로 볼 때 그 시행은 비단 치안질서뿐만 아니라 향촌사회 풍조를 匡正하는 데

---

23) 『石蓮洞集』卷11, 書 與許小泉邑令論鄕約團保. 團保法은 南直隷 無錫縣에서도 시행되었던 예가 보이거니와 이 곳의 團保法은 團 - 保 - 甲의 계통조직을 바탕으로 행해졌다. 『天下郡國利病書』原編 7冊, 常鎭 險要, "每家三丁則出一丁爲甲 長統之五甲爲保 長統之而皆聽於團長書爲一牌 懸於團長之家 自備器械 註於名下 在鄕則各村各鎭在城則一坊一家 擇有材勇爲衆所推者爲團長".

24) 『[明]武宗實錄』卷54, 正德 4年 9月 丙午條, 1221쪽.

25) 『[明]武宗實錄』卷113, 正德 9年 6月 丁巳條, 2303쪽.

제4장 明 中期 이후 향촌사회의 재편과정   119

에 이르기까지 광범위하게 이용된 것으로 보인다.

한편 이러한 치안유지방안을 시행함과 아울러 이미 正統 以來 成化
·弘治年間에도 교화를 통한 향촌질서 안정을 위해 시행해 온 향약도
이 무렵 여러 지역에서 시행되었다. 正德 5년(1510)에 曾昴이 團保法
을 시행했을 때, 향약도 함께 거행하였거니와 正德進士인 呂柟이 平
陽府에 農桑을 勸하고, 婚祭를 바로잡기 위해 呂氏鄕約과 朱文公家
禮를 시행하였고,26) 正德 4년(1509)에는 督學 陳文明이 山西 楡次縣
에서 인심을 바로잡기 위해 呂氏鄕約을 修學시킨 예,27) 贛州府에서
佐令 邢珣이 옛 鄕社約을 가다듬어 士大夫와 諸生에 古冠禮를 행했
던 예28) 등이 보인다.

아무튼 이와 같은 正德 초기에 시행된 보갑법 혹은 보갑에 유사한
제도 및 향약은 正德 12년(1517)에 南贛巡撫로 부임한 王陽明이 이
지역의 반란세력을 진압하고 향촌질서를 바로세우기 위해 十家牌式과
總小甲制 및 南贛鄕約을 만드는 데 밑거름이 되었지만, 한편 이들 제
도는 王陽明에 의해 보다 구체화되어 이후 江西뿐만 아니라 福建, 廣
東 등 여러 지역에 널리 전파되었고, 이를 바탕으로 각지의 지방관들
에 의해 향약·보갑제를 설치하자는 건의가 활발하게 일어났거니와
실제 民政上에서도 크게 활용되게 되었다. 王陽明의 향약·보갑제의
시행과정과 그 구조에 대해서는 項을 바꾸어 보다 구체적으로 살펴보
도록 하겠다.

---

26) 『明史』卷282, 呂柟傳.
27) 『同治楡次縣志』卷13, 藝文 周鐵 楡次鄕約題記.
28) 『天啓贛州府志』卷11, 名宦志 郡守佐令 邢珣.

2. 南贛地域의 社會와 王陽明의 鄕約・保甲法

1) 南贛地域의 사회상황

흔히 南贛(南安府・贛州府)으로 불리는 江西 남부지역은 揚子江 중류에서 鄱陽湖 주변 곡창지대를 거쳐 남중국을 연결하는 상업・교통의 요지임과 동시에 江西, 福建, 廣東, 湖南 등 四省이 山嶺으로 接境하는 지역으로 치안상・군사상의 요충지이기도 하다.

지리적으로 이 지역은 땅은 넓지만 산이 많고 농토가 적어 物産이 풍부한 곳은 아니며, 따라서 경제적으로 그다지 윤택한 지역은 아니었다.29) 그러나 이 곳은 贛江을 통해 남북을 연결하는 교통의 요충지로서 일찍이 宋代에 淮鹽의 行鹽地로 정해졌거니와 鹽商의 활동이 활발하게 전개된 곳이었다. 이들 鹽商의 활동은 이후 廣東, 福建의 私鹽行商들이 이 곳에 진출하면서 더욱 활발해졌으며, 이와 더불어 많은 客商도 流入되었다. 바로 이들의 활동을 통해 주변지역의 많은 산물이 이 곳에 모여들었고 이를 바탕으로 이 곳 경제는 유지되었다.

그러나 이들의 활동으로 이 곳 경제는 활황을 띠기는 했지만 외부로부터 많은 客商과 客民이 유입됨으로 인해 이 곳의 인심은 浮薄해졌다. 또한 토착민과 客民 사이에 갈등과 분쟁이 적지 않았으며, 大小의 騷擾도 끊이지 않았다. 顧炎武가 宋代의 이 곳 鹽商의 활동에 대하여

> 매년 秋冬에 농사가 끝나면 數十百人이 무리를 이루어 武器와 旗鼓를 들고 虔・汀・贛・潮・循・梅・惠・廣 등 8州 지역을 왕래하면서 (私鹽을 거래하는데) 이르는 곳마다 穀帛과 婦女를 겁탈한다. 혹 巡捕吏卒과 싸워 殺傷에 이르면 險要地에 웅거하여 대항하므로 잡을 수 없어 때때로 그 罪를 赦해 주고 招撫하기도 한다.30)

---

29) 吳金成,「海瑞(1513~1587) 新論 - 明末의 江西南部의 社會와 그의 治績 -」, 『高柄翊先生回甲紀念史學論叢 歷史와 人間의 對應』, 1984, 282~283쪽.

30) 顧炎武, 『日知錄集釋』 卷10, 行鹽條.

라고 한 내용은 위와 같은 상황을 짐작케 해 준다.

이러한 상황은 元代에도 이어졌던 것이지만, 특히 明代에 들어와서
는 이 곳에 많은 流離農民이 들어와 사회혼란을 크게 야기시켰다. 이
미 元末의 혼란기에도 이 곳에 많은 流民이 들어와 騷擾를 일으켰기
때문에 明朝는 건국하자 곧 이 곳을 禁山地區로 정하여 流民의 流入
을 일체 금지시키기도 하였다.31) 그런데 明代에 들어와 이미 그 초기
부터 전국 여러 곳에서 상당수의 流民이 발생했던 것이지만,32) 특히
명 중기에 접어들면서 제반 사회변화와 함께 농촌의 계층분화가 급속
히 진전되면서 전국적으로 流民의 수는 급격히 증가하였다. 이들 流民
은 선진지역에서 낙후지역으로, 농촌지역에서 도시·수공업지역으로,
농촌·도시지역에서 禁山區地域으로 부단히 이동을 했기 때문에,33)
이제 禁山地區는 의미가 없게 되었을 뿐 아니라 오히려 流民의 밀집
지역으로 변모해 버렸다.

이 무렵 이 지역에도 많은 流民을 발생시켰지만 또 각지에서 발생
한 많은 流民들이 이 곳으로 유입해 들어왔다. 이 곳에 들어온 流民은
대체로 江西省 내의 吉安·南昌·廣新·撫州府 등 선진개발지역에서
析出된 농민들이 주류를 이루었지만 인접해 있는 廣東, 福建 등지에서
도 유입해 들어왔다.34) 이들 流民들은 이 곳에 들어와 미곡생산 혹은
상품작물 재배 등 농경에 종사하면서 새로운 생활을 개척해 나가기도
했다. 그렇지만 이들은 사실상 명왕조의 봉건적 지배를 떠나 자유로운

---

31) 명조는 洪武 이래 河南·湖北·陝西의 3省交界지방, 이른바 荊襄지대, 安徽
  ·河南·湖北의 交界인 大別山·桐柏山지대, 浙江·江西·福建의 交界인
  幕阜山·九嶺山·武功山·万洋山 일대지역, 安徽·浙江接境의 天目山 일
  대, 浙江·江西·福建交界의 仙霞嶺에서 江西·福建接境의 武夷山에 이르
  는 일대의 지역을 禁山區로 정하였다[賴家度, 『明代垧陽農民起義』(武漢 :
  湖北人民出版社, 1956), 第3章 16~20쪽 참조].

32) 이 책의 3장 2절 1 참조.

33) 吳金成, 『中國近世社會經濟史硏究』(一潮閣, 1986), 118쪽.

34) 위의 책, 2편 1장 2절 참조.

생활의 무대를 구하려는 개척농민들이었다. 따라서 이들에게는 항상 국가권력과 대립하는 세력으로 발전할 소지를 내포하고 있었다.35)

아무튼 이들은 새로운 생활을 개척해 나갔던 것인데, 그 과정에서 토착민과의 충돌을 일으키기도 하고, 또 소요와 반란에 참가하는가 하면 혹은 스스로 반란을 일으키기도 했다. 이미 宣德·正統年間부터 이 곳 여러 지역에서는 도적집단이 창궐하고 대소의 반란이 일어났으며, 이러한 상황은 이후 成化·弘治年間까지도 지속되었다.36) 이처럼 반란과 소요가 지속적으로 일어난 것은 이 지역도 4省이 交界하고 있고, 또 山間部로 이루어져 치안을 유지하는 데 군사·행정상 큰 어려움이 있었기 때문이다. 물론 이 때문에 명초에 이 곳은 禁山地區로 정해졌던 것이지만 그 실효를 거두지 못하자 명조는 이 지역의 치안질서 회복에 통일을 기하기 위해 弘治 10년(1497)에 이 곳에 巡撫를 두어37) 招撫에 임하도록 했다.

그러나 이러한 명조의 대응에도 불구하고 이 곳의 반란과 소요는 근절되지 않았다. 특히, 正德年間에 들어와서 華北 일대가 劉六·劉七의 난에 휘말려 큰 소요가 일어났던 것이지만 이 곳에서도 도적의 창궐과 반란은 이전보다 더욱 극성했다. 正德 5·6년에 들어와 交界지역인 福建 汀州 大帽山에서는 張時旺, 黃鏞, 劉隆, 李四仔 등이 聚衆하여 王을 僭稱하고 각지의 縣城을 공략하였거니와 이들 세력은 인접해 있는 江西, 廣東 일대에까지 파급되어 수년 동안 지속되었다.38) 이때 都察院 右副都御史 周南이 이 지역의 巡撫가 되어 諸賊을 토벌하였

35) 谷口規矩雄, 앞의 논문, 1971, 101쪽.
36) 이간의 이 곳 도적집단의 猖獗과 반란사례는 谷川道雄·森正夫 編,『中國民衆叛亂史 2(宋~明 中期)』(東京 : 平凡社, 1979),「明代中期의二大叛亂關係年表」;森正夫,「十七世紀의福建寧化縣에서의黃通의抗租反亂」,『名古屋大學文學部硏究論集 史學』20·21·25, 1973·74·78 참조.
37)『明史』卷73, 志49 職官2, 1779쪽.
38)『明史』卷187, 周南傳, 965~966쪽.

지만[39] 境內를 일시적으로 안정시키는 데 불과했고, 이들 세력을 근절시키지는 못하였다. 바로 이 무렵 江西의 撫州府 東鄕縣에서 王鈺五·徐仰三·傳傑一·揭端三 등이, 南昌府 姚源에서는 汪澄二·王浩八 등이, 瑞州府 華林에서 羅光權·陳福一 등이, 贛州府 大帽山에서 何積欽 등이 거의 동시에 난을 일으켰다.[40] 그뿐 아니라 正德 6년(1511) 9월에는 廣東의 流賊이 江西의 永豊縣에 들어와 樂安과 新淦 등지까지 공격하고 나왔다.[41] 이때 左都御史 陳金이 總制軍務가 되어 이에 대한 진압에 나섰지만 각지의 屬郡官兵만으로는 진압할 수 없었고, 廣西의 狼土兵을 징발하여 이에 임함으로써[42] 비로소 이들 亂을 다음 해(1512)에 들어서 어느 정도 진정시킬 수가 있었다.

그런데 王陽明이 이 곳 巡撫의 직에 임명될 무렵인 正德 12, 3년에 이르러서 또다시 도적의 창궐이 극에 달하였다. 이 당시 江西 동남부와 福建·廣東省交界의 大帽山 일대, 江西 南部와 廣東省交界의 九連山 일대, 江西 西南部와 廣東省交界의 大庾山 일대, 江西 서부와 湖南省交界의 桶江·左溪·橫水 일대 등지에서 거의 동시에 대대적인 반란이 일어났거니와 이를 회피하기 위해 王陽明의 전임자인 文森은 病을 이유로 퇴임했다고도 한다. 이에 대한 구체적인 상황은『陽明全書』別錄 奏疏篇에 보면 일일이 거론할 수 없을 만큼 수많은 사례가 보이는데, 그 중 正德 12년(1517) 12월 초 南安府의 사정에 대해

萬安·龍泉 등 縣에 避役逃民과 百工技藝 및 遊食人들이 縣內에 雜居하여 각기 무리를 지어 활동함이 헤아릴 수 없이 많습니다. 처음에는

---

39)『[明]武宗實錄』卷76, 正德 6年 6月 庚子條, 1676쪽.

40)『明史』卷187, 陳金傳, 4960~4962쪽.

41)『[明]武宗實錄』卷79, 正德 6年 9月 己巳條, 1729쪽.

42)『明史』卷187, 陳金傳 4962쪽 ;『明史紀事本末』卷48, 平南贛盜 狼土兵은 土兵과 狼兵을 일컫는다. 특히 狼兵은 土兵과 같은 성격이지만 廣西奧地의 산악지대에 거주하는 狼人(고대 越族의 후예인 獞族의 支派)으로 구성된 土司의 군대이다.

향촌에서 노략질을 하였지만 이후 곧 郡·縣까지 攻劫하였고, 近年에
는 그 방자함이 거리낌이 없으며, 드디어는 總兵을 세우고 王號를 僭稱
하는 등 罪惡이 많아 神人이 共怒할 지경입니다.[43]

라고 상주한 내용만으로도 이 곳 반란의 형성과정과 상황을 확실히 짐
작케 한다.

바로 王陽明이 이 곳의 巡撫로 발탁된 것은 이와 같은 南贛地域의
제 반란세력을 진압하고 향촌사회를 안정시키기 위해서이며, 그는 성
공적으로 임무를 수행하였거니와 이 지역 향촌사회의 안정을 기하기
위해 '十家牌法', '總小甲制' 및 '南贛鄕約'을 거행하였다. 그 시행과정
과 구조에 대해서는 項을 바꾸어 살펴보도록 하겠다.

2) 王陽明의 鄕約·保甲法의 시행과 그 구조

王陽明(1472~1528)[44]은 주지하는 바와 같이 陽明學을 집대성한 인
물로 유명하다. 그러나 그는 학자로서뿐 아니라 正德 14년(1519)에 寧
王의 반란을 소수의 병력으로 진압한 공적으로 新建伯에 봉해졌을 정
도로 군사행정면에서도 뛰어난 능력을 발휘했던 인물이기도 하다. 우
선 그의 略傳부터 살펴보기로 하겠다.

그는 成化 8년(1472) 9월 30일에 浙江 餘姚에서 龍山公 王華[45]의
아들로 태어났다. 그는 弘治 5년(1492)에 江西鄕試에 급제하여 擧人이
된 후 弘治 12년(1499)에는 會試에 급제하여 官界에 진출하였다. 그러

---

43) 『陽明全書』卷10, 別錄2 奏疏 立崇義縣治疏.
44) 왕양명의 전기는 『明史』卷195, 王陽明傳을 비롯해 『陽明全書』卷32~34의
    年譜 1~3에 자세한 내용이 있다. 이하 왕양명 개인에 관한 내용은 주로 이에
    의거하였다.
45) 字는 德輝, 號는 實庵이라 했지만 만년에 龍泉山麓에서 독서생활을 했던 것
    으로 龍山公이라 칭했다. 成化 17년에 진사 제1등으로 급제해 仕宦하여 후에
    南京吏部尙書의 직에 올랐다.

나 관계에 진출한 지 얼마 안 되어 발병으로 休官하였는데, 요양중인
이때 老莊道家와 佛說에 심취하기도 하였다. 이후 건강이 어느 정도
회복되어 弘治 18년(1505)에 復官이 되었으며, 兵部主事에 임명되어
京師에 나아갔다. 그런데 弘治帝를 이어 武宗이 즉위하면서부터 황제
의 정치적 亂行과 함께 환관들의 횡포가 극심하였거니와 이러는 와중
에서 왕양명도 그의 일생에 큰 전기를 맞게 되었다. 앞에서 서술한 바
와 같이 正德 원년(1506)에 諫官職에 있던 戴銑을 위시한 강직한 정의
파 인사들이 姦黨으로 몰려 투옥되었을 때, 그는 이를 좌시하지 않고
言官을 용서하고 權姦을 제거하여 聖德을 베풀기를 청하는 상소[46]를
올렸던 것인데, 이로 인해 그 역시도 劉瑾의 노여움을 사 다음 해
(1507) 여름 貴州 龍場의 驛丞으로 流謫되었다. 그가 집대성한 양명학
은 바로 3년 謫居의 龍場에서의 이른바 龍場徹悟를 통해서였다.

   그런데 正德 5년(1510) 4월에 寧夏에서 安化王 寘鐇이 劉瑾 타도를
기치로 반기를 들면서[47] 宦官 내부에 분열이 일어나 그 해 劉瑾이 반
대파의 宦官인 魏彬, 張永 등에 의해 실각되자 왕양명은 다시 官界에
복귀하게 되었다. 正德 5년(1510) 3월에 江西 吉安府 廬陵縣의 知縣
으로 다시 발탁되었다. 그는 이 곳에서 7개월이라는 짧은 기간 동안 재
직하였는데, 이때 親民官으로서 縣民의 생활과 심정을 몸소 體得할
수 있었으며 또한 牧民을 위한 여러 가지 대책을 강구하기도 했다. 이
때의 경험은 이후 江西省에서 활약하는 데 큰 도움이 되었다. 그 해 10
월에 刑部主事에 陞任된 이후 중앙의 요직을 두루 거치면서 자신의
학문을 講學할 기회도 가지게 되었다. 그러던 중 正德 11년(1516) 9월
에 당시 兵部尙書 王瓊의 推擧로 그는 左(右)僉都御史로서 南贛巡撫
에 임명되어 江西·福建地域의 流賊討伐에 나서게 되었는데, 그의 정

---

46) 『陽明全書』 卷9, 別錄1 奏疏 乞 宥言官去權姦以章聖德疏 ; 『[明]武宗實錄』
    卷20, 正德 元年 12月 乙丑條, 581～582쪽.
47) 『[明]武宗實錄』 卷62, 正德 5年 4月 庚寅條, 1352～1353쪽.

치・군사적 활동은 이 때부터 크게 전개되었다. 후술하겠거니와 이때 十家牌法을 시행하였고 總小甲에 의한 義勇兵을 각지에서 선발 소집하였으며, 향촌민 교화를 위해 향약도 거행하였다.

　이때 그는 군사・행정상의 대성공을 거두었으며, 이로 인해 副都御史로 승격되었다. 이후 곧 正德 14년(1519) 6월에 福州 3衛에서 일어난 군인들의 모반을 진정시키기 위해 江西로 가는 도중 南昌에서의 寧王의 亂이 일어났다는 소식을 접하고 이에 대한 평정에 나서 擧兵한 지 43일 만에 진압함으로써 그의 명성은 또다시 크게 날렸다. 이 난을 평정한 후 그는 2~3개월 간 江西巡撫를 겸임하였는데, 世宗의 즉위와 함께 그 공이 인정되어 正德 16년(1521) 6월에 南京兵部尙書에 승임되고, 그 해 12월에 新建伯에 封해졌다. 그런데 때마침 嘉靖 원년(1522) 2월에 父親 龍山公이 70세로 永眠하여 이 무렵부터 그는 관직을 떠나 다시 講學생활에 전념하게 되었다. 이때 그의 학문은 不動의 경지에 이르게 되었으며 敎學의 전성기를 이루었다. 그러던 중 嘉靖 6년(1527) 6월에 廣西의 思恩, 田州지방에 유적이 횡행하자 다시 그는 그 討伐의 命을 받고 그 해 9월 9일에 장도에 올라 다음 해(1528) 정월에 이를 평정하였다. 그러나 이 곳 民政의 안정을 計한 후 개선하는 도중 發病하여 결국 嘉靖 7년(1528) 11월 29일에 永眠하였다.

　왕양명의 향약・보갑법이 나타난 것은 南贛지역의 巡撫로 재임할 때이다. 왕양명은 正德 11년(1516) 8월에 右僉都御史에 발탁되어 南贛巡撫로 임명되지만 임지에 도착한 것은 正德 12년(1517) 정월이었다. 왕양명이 이 곳의 巡撫로 부임할 무렵 이 지역에는 流賊이 횡행하여 향촌사회의 소요가 극심하였다는 것은 앞에서 살핀 바와 같다. 왕양명의 임무는 바로 이처럼 횡행하는 流賊을 토벌하여 향촌사회를 안정시키는 데 있었는데, 이를 위한 방책의 하나로 행한 것이 十家牌法이다. 그런데 그가 十家牌法을 시행하여 큰 성과를 거둔 것은 이 때이지만 이를 처음으로 착안한 것은 그보다 이른 正德 5년(1510) 그가 廬陵知

縣으로 재직하고 있을 때이다.

　그가 江西 盧陵縣 知縣으로 부임한 것은 正德 5년(1510) 3월이다. 이 무렵 盧陵縣의 상황은 대규모의 火災와 旱災, 疫病으로 縣民은 피폐해 있었고 이에 더해 葛布의 代金으로 내야 하는 조세로 인해 이 곳 縣民들은 시달리고 있었다. 또한 이 무렵 群盜의 발생은 전국적인 현상이었지만 盧陵縣境에서도 예외없이 도적의 무리가 횡행하였거니와, 이 곳 백성들은 무방비상태에 처해 있었다. 이에 대처하여 왕양명은 民政 및 경제상의 대책을 강구하는 한편, 父老 · 豪傑을 비롯한 城郭에 거주하는 자를 10家마다 甲으로 편성하여 향촌민 스스로 서로 구원하고, 守望相助하여 보전하도록 하였던 것이다.48) 물론 당시 이러한 조처는 왕양명에 의해 시행되었지만 그가 처음으로 창안한 것은 아니다. 향촌민 10家를 1甲으로 편성하여 相互保識케 한 조직은 이미 正統 年間에 流民의 대책으로 시행했다는 것은 앞에서도 본 바이지만49) 왕양명은 이전의 이른바 編甲互保策을 守望相助의 방책으로 이용하였던 것이다. 이로 볼 때 正統年間에 시행된 編甲互保策은 이후 줄곧 각지에 존재해 온 것으로 보이거니와 왕양명의 十家牌法으로 계승 · 발전된 것으로 보인다. 이 당시 王陽明의 10家 1甲으로 조직된 守望相助의 법이 얼마만큼 실효를 거두었는지는 확실하지 않다. 그러나 그가 南贛巡撫로 부임하여 이를 다시 시행했던 것을 보면 상당한 정도의 효력을 거두지 않았는가 생각된다.

　아무튼 왕양명은 임지에 도착하자마자 향촌사회 안정책의 하나로서 각 分巡道에 十家牌法의 시행을 명했는데, 그것은 바로 이전 盧陵知縣 시절에 시행했던 10家 1甲의 守望相助의 법을 바탕으로 한 것임에 틀림없다. 그가 시행한 十家牌法의 내용은 『陽明全書』 公移 「案行各

────────────────

48)『陽明全書』卷28, 續編3 告諭盧陵縣父老子弟, "今縣境多盜 良由有司不能撫緝 民間又無防禦……父老豪傑謀居城郭者 十家爲甲 在鄕村者村自爲保 平時相興講信脩睦 寇至務相救援 庶幾 出入相又守望相助之義……".

49) 본장 1절 참조.

分巡道督十家牌」에 잘 나타나 있는데,

　　所屬 府·縣에 명하여 城에 거주하는 民家마다 각기 1牌를 두어, 여
기에 門戶·籍貫 및 人丁의 多寡와 寄住·暫宿하는 사람의 有無를 적
어 각 家의 門 위에 걸어 놓게 하고, 官府로 하여금 살피도록 하라. 또
10家를 編하여 1牌로 하여 각 戶의 姓名을 開列하고, 그 뒷면에 本院의
告諭를 寫하여 매일 1家씩 輪番으로 各 家의 門에 걸려 있는 牌를 보
고 動靜을 審察하고, 혹 面識이 없는 사람이나 踪跡이 의심스러운 사람
은 官에 알려 究理하며, 혹 隱匿을 하면 10家를 連座하여 처벌한다.50)

라는 것이다. 이 법은 각 府·縣에 있는 民家에 대해서 10家를 1組로
편성하고, 다음 表와 같은 十家牌式과 各家牌式51)을 갖추어 각 家의
戶籍과 人丁의 多寡, 寄住·暫宿하는 사람의 有無, 男女成丁·未成
丁의 數, 生業, 技能, 疾患, 廢疾 및 家屋의 크기까지를 기입하여 각
家의 문 위에 게시하도록 했으며, 매일 1家씩 輪番으로 각 家의 문에
걸려 있는 牌를 보고 動情을 尋察하고, 面識이 없는 사람이나 의심스
러운 행동을 하는 사람이 있으면 관에 알려 究理하며, 혹 은닉을 하면
10家를 連座處罰하는 연대책임을 바탕으로 한 치안질서를 유지하려는
제도이다.

　　왕양명이 이러한 相互連座制를 시행하려 한 것은 당시 이 지방에는
양민과 도적이 混淆하여 분별하기 어렵고, 양민이라 할지라도 적과 내
통하여 官府의 동정을 사전에 賊에게 밀고하는 자가 적지 않았던 것이
어서 무엇보다도 우선 良·賊을 확실히 구분지워야 할 필요성이 있었
기 때문이었다. 이러한 필요성 때문에 그는 正德 12년(1517) 정월에 着
任하자마자 곧 백성들이 各牌를 만드는 데 煩勞하겠지만 防姦을 위해
서는 불가피하다는 점을 告諭하고, 각 分巡官으로 하여금 이 법을 1개

---

50) 『陽明全書』 卷16, 別錄8 公移　案行各分巡道督十家牌.
51) 『陽明全書』 卷16, 別錄8 公移　十家牌法告諭各府父老子弟.

十家牌式	各家牌式
某縣某坊 某人某籍(民戶則某都里長某下甲首) 某人某籍(軍戶則某所總旗小旗某下) 某人某籍(匠戶則某里甲下某色匠) 某人某籍(客戶則原籍某處某里甲下 　　　某色人見作何生理……) 某人某籍(官戶則某衙門某官下舍人) （以下上同文4行省略） 右甲頭某人	男子幾丁 某(某項官見任致仕在京聽選或在家) 某(某處生員典史) 某(治何生業成丁未成丁或往何處) 某(見當某差役) 某(有何技能或患廢疾) 見在家幾丁 　一 婦女幾口 　一 門面屋幾間(係自己屋或典賃某 　　　人屋) 　一 客歇客人(某人係某處人到此作 　　　何生理一名名開寫浮票寫帖 　　　客去則揭票無則云無)

월 이내에 시행하도록 하였던 것이다.

　그러는 한편 왕양명은 이 지역의 流賊討伐을 위한 실제적인 준비로
서 휘하의 각 兵備官에게 명하여 民兵을 선발하도록 하였다.[52] 그것
은 병력의 부족을 보충하기 위해서였지만 한편으로 종전에 賊을 공격
할 때 주로 外省의 土軍과 廣西의 狼兵을 기용했던 데에 문제가 있었
기 때문이기도 했다. 즉, 당시 소수민족이 종종 도적으로 등장하였거니
와[53] 이들의 힘에 의존하여 流賊을 토벌하는 데에는 많은 위험성이
있었다. 때문에 종래의 방침을 바꿔 소속 각 縣에서 民兵을 모아 훈련
을 시켜 정예의 주력부대를 縣民을 주로 하여 창설하고자 하였던 것이
다. 그러나 이 때의 명령은 바로 시행되지는 못하였다. 그것은 그 해 2

---

52)『陽明全書』卷16, 別錄8 公移 選揀民兵.
53) 이러한 예는『陽明全書』卷9, 別錄1 奏疏編에 많이 보인다. 前田司,「王陽明
　　の保甲法について」,『鹿兒島短期大學 研究紀要』27, 1981, 24쪽 참조.

월부터 4월에 걸쳐 福建 남부지역의 流賊에 대한 토벌전에 임해야 했기 때문이었다. 따라서 이 명령은 이를 성공적으로 마무리하고 난 뒤인 그 해 5월에 4省의 兵備官에게 다시 내렸거니와, 이때 비로소 민병조직으로서 總小甲制가 마련되었다.

총소갑제에 대한 규정은『陽明全書』卷16,「兵符節制」에 자세히 나타나 있다.[54] 이를 통해 그 구체적인 내용을 보면, 25人을 伍로 하여 1小甲을 두고, 2伍 즉, 50人을 隊로 하여 總甲을 두었다. 또 4隊를 哨로 하여 哨長 1명과 協哨 2명을 두고, 2哨를 營으로 하여 營官 1명과 2명의 參謀를 두었으며, 3營을 陣으로 하여 陣에는 偏將을 두고, 2陣을 軍으로 하여 軍에는 副將을 두었다. 그리고 이들 각 조직의 長 상하간에는 일사불란한 통속관계를 가지게 했으며, 매 5人에게 1牌를 지급하고 同伍 25人의 姓名을 列記하여 서로 알게 하여 익숙해지도록 했다. 또한 各隊, 各哨, 各營마다 각기 기호를 정한 隊符, 哨符, 營符라고 하는 牌 2개를 두어 1牌는 각기의 長이, 1牌는 巡撫가 갖도록 하여 出征할 때 姦僞를 막도록 하였다. 이상의 조직을 알기 편하도록 도식화해보면 다음 표와 같다.

王陽明의 民兵組織

단위	구성원수	長과 인원	長의 자격
伍	25人	小甲 1人	伍 중에서 選出
隊	50人(2伍)	總甲 1人	小甲 중에서 選出
哨	200人(4隊)	哨長 1人, 協哨 2人	官吏 및 義官에서 選出
營	400人(2哨)	營官 1人, 參謀 2人	上同
陣	1,200人(3營)	偏將(常數 없음)	上同
軍	2,400人(2陣)	副將	上同

---

54) 中山八郎,『明淸史論集』(東京 : 汲古書院, 1995), 3장 4절 참조.

그런데 민병조직은 왕양명에 의해 처음 조직된 것은 아니다. 이미 正統年間부터 明朝 군대의 廢弛現象이 심하게 나타나거니와 이때 經制兵의 부족을 보충하기 위하여 '民莊'이라는 이름으로 민병이 모집되었다.55) 바로 왕양명의 민병조직은 이러한 이전의 전통을 바탕으로 세워진 것이다. 그렇지만 왕양명의 민병조직은 위의 조직에서 볼 수 있듯이 중층적인 조직의 편성과 함께 그 통속관계를 명확히 하고 있으며 또한 그 세부규정이 마련되었던 것으로, 종래의 민병조직을 보다 확고한 바탕 위에서 발전시킨 것이라고 하겠다.

한편 왕양명은 민병조직 가운데, 哨長 이상의 직책에는 官吏나 혹은 千戶・百戶의 義官을 임명했던 데에 비해, 특히 總甲・小甲은 일반민 가운데 재력이 많은 자로 임명하였고 또 이들로 하여금 各戶에서 調發된 義兵을 管令하도록 하였다.56) 이로 볼 때 총소갑 조직은 다분히 순수한 민간조직으로 이루어졌음을 알 수 있다. 이것은 바로 다름아닌, 이미 正統年間에 치안경비조직으로 각지에 시행되어진 총소갑제와 같은 것이다. 따라서 왕양명의 민병조직은 종래 각 향촌에 시행되어 온 총소갑제를 바탕으로 하여 당시 명대의 千戶・百戶로 조직되었던 衛所의 軍과 연결을 하여 이루어진 軍民一體의 치안전투조직이었음을 알 수 있다.57)

아무튼 왕양명은 南贛巡撫로 부임하자마자 相互監視조직으로서 十家牌法을 조직하고 아울러 民兵을 조직하였다. 그런데 이들 양 조직은 거의 동시에 설립되었거니와 또한 양자 모두 향촌질서를 목적으로 하

---

55) 佐伯富, 「明淸時代の民壯について」, 『東洋史硏究』 15-4, 1957 ; 梁方仲, 「明代的民兵」, 『中國社會經濟史集刊』 5-2, 1937 ; 岩見宏, 「明代の民壯と北邊防衛」, 『東洋史硏究』 19-2, 1960 등 참조.

56) 『陽明全書』 卷17, 別錄9 公移 調取吉水縣八九等都民兵牌, "將各戶義兵 照數調集 各備鋒利器械 編成行伍 僉選百長總小甲管令".

57) 酒井忠夫, 「明代前中期の保甲制について」, 『淸水博士追悼記念明代史論叢』 (東京 : 大安社, 1962), 599~601쪽.

고 있다. 따라서 이들 조직은 별개의 조직이면서도 어느 정도 상호 관련성이 있지 않을까 생각된다. 물론 이들 양 조직간의 관계를 구체적으로 명시한 확실한 자료는 보이지 않는다. 그러나 앞서 보았던 민병 조직의 내용 가운데 每 5人에게 牌를 지급하여 각기 姓名을 列記해서 相互保識게 했다든가, 또 각 隊, 哨, 營에도 牌를 두어 姦僞를 막도록 했음을 보면, 민병조직 내에도 十家牌式의 방법이 이용되었음을 보여주거니와 이를 통해 그들 구성원의 결속을 이루려 했음을 엿볼 수 있다. 이와 아울러 正德 14년(1519) 9월의 江西省 江湖의 九姓漁戶의 치안조직에 대한 내용을 설명하는 중에

  牌甲을 편성하는데 每 10名을 1牌로 하여, 그 內의 여러 사람으로부터 畏服한 자 1명을 小甲으로 한다. 지방의 인구의 多寡에 따라 每 5牌 혹은 6牌를 甲으로 하여, 여러 사람으로부터 信服을 받는 자 1명을 總甲으로 한다.……58)

라는 내용이 있는데, 이를 보면 민병조직의 總甲, 小甲은 十家牌法의 조직에서 선출되고 있음을 알 수 있다. 이로 미루어 볼 때 왕양명의 민병조직은 먼저 十家牌法이 조직된 이후, 이 조직에 의해 모집된 人丁을 바탕으로 조직된 것으로 推見된다.

  왕양명이 이와 같이 十家牌法 및 民兵을 조직한 것은 도적의 근절을 제일의 목적으로 한 것이다. 그러나 향촌을 안정시키는 데에는 우선 도적의 발생을 미연에 방지해야 하며, 도적이 발생하여 이를 토벌했다면 이들을 향촌 내에 安揷시키는 것 역시도 중요한 것이다. 이를 위해서는 무엇보다도 향촌민에 대한 교화가 필요한 것인데, 왕양명 역시 이러한 고려를 일찍부터 하고 있었다. 그것은 十家牌法을 시행하는 令 가운데

_____

58) 『陽明全書』卷31, 續編6 行江西按察司編審九姓漁戶牌.

鄕里를 和平케 하며 분쟁을 막고, 相互勸勉하여 惡을 상호 경계하고
禮讓의 風과 敦厚의 俗을 흥성케 하려 한다.59)

라는 것이나 正德 13년(1518) 정월의 告諭에서 백성의 풍속을 整하고
종교적 邪術이나 喪祭에 낭비를 戒하는데 十家牌隣으로 相互規察하
도록 한 것,60) 또 같은 해 「仰南安贛州府印行告諭牌」에서 十家牌法
으로 移風易俗을 행하고 良善을 興하게 하려 한 데61)에서도 이를 알
수 있는데, 즉 十家牌法을 시행하려는 의도에서도 향촌민을 교화시키
고자 하는 그의 의지가 내포되어 있음을 실필 수 있다. 이것은 이후 보
다 구체화되어 正德 13년(1518) 10월에 향약의 시행으로 나타났는데,
이것이 바로 南贛鄕約이다.

南贛鄕約62)은 同約의 백성 모두에게 孝爾父母, 敬爾兄長, 教訓爾
子孫, 和順爾鄕里, 死喪相助, 患難相恤, 善相勸勉, 惡相告戒, 息訟罷
爭, 講信修睦케 하여 良善의 民으로 만들고, 仁厚의 俗을 成하게 하는
데 그 목적이 있었다. 그 규정에 의하여 먼저 그 조직을 보면, 1村을 1
約으로 하여 約 中에 高年有德하고 민중에게 敬服을 받는 자 1人을
뽑아 約長으로 삼고, 그 다음 가는 자 2人을 約副로 삼으며, 다음 公直
果斷한 4人을 約正, 通達明察한 자 4人을 約史, 精建廉幹한 자 4人을
知約, 예의바른 자 2人을 約贊으로 두었다. 그리고 約 中에 文簿 3扇
을 비치하여, 1扇에는 同約者의 姓名·出入·所爲를 기록하고, 다른
2扇에는 매월 望日에 約所에 모여 행하는 각기의 彰善과 糾惡을 기록
하도록 했다.

다음으로 각 직책의 임무와 내용을 보면, 먼저 同約에 속해 있는 民

---

59) 『陽明全書』 卷16, 別錄8 公移 十家牌法告諭各府父老子弟.
60) 『陽明全書』 卷16, 別錄8 公移 告諭, "街市村坊不得迎神賽會 百千成群 凡此
　　皆靡費無益 有不率敎者 十家牌鄰 互相糾察 容隱不擧正者 十家均罪……".
61) 『陽明全書』 卷16, 別錄8 公移.
62) 『陽明全書』 卷17, 別錄8 公移 南贛鄕約.

은 매월 望日에 約所에 모여 彰善과 糾惡을 판별하는 의식에 참여해
야 한다. 그리고 이들은 이 의식에 드는 비용으로 1會마다 銀 3分을
내야 하며, 만일 질병이나 사고로 의식에 참여치 못할 경우에는 사전
에 知約에 이를 보고해야 한다. 約長은 寄庄人戶가 納糧, 當差를 속이
지 않는가, 客商・富豪 등이 約民을 대상으로 고리대업을 하지 않는가
등을 살펴 이를 糾戒하고, 혼례나 喪葬에 있어서 사치를 없애고 근검
절약토록 하는 등의 임무가 주어졌다.

　또한 매월 望日에 모이는 約會에서는 그 동안의 彰善과 糾惡을 받
은 자에 대하여 約長과 約正副는 그 判定을 주관함과 아울러 이를 扇
에 기록하며, 그 처리의식을 관장하였다. 이를 좀더 부연하자면, 知約
은 會日 하루 전에 約所를 깨끗이 청소하고 會日의 의식에 필요한 제
반 준비를 한다. 會日에 의식의 시작은 約正이 의식의 시작을 알리는
告諭를 읽음으로 시작된다. 이때 젊은 사람들은 어른들에게 술을 따르
고, 이것이 끝나면 知約은 彰善位를 堂上에 설치하고, 約贊이 북을 울
려 彰善의 사항을 告하라고 하면 約史는 그 동안의 彰善할 만한 사항
들을 발표한다. 約史가 발표한 彰善에 대해 會所에 모인 約民의 의견
을 수렴하여 約長과 約正副 등이 인정을 하게 되면 그 내용을 彰善位
에 기록하고, 이후 約長의 간단한 告諭가 있고 난 뒤에 彰善儀式은 끝
이 난다. 糾惡의 의식도 彰善의 의식과 같은 방식으로 별도로 진행되
며, 彰善과 糾惡의 의식이 끝나게 되면 간단한 식사와 함께 約民 서로
간의 인사 등이 행해진 뒤에 約會는 끝을 맺는다. 그런데 約會의 의식
을 행하는 중에 糾惡해야 할 者가 約長 등이 曉諭해도 이를 듣지 않을
경우에는 이를 官에 알리고, 또 鄕約을 지도하는 約長, 約正副 등이
맡은바 임무를 게을리하여 約民을 害惡에 빠뜨릴 경우에는 이들을 연
좌시켜 처벌하는 규정도 있어, 향약을 원활하게 운영토록 하였다. 이상
의 南贛鄕約의 조직과 각 직책의 임무를 도식화해 보면 다음과 같다.

南贛鄕約의 조직과 각 직책의 임무

직 책	인 원	자 격	임 무
約長	1명	高年有德爲衆所敬服者	彰善糾惡의 判別 등 約會主管
約副	2명	上同	約長의 業務를 補佐함
約正	4명	公直果斷者	約會의 儀式을 진행
約史	4명	通達明察者	約民의 彰善糾惡의 일을 調査
知約	4명	精建廉幹者	約會의 準備와 文簿의 管理
約贊	2명	禮儀習熟者	彰善位 設置, 鳴鼓

　그런데 이러한 왕양명의 향약은 死喪相助, 患難相恤, 善相勸勉, 惡相告戒 등의 강령을 교화의 내용으로 하고 있음을 볼 때, 다분히 呂氏鄕約의 강령에 입각하고 있음을 알 수 있다. 그러나 이와 함께 한편으로 孝爾父母, 敬爾兄長, 敎訓爾子孫, 和順爾鄕里, 息訟罷爭, 講信修睦을 중심강령으로 삼고 있음은 明 태조의 「六諭」의 정신을 계승하고 있음을 볼 수 있다. 결국 왕양명의 향약은 呂氏鄕約과 「六諭」의 정신을 공유하고 있다고 할 수 있는데, 이는 향약이 민간자치적 성격의 조직에서 이제 官主導의 교화조직으로 변화되고 있음을 보여주는 것이다.63) 이것은 바로 보다 조직적이고 철저하게 대응하지 않으면 안 되는 당시 사회상황의 단계를 보여준다고 하겠다.

　이상에서 왕양명은 十家牌法을 저변으로 하여 민병조직과 아울러 南贛鄕約을 설치·시행했던 것을 보았거니와 正統年間 이래 각기 설치되어 존치해 온 流民對策으로서 編甲互保策, 鄕村防護策으로서 總甲制, 향촌민 교화책으로서 향약 등의 방책을 보다 구체화하고 종합시켰던 것을 보았다.64)

---

63) 嘉靖末부터 六諭의 비중이 더욱 커지기 시작하며, 萬曆年間에 들어와서는 呂氏鄕約의 4강령보다 六諭가 주된 내용으로 宣講되었다[酒井忠夫, 『中國善書の硏究』(東京 : 國書刊行會, 1972), 제1장 7절].

64) 嘉靖 8년 王廷相의 上言에 의해 社倉, 保甲, 鄕約, 義倉의 법이 처음으로 상호결합되었다고 하지만 실제로는 왕양명의 향약·보갑에서 그 일체화운용의 단서를 찾을 수 있지 않을까 한다.

그의 이와 같은 방안은 일단은 큰 성과가 있었던 것으로 보인다. 그
것은, 이러한 방책을 바탕으로 왕양명은 이 지역의 소란을 평정했기
때문이다. 그렇지만 그 과정에 있어서는 그다지 수월한 것만은 아니었
던 듯하다. 正德 15년(1520) 정월의 「申諭十家牌法」65)에 보면

十家牌法은 법이 매우 간략하고 그 治는 매우 넓어 有司가 능히 이를
착실히 擧行하면 盜賊을 불식시킬 수 있을 뿐만 아니라 詞訟을 줄이고
부역도 균등히 할 수 있으며, 外侮도 막을 수 있고 風俗의 淳厚와 禮樂
의 昌興을 이룰 수 있다.

라고 하여 十家牌法의 優点을 다시 강조하고 있거니와, 그 後續文에
"有司들이 往往 十家牌法을 엄히 행하지 않아 盜賊이 充斥하기에 이
르렀다"라고 하고 있음에서 그 시행이 생각과 같이 잘 시행되지 못했
던 점을 보여준다. 이에 대해 왕양명은 그 추행을 태만히 한 자에 대해
서 叱責과 戒諭, 독촉을 하며 이를 강력히 시행해 나가려 했고,66) 이를
보다 체계화시켜 시행범위도 확대해 나갔다. 특히, 寧王의 난을 평정
하고 난 후인 正德 14년(1519) 중반경에 왕양명은 十家牌法을 아직 시
행되지 않고 있는 江西省 북부 여러 지역에 대해서도 시행하였거니와,
이 과정에서 十家牌法을 확대시켜 보갑제로 정비해 나갔다.

正德 12년(1517) 5월의 「類奏擒斬功次疏」67)에 보면 "당시 保長 王
萬湖 등이 鄕兵을 帶令하여 賊을 擒捕殺獲했다"라는 내용이 보이는
데, 여기에서 保長이 있었다는 사실은 이미 보갑제가 존재하였음을 보
여주는 것이기도 하다. 그러나 여기에는 단지 保長이라는 명칭만 보일
뿐 이 밖의 다른 구체적인 내용이 보이지 않기 때문에 이를 확인할 수
는 없다. 보갑의 내용이 뚜렷하게 나타나는 것은 正德 14년(1519) 2월

---

65) 『陽明全書』 卷17, 申諭十家牌法.
66) 『陽明全書』 卷31, 申行十家牌法, 批再申十家牌法.
67) 『陽明全書』 卷9, 別錄1 奏疏.

에 내린 「告諭父老子弟」[68]에 보인다. 즉, 왕양명은 각 지방의 猖亂과 搔搖에 대해 保甲法을 행하여 서로 경계하도록 하고, 父老들이 申行하고 있는 和爾鄰里, 齊爾婣族, 道義相勸, 過失相規 등을 내용으로 하는 향약과 연계해서 행하여 실효를 거두기를 기대하였다. 여기에서 왕양명의 보갑제 시행 의지를 확실히 볼 수 있거니와, 향약과 보갑을 연계하여 시행하고자 한 의도도 살필 수 있다. 이후 그 해 7월에 吉安府의 농업황폐에 따른 민심의 動擾와 軍民의 扇動과 離反에 대하여 서술한 내용 가운데

　　각 소속 官軍을 調發하고 民莊을 僉點하며, 城池를 保障하고,……保甲을 단결시켜서 다같이 征進에 나가게 하면 백성은 모두다 兵士가 된다.[69]

라는 것을 보면 이전의 보갑제 시행 의지는 확실히 실행에 옮겨졌음을 알 수 있다.

　이 무렵 행해진 보갑에 대한 조직은 正德 15년(1520)의 「申諭十家牌法增立保長」[70]에 명시되어 있는데,

　　앞서 該本院이 招撫한 지역에 十家牌法을 編置했는데, 각 甲에 牌頭를 세우지 않은 것은 脅制侵擾의 弊를 방지하기 위해서이다. 그러나 향촌에 도적을 경비함에 있어 기록을 통괄하지 않으면 안 되기 때문에 保長을 세워 督率하도록 했다.……각 향촌에 재능과 행위가 여러 사람으로부터 信服을 받는 자 1人을 推選하여 保長으로 삼아 오로지 도적을 막는 데 전념토록 하고 평시의 각 甲의 詞訟은 모두 牌諭에 따르고 保長이 간여하는 것을 不許한다. 이것은 (保長이 이렇게 함으로써) 鄕曲

---

68) 『陽明全書』卷16, 別錄8 公移.
69) 『陽明全書』卷31, 續編6 公移 行吉安府踏勘災傷.
70) 『陽明全書』卷17, 別錄9 公移.

을 武斷하기 때문이다. 단 도적을 막는 데에 保長으로 하여금 각 甲을
통솔토록 한다.……

라는 것이 그것이다. 여기에서 보갑제는 별개의 조직으로 새로 제정된
것이 아니라 종전부터 시행되어 온 十家牌甲의 조직을 바탕으로 성립
된 것을 알 수 있거니와 保長을 새로 두게 된 것은 10家組織을 통괄함
으로써 도적을 효과적으로 방비하기 위해서였음을 볼 수 있다.

　그런데 十家牌法에서 보갑제로 이행하는 과정에서 종래 10家를 통
솔했던 牌頭를 폐지해 버렸다. 그것은 종래 牌頭가 脅制侵擾하기 때
문이라 하였는데, 이것은 당시 牌頭는 民間의 財力이 있는 紳士層이
주로 임명되었던 것이어서 이미 이 때부터 이들이 鄕曲을 武斷하는
폐해를 조장하고 있었기 때문으로 생각된다. 한편 이것은 앞서도 보았
지만 十家牌法이 그다지 잘 시행되지 못하였다는 또 하나의 예증이기
도 하다. 保長을 세웠지만 保長에게 도적을 경비하는 임무에서만 각
甲을 통괄할 뿐이지 詞訟 등 이외의 사무에 대해서는 간여하지 못하도
록 하였던 것도 이전부터 행해져 온 유력자의 鄕曲武斷의 폐해[71]를
경계하기 위해서였다. 그러나 왕양명의 민병조직만 하더라도 향촌의
유력자를 기반으로 하여 성립되었거니와 실제 향약·보갑제의 시행에
있어서 향촌의 유력자에 의존하지 않고서 그 실효를 거둔다는 것은 사
실 어려운 것이기 때문에, 비록 왕양명이 이들의 간여를 배제하려고는
했지만 그것은 어디까지나 최소한의 방책에 불과했던 것으로 보인다.

　이상에서와 같이 왕양명은 명 중기 사회·정치적 변화에 따른 혼란
기에 여러 대소의 반란을 진압하는 등의 군사·행정면에서도 뛰어난
재능을 발휘했고, 그러한 과정에서 향촌사회 안정대책으로 이전부터

---

71) 明 중기 이후 신사층의 역할 가운데 사적인 이해관계에서 武斷鄕曲, 狹制官
　　府 등으로 불리는 私利追求行動은 많이 지적되고 있다(吳金成, 앞의 책,
　　1986, 283~284쪽).

행해져 온 제 방책을 기초로 保甲制·南贛鄕約·民兵을 조직하였으
며, 이들을 상호 연결하여 향촌방위에 성공하고 향촌질서를 확보하였
다. 물론 왕양명의 이러한 방안이 이후에도 줄곧 원활히 시행되어졌는
가는 확실치 않다. 그러나 시대가 내려갈수록 향약·보갑제에 대한 논
의 및 시행이 더욱 성행하였거니와 이 때마다 자주 왕양명의 향약·보
갑제가 언급되고 있음을 보면, 이것은 명대 향약·보갑제의 모범적인
형태로 자리잡았음을 알 수 있다.

제2절 嘉靖朝의 사회와 鄕約·保甲制의 논의 및 그 시행

1. 嘉靖朝의 사회와 鄕約·保甲制 논의

　武宗을 뒤이어 즉위한 世宗 嘉靖帝는 武宗의 측근을 처분하여 前
朝의 惡政을 청산하고 民心의 一新을 도도코자 하였다. 그러나 즉위
하자마자 이른바 '大禮의 議'라는 사건을 맞게 되었다. 이 사건은 傍系
에서 즉위한 世宗이 그의 生父인 興獻王에 대한 처우를 어떻게 해야
할 것인가를 놓고 楊廷和를 중심으로 한 내각과의 심각한 대립을 벌인
사건이다.[72] 3년 반에 걸친 이 대립은 결국 世宗이 大權을 발동하여
楊廷和 등 禮法派를 총사직시키고, 소수의 황제파를 중심으로 황제의
뜻대로 결론을 내림으로써 일단락되었다. 이 정쟁으로 환관을 일소하
고 新政을 펼치려는 世宗의 의지는 좌절되었거니와 이후 世宗은 道敎
에 빠져 政事를 소홀히 하였으며,[73] 道敎의 祭文인 靑詞의 文才에 능

---

72) 大禮를 둘러싼 정치대립에 대해서는 『明史紀事本末』 卷50, 大禮議 ; 中山八
　郞, 「再び嘉靖朝の大禮問題の發端に就いて」, 『淸水博士追悼記念明代史論
　叢』(東京 : 大安社, 1962) ; 曺永祿, 앞의 책, 1988, 제2편 1장 참조.

한 嚴嵩을 首輔職에 발탁하여 國政을 전단케 하기도 했다.74)

이와 같은 퇴폐의 정치가 이루어지고 있을 무렵 몽고리아를 통일한 타타르부(韃靼部)가 중국 북변을 침략해 들어왔다. 이들의 침략은 正德 末부터 이미 상습화되었지만, 특히 嘉靖年間에 들어오면서 침략의 횟수가 더욱 빈번해지고, 嘉靖 11년(1532) 이후로는 거의 매년 河北, 山西, 陝西, 甘肅의 長城 일대에 禍를 초래하였다. 이후 알탄칸(俺答汗)에 의해 몽고리아의 여러 부족이 통일되면서부터 이들의 北邊侵略은 더욱 거세어졌는데, 嘉靖 21년(1542)에는 山西, 河北 내지에까지 침략해 들어왔거니와, 이때 이 지역 10衛 38州가 피해를 입었고, 20여만의 살상자를 내었으며, 8만여 가구가 불에 타고 수십만 頃의 田土가 황폐화되었다.75) 이들의 중국침략은 이후로도 계속되어 드디어는 嘉靖 29년(1550) 北京을 공격하여 수일 동안 城을 포위하기까지 한 이른바 '庚戌의 變'76)이라는 사태를 초래하기도 했다.

그런가 하면 15세기 후반부터 명초의 금지령에도 불구하고 浙江, 福建, 廣東 등 연해지방을 중심으로 성행한 밀무역은 결국 嘉靖年間에 들어와 海寇의 반란으로 이어졌다. 이것이 앞의 漠北의 蒙古의 침략을 '北虜'라 칭하는 데 비해 이른바 '南倭'라 부르는 사건이다. 嘉靖 2년(1523) 5월 日本內 幕府의 약체화에 따른 일본상인들의 對明貿易權에 대한 쟁탈전과 함께 이들에 의해 연해 일대가 심하게 파괴되고 약탈되자, 이에 대해 명조는 朝貢貿易에 대한 관리를 강화하는 한편, 이에 부수한 私貿易을 엄중하게 取締하였다. 이에 타격을 받은 日商人은 무력으로 관군에 대항하며 약탈무역을 계속 전개하였는데 이를 일반적으로 '南倭'라 한다.77) 그런데 많은 사료에도 "眞倭는 10 중 1~2이고,

---

73) 『明史紀事本末』 卷52, 世宗崇道敎.
74) 『明史紀事本末』 卷54, 嚴嵩用事 ; 蘇均煒, 「大學士嚴嵩新論」, 『明淸國際學術討論會論文集』(天津人民出版社, 1982) 등 참조.
75) 市村瓚太郞, 『東洋史通』 3(東京 : 富山房, 1933), 501쪽.
76) 『明史紀事本末』 卷59, 庚戌之邊.

假倭가 10 중 8~9였다"라는 내용이 보이거니와 明朝의 강력한 조치에 피해를 입은 것은 일본상인뿐 아니라 오히려 중국 내지의 상인들의 타격이 더욱 컸기 때문에, 이들이 보다 적극 가담한 것이었다.

15세기 후반 이래 날로 발전해 온 화폐경제의 보급과 이에 따른 江南델타지대를 중심으로 東南沿海地方에서는 농업과 각종 수공업의 비약적인 발전이 있었다. 또한 당시 동아시아제국과의 국제무역이 활발하게 전개되면서 이 지역 주민들은 상당한 경제적인 부를 누릴 수 있었다. 따라서 명조의 私貿易 엄금방침에 대해 이들의 반발은 당연한 것이었고, 일본상인과 연계하여 명조에 대항하여 海寇의 반란에 참여하였던 것이다. 이 반란에는 명조의 봉건지배와 착취 하에서 생활할 수 없는 많은 파산농민, 상인, 수공업자, 도시 빈민 등이 대부분 참가하였지만, 한편 그 저변에는 이 지역에서 대외무역으로 실질적인 부를 축적하고 있던 姦豪, 勢要, 貴官家 등으로 불리는 관료지주계급도 이에 적극 관여하였다.

아무튼 이상에서와 같이 嘉靖期의 사회는 대내외적인 여러 사건이 일어남으로 해서 正德年間으로부터 이어지는 사회모순이 감소되기는 커녕 더욱 심화되게 되었다. 嘉靖年間의 사회상황에 대해 당시 松江府의 鄕紳인 何良俊이

正德 이전에는 백성 가운데 1/10은 官職에, 9/10는 田土에 있었다. 무릇 4民이 각기 業이 定해져 백성들은 農畝에 안주하여 다른 뜻을 품지 않았으며, 관부 역시 농촌에 나아가 이들을 다그침이 煩擾하지 않았다. 때문에 家家는 풍족하였고, 모두 다 농사짓기를 즐거이 했다. 그런데 4,

---

77) 명대의 倭寇에 대해서 戴裔煊, 「倭寇と中國」, 『東アジア世界史探究』(東京 : 汲古書院, 1986) ; 奧崎裕司, 「中世東アジア世界と倭寇」, 『東アジア世界史探究』 ; 李洵, 「公元十六世紀的中國海盜」, 『明淸國際學術討論會論文集』(天津人民出版社, 1982) ; 彭德淸 主編, 『中國航海史(古代航海史)』(北京 : 人民交通出版社, 1988), 5장 2절 등 참조.

50년 이래 賦稅는 날로 증가하고, 徭役은 날로 무거워져 백성들은 살아
갈 수가 없어 드디어 모두 遷業을 하게 되었다. 옛날에는 鄕官의 家人
이 많지 않았으나 지금은 농업을 버리고 鄕宦의 家人이 되는 자가 전에
비해 수십 배가 되었고, 전에는 官府의 人員이 한정이 있었으나 지금은
농업을 버리고 官府에 蠶食하는 자가 전에 비해 5배나 늘었다. 또 전에
는 상공업자들이 적었으나 지금은 농업을 버리고 업을 바꾸어 상공에
종사하는 자가 전에 비해 3배나 늘었으며, 옛날에는 원래 無賴游手人이
없었으나 요즘은 농사를 버리고 游手無賴人이 2~3할 정도를 차지하게
되었다. 대저 백성들 중 6, 7할이 농업을 떠났다.[78]

라고 한 내용은 앞에서도 인용한 바이지만, 이를 통해서 보면 正德朝
를 이어 특히 嘉靖年間에 들어오면서부터 상공업이 현저히 발달하게
되었음을 알 수 있거니와 賦役의 증대로 향촌사회의 계층분화현상이
격심하게 일어나고 있음을 볼 수 있다. 이와 비슷한 내용은 같은 무렵
福建의 鄕官 林希元이

지금 천하의 백성은 商賈技藝에 종사하고 游手游食하는 자가 10 중
5~6에 이르고 있으며, 농민은 얼마 되지 않는다. 지금 천하의 田土는
富有家에 들어간 것이 10 중 5~6에 이르고, 일반 백성이 田을 가지고
경작하는 자는 거의 없다.[79]

라 한 내용에서도 알 수 있다. 아무튼 嘉靖年間에 들어와 향신층에 의
한 토지겸병이 크게 이루어졌고, 이로 인한 요역의 煩重과 농촌으로부
터의 도망·이농 현상이 촉진되었을 뿐만 아니라 游手無賴層들이 횡
행하여 사회혼란이 더욱 크게 야기되었던 것이다.

그런데 이와 같은 사회혼란상황에서는 자연 향촌질서 유지가 강조

---

78) 何良俊, 『四友齊叢說』 卷13, 史9.
79) 林希元, 『林次崖先生文集』 卷2, 王政附言疏.

되기 마련인데, 嘉靖年間에도 치안질서 유지책으로서 이전에 시행되어 온 향약·보갑제에 대한 논의가 활발하게 대두되었고, 또한 여러 지역에서 시행되기도 했다. 嘉靖 6년(1527) 5월에 御史 丘養浩는 薊遼 지방에 대한 통치책으로서 「邊務十事」를 올리고 있는데, 그 가운데

　　마땅히 옛 보갑법을 본받아 官에 그 이름을 籍하고 여러 사람으로부터 신망을 받아 推擧된 자를 長으로 하여 단결 훈련케 하며, 有司로 하여금 매월 이를 시험하고 헤아려 격려케 하고, 단결하지 않으면 이를 해치는 자를 제거하고 四隣이 不告하면 連坐토록 해야 합니다.[80]

라는 내용에서와 같이 향촌사회의 안정을 위해 連坐制를 바탕으로 한 옛 보갑제를 본받아 이를 시행할 것을 주장하고 있다. 여기에서 말하는 옛 보갑제란 正德年間에 행해진 보갑을 일컫는 것이며, 이 무렵 상당한 성과를 보인 왕양명의 보갑을 지칭한 것으로 보인다.

　　이와 같은 보갑제 시행 건의는 이후에도 계속되는데, 嘉靖 15년(1536) 2월에 直隸巡按御史인 金燦에 의해

　　마땅히 近邊에 홀로 거주하는 백성은 大村에 幷入하여 牆垣을 두텁게 쌓고, 保甲을 설립하도록 해야 합니다.[81]

라 한 바에서와 같이 直隸변경지역에 대해서도 그 시행이 주장되었으며, 같은 해 7월 福建지방에서도 巡按御史 白賁이 보갑제 설치를 말하고 있다. 福建지방에서는 正統年間에도 礦盜의 피해가 많았던 것인데, 이 때에도 建寧境內에 礦盜의 流聚가 많아 치안질서를 문란시키므로 白賁은 이를 막기 위해 坑 부근에 거주하는 人戶를 모두 보갑에 편성하여 10家連座에 의한 相互覺察케 하고, 游盜가 모이면 서로 협력하

---

80) 『[明]世宗實錄』 卷76, 嘉靖 6年 5月 庚辰條, 1687쪽.
81) 『[明]世宗實錄』 卷184, 嘉靖 15年 2月 甲寅條, 3908쪽.

여 이를 구축하도록 하였다.[82] 이 무렵 礦盜의 피해는 山東지역에도
미쳤던 것인데, 嘉靖 初年 兵部左侍郞 王廷相 역시 이 지역의 礦盜에
대한 대책으로서 近礦의 백성들에게 保察을 엄히 할 것을 촉구하고,
礦盜들의 폐해를 막기 위해 礦山 부근의 백성들을 10家 1保, 10家 1總
으로 조직하여 각기 保長, 保正을 세워 이를 중심으로 相互覺察과 面
識이 없는 자를 추구하도록 하였다.[83] 그런데 王廷相은 이처럼 보갑을
시행함과 아울러 각 省의 饑民을 위해 義倉·社倉 및 향촌민의 교화
를 위한 향약을 동시에 거행하였으며, 이들 제 방책을 각기 행하는 데
繁苦를 줄이기 위해 이들을 일체해서 행하도록 하였다.[84] 이후에 향약
과 보갑이 결합한 형태는 일반화되어 특히 萬曆朝에는 呂坤의 鄕甲法
과 같은 전형적인 결합형태도 나타나는데(다음 절 참조), 사실상 그 시
원은 王廷相에게서 비롯된 것이다.

이 같은 保甲論議와 함께 嘉靖 10년경에는 향촌질서 확립을 위한
理想案으로서 黃佐에 의한『泰泉鄕禮』가 저술되기도 했다. 이에 대해
서는 뒤에 詳論하겠지만 여기에서도 王廷相의 예와 같이 鄕約·鄕校
·社倉·鄕社·保甲을 서로 결합하여 향촌질서를 바로잡을 것을 주장
하였거니와 呂氏鄕約의 강령과 함께 그가 강구한 鄕禮를 기초로 향촌
민을 유교적 질서체계 속에서 안정시키려고 하였다. 이『泰泉鄕禮』는
理想案이긴 했지만 이는 그의 체험을 토대로 강구되었던 것이고, 이후
鄕禮는 廣東 여러 지역에 알려졌던 것으로 이들 지역의 향촌질서 유
지에 많은 영향을 주었다.

그런가 하면 福建 등 東南연해안지역을 중심으로 밀무역이 성행했

---

82)『[明]世宗實錄』卷189, 嘉靖 15年 7月 乙丑條, 3989쪽, "至于近坑居人 悉編
　　成保甲 分番守視 互相覺察 遇流徒嘯聚 卽令協力驅逐 有能擒捕 官爲給賞
　　如有交通接濟諸弊 責同甲首 不首而覺者 十家連坐".
83) 王廷相,「治礦盜議」(『古今圖書集成』, 經濟彙編祥刑典 117卷 盜賊部).
84)『[明]世宗實錄』卷99, 嘉靖 8年 3月 甲辰條, 2336쪽 ; 酒井忠夫, 앞의 책,
　　1972, 40~41쪽.

다는 것은 앞에서 서술한 바이거니와, 이를 取締할 목적에서 嘉靖 26
년(1547)에 이 지역의 巡撫로 파견된 朱紈에 의한 보갑 시행이 이루어
지기도 했다.[85] 이후로도 향약·보갑제의 시행은 이외에도 여러 지역
에서 시행된 사례가 보이는데, 嘉靖 32년(1553) 福建龍巖 知縣인 湯相
이 이 곳에 향약과 함께 보갑을 시행한 예[86]가 보이거니와 嘉靖 37년
(1558)에 海瑞는 浙江 淳安縣의 知縣으로 부임하여 이 곳에 保甲을
시행하여 향촌질서를 안정시키는 데 크게 성공한 예[87]도 보인다.

그런데 嘉靖 39년(1560) 10월에 戶部尙書 高耀 등이 올린 「大造黃
冊事宜」의 내용 가운데 "제 요역이 모두 分派하여 백성들은 날로 빈
곤해지고, 보갑은 날로 虛實해 갑니다"[88]라는 지적도 있고 보면, 嘉靖
年間의 보갑의 시행과 운용은 생각대로 원활하게만 이루어진 것은 아
닌 듯하다. 그렇지만 향약·보갑에 대한 논의는 이후로 嘉靖 45년
(1566) 7월에 兵科給事中 魏時亮이 올린 「安民之要六事」 가운데

　　청하옵건대 보갑법을 행하여 백성 중어 행동이 올바른 자는 旌善의
　榜을 세워 그 이름을 여기에 써 이를 표창해야 합니다.[89]

라던가 역시 같은 해 給事中인 曹當勉이

　　청하옵건대 郡縣에 命하여 각기 武備를 갖추고 보갑법을 행하여 도적
　을 督捕하도록 하옵소서. 만일 이를 잘 이행하는 자에게는 후한 상을 내
　리고, 이행치 못한 자에게는 同罪로 다스리며,……듣자옵건대 예로부터
　민간에는 향약이 행해져 나이가 많고 덕이 있는 자를 그 長으로 하여

---

85) 三木聰,「明末の福建における保甲制」,『東洋學報』61, 1979, 80~84쪽. 다음
　　항 참조.
86) 『嘉靖龍巖縣志』卷下, 文敎志 鄕約, 武備志 保甲.
87) 海瑞,『海瑞集』上編, 保甲告示, 保甲法再示. 다음 항 참조.
88) 『[明]世宗實錄』卷489, 嘉靖 39年 10月 戊戌條, 8134쪽.
89) 『[明]世宗實錄』卷560, 嘉靖 45年 7月 癸丑條, 8990쪽.

鄕民을 모아 約束을 명시하고 勸懲을 하기 때문에 백성들이 犯法을 하
거나 요란이 일어나지 않았습니다. 지금이야말로 마땅히 이를 행해야
합니다.90)

고 하는 등 중앙에서도 계속 그 시행논의가 활발하게 전개되고 있음을
보면91) 당시 사회상황에서 향촌질서를 안정시키는 데에 향약·보갑제
의 효용이 얼마나 컸던가를 짐작할 수 있을 것이다. 아울러 이것은 시
행상의 虛實이 간혹 보이기는 해도 향촌질서 안정에 상당한 기여를 했
음도 보여준다.

그러면 嘉靖朝의 향약·보갑제의 구체적 시행과 그 구조는 어떠했
는가? 이에 대해서는 이 시기의 시행 사례 가운데 이상안으로 제시된
黃佐의 향약·보갑제, 東南연해지역의 密貿易取締를 목적으로 시행된
朱紈의 사례, 그리고 浙江지역의 왜구와 礦盜로부터 保民·安民에 효
과를 보았던 海瑞의 예를 중심으로 항을 바꾸어 그 내용과 시행상황을
살펴보기로 하겠다.

2. 黃佐의 『泰泉鄕禮』와 鄕約·保甲法

1) 黃佐92)와 『泰泉鄕禮』

黃佐(1490~1566)는 香山人으로 字는 才伯이고 號는 希齋 또는 太
霞子라 했으며, 晩年에는 泰泉居士라 칭하였다. 그는 弘治 3년(1490)

---

90) 『[明]世宗實錄』 卷558, 嘉靖 45年 5月 戊申條, 8973~8974쪽.

91) 이 외에도 嘉靖年間에 향약·보갑제에 대한 贊賞은 여러 사람에 의해 활발
하게 논의되었다. 喬炳南, 「保甲制度に對する批判(上)」, 『帝塚山大學紀要』
16, 1979, 16~20쪽.

92) 黃佐에 대해서는 『明史』 券287, 列傳175 文苑3에 있는 그의 傳과 『アジア歷
史事典』의 黃佐篇 및 井上徹, 「黃佐'泰泉鄕禮'の世界 - 鄕約保甲制に關連し
て - 」, 『東洋學報』 67-3·4, 1986 등 참조.

府學生員인 黃畿의 아들로 廣州城 承宣里에서 태어났다. 그런데 그의
祖先은 宋代에 筠州(江西 高安縣)에서 家門을 이룬 후 元代에는 廣
東에 들어와 廣州府 南海縣에 定住했다가 元末·明初 動亂期에 南海
縣에서 香山縣으로 移住하였다. 黃佐의 家가 廣州府城에 定住한 것
은 그의 祖父인 瑜가 廣東 長樂縣 知縣을 지낸 후 香山의 同族으로부
터 떨어져 나오면서부터이다.

  그는 어려서부터 영특하여 일찍이 이름이 널리 알려졌는데, 正德年
間에 鄕試에 1등으로 합격하고 正德 16년(1521)에 進士에 급제한 后
翰林院 庶吉士를 시작으로 官界에 발을 들여놓았다. 그 후 翰林院編
修, 江西廣西按察司僉使, 廣西督學官, 南京翰林院侍讀, 南京國子監
祭主 등을 역임하였으며, 퇴임할 때는 少詹 事兼翰林院侍讀學士의 자
리에 있었다. 退官 後 그는 鄕里에 奧洲草堂을 열고 저작과 후진을 지
도하는 데 전념했지만 그러면서도 鄕里인 廣州城의 방위 및 廣州府의
여러 가지 분쟁과 稅役問題를 지방관과 협력하면서 이를 해결하는 데
크게 노력하기도 했다.

  그의 학문은『明史』그의 傳에 "佐의 學은 程·朱를 宗으로 하고,
오직 理氣의 說만은 홀로 一論을 가지고 있었다"라고 評하고 있는 바
와 같이 기본적으로 朱子의 신봉자이면서 理氣의 說에 대해서는 나름
대로의 持論을 견지하였다. 그렇지만 朱子學의 입장을 펴면서도 지방
의 현실문제에도 깊은 관심을 갖는 등 經世實用的인 경향도 가졌던
것으로 보인다.

  그는 王陽明보다 조금 늦게 출생하였지만 왕양명과 더불어 知行合
一의 旨에 대해 論하고 이후 수차례에 걸쳐 서로 辨難하였을 정도로
왕양명과도 교분이 있었으며, 높은 수준의 학문을 갖추고 있었다. 양명
과는 수차에 걸쳐 학문적인 논란을 폈으나 굽힘이 없이 理氣의 學을
견지한 것으로 볼 때 그의 성품은 매우 곧았그, 왕양명 역시 그를 評하
기를 直諒이라 하였다.

그는 학문을 함에 있어 讀書를 중시하여 典禮, 樂律, 詞章 등에 관한 수많은 서적을 閱讀하였다. 여기에서 얻은 풍부한 지식을 바탕으로 그는 『泰泉集』10卷을 비롯해서 明 一代의 翰林의 掌故를 기록한 『翰林記』20卷 및 『廣東通志』를 비롯한 『廣州志』, 『香山縣志』 등의 地方志 등 22種 260여 권의 서적을 저술하였다. 그 중에서도 『泰泉鄕禮』7卷은 종래부터 논의되고 또 부분적으로 실시된 향촌통제의 제 조직을 일체화하여 이것을 家禮의 확대로서 鄕禮라는 형태로 묶어 놓은 것으로, 宋代 이래 儒家의 민중교화책의 두드러진 하나의 전형을 이루는 것으로 평가되고 있다.

『泰泉鄕禮』는 黃佐가 廣西督學僉事로 있다가 母親의 병환을 듣고 휴가를 청하여 家에 居할 때 저술한 것으로 그 저술시기는 嘉靖 10년 전후로 보인다. 이때 黃佐는 부친의 사업을 이어 黃氏 同族의 義田祠에서 조상에 대한 제사와 함께 鄕禮를 일족에게 행해 왔는데, 『鄕禮』의 내용은 바로 이 때의 경험을 바탕으로 하여 이루어진 것이다. 이때 黃佐가 저술한 『鄕禮』는 卷1 鄕禮綱領, 卷2 鄕約, 卷3 鄕校, 卷4 社倉, 卷5 鄕祀, 卷6 保甲으로 전체 6卷으로 이루어졌다. 그러나 이후 이곳의 禮敎가 문란해짐에 따라 이를 바로잡기 위해 廣東右布政使 李中이 嘉靖 14년에 『鄕禮』를 간행하여 소속 郡縣에 송부하여 里마다 1부씩 갖추도록 했는데, 이 무렵 「士相見禮」, 「投壺禮」 등의 篇이 붙여져 전체 7卷을 이루게 되었다. 黃佐의 『鄕禮』가 널리 알려지게 된 것은 바로 이 때부터이며, 이 무렵부터 실제 廣東 여러 지역에 시행되었던 것으로 보인다.

2) 黃佐의 鄕約·保甲制의 구조

黃佐가 『泰泉鄕禮』를 편찬했던 嘉靖期의 사회는 앞서 지적하였듯이 사회 내의 계급분화가 심하게 진행중에 있었다. 이 무렵 黃佐의 鄕里인 廣州도 예외는 아니었다. 이미 弘治年間 이래 廣東 珠江델타에

서도 鄕紳은 同族結合을 이용하면서 流民 등의 노동력을 이용하여 沙
田開發에 힘쓰는 한편 합법·비합법적인 수단으로 沙田을 소유하고,
또 일반민의 田土를 投獻받아 田莊地를 확대해 나갔다.[93] 黃佐의 원
래 고향이라 할 수 있는 香山縣의 경우도 토지는 광활하고 인구는 희
박했던 곳이다. 그러나 弘治年間부터 인접한 番偶, 南海, 新會, 順德縣
에서 寄莊이 성함에 따라 상대적으로 香山縣民의 부역부담이 증가하
게 되었고[94] 결국 이들은 점차 寄莊戶의 지배 하에 편입되어 갔다. 이
러한 寄莊 등의 대토지소유의 전개는 일반 業戶를 몰락시켰던 것으로
그러한 과정에서 많은 분쟁도 야기시켰는데, 香山縣에서도 寄莊을 둘
러싼 많은 爭訟이 일어났고, 爭訟으로 살인이 일어나는 등의 심각한
사회상황이 전개되기도 했다.[95]

   黃佐가 『鄕禮』를 편찬한 것은 이와 같은 廣東의 풍속이 輕薄해진
것을 바로잡아 '古의 遺治'를 부흥시키고자 한 데에 있었다.[96] 이를 위
해 黃佐는 종래 사대부의 윤리규범인 '立敎', '明倫', '敬身'을 내용으로
하는 '正本三事'와 '冠', '婚', '喪', '祭'의 四禮俗을 내용으로 하는 '四禮'
를 기초로 유교적인 습속을 향촌민 개별 가족에까지 보급함으로써 향
리사회에 유교적 질서를 창출하고자 했다.[97] 그는 이러한 예를 보편화
시키기 위해 禮를 간소화시키기도 했지만 현실적으로 존재하는 향촌
사회의 경제적인 불균등을 인정하고 各 戶等에 맞는 品節을 정하여
나름의 의식을 행하게 하였고,[98] 그러는 한편 이를 보다 강력하게 규
제하기 위해 鄕約·保甲 및 鄕校·社倉·鄕社를 편성, 운용하는 방책

---

93) 松田吉郎, 「明末淸初廣東珠江デルタの沙田開發と鄕紳支配の形成過程」, 『社會
    經濟史學』 46-6, 1981.
94) 『嘉靖香山縣志』 卷2, 民物志.
95) 『嘉靖香山縣志』 卷1, 風土志.
96) 『泰泉鄕禮』 原序.
97) 井上徹, 앞의 논문, 1986, 96쪽.
98) 『泰泉鄕禮』 卷1, 鄕禮綱領.

을 강구하였던 것이다.

黃佐는 유교적 사회규범인 禮로 鄕民의 개인 및 그 가족을 규제하기 위해 향약으로 鄕의 政事를, 鄕校를 세워 鄕의 敎事를, 社倉을 설립하여 鄕의 養事를, 鄕社를 세워 鄕의 祀事를, 保甲을 編하여 鄕의 戎事를 각기 맡도록 하였다.99) 그러나 이들 조직은 각기 개별적인 역할을 가지고 있지만 그 운용면에 있어서는 상호 보완적인 관계에서 운용하려 했던 것이며, 특히 이 중에서도 향약을 중심으로 시행하려 했던 것이다.

우선 그의 향약을 보면, 향촌의 衆人으로부터 推擧된 나이가 많고 덕망이 있는 자 1人을 約正으로, 學行이 뛰어난 2人을 約副로 선출하도록 했다. 推擧된 約正과 約副는 會日에 향약의 구성원들에게 呂氏鄕約의 4강령, 즉 德業相勸·過失相規·禮俗相交·患難相恤을 講하는 한편 里社의 神에 대하여 「聖諭六言」을 奉하게 하고, 전술한 四禮를 遵行하도록 하였다. 그리고 그 결과에 대해 향약에 3籍, 즉 入約者의 名簿로서 1籍, 德業可觀者를 기록한 1籍, 過失可規者를 기록한 1籍을 두어 直月로 하여금 관리토록 하며, 每 月末에 約正이 이를 고시하여 勸懲을 행하도록 하였다.

한편 각 향의 東西南北 四隅에 鄕校를 세워 鄕內의 민간자제들에 대한 교육과 鄕人들의 四禮 거행을 담당하도록 했다. 여기에는 致仕敎官 및 監生, 生員 중 學行이 뛰어난 자를 초빙하여 敎讀으로 삼고, 이로 하여금 鄕校의 모든 교육을 주관토록 하였다. 그런데 敎讀이 鄕人에게 四禮를 거행할 때 約正, 約副와 함께 이를 행하도록 하였거니와 約正, 約副가 과실이 있을 경우 이에 대한 책임을 져야 하는 등 향교와 향약과의 관계는 밀접하였다. 뿐만 아니라 約正과 約副는 향교에 자제를 보내지 않는 父兄에 대해 有司에 알려 벌을 받도록 하고, 또

---

99)『泰泉鄕禮』卷1, 鄕禮綱領. 이하 각 항목의 내용은『泰泉鄕禮』의 各卷에 있는 해당 조문 참조.

학행이 우수한 자나 驕惰한 자를 가려 이에 대한 勸懲을 하는 등 향교를 운영함에 있어 상당한 관여를 하도록 하였다.

　그런가 하면 黃佐는 향촌의 賑濟를 위해 각 社에 社倉의 건립을 말하고 있는데, 그 관리는 鄕老를 두어 관장케 하였다. 그러나 실제 倉의 看守라든가 貧窮者의 파악 및 差貸者의 관리는 후술할 보갑조직 및 保甲簿를 이용하였거니와 鄕社 내의 빈민과 流民數의 多寡를 파악한다든가 이들에 대한 錢穀의 배급 및 出納 등은 鄕老와 더불어 約正・約副, 敎讀 등으로 하여금 공동으로 관리하도록 하였다.

　이와 같은 공동관리는 鄕社도 마찬가지였다. 黃佐는 城郭坊廂 및 향촌에 매 100家마다 1社를 설립하여 여기에 檀을 세우고 鄕祭를 지내도록 했는데, 여기에서 五土之神 및 五穀之神에 대한 祭를 지낼 뿐 아니라 여기에서 전술한 향약의 강령과 「六諭」 및 四禮의 遵行을 선서케 하는 한편 향약의 過犯者 및 鄕校, 社倉, 保甲에서의 有犯者를 懲治하도록 했다.

　그러는 한편 黃佐는 鄕內의 保安養善과 消礦盜賊을 위해 保甲을 編置하도록 하였다. 그의 보갑 편성은 1社 內의 1家[100]를 1牌로, 10牌를 1甲으로, 10甲을 1保로 하여 재간이 있고 행실에 있어 여러 사람으로부터 信服을 받는 자를 뽑아 保長으로 삼아, 이로 하여금 甲總을 통솔하도록 하였다. 그런데 黃佐는 保甲의 長을 선출하는 데 있어 武斷鄕曲者는 그 推擧를 불허하였거니와 甲에 長을 두지 않았다. 이것은 앞서 살핀 왕양명의 경우와도 같은 것으로, 黃佐가 향약・보갑제를 구상함에 있어 이전에 행해진 왕양명의 향약・보갑제와의 관련성을 보여준다. 아무튼 黃佐가 이처럼 보갑을 조직하도록 한 것은 도적을 막기 위함인데, 이를 위해 보갑에 「聖諭六言」을 내용으로 한 戒諭牌와

---

100) 그런데 그의 보갑을 구성하는 1家의 표준은 5인의 장정을 가진 家를 상정하였고 5丁 가운데서 1丁을 내어 十家牌에 등록하도록 하였던 것이다. 이는 黃佐가 현실적으로 존재하는 빈부의 차를 인정하는 바탕에서 그 불균등을 어느 정도 줄이고자 한 것으로 볼 수 있는 것이기도 하다.

아래 표와 같은 各家門面牌, 十家牌面式을 갖추게 하여 遵戒諭・愼宥罰・聯守望・時操練・嚴約束・稽去住・恤困窮・防行旅 등 八事에 대한 規察과 勸懲을 하도록 했다. 그런데 이러한 보갑 사무를 수행하는 데 있어서도, 다른 사무에서 보이는 바처럼 保長뿐 아니라 향약의 約正・約副와 함께 공동책임 하에 운용하도록 하였다.

各家門面牌式	十家牌面式
某府州縣某處某鄕社(如寺觀庵院亦倣此)	某縣某坊鄕圖第幾甲
一戶某人(係某衛所某官下舍餘或某總小	上甲尾某人
旗甲下軍餘或某坊圖某坊廂里長某	本甲一戶某人男子幾丁某人輪當
下軍民匠罔等籍若係僧道亦倣此)	甲總
男子幾丁某人(係官吏) 某人(作何生理	本甲一戶某人男子幾丁某人輪當
某人(在某處買賣) 某人(係生員)	甲總
某人(有何手藝) 某人(見當某役)	
某人(有何殘廢疾)	(以下上同7行省略)
婦女幾口(無則不開)	
一田若干畝該糧若干石斗	
一房屋門面幾間(或自己置買或典賃某人	本甲一戶某人男子幾丁某人輪當
屋住)	甲總
一寄住客某人(係某府州縣人某年月日來	
家典住或寄筯作何生理或在某衛門幹	下甲頭某人
某句當或爲人傭工陸續開報)	
一件若干頭	
一馬若干匹(己上三條無則不開)	

3. 福建沿海地域과 朱紈의 保甲制

1) 福建沿海地域의 상황

福建지방은 전체적으로 산이 많고 토지는 척박하여 농업의 입지로

서는 좋은 지역은 아니다. 그런데다 인구는 조밀하여 田土의 분할이
이루어져 일찍부터 一田兩主制의 田地所有關係가 성립되기도 했으
며,101) 식량과 생필품이 부족하여 인접한 浙江, 廣東으로부터의 조달
에 의존해 왔다.102) 이 때문에 이 곳에서는 상인의 활동이 일찍부터 활
발하였고, 이 곳의 기후조건에 맞는 砂糖·果實·茶·鹽·藍 등 상업
농작물의 생산이 발달함으로써103) 이를 더욱 활성화시켰다. 이로써 이
곳은 다른 지역에 비해 화폐경제가 비교적 일찍 발달하였는데, 일찍이
正統 원년 중국에 金花銀制가 시행되었을 당시 그 시행지구로 포함되
었던 것도 바로 이 때문이었다.104)

또한 福建은 험준한 산지로 이루어졌기 대문에 中原 내륙과의 육상
교통이 막혀 있는 곳이다. 그런 반면 연해안지역은 群小의 島嶼와 함
께 해안선이 굴곡이 져서 많은 良港과 良灣을 가지고 있었고, 배후의
山地에서는 좋은 船材를 제공하는 입지조건을 갖추고 있다. 이러한 조
건과 관련해서 이 곳의 대부분 주민들은 일찍부터 해상활동을 하였거
니와, 이 지역의 상업활동이 해안을 중심으르 해상밀무역을 주로 하여
전개되었던 것 역시도 이러한 조건 때문이었다.105)

이 지역의 해상밀무역활동은 明初부터 ㅂ 록 그 규모는 영세하였지
만 明 조정의 엄격한 규제에도 불구하고 상당히 성행하였다.106) 그런
데 15세기 후반경에 들어오면서부터는 그 활동이 보다 활발하게 전개

---

101) 片岡芝子, 「福建の一田兩主制について」, 『歷史學硏究』 294, 1964.
102) 三木聰, 「抗租と阻米 - 明末淸初期の福建を中心として-」, 『東洋史硏究』
   45-4, 1987, 36~44쪽.
103) 佐久間重男, 「明代海外私貿易の歷史的背境」, 『史學雜誌』 62-1, 1953, 7~12
   쪽 ; 三木聰, 앞의 논문, 1987, 26~35쪽.
104) 이때 金花銀 시행지구는 浙江, 江西, 湖廣, 南直隷, 兩廣, 福建이었다. 명대
   金花銀에 대해서는 淸水泰次, 『中國近世社會經濟史』(東京 : 西野書店,
   1950), 91~100쪽 참조.
105) 片山誠二郎, 「明代海上密貿易と沿海地方鄕紳層」, 『歷史學硏究』 164, 1953,
   24쪽.
106) 佐久間重男, 앞의 논문, 1953, 3~4쪽.

되었을 뿐 아니라 규모도 대규모화해 갔다. 그것은 이 무렵에 들어와 鄭和의 南海遠征 이후 朝貢貿易의 급격한 쇠퇴와 포르투갈과 스페인 상인을 중심으로 한 활발한 中介貿易이 전개되었기 때문이기도 하지만 타지역에서와 마찬가지로 東南沿海岸地域에도 급격한 사회발전에 따른 계급분화와 농업 및 상업·수공업의 발달에 따른 화폐경제가 크게 진전되었기 때문이다. 즉 사회분화과정에서 대지주로 성장한 鄕紳層이 화폐경제의 발달과 함께 상업적지주 내지는 고리대자본가로 지향해 가는가 하면 보다 많은 이득을 얻을 수 있는 밀무역에 대거 참여하였던 것이며, 사회분화과정에서 파산한 많은 농민·상인·수공업자 및 도시빈민들이 역시 바다로 나가 밀무역에 종사하게 되었던 것과 깊은 관련이 있다.

여하튼 이러한 상황에서 福建지역의 沿海密貿易은 활황을 띠었는데, 특히 漳州·泉州 지역을 중심으로 활발하게 전개되었고, 그 중에서도 漳州 龍溪縣의 月港은 중심거점으로 크게 번성하였다. 이 곳의 사정에 대하여『崇禎海澄縣志』卷11, 風土志 風俗考에 보면, 成化年間에 月港은 "明代 財賦에 있어 天下의 甲이라 불리는 蘇州·杭州에 못지않다"라고 할 정도로 크게 번성하였거니와

　　유력자는 왕왕 바닷가에 나가 논밭 사이를 거닐고, 돛대에 기대어 농기구를 만지며, 고기잡이를 하는 무리는 매우 분주하다. 무릇 부자는 자본을, 가난한 자는 노동을 들여 中華의 物産을 먼 나라에 가지고 가 그 곳의 方物과 바꾸어 돌아오는데, 그 이익은 10배나 되기 때문에 모두들 이를 좋다 하며,……10方의 巨賈들이 다투어 달려온다.

라는 내용에서 보듯 많은 연해지역 향신들이 앞다투어 밀무역에 참여하였으며, 중소 상인은 물론 해상밀무역에 참여해 오는 빈민층을 그들 자본에 예속시켜 그들의 노동력을 제공받는 등 새로운 봉건적 지배예속관계를 형성시켜 나갔다.

이와 같은 밀무역은 正德·嘉靖年間에 들어오면서 더욱 성행하였다. 그것은 正德 15년(1520)에 廣州에서 포르투갈인의 소란사건으로 廣東沿海地域에 대한 전면적인 海禁과 嘉靖 2년(1523)에 寧波에서의 일본 조공사절단의 소란으로 인해 정식무역관계가 제한되었기 때문이다. 정식무역의 제한은 필연적으로 밀무역의 격화를 촉진시킬 수밖에 없는 것인데, 아무튼 이로 인해 南海 諸 國船은 北上하게 되었고 따라서 漳州의 月港은 중국 최대의 밀무역항으로 더욱 발전하게 되었다. 또 이때 月港뿐 아니라 浙江지역의 定海 雙嶼港 등 여러 지역에 밀무역거점이 크게 융성하게 되었고,107) 또 密貿易船의 규모도 수십 척의 대선단을 이룰 정도로 확대되어 갔다. 따라서 밀무역에 대한 官司의 탄압도 자연 엄해지게 되었는데, 이에 대해 밀무역상인들도 무력으로 대항하고 나왔다.108)

2) 朱紈의 海禁政策과 保甲制

이상과 같이 날로 격화되는 연해 밀무역활동에 대해서 명조도 좌시 방임할 수만은 없었다. 드디어 嘉靖 26년(1547) 6월에 당시 巡按御史인 揚九澤이 重臣을 閩浙沿海地域에 파견하여 이 곳의 밀무역을 강력하게 봉쇄해야 함을 주청하였거니와,109) 명조는 이를 받아들여 다음 7월에 都御史 朱紈을 浙江巡撫로 임명하여 이 곳 연해지역의 밀무역을 막도록 하였다.110)

朱紈은 江蘇 長洲出身의 淸廉强直한 관료로 알려진 인물이며,111) 浙江巡撫로 임명되기 전인 嘉靖 15년(1536)에 右副都御史로서 南贛

---

107) 片山誠二郎, 앞의 논문, 1953, 26쪽.
108) 片山誠二郎,「明帝國と日本」,『世界の歷史』11(東京 : 筑摩書房, 1961), 208쪽.
109)『[明]世宗實錄』卷324, 嘉靖 26年 6月 癸卯條, 6013쪽.
110)『[明]世宗實錄』卷325, 嘉靖 26年 7月 丁巳條, 6018쪽.
111)『明史』卷205, 朱紈傳.

巡撫의 職을 역임하면서 山野의 寇賊, 礦盜, 海寇의 반란 등을 진압하
는 데 많은 경험을 가지고 있었다. 그가 浙江巡撫로 발탁된 것은 바로
이러한 경력 때문으로 보인다. 그는 명령을 받자 곧 밀무역의 최대의
淵藪地인 漳州에 着任하여, 이전의 경험을 토대로 현지조사를 했거니
와 그는 밀무역 활동의 근저에 생각 외로 거대한 향신세력이 존재하고
있음을 알았다. 물론 朱紈은 연해지역의 豪民에 의한 밀무역 활동이
방임되고 있다는 내용의 황제의 勅諭를 통해 이러한 상황을 어느 정도
는 인식하고 있었지만, 밀무역의 거점마다 예외 없이 그 지역의 鄕紳
巨族들이 地方官府를 압도하며 밀무역을 통해 巨富를 축적하고 있음
을 실제로 목도하였던 것이다.112) 밀무역의 최대 거점인 月港의 경우,
當代 유학자로서 상당한 학식과 명망을 가진 林希元이 그의 學才를
이용하여 중앙에서 파견된 監察官 등을 위협하며, 地方官府를 挾制하
여 공공연히 밀무역을 지배했다는 것113)은 잘 알려진 사실이거니와 전
형적인 하나의 실례로 자주 들려지고 있다.

이와 같은 상황에 대처하여 朱紈은

> 무릇 漳泉지방은 본래 도적의 淵藪地로서 鄕官의 渡船은 도적의 右
> 翼이 되며, 臣이 여러 번 생각건대 鄕官의 渡船을 禁하지 않으면 海道
> 를 깨끗하게 할 수 없기 때문에 원망과 비방을 감수하고서라도 禁革을
> 행함으로써 弊源을 淸해야 합니다.114)

라고 하고 있는 데서 알 수 있는 바와 같이 밀무역의 핵심을 이루는
향신층의 渡船禁止를 단행하고자 하였다. 물론 이와 같은 그의 대책에
대해 향신층의 격렬한 반항이 당연히 예상되었던 것이지만 그는 이러
한 의지를 관철해 나갔으며, 이를 보다 효과적이고 철저하게 시행하기

---

112) 彭德淸 主編, 앞의 책, 1988, 294쪽.
113) 『甓餘雜集』 卷2, 閱視海防事.
114) 『甓餘雜集』 卷2, 閱視海防事.

위한 방편으로 연해지역 주민에 대해 보갑제를 시행하였다. 즉, 그는 연해지방민을 보갑에 편성하여 相互覺察 및 連座制에 입각하여 大船의 建造·運航은 물론 이들이 밀무역에 참가하는 것을 엄격히 규제해 나갔던 것이다.[115]

그런데 이 곳에 보갑을 시행했던 것은 朱紈이 처음 창안하여 시행한 것은 아니다. 月港의 士民인 嚴世顯 등이 이 곳의 海盜에 대해 條陳한 내용 가운데 "보갑법은 매우 필요합니다. 濱海의 俗으로 이것(保甲)을 일찍이 행했던 것인데, 효과가 없었던 것은 强梁과 里老에 阻弊되었기 때문이고 官府가 이를 督成하지 않았기 때문입니다"[116]라는 내용을 보면, 불철저한 시행으로 붕괴되었지만 이 곳에서는 일찍부터 보갑이 행해졌던 사실을 알 수 있다. 이로 미루어 볼 때, 朱紈이 編한 보갑은 바로 이전에 행해졌던 보갑을 다시 부흥시켜 시행한 것으로 볼 수 있을 것이다. 이전에 이 곳에 시행된 보갑의 내용은 알 수 없다. 그러나 朱紈이 시행한 보갑제의 편성조직을 보면 沿海居住民을 10家 1甲으로 편성하고 있으며, 일찍이 王陽明이 甲의 長인 牌頭가 挾制官府하여 많은 弊를 일으키므로 이를 세우지 않았던 것처럼 牌頭를 세우지 않으려는 원칙을 고수하고 있다.[117] 이로 볼 때 그의 보갑 역시, 왕양명의 보갑제에 근거하여 시행했음을 추정할 수 있다.

아무튼 그가 보갑을 편성하였던 주목적은 연해지역의 밀무역을 취체함에 있었고, 당시 이 지역 향신층들이 밀무역에 적극 참여하였던 것이고 보면 이들 유력자들의 鄕曲武斷을 배제하려는 왕양명의 보갑을 채택한 것은 당연했다고 할 것이다. 그러나 왕양명의 보갑은 앞절에서도 지적했다시피 유력자들의 鄕曲武斷을 염두에 두고 있으면서도

---

115) 위와 같음.
116) 위와 같음.
117) 『甓餘雜集』卷8, 福建·浙江提督軍務行의 編填考驗法 第3條에 "十家牌不立牌頭 新建伯云 一立牌頭 卽鈐制各家 或有侵擾 此不易之論也"라는 것을 보면 알 수 있다.

이를 적극적으로 배제하지는 못하였다. 이에 대해 朱紈은 나름의 그 보강책을 강구하고자 했던 것인데, 즉 沿海鄕紳을 일반 거주민과 함께 보갑에 편입시켜 이들을 직접 파악하고자 하였던 것이다.118) 그런데 보갑은 일반적으로 徭役의 측면을 가지고 있거니와,119) 향신층의 徭役 優免이 보장되고 있는 명조사회에 있어서 당연히 향신은 보갑 편성에서 제외되어야 하는 것이지만 당시 전반적인 향촌사회에서 향신층의 橫이 일반화되었고, 더구나 이 지역의 밀무역을 사실상 주도하고 있는 것은 이들 향신층이었기 때문에 이들이 이러한 규정을 적용받는다는 것은 용납될 수 없는 것이었다. 이에 따라 朱紈은 "保甲에 優免을 적용하면 窩占에 假託하는 作弊로 점차 보갑을 세우지 않음만 못하게 되어 간다"120)라 하고 있음에서와 같이 보갑 편성에 향신의 優免規定을 극력 배제하고, 沿海鄕紳을 被密告者로서 일반민과 함께 편성시키고자 하였던 것이다. 이와 아울러 그는 보갑 운용에 있어서도 향신층의 專斷을 방지하기 위해 '共戶分門', '共門分爨' 등 大家에 대해 각 '門', '爨' 혹은 '門面間數'에 의거하여 보갑을 편성하였고, 보갑의 업무를 집행해 가는 데에 있어서도 향신이 이에 개재하는 것을 일체 용인치 않았으며, 오로지 官主導로 보갑을 운용해 나갔던 것이다.121)

그런데 이와 같은 향신층을 철저히 배제할 뿐 아니라 오히려 이들을 취체하려는 朱紈의 보갑이 과연 얼마나 그 실효를 거둘 수 있을 것인가는 의문이다. 당시 각 지역에서 올라온 보고에 의하면 상당한 효과를 거두었던 것으로 보인다. 즉, 泉州府와 福州府의 연해지역은 물론이고 소속 각 縣의 深山窮谷에 이르기까지 보갑이 널리 시행되었고,

---

118) 이에 대해서 이미 三木聰이 주목한 바 있다(三木聰, 앞의 논문, 1979, 80~84 쪽).

119) 夫馬進, 「明末の都市改革と杭州民變」, 『東方學報』(京都) 49, 1977 참조.

120) 『甓餘雜集』 卷8, 福建·浙江提督軍務行의 編塡考驗法 중 第4條.

121) 『甓餘雜集』 卷8, 福建·浙江提督軍務行의 編塡考驗法 중 第11條 및 第12條.

漳州府 詔安縣의 경우 보갑을 시행함으로써 黃福生 등 도적의 무리가 자수해 오는 등 치안상의 큰 효과를 거두었음이 보고되고 있다.[122) 또한 朱紈 자신도 "지금 鄕官의 渡船을 禁하고, 海濱에 보갑을 엄히 행하는 것은 진실로 海防에 편리한 것이나 豪民・姦豪・强梁의 무리에게는 불편한 것이다. 臣이 어리석고 졸렬하여 이를 버리고서는 다시 智術을 施行할 것이 없다"[123)라고 할 정도로 보갑의 효용을 찬상하고 있음을 보면, 그 시행 당초에는 상당한 효력이 있었던 것으로 생각된다.

그러나 朱紈의 海禁政策과 보갑이 연해밀무역을 규제하는 데에 상당한 효과를 거두었다는 것은 역으로 연해향신층의 타격이 대단히 컸다는 것을 반증하는 것인데, 이러한 상황에 대처하여 향신층도 나름대로 자구책을 강구하는 것은 자명한 이치일 것이다. 그들은 곧 訛言을 唱導하여 愚民을 선동하는 등 소란을 일으키기도 하고, 더 나아가 同鄕出身의 중앙관료층에 압력을 가하여 朱紈을 실각시키기 위한 가능한 모든 수단을 강구하고 나왔다.[124) 그러는 동안에도 朱紈은 이에 굴하지 않고 雙嶼港의 밀무역 거점을 撲滅하여 밀무역상인을 斬殺하고 大小船舶을 燒毁하며, 항구를 폐쇄시키는 등 철저한 탄압을 가하였던 것이나, 결국 그에 대한 연해향신층의 끈질긴 책동과 그에 상응하여 중앙관료층의 집요한 모의에 의해 嘉靖 29년 7월에 失脚을 당하게 되었다.[125) 그는 이후 실의에 빠져 자살을 했는데, 이로써 朱紈의 海禁政策은 완전히 좌절되었거니와 보갑제 역시 具文化되어 버렸다. 漳州府 同知 龍遂가 嘉靖 28년(1549) 2월에 詔安縣의 밀무역 상황을 서술하는 중에 "軍門에 保甲을 설치하여 초기에는 조금 잘 시행되었지만, 근자에는 다시 故紙와 같이 되어 버렸다"[126)라 하고 있는데, 이 내용은

---

122) 『籌餘雜集』 卷2, 閱視海防事.
123) 위와 같음.
124) 片山誠二郎, 앞의 논문, 1961, 30쪽.
125) 『明史』 卷205, 朱紈傳 ; 彭德清 主編, 앞의 책, 1988, 300~301쪽.

연해향신층의 강력한 반발과 함께 이미 효력이 없어지게 된 당시의 保甲狀態를 보여준다.

이상에서 朱紈이 시행한 보갑은 향신층을 取締하기 위해 官主導로 행해진 보갑의 전형적인 성격을 가졌던 것이며, 그의 강력한 시행의지로 상당한 성과를 거두었음을 살펴보았다. 그러나 결국 향신층의 집요한 책동으로 상당한 효과를 거두었음에도 불구하고 朱紈의 실각과 함께 보갑은 그 실효성을 상실해 버렸던 것인데, 이를 통해 당시 향신층의 향촌사회에서뿐 아니라 中央政界에 있어서도 얼마나 그 영향력이 컸던가를 확인할 수 있고, 한편 이들 계층을 배제한 보갑의 시행이라는 것이 얼마나 그 효력을 발휘할 수 있는가를 가늠케 해 준다.

4. 海瑞의 保甲施行과 構造

1) 海瑞(1513~87)와 그의 치적[127]

海瑞는 字는 汝賢, 號는 剛峰으로 황제의 난행과 환관의 퇴폐정치가 한창 이루어지고 있던 正德 8년(1513) 12월에 廣東 瓊山府 瓊山縣에서 廩生인 부친 翰과 母親인 謝氏 사이에서 외아들로 태어났다. 그는 3세 때 부친을 여의고 편모슬하에서 자랐지만 母親이 선택한 嚴師로부터 엄격한 교육을 받았으며, 전통적 정치이념과 옛 聖賢의 도덕관을 계승하였다. 그렇지만 전통적 악습과 물질적 세계에 대해서는 혐오하였고, 당시 광범하게 유포된 陽明心學에도 영향을 받아 陽明의 知

---

126) 『甓餘雜集』 卷5, 設專職 以控要害事.
127) 海瑞와 그의 치적에 대하여는 그의 傳記로서 『明史』 卷226, 海瑞傳과 『海瑞集』 附錄에 소수된 諸傳記 및 吳晗, 「論海瑞」, 『海瑞集』(北京 : 中華書局, 1962) ; 王賢德, 「海瑞に關する一考察」, 『中山八郎敎授頌壽記念明淸史論叢』(東京 : 燎原書店, 1977) ; 劉中日·趙貴林, 「淸官海瑞」, 『中國史硏究』 1979-1 ; 拙稿, 「淸官 海瑞와 그의 治績」, 『黃元九敎授定年紀念論叢 東아시아의 人間像』, 혜안, 1995 등 참조.

行合一, 言行一致의 이론을 중시하였다. 이때 형성된 그의 행동양식은 그의 講學活動 시기뿐 아니라 이후 官職에 나아가 민중을 지도하고 통치하는 데 이념적 바탕이 되었다.

그는 嘉靖 28년(1549) 그의 나이 36세 때 '治黎策'[128]으로 鄕試에 합격하여 擧人이 되었다. 이를 발판으로 그는 官途에 진출하였는데, 嘉靖 32년(1553) 福建省 延平府 南平縣의 儒學敎諭를 거쳐 嘉靖 37년(1558) 5월에 浙江省 嚴州府 淳安縣 知縣으로 陞任되었다. 이 때에 그는 자신의 정치이상을 비로소 구현할 수 있었거니와 그의 여러 가지 保民·安民的 방책이 이 무렵에 강구되었다.

그가 최초로 부임한 淳安縣은 산이 많고 토지가 메말라 원래부터 백성들의 생활이 어려운 곳이었다. 그런데 이 곳은 新安江의 하류에 위치하여 杭州에서 徽州로 통하는 水陸 兩路의 必經地였다. 이 때문에 관리들의 왕래가 빈번하여 이들 관리들의 迎送常禮를 부담해야 했던 이 곳 縣民들의 생활은 더욱 어려웠다. 뿐만 아니라 이 곳에서도 중국 여타 지역에서와 같이 향신지주의 토지겸병이 크게 행해졌고, 또 胥吏와의 결탁에 의한 납세기피로 虛稅가 증가하는 한편 서민들의 稅役이 煩重해져 수많은 縣民이 도망할 수밖에 없는 사회적 모순이 극심하게 진행되었다.[129] 이로 인해 海瑞가 이 곳에 부임할 무렵 이 곳 縣民의 과반수가 流離되었던 상태였다.[130] 또한 당시 東南沿海岸에 큰 피해를 주고 있던 왜구의 출몰도 있었고,[131] 이 곳의 礦山지역에도

---

128) 당시 海南島에서는 이 지역 이민족인 黎族의 반란이 일어났던 것인데, 海瑞는 이에 대한 근본적인 방책으로 그들이 거주하는 곳에 縣治를 세워 그들의 독립된 생활을 보장해야 한다는 취지의 방책으로서 治黎策을 試題의 답으로 올려 擧人이 되었다.

129) 『海瑞集』 興革條例 戶屬.

130) 『海瑞集』 淳安縣政事序.

131) 海瑞가 淳安知縣으로 부임하기 2년 전인 嘉靖 35년 왜적 50여 명이 여러 지역을 노략질하고, 淳安縣을 거쳐 徽州에까지 이르렀다. 이때 縣官·學官 數人만 남았을 뿐 거의 모든 縣民이 놀라 달아났다(『海瑞集』 築城申文, 158

礦盜가 출몰하여 재물과 식량을 약탈하고 인명을 살상하는 피해도 있었다.[132]

　이에 대해 海瑞는 토지를 새로이 淸丈하여 均徭均役을 도모하고, 왕래하는 관리들에게 饋贈하는 惡習・常例를 嚴禁하는 한편 지방관리들의 貪汚非爲를 제거하기 위해 이들이 지켜야 할 임무・역할・행동의 기준으로서 36개 조로 된 '興革條例'와 '參評'을 만들었다. 이 외에도 訴訟案件에 대한 공정한 재판을 행하고, 貧民에 대한 救濟策으로 荒田의 開墾과 差役의 免除를 행함과 아울러 保民的 치안질서확립책으로서 후술할 보갑법을 행하였다.[133] 이 같은 보민책은 향신관료들에게는 반발을 샀지만 縣內의 각 계층으로부터는 절대적인 환영을 받았으며, 재임시는 물론 離任한 후에도 敬慕를 받았다.

　淳安知縣을 이어 그는 嘉靖 41년(1562) 12월에 江西省 贛州府 興國縣 知縣으로 전임하였다. 그러나 興國縣의 사정[134] 역시 淳安縣보다 나을 것이 없었다. 이 곳은 일찍이 많은 客民이 들어오기도 했지만 淳安縣에서와 같이 이 곳에서도 대지주층에 의한 대토지소유가 크게 전개되었고, 납세의 기피에 따른 징세액이 항상적으로 부족하였다. 이는 결국 소농민의 부담을 증가시켰던 것인데, 많은 流離農民의 발생과 함께 이들 流民들의 집단적인 반란을 초래하였다.[135] 海瑞가 부임할 당시에도 이러한 사정은 지속되었는데, 이들 流民에 대한 그의 적극적인 招撫에도 불구하고 "有里長而全無甲首"라던가 혹은 "有甲首而止存一二戶"의 상태는 여전하였다.[136] 이에 海瑞는 淳安縣에서 행한 경험

쪽).
132)『海瑞集』興革條例 工屬 및 諭礦盜告示.
133) 王賢德, 앞의 논문, 1977, 113쪽.
134) 興國縣의 사정과 海瑞의 治績에 대해서는 吳金成, 앞의 논문, 1984 참조.
135) 興國縣의 土寇・流賊으로 인한 폐해는 嘉靖年間만 하더라도 嘉靖 29년부터 연년에 걸쳐 일어났으며, 그 피해는 '殺人而千萬計'라든가 '十室九空'이라 표현될 정도로 막심하였다(吳金成, 위의 논문, 306~307쪽).
136)『海瑞集』興國八議 賦役議.

을 토대로 이 곳에도 淸丈을 실시하여 均徭均役을 도모하였고, 逃民을 招撫하기 위해 客民附籍策과 함께 荒田의 개간과 差徭를 면제해 주기도 하였으며, 향촌의 방위를 위해 隘所鄕兵制의 개선과 機兵制를 계속 존치시켜 나갔다. 이러한 그의 조처는 이후 큰 성과를 거두어 많은 縣民들로부터 敬慕를 받았음은 물론, 그의 업적이 중앙에 贊賞되어 그는 嘉靖 43년(1564) 10월 戶部雲南司主事에 陞任되어 中央官界에 진출하게 되었다.

 그러나 당시 嘉靖帝는 도교에 빠져 정사에 관심을 두지 않았으며, 在京官吏들은 아첨과 향락에 빠져 부패하여 정치·사회·경제 제반 현실이 악화일로를 치닫고 있었다. 이러한 부패상을 상세히 목도한 海瑞는 왕조의 발전과 民生의 구원을 위한, 이른바 '直言天下第一疏'라 일컫는 「治安疏」[137]를 올렸다. 이것은 당시 內亂外禍의 모든 책임이 嘉靖帝 그 자신에 있음을 지탄한 것으로, 이로써 海瑞는 "一日而直聲震天下"라 표현될 만큼 세상에 널리 알려지게 되었지만 결국 황제의 노여움을 사 하옥되었다. 그러나 疏가 있은 지 두 달 뒤에 嘉靖帝가 세상을 떠나고 隆慶帝가 즉위함으로써 석방되었고, 다시 戶部主事에 復歸되었다.

 이후 그는 隆慶 3년(1569) 6월에 右僉都御史欽差總督糧道巡撫應天十府에 陞任되었는데, 그의 "整頓吏治 救民疾苦"의 정치는 이 때에도 계속 이어졌다. 海瑞가 巡撫로 부임한 해에 江南은 嘉靖 40년(1561)의 수재를 이어 다시 대재해를 만나 대량의 饑民이 발생하였다. 이때 그는 「改折祿米倉糧疏」를 상주하여 嘉靖 40년의 예에 따라 京城에 解送해야 할 糧의 일부를 유용하여 江南饑民을 賑濟하였거니와 「改吳淞江疏」와 「改白笳河疏」를 올려 수리공사를 함으로써 이후의 수재의 염려를 제거하는 데 노력했다. 또한 그는 江南지역의 量差의 煩重함을 해결하기 위하여 貪官汚吏의 횡행을 엄금하고, 토지의 淸丈과 一條鞭

───────────────

137) 그 내용은 『海瑞集』 治安疏 참조.

法을 시행함으로써 부역제도의 간소화와 均田均稅를 이루었으며, 대지주의 民田收奪을 엄금하였다. 이 밖에도 소송재판을 淸理하고, 진정한 지방방위를 위해 募兵을 혁파하고 民壯을 조직하는 등의 保民策을 강구하였다. 그러나 이러한 그의 정책은 농민·중소상인 등 하층민들로부터는 대환영을 받았지만 鄕官 등 대지主들로부터는 큰 반발을 사, 결국 그는 民生安全에 큰 성과를 올렸음에도 불구하고 京官縉紳들의 誣告로 隆慶 4년(1570) 3월에 南京戶部侍郞으로 전임되었다.138)

이후 그는 「告養病疏」를 올려 노모를 부양해야 한다는 구실로 휴직을 청하고 瓊山에 내려와 16년 동안 향리에 머물렀는데, 이 때에도 항상 정사에 관심을 가지고 경산 군현의 이치에도 많은 관심을 기울였다.139) 그러다가 萬曆 13년(1585) 2월에 萬曆帝의 부름을 받아 72세의 나이에 南京吏部右侍郞에 부임하였다. 이 때에도 그는 백성들의 疾苦에 주목하여 官場의 額外索求를 제거하기 위해 「禁革積弊告示」를 공표했는가 하면, 巡按과 京官의 貪汚에 대해서 嚴罰해야 할 것을 주장하였으나 오히려 貪官인 南直隷提學御史인 房寰에게 탄핵을 받게 되었다. 그러나 다행히 顧憲成의 弟 允成과 諸壽賢·彭遵古 등 三進士의 「申救疏」로 처벌을 면하게 되었다. 그 후 海瑞는 고령을 이유로 수차에 걸쳐 사직을 청하였으나 받아들여지지 않고, 결국 萬曆 15년(1587) 10월에 임지에서 74세로 死去하였다. 사후 그에게 太子少保가 追贈되고 忠介의 諡號가 내려졌는데, 그는 실로 격동하는 시대에 초지

---

138) 악덕지주로 평판이 난 당시 首輔 徐階는 그 子弟 家奴들의 향리에서의 횡포를 巡撫인 海瑞가 문제삼자 給事中 戴鳳翔을 매수하여 海瑞를 제거하도록 했다(『海瑞集』附錄 談遷國榷二條). 같은 내용은 伍袁萃, 『林居漫錄』卷1, 海公 華亭篇에도 보인다(曹永祿, 앞의 책, 1988, 299쪽 참조).

139) 이때 그는 瓊山縣 관리들의 득실을 상세히 진설했는가 하면 瓊山 郡縣에 출몰하는 왜구에 대한 방비책을 개진하기도 했으며, 당시 장거정의 아들이 會試에 응시할 때 이를 주관하는 대학사 呂調陽에게 장거정을 좇아 사사롭지 말고 公道를 지키라는 내용의 서신을 보내기도 했다(拙稿, 앞의 논문, 1995, 741쪽).

일관 愛民·保民의 입장에서 통치에 임하며 일평생을 살았던 인물로
明代 제일의 廉吏라 칭해지고 있다.

2) 海瑞의 保甲施行과 그 構造

海瑞가 보갑을 시행한 것은 淳安縣 知縣에 재임하고 있을 때이다.
앞에서도 보았지만 淳安縣은 浙江의 窮僻한 縣으로 海瑞가 부임할 무
렵 사회적 모순이 극에 달해 있었고, 왜구와 礦盜의 출몰로 사회질서
가 매우 어지러웠다. 이에 대처하여 海瑞는 우선 寇賊의 방비를 위해
이 곳 지리적 조건에 맞추어 城防을 개축하는 등 외적 방위능력을 배
양하였으며, 이와 더불어 내적 지역방위책으로서 보갑법을 고시·시행
하였다. 그의 「保甲法再示」에

> 근자에 6都의 1圖와 31都의 3圖가 礦盜에게 劫掠을 당하였다. 만약
> 먼저 방어를 취했다면 어찌 이렇게 되었겠는가?……무릇 倭寇와 礦盜
> 들은 의식을 計하기 위해 오는데, 생계를 도모키 위해 어찌 목숨을 버리
> 겠는가? 그런데 우리 兵이 風聞을 듣고 들뜨면 (倭寇와 盜賊들은) 直行
> 衝突하여 생사를 생각치 않고 앞으로 나온다. 그렇지만 만일 우리가 기
> 세를 올려 앞으로 나가면 그들은 반드시 退避할 것이다.……그간에 賊
> 에게 죽은 자는 보갑을 행하지 않아 단신으로 피해를 당한 자들이다. 만
> 일 서로 구원을 하면……누가 우리를 喪하게 하겠는가?[140]

라는 내용을 보면 이를 잘 알 수 있다.

그의 보갑법은 弭盜安民과 향촌방위를 주목적으로 하고 있는데, 그
가 보갑 시행의 목적과 취지를 설명함에 있어서

> 保甲은 弭盜安民을 위한 것인데, 戶를 연결하는 것은 옛 同井之制와

---

140) 『海瑞集』 保甲法再示.

같다. 만일 同保 同甲人이 착실히 이를 거행하면 旌善糾惡할 수 있고, 禮를 밝혀 興行시킬 수 있으며, 서로 이를 勸勉한즉, 禮義는 점차 興하게 되고 民風은 날로 厚하게 된다.141)

라든가 또

　　보갑법을 세워 奸細를 적발하고 흩어짐을 막으며, 이로써 出入相友하고 急難相救하는즉 옛 井鄰里邑比閭族黨의 뜻이며,……또 相互親愛하고, 서로 保身하며 흩어짐을 막고, 禮義를 敦行하는 것이 그 美意이다.142)

라 하고 있음을 보면 淳風을 유지하고, 敎化를 진흥시키는 등 향약의 기능까지도 포함하고 있음을 알 수 있다. 이것은 그가 敎諭시절 때에 「敎約」, 「規士文」 등을 만들어 德과 禮를 강조했던 것을 향촌사회에까지 연장하여 시행하고자 했음을 보여준다. 그렇지만 그가 왕양명의 보갑을 良法이라 贊賞하고 있고, 또 그의 保甲十家牌式143)이 왕양명

---

141) 『海瑞集』 興革條例 刑屬.
142) 『海瑞集』 保甲告示.
143) 海瑞의 保甲十家牌格式은 다음과 같다.

```
淳安縣某圖第幾甲甲長某保甲某
左甲尾某人
一戶某男子幾丁(本身年幾歲,某年幾歲,某年幾歲,某年幾歲,作何生理)
一戶某男子幾丁(凡一門八九十丁者俱盡數塡寫)
一戶某男子幾丁
　　　　　·
(同上6行省略)
　　　　　·
一戶某男子幾丁
右甲頭某人
```

牌式의 한 面에는 위의 10戶 人丁을 기록하고, 다른 한 面에는 「聖諭

이나 黃佐의 保甲牌式과 비슷할 뿐만 아니라 牌式의 한 면에 黃佐의
보갑에서와 같이 「聖諭六言」을 기록하고 있음에서 비록 명칭은 보갑
이라 하고는 있지만, 당시 이미 여러 지역에서 널리 행해지고 있던 향
약과 보갑의 일체화조직을 바탕으로 보갑을 시행했던 것임을 알 수 있
다.

그가 시행한 보갑제의 구조를 보면, 우선 原管戶籍을 불문하고 현재
거주하고 있는 人戶 15세 이상의 자를 그 구성원으로 하여 보갑을 편
성하고 있다. 그 편성방법은 인접해 거주하고 있는 자 10戶를 기준으
로 1甲으로 편성하였고, 3甲 내지 4~5甲으로 1保로 편성하였다. 그러
나 이러한 戶數編成原則에 따르고는 있지단 守望의 편리에 따라 자연
촌을 기반으로 편성하였던 것이며, 유동인구에 대해서도 그 출입을 살
펴 保甲人戶에 加減을 하였다. 이들 각 조직에서는 조직 내에서 信望
받는 자 1人을 推擧하여 甲長, 保長으로 삼아 각 조직을 통솔토록 했
던 것인데, 이들의 임무는 매일 한 사람씩 輪番으로 牌를 가지고 각
호의 동정을 살피며, 의심스러운 자나 종적이 의심스러운 점이 있으면
즉시 이를 들추어 살피는 것이다.

또한 보갑의 직무로서 夜警과 향촌방위의 세부적 시행 면을 보면,
각 1호마다 2~3丁을 기준으로 그 중 1丁을 뽑아 이들로 하여금 保長
監督下에 領牌하여 夜警하도록 했고, 또 이들을 鄕兵으로 조직하여
역시 保長 監督下에 평일 無警時에는 편리한 때 수시로 무예를 연마
하도록 했으며, 일단 유사시에는 도적을 追捕하여 향촌을 구원하도록
했다. 이것은 王守仁이 十家牌法과 總小甲制를 병행 시행한 것과 그
운용방식을 같이하는 것이다.

그런데 海瑞의 이 같은 보갑 시행은 초기에는 그다지 잘 시행되지
는 못하였던 것으로 보인다. 그것은 당시 王守仁의 보갑에 대한 반론
이 제기되었던 것에서도 알 수 있고, 海瑞 역시도 「保甲告示」를 낸 이

六言」을 기록했다.

후 또다시 縣民에게 보갑에 대한 인식을 고취시키기 위해 「保甲法再示」를 게시한 데에서도 알 수 있다. 그러나 이후 倭寇와 礦盜의 騷擾도 적어져 사회질서가 잘 잡히고, 그럼으로써 海瑞의 治績이 縣民들로부터 칭송을 받았던 것으로 보아 보갑제는 어느 정도 잘 시행이 되었거니와 상당한 성과를 얻었던 것으로 보인다.

제3절 萬曆朝의 사회와 鄕約·保甲制

1. 萬曆朝의 정국과 사회

嘉靖帝를 이어 穆宗 隆慶帝가 즉위하였지만 前朝로부터의 廢政은 계속 이어졌다. 隆慶帝는 이를 개혁하려고 했으나 在位 7년 만에 급사하여 그 뜻을 이루지 못하였다. 따라서 前朝의 廢政은 그대로 萬曆시대로 이어지게 되었다. 그런데 神宗은 10세의 어린 나이에 즉위했지만, 황태자 시절 侍講이었던 張居正이 首輔가 되어 행한 專權政治에 의한 개혁정치로 萬曆 초기의 정치·사회는 어느 정도 안정을 이룰 수가 있었다. 즉, 그는 대외적으로 蒙古의 알탄칸과 화의를 맺는 한편 동북방면에 대한 방위를 공고히 하기 위해 李成梁에 命하여 建州衛를 토벌시키고, 왜구방위에 활약했던 戚繼光을 薊州에 배치하였다. 아울러 대내적으로는 행정개혁으로 考成法을 시행하여 관료들을 통제하는 한편, 의논의 번다함을 줄이고 행정의 효율성을 제고시켰는가 하면,144)

---

144) 考成法 역시 滯納錢糧의 追徵 등 수탈체제를 강화시키기 위해 나온 것이다. 이 고성법에 대해서는 다음의 글을 참조. 小野和子, 「東林黨と張居正 - 考成法を中心に - 」, 『明淸時代の政治と社會』(京都, 1983) ; 曹永祿, 앞의 책, 1988, 217~218쪽 ; 崔晶姸, 「明朝의 統治體制와 政治」『講座中國史 Ⅳ』(서

전국적인 土地丈量[145]과 이에 근거한 一條鞭法의 稅役徵收改革[146] 등 재정개혁을 단행하여 국가재정을 확보하는 데 노력하였던 것이다.[147]

그러나 이 같은 張居正의 개혁이 사회안정과 생산의 발전을 통해 富國强兵을 이루는 데에는 크게 기여하였지만[148] 이 개혁이 추진되는 동안에 많은 문제점이 야기되기도 했다. 특히, 考成法 때문에 탄핵을 자유로이 할 수 없었던 科道官들의 비판과 萬曆 5년(1577) 9월에 張居正이 父喪을 당했을 때 服喪문제를 놓고 六部・閑林의 비판이 비등하였거니와[149] 一條鞭法의 稅制改革에 대한 반대론도 크게 제기되었다.[150] 또한 사회적으로도 湖北, 福建, 安徽 등지에서 지방관의 惡政

울大東洋史硏究室 編), 知識産業社, 1989, 26~27쪽.

145) 西村元照, 「張居正の土地丈量」, 『東洋史硏究』 30-1・2, 1971 ; 川勝守, 「張居正丈量策の展開」, 『中國封建國家の支配構造』(東京 : 東京大出版會, 1980) ; 淸水泰次, 「張居正の土地丈量について」, 『東洋學報』 29-2, 1942[『明代土地制度史硏究』(東京 : 大安社, 1968)에 재수록] 등 참조.

146) 川勝守, 「華北における張居正丈量と一條鞭法の普及」, 앞의 책, 1989.

147) 이러한 개혁으로 연 北邊 군사비 100만 냥을 절약할 수 있었고, 9년분의 米를 비축할 수 있었으며, 銀庫에는 600만 냥, 內庫에는 400만 냥의 여유분을 비축할 수 있었다(Huang, Ray, "The Lung-ching and Wan-li Reign, 1567~1620", in Mote & Twitchett eds., *The Cambridge History of China*, vol. 7, The Ming History, 1368~1644, Part I, Cambridge Univ. Press, 1988, 522쪽).

148) 徐明德, 「張居正的經濟思想及其整理財政的措施」, 『明淸史國際學術討論會論文集』(天津, 1982).

149) 小野和子, 앞의 논문, 1983, 69~83쪽 ; 曹永祿, 앞의 책, 1988, 221~223쪽 ; 崔晶姸, 앞의 논문, 1989, 29~30쪽.

150) 이미 일조편법 시행 당시부터 화북지역에서 격렬한 반대론이 비등하였었다(川勝守, 「華北における一條鞭法による稅役徵收組織の改革」, 앞의 책, 1980, 제2편 7장 1절 참조). 이후 반대론뿐 아니라 찬성론도 대두하였지만, 일조편법의 시행으로 은납화는 더욱 진전되어 각지의 토지겸병과 중소지주・자작농의 몰락은 더욱 촉진되었다(吳金成, 앞의 책, 1986, 241쪽에서는 湘潭縣의 경우를 소개하고 있다).

에 대한 反地方官士變이 일어났는가 하면, 15세기 중반 이래 絹織物
業의 발전과 함께 萬曆 5년(1577) 정부에 납부해야 할 絲絹分擔을 놓
고 지역간의 분쟁이 일어나기도 했고,[151] 張居正이 죽기 직전인 萬曆
10년(1582) 4월에는 경비절감에 따른 兵餉削減과 貨幣變動에 따른 불
만에서 杭州를 중심으로 兵變이 일어났으며, 이에 촉발되어 間架稅政
改革과 市民力役廢止를 위한 民變이 각지에서 일어나는 등 문제도 많
았다.[152]

　그런데 萬曆 10년 6월 張居正이 죽자 정치질서는 물론 향촌사회의
질서도 크게 문란되었다. 즉, 張居正의 死後 그의 壓政下에 있었던 閣
臣·宦官 들이 그를 탄핵하여 다시 득세하였거니와 皇太子冊封, 이른
바 國本問題를 둘러싼 정치적 대립을 일으켜 정치질서를 크게 문란시
켰다.[153] 그런데다 萬曆 20년(1592)부터 寧夏에서 蒙古人 장수 보바이
의 반란과 7년 간에 걸쳐 일어난 豊臣秀吉의 조선침략(朝鮮의 役), 그
리고 萬曆 25년(1597)부터 2년 간에 걸쳐 일어난 播州의 土司 楊應龍
의 반란 등 이른바 萬曆三大征이 일어나 국가재정은 극도로 궁핍하게
되었다. 또 이에 더해 1596년과 1597년 兩年에 걸친 궁전의 대화재가
발생하여, 이를 복구하는 데 막대한 국가재정의 손실도 있었다.[154] 이
와 같은 국고낭비는 이후로도 궁전의 대규모 신축과 증축 및 皇子의
결혼 등 황실의 호화스런 생활로 인해 계속되었고, 萬曆 만년부터 계
속해서 '挺擊案', '紅丸의 案', '移宮案' 등 이른바 三案事件[155]이 일어

---

151) 夫馬進, 「明末反地方官士變」, 『東方學報』(京都) 52, 1980, 603~605쪽.
152) 夫馬進, 앞의 논문, 1977, 234~243쪽 ; 栗林宣夫, 「萬曆十年の杭州民變につ
　　いて」, 『木村正雄先生退官記念東洋史論集』(東京, 1976).
153) 『明史紀事本末』卷67, 爭國本 ; 崔晶姸, 앞의 논문, 1989, 31~32쪽.
154) 寧夏의 난에 200여만 냥, 朝鮮의 役에 700여만 냥, 楊應龍의 난에 200~300
　　만 냥의 국고가 소비되고, 皇極·中極·建極殿의 복구비로 930여만 냥의 비
　　용이 들었다.
155) '挺擊案'은 1615년 5월 棍棒을 가진 남자가 황태자(神宗의 長子인 常洛)가
　　기거하는 慈慶宮에 침입한 사건이고, '紅丸의 案'은 泰昌帝(光宗)가 즉위하

나 萬曆年間의 정치·사회를 극도로 피폐화시켰다.

　이러한 상황의 전개와 함께 萬曆 初年부터 소규모·소지역에서 일어난 民變과 士變은 萬曆 17년(1589)에 浙江 上虞縣에서 生員 張綺 등이 일으킨 士變, 萬曆 20년(1592) 嘉興府의 徵稅暴動, 萬曆 22년(1594) 福建 福州에서의 米暴動 등으로 확산되었으며, 이는 특히 萬曆 24년(1596)의 이른바 '礦稅의 禍'[156]를 계기로 보다 더 확대되었다. 神宗은 국가재정의 고갈을 만회하기 위해 명 중기 이후 발달해 온 수공업상품생산과 광산개발을 새로운 조세수입원으로 파악하여, 萬曆 24년(1596) 이후 礦課·商稅를 징수하기 위해 환관을 전국 각지에 파견하였다. 그런데 각지에 파견된 礦監, 稅監 등의 환관들은 도로와 수로 및 광산이 있는 곳에 稅關을 私設하고, 수십 혹은 수백의 家丁 및 無賴人을 사역하여 勅旨의 이름 하에 강탈과 주구를 일삼았다. 이 때문에 상공업은 위축되었음은 물론, 이들의 주구는 "礦은 반드시 礦山에 한하지 않고, 稅는 반드시 商에 한정되지 않았다"라고 할 정도로 향촌민 전체에 미쳤던 것으로, 이후로 稅監의 횡포에 반항하는 民變은 다음의 표에서와 같이 거의 모든 지역에서 지속적으로 일어나게 되었다.

　특히, 이 가운데서도 萬曆 27년(1599) 4월에 山東에서 일어난 '臨淸 民變'과 萬曆 29년(1601) 6월에 蘇州에서 일어난 '織傭의 變'이 그 대표적인 것으로 이에 대해 간략히 살펴보도록 하겠다.

　　자마자 내시 李可灼이 바친 紅丸을 먹고 급사한 사건이며, '移宮案'은 天啓帝가 즉위하자 魏忠賢과 관계가 있던 李選侍를 황제가 기거하는 乾淸宮에서 退出시킨 사건이다. 이들 사건은 당시의 가장 큰 정치적 쟁점으로서 東林黨과 非東林黨의 심한 정치적 대립을 야기시켰다(『明史紀事本末』 卷68, 三案 참조).

156)『明史紀事本末』卷65, 礦稅之弊 ; 田中正俊, 「民變·抗租奴變」, 『世界の歷史』 11(東京 : 筑摩書房, 1961), 43~45쪽.

萬曆年間 稅監에 대한 반란상황

연 도	지 역	내 용
萬曆27년　　2월	江西 九江府 湖口縣	稅監 李道의 橫暴
4월	山東 臨淸州	稅監 馬堂의 橫暴
閏4월	江蘇 儀眞縣	稅監 暨祿의 徵稅에 反抗
5~6월	湖北 鍾祥縣	稅監 陳鳳의 徵稅와 橫暴
12월	湖北 武昌·漢陽·襄陽府·荊州	上同
	雲南	
萬曆28년 1~2월	湖北 漢陽縣·黃州府·襄陽府·武昌府	上同
	湖南 寶慶府·湘潭縣	
	江西 德安縣	
4월	廣東 新會縣	稅監 李鳳의 徵稅와 橫暴
6월	河北 通州 香河縣	稅課內臣 王虎에 反抗
12월	湖北 穀城縣	稅監 陳鳳에 反抗
萬曆29년　　3월	湖北 武昌府(再發)	上同
6월	江蘇 蘇州	稅監 孫隆의 徵稅와 橫暴
9월	江西 浮梁縣 景德鎭	宦官 潘相의 橫暴
萬曆30년　　3월	雲南, 江蘇 蘇州 遼東	稅監
萬曆31년　　1월	北京山西의 炭鑛	
萬曆32년	江西 饒州府景德鎭	
萬曆33년	廣東	稅監 李鳳에 反抗
萬曆34년　　1월	雲南 雲南府	宦官 楊榮에 反抗
萬曆42년　　4월	福建 福州府	稅監 高寀에 反抗

　우선 山東의 臨淸은 일찍이 漕運의 요충지로서 상공업이 발달하였고, 嘉靖 21년(1542)부터 新城이 增築되는 등 중개무역도시로 크게 발달하였다.[157] 따라서 臨淸은 명 왕조의 주요 과세대상지였고, 다음 표

---

157) 夫馬進,「明末淸初の都市暴動」,『中國民衆叛亂史』4(東京：平凡社, 1983), 9쪽.

에서 보듯이 臨淸에서의 商稅와 鈔關은 宣德年間부터 대상지역 7개
소 가운데 가장 비중이 컸다.

明代 鈔關賦課 狀況

지 역	宣德 以來	萬曆 25년 10월 增額	합 계
河西務	22,900餘兩(46,000兩)	15,000兩	61,000兩
臨淸	83,800餘兩	25,000兩	108,800兩
滸墅	39,900餘兩	12,000兩	51,900兩
九江	15,000餘兩	5,000兩	20,000兩
杭州(北新)	36,800餘兩	10,000兩	46,800兩
淮安	22,700餘兩	22,000兩	44,700兩
揚州	12,900餘兩	5,000兩	17,900兩

典據 : 『萬曆會典』 卷35, 戶部22 ; 『明實錄』 萬曆 25年 10月 辛酉條.

그런데 萬曆年間에 이르러서 臨淸은 萬曆 25년(1597) 1월 豊臣秀吉
의 두번째 조선침략 때 많은 전비를 조달했음에도 불구하고, 빈약한
국가재정을 보충하기 위해 그 해 10월에 행한 關稅의 증액 조치에 있
어서도 2만 5천 냥이라는 최고액수를 增徵하도록 하였다. 이와 같은
수탈은 이 지역 유통기구를 파괴함은 물론 상공업 발전에 큰 타격을
주었고, 상인을 포함한 일반 하층민의 생활 전반을 어렵게 만들었다.
이 때문에 이 곳 백성들의 불만은 컸던 것인데, 다른 지역에서와 같이
徵稅를 부과하기 위해 이 곳에 파견된 환관들의 독단적이고 불법적인
횡포로 인해 이들의 불만은 더욱 크게 유발되었다.

臨淸民變[158]을 야기시킨 장본인인 稅監 馬堂은 당시 환관들에게
垂涎의 的으로 불리던 이 곳 徵稅權을 陳增으로부터 탈취한 후, 萬曆
17년(1589) 4월에 이 곳에 착임하였다. 그는 수하에 수백 인의 無賴들
을 徵稅吏로 고용하여 상품유통의 要路에 稅關을 설치하고 이를 통과

---

158) 夫馬進, 위의 논문 ; 岡野昌子, 「明末臨淸民變考」, 『明淸時代の政治と社會』
(小野和子 編), 京都大學人文科學硏究所, 1983 참조.

하는 영세한 소상인에게까지도 세금을 부과하였다. 뿐만 아니라 그는 부유층에 속하는 자에게 압력을 가하여 재산의 반을 몰수하기도 하고, 穀物·棉布의 소상인들로부터 물품을 강탈하고 이의를 제기하는 자에게는 禁令을 위반했다는 명목으로 벌을 주는 등 횡포를 자행하였다. 이에 드디어 4월 24일 負販을 業으로 하는 王朝佐를 위시한 脚夫(運輸勞動者)와 小民 등 3, 4천 명이 모여 馬監丞의 衙門에 나가 이를 시정할 것을 항의하였다. 그러나 이때 馬堂은 두려워하여 나가지 못하고 오히려 수하의 兵士들로 하여금 弓矢을 쏘도록 하여 시위군중 수명을 살해하였다. 이에 군중들의 분노는 폭발하게 되었고, 이들 민중들은 馬堂의 役所에 불을 지르고 馬堂의 수하와 난투극을 벌여 또 30여 명이 살해되었으며, 馬堂의 수하도 37명이나 죽었다. 이때 馬堂은 守備인 王煬에게 구출되어 겨우 탈출하였다. 이 반란은 윤4월에 馬堂을 구한 王煬이 오히려 馬堂을 늦게 구출했다는 죄목으로 투옥되고, 스스로 폭동의 주모자임을 자처하고 나간 王朝佐가 7월 26일 체포되어 처형되어 끝이 났던 것인데, 이 난은 萬曆年間 상공업의 발전과정에서 황제·환관·관료 등의 착취구조에 반대하여 영세한 중소 상인 및 수공업자들의 소농경영의 안정화를 추구키 위한 농민투쟁이었던 것이다.

이와 같은 구조의 폭동은 萬曆 29년(1601) 6월에 蘇州에서도 발생하였는데, 이른바 '織傭의 變'[159)이 그것이다. 蘇州는 宋代부터 "하늘에는 天堂이 있고, 땅에는 蘇杭이 있다"라고 할 정도로 浙江의 杭州와 더불어 매우 번성했던 곳이다. 元末·明初의 동란으로 明初에는 일시적으로 혼란기를 맞긴 했지만 곧 옛날의 번영을 되찾아 15세기 중엽부터는 상인들이 몰려드는 대상업도시로서, 견직물업을 중심으로 하는

---

159) 夫馬進, 위의 논문 ; 田中正俊, 앞의 논문, 1961 ; 佐伯有一, 「1601年'織傭의 變'을めぐる諸問題 - その一 - 」, 『東洋文化硏究所紀要』 45, 1968 ; Yuan, Tsing, "Urban Riot and Disturbances", *From Ming to Ch'ing : Conquest, Region and Contiuity in Seventeenth Century China*, ed. by Spence, Jonathan D. and Wills Jr., John E, Yale U. P., 1979, 288~290쪽 등 참조.

수공업도시로서 중국 최대의 번영을 누리게 되었다.160) 그런데 앞서도
살핀 바와 같이 萬曆年間에 들어와 왕조의 재정궁핍을 타개하기 위해
무리한 수탈로 발생한 礦稅의 화가 이 곳에도 예외 없이 미쳤던 것이
다. 蘇州는 견직물업이 발달한 관계로 官營織物事業場을 관리하고 商
稅를 거두기 위해 '織染局'이 설치되어 있었는데, 萬曆 29년(1601) 5월
에 織造太監으로 孫隆이 이 곳에 파견되었다. 그는 이 곳에 着任하자
곧 무뢰배들을 徵稅吏로 임명하여 수하에 두고 水陸의 교통요충지에
稅關을 설치하여 이들로 하여금 商稅를 강제로 징수하게 하는 한편,
통행하는 상인들로부터 공공연히 약탈을 자행하였다. 또한 織機 1台당
銀 3錢, 緞 1匹에 대해 銀 5分, 紗 1匹에 銀 2分의 稅를 징수하였다.
이로써 물가는 폭등하게 되고 물자의 유통은 두절되게 되었으며 機戶
들의 廢業과 수많은 織傭들의 실업을 유발시켰던 것이다.161) 따라서
이 곳 민심은 극도로 흉흉해졌던 것인데, 이러한 배경에서 6월 3일 織
傭을 중심으로 한 2천여 인이 분기·결속하여 폭동을 일으키게 되었
다. 이들은 孫隆의 심복인 黃建節을 살해하고 孫隆手下의 향신인 鄭
元復의 집에 불을 지르면서 商稅의 철폐를 요구하였다. 이를 무마하기
위해 長州縣 知縣이 無賴輩들을 투옥하여 徵稅吏의 부정을 폭로했지

---

160) 蘇州府城의 동측에 있는 長州縣은 견직업을 중심으로 하는 대표적 수공업지
　　구였고, 서측에 있는 吳縣은 대량의 물자와 상업인구가 모여드는 대표적 상
　　업중심지였다. 이에 대해서는 宮崎市定, 「明淸時代의 蘇州와 輕工業의 發達」,
　　『東方學』 2, 1952[후에 『アジア史研究』 4(同朋舍, 1964)에 재수록] ; 寺田隆
　　信, 「明淸時代における商品生産の展開」, 『岩波講座世界歷史』 12, 1971 ; 田
　　中正俊, 앞의 논문, 1961 ; 吳金成, 「明末·淸初의 社會變化」, 『講座中國史』
　　IV(知識産業社, 1989) 참조.

161) 사실 명말 傭工의 기술 수준은 오히려 청대보다도 높았던 것으로 이들의 임
　　금 및 노동조건에 대한 제한으로 인한 불만은 이전부터 있었다. 이들 신분에
　　대한 규제에 대해서는 Ramon H. Myers, "Some Issues on Economic
　　Organization during the Ming and Ch'ing Periods : A Review Article", Ch'
　　ing-shih wen-ti vol.3-2, 81~82쪽 ; Ho, Ping-ti, The Ladder of Success in
　　Imperial China, 57~58쪽.

만 이들의 궐기는 3일 동안 주야로 계속되었다. 이때 孫隆은 담장을 넘어 杭州로 달아나 버렸다. 이후 이 폭동은 6월 8일에 蘇州知府 朱燮元의 慰撫와 稅官의 폐해를 제거할 것을 약속함으로써 잠잠해졌으며, 葛成이 스스로 반란의 주모자로 자처하고 체포됨으로써 일단락되었던 것인데, 이 亂 역시 상품생산의 발전과정에서 환관을 비롯한 당 시대의 구조적 수탈체제에 대한 소농민의 안정을 추구키 위해 일어난 사건이었다. 이 같은 民變은 萬曆時代 전반에 걸쳐 끊임없이 일어났던 것으로 萬曆朝의 권력구조의 부패상과 도시지역의 상품생산의 발전에 따른 사회모순의 격화를 대변해 주는 것이다.

그런데 이와 같은 民變의 續發은 사실 농촌사회의 계층분화에 의한 인구이동의 결과 도시의 발달과 상업의 발달을 기반으로 해서 이루어진 것이다. 농촌의 이농현상은 15세기 중엽 이래 계속되었던 것이지만 萬曆年間에 있어서도 크게 전개되었다. 顧炎武의 歙志風土論에

　　嘉靖末 隆慶年間에 이르러서는 더욱 달라졌다. 末富(商業)가 많아지고 本富(農業)가 더욱 적어졌다. 富者는 더욱 부유해지고 貧者는 더욱 가난해졌다.……30여 년이 지난 오늘날에 있어서는 더욱 달라졌다. 부자는 100명에 하나 가난한 자는 10명에 9명이다. 가난한 자는 이미 富者와 필적할 수 없고, 소수가 오히려 다수를 제압한다.162)

라는 내용은 嘉靖·隆慶年間을 이어 萬曆시대에도 사회의 계층분화현상과 이에 따른 상업의 발달 및 사회모순이 현저하게 이루어지고 있음을 보여주고 있다. 이 내용은 安徽省 徽州府 歙縣의 당시 世態를 말하고 있지만 이 같은 현상은 이 무렵 타지역에서도 보편적으로 일어났던 것이다.

이 같은 사회분화현상이 진행되는 동안 佃戶의 地主에 대한 소작투

---

162)『天下郡國利病書』原編 9冊, 鳳寧徽 歙志風土論.

쟁으로서 抗租運動은 항상 있어 왔던 것이지만 萬曆시대에도 예외는
아니었다. 萬曆 24년(1596)에 일어난 嘉興府 秀水縣과 인접지역인 湖
州府에서의 소작료 납입 거부운동, 또 萬曆 40년(1612)에 일어난 福建
泉州府에서의 佃農의 소작료 거부운동은 그 대표적인 예라 할 것이
다.163) 그런데 이 무렵부터의 抗租는 상품생산의 전개와 함께 상품생
산자로 변신한 전호들이 중심이 되었던 것으로, 도시의 民變의 영향을
받아 촉발되기도 했거니와 이전의 수확의 흉풍에 좌우되는 자연발생
적이고 기아적인 抗租와는 달리 전호의 자립화를 바탕으로 한 새로운
양상으로 전개되었다.164) 따라서 이 무렵부터 抗租의 풍조는 현저화되
었거니와 그 형태도 촌락연합에 의한 조직적인 저항으로 이루어지기
시작했다.

한편 명 중기 이래 토지겸병의 격화에 의한 사회분화가 급속히 이루
어지는 과정에서 많은 중소지주 및 자작농이 몰락하여 奴僕으로 전락
하였다. 즉, 이들은 파산하여 채무를 변상하기 위해 가산을 팔아 전호
가 되거나 자기 몸까지 팔아 노복이 되었고, 혹은 파산 직전에 자기의
田産과 몸을 향신에 기탁하여 노복이 되기도 했다.165) 이들 노복 가운
데는 家計 운영에 있어 주인으로부터 제 권리를 위임받아 횡포를 일삼
고, 그러는 과정에서 어느 정도 사유재산도 축적하는 이른바 '紀綱의
僕', 즉 '豪奴'가 있기는 하지만166) 이들 모든 노복들은 경제적 독립성

163) 이들 事例에 대해서는 森正夫, 「抗租」, 『中國民衆叛亂史』 4(東京 : 平凡社,
    1983), 250~259쪽.
164) 寺田隆信, 앞의 논문, 1971, 310쪽.
165) 노복은 달리 奴婢, 僮僕, 僮奴, 家人, 家奴, 家童, 義男義婦 등으로도 불린다.
    노복의 존재형태에 대해서는 田中正俊, 앞의 논문, 1961 ; 佐藤文俊, 「光山縣
    · 麻城縣奴變考」, 『中山八郎敎授頌壽紀念明淸史論叢』(東京 : 燎原書店, 1977)
    ; 小山正明, 「アジアの封建制 - 中國封建制の問題 -」, 『現代歷史學の成果と
    課題』 2(靑木書店, 1974), 127~131쪽 ; 森正夫, 「奴變」, 『中國民衆叛亂史』 4,
    108~117쪽.
166) 佐伯有一, 「明末の董氏の變 - 所謂'奴變'の性格に關聯して -」, 『東洋史硏

여하를 불문하고 主家에 예속되어 사역을 당하였고 사회적으로도 差
別과 賤待를 받았다. 따라서 이들은 노복신분에서 해방되기 위해 主家
로부터 身契(奴婢文書)를 탈취하려 했고, 이러한 과정에서 주인을 捕
縛·毆打·凌辱·殺害·放火·掠奪을 하는 등 수단과 방법을 가리지
않았다.167) 이러한 풍조는 특히, 明末·淸初의 국가질서의 空洞化 현
상이 나타나면서 집중적으로 발생했던 것이지만, 이미 萬曆年間에도
이와 같은 많은 노복이 발생했으며 이들의 신분해방투쟁으로서의 奴
變의 경향도 나타났다.

　이러한 국내적으로 급격한 사회변화가 이루어지는 동안 萬曆 11년
(1583) 2월에 興京(古勒山寨)에서 거병한 누르하치는 점차 세력을 확
대하며 중원으로 엄습해 오고 있었다. 그는 주변의 여러 부족의 투항
을 받아 세력을 확대하였거니와 萬曆 16년(1588)에는 蘇子河에서 남
쪽의 佟佳江까지 이르고, 萬曆 21년(1593)에는 北關의 卜寨와 南關의
烏拉을 격파하여 松花江 上流域에까지 세력을 확대하였으며, 萬曆 29
년(1601)에는 南關을 완전히 병합하여 滿洲지역의 治亂에 관하여 明
과 당당히 대적할 수 있을 정도로 발전하였다.168) 이후 누르하치는 宮
城을 축조한다든가 法令禁制와 滿洲문자의 제정 및 병제를 확립하는
등 국가로서의 체모와 대추장으로서의 위용을 갖추어 나갔고, 이를 바
탕으로 滿洲 제 부족을 통일한 萬曆 44년(1616) 정월에는 履育列國英
明皇帝라 칭하고 天命이라 建元하여 後金國을 건설하였다.

　만주족의 이러한 발전은 그들 사회가 농경사회로 이행하고 있음과
관련하여 끊임없이 남방으로 발전을 해 왔거니와, 따라서 선진농업사
회인 明에 대한 공격은 앞으로 시간문제일 따름이었다.169) 사실 만주

究』 16-1, 1957.

167) 森正夫,「奴變」, 127~130쪽 ; 韓大成,『明代城市硏究』(北京 : 中國人民大學
　　出版社, 1991), 397~401쪽.

168) 拙稿,「滿洲族의 鄕村支配體制와 그 演變」,『敎育論叢(전북대)』9, 1989, 99
　　쪽.

족이 발전하는 과정에서 그들은 종래 행하 온 명에 대해 通貢을 폐기하는 등 저항의 기풍을 보이기도 했던 것이지만 後金을 건설하면서부터는 종래의 종속적인 입장을 벗어나 명과의 대등한 입장을 견지하면서 적대적인 관계로까지 발전하였다.170) 결국 이러한 적대관계는 萬曆 46년(1618) 4월에 누르하치가 명에 대한 일방적인 선전포고로서 '七大恨'을 표방하여 모든 관계는 단절되고 양자의 충돌이 야기되었다.171) 그 해 撫順城의 공략을 시작으로 對明侵略戰이 시작되었는데 淸河城의 攻防을 거쳐 萬曆 47년(1619) 3월에 薩爾滸의 전투에서 대승을 거둠으로써 대세는 결정되었으며, 그 해 6월에는 開原을 공략하고 鐵嶺을 넘어 扈倫4部 중 유일 잔존자인 北關 葉赫을 8월에 멸망시켜 滿洲에서의 반대세력을 모두 평정하게 되었다.

이 같은 만주족의 흥기에 대해 적극적인 대응을 하지 못하고 환심만 사기에 급급했던 명조도 만주족이 총공세로 나오자 새로운 대응책을 마련해야만 했었다. 이때 명조는 名將으로 평판이 높은 熊廷弼을 기용하여 遼東戰線의 정비를 명하였으며 萬曆 46년(1618) 9월부터 遼餉을 부과하여 東北지역 방위에 대비하였다. 이로 인해 누르하치의 공세를 잠시 頓座시킬 수 있었지만, 遼餉의 부과로 백성들의 부담은 전보다 몇 배로 증가되었으며 이로 인해 사회모순은 더욱 증폭되게 되었다.

---

169) 만주족 사회가 농경사회로 이행하는 데에는 명이나 조선의 영향이 컸던 것은 물론이려니와 그러한 과정에서 농업생산에 필요한 농민을 확보하기 위해 중국인이나 조선인을 노략질하는 행위는 일찍부터 있어 왔고, 명이나 조선에서도 이를 막기 위한 여러 방책을 강구하였다(金九鎭, 「明代女眞社會와 姓氏의 變化」, 『金俊燁敎授華甲記念中國學論叢 史學』, 1983, 347~348쪽 ; 金鐘圓, 「八旗制度의 成立過程에 대한 一考察」, 『東亞硏究』 6, 1985, 10쪽).

170) 矢野仁一, 『滿洲史』(東京 : 平凡社, 1935), 483쪽.

171) 今西春秋, 「ヌルハチ七大恨論」, 『東洋史硏究』 1-4, 1936, 11쪽.

2. 鄉約 · 保甲制의 시행과 그 구조적 특징

앞에서 살핀 바와 같이 萬曆朝에 들어와서도 前代에 이어 정치적인 문란은 계속되었고, 萬曆三大征 이후 만성적인 재정적자와 함께 환관들의 주구로 인해 각지에서 民變이 크게 일어났거니와 抗租 · 奴變도 속발되는 등 사회적 혼란이 크게 일어났다. 게다가 동북방면에서는 만주족이 흥기하여 요동지역으로 진출함에 따라 사회혼란은 더욱 가중되었다. 이와 같은 萬曆朝의 혼란된 사회상황에서 종래 향촌질서 안정에 이용되어 온 향약 · 보갑제의 필요성은 이전 그 어느 시기보다도 요청되었다.

이미 嘉靖朝에 시행되어 온 향약 · 보갑제는 隆慶年間에도 이어져 그 필요성이 강조되었다. 隆慶帝는 즉위하자마자 조정의 논의를 바탕으로 지방의 풍속을 바로잡기 위해 각 府 · 州 · 縣에 향약을 通行하도록 했는가 하면[172] 隆慶 2년(1568)에 山西의 督撫 등이 '邊防三事'를 上言하는 중에 防守를 엄히 할 것을 주장하면서

> 이른바 각 郡 · 縣의 城堡는 마땅히 높고 두텁게 修築해야 하며, 居民으로 하여금 保甲을 編하여 練守토록 해야 합니다.[173]

라고 한 것이라든가, 隆慶 4년(1570)에 兵部尙書 등이 皇帝의 咨問에 應하여 '十事'를 上言하는 중에

---

[172] 『帝鄉紀略』卷5, 鄉約, "隆慶元年巡按御史王公友賢 尊奉太祖高皇帝聖訓竝 名臣註解 令所屬有司條陳兩淮地方風俗之疵瘵者 通行各府州縣 印給書冊 置立鄉約所"(王蘭蔭, 「明代之鄉約與民衆教育」, 『師大月刊』21期, 1935에서 인용). 隆慶帝의 「鄉約通行詔」는 실록에는 보이지 않지만 여러 지방지의 기사에 散見된다.

[173] 『[明]穆宗實錄』卷16, 隆慶 2年 正月 庚午條, 441쪽. 그 해 7월 戶科給事中 魏時亮도 "重鄉約勸俗 嚴保甲以防亂"해야 한다고 上言하고 있다(同實錄 卷 22, 隆慶 2年 7月 辛酉條).

保甲을 申明해야 합니다. 이른바 郊畿近地에는 軍民이 雜處하여 왕
왕 盜賊이 그 곁에서 일어나 집안에 들어와 노략질해도 알지 못하며 피
하지도 못합니다. 마땅히 保甲의 法을 申明하여 급히 서로 救하도록 하
고 (그렇지 못하면) 같이 罰을 받게 해야 합니다.174)

라고 한 데에서와 같이 보갑 시행에 대한 조정에서의 논의가 활발하게
전개되었다. 이와 같은 隆慶年間의 향약·보갑제에 대한 논의와 시행
은 萬曆年間에 그대로 이어졌거니와 보다 활성화되었는데,175) 그것은
앞서 살핀 바와 같은 사회혼란의 가중에서 당연한 것이라 하겠다.

그러면 먼저 萬曆年間의 향약·보갑제의 실시상황을 살펴보도록 하
겠다.

萬曆時代에 들어와 향약·보갑이 가장 활발하게 시행되었던 지역은
동남연해의 福建지역이었다. 이 곳은 이미 正統年間에 礦盜의 피해가
많아 총갑제가 시행되었던 곳이지만, 앞서 살폈듯이 嘉靖年間에는 礦
盜 및 海寇의 반란과 밀무역이 성행했던 곳이다. 이 때문에 이를 取締
할 목적에서 보갑제가 활발하게 시행되었다. 물론 이와 같은 海寇의
반란과 밀무역이 성행했던 것은 이 지역이 다른 곳에 비해 일찍부터
상품경제가 발달한 데서 연유하는 것이다. 아무튼 이와 같은 상황은
萬曆年間에 들어와 더욱 진전되었고, 이에 따라 사회퇴폐풍조의 만연
은 물론 계층간의 갈등을 보다 심화시켰으며, 이갑제의 해체와 함께
향촌질서를 매우 문란케 하였다. 福建지역의 보갑제는 이와 같은 사회
상황을 전제로 해서 전개되었던 것이며, 이전의 전통을 바탕으로 보다
활발하게 시행되었다. 萬曆時代 이 지역에서의 보갑제 시행상황은 이

---

174) 『[明]穆宗實錄』 卷4, 隆慶 4年 正月 乙亥條, 1010~1011쪽.
175) 일찍이 淸水盛光도 弘治年間에 지방관 사이에 치안질서유지의 조직으로서
     보갑법이 고안된 이래 正德·嘉靖·隆慶年間에 보다 성행하고, 萬曆年間에
     그 극성기를 이루었다고 지적하고 있다[淸水盛光, 『中國鄕村社會論』(東京:
     岩波書店, 1951), 155쪽].

미 三木聰 씨가 상세히 소개하고 있는 바, 다음 표와 같다.176)

萬曆年間 福建의 保甲施行 狀況

연 도	시행자	시행지역	비 고
萬曆 2年	周祚(知縣)	漳州府 海澄縣	鄕約·保甲
〃 4年	龐尙鵬(巡撫)		家甲法
〃 5年	朱廷益(知縣)	漳州府 漳浦縣	
〃 6年	劉思問(巡撫)	沿海地域	
〃 6年	耿定向(巡撫)	福建全域	鄕約·保甲
〃 17年	趙參魯(巡撫)	〃	〃
〃 17年	蔣良鼎(知縣)	延平府 尤溪縣	〃
〃 20年	許孚遠(巡撫)	福建全域	〃
〃 23年	金學曾(巡撫)		
〃 25年	程寰(知縣)	邵武府 光澤縣	〃
〃	區日振(知縣)	福寧州 寧德縣	〃
〃 27年	王猷(知縣)	漳州府 漳浦縣	
〃 30年	黎天祚(知縣)	漳州府 詔安縣	
〃 34年	孫養正(推官)	興化府	
〃 35年	李待問(知縣)	泉州府 晋江縣	
〃 40年	陽思謙(知府)	泉州府	
〃	陶鎔(知縣)	漳州府 海澄縣	〃
〃 41年	趙時用(知縣)	泉州府 南安縣	
〃 42年	黃承玄(巡撫)	福建全域	〃

여기에서 볼 수 있듯이 福建지역에서의 향약·보갑은 巡撫·知府·知縣 등 지방관의 주도 하에 시행되었으며, 明代의 보갑이 비록 중앙정부 차원에서 공식화되어 전국에 걸쳐 획일적으로 시행되지는 못했지만 巡撫次元에서 省 단위로 획일적인 시행이 시도되었던 점을 볼 수 있다.

萬曆年間에 향약·보갑제의 시행은 福建지역뿐만 아니라 다른 여

---

176) 三木聰, 앞의 논문, 1979, 78쪽 참조.

타 지역에서도 활발히 시행되었다.177) 몇몇 예만 든다면 山東의 경우
의 萬曆 14년(1586년)에 山東 博平縣 知縣인 華汝梅에 대해 서술한
내용 가운데 "博邑의 초기 制度에는 鄕社·里甲에 그치고 향약·보갑
은 없었다. 그런데 公이 鄕社를 鄕約으로 바꾸고, 里甲을 保甲으로 바
꾸었다"178)에서와 같이 당시 이갑제의 붕괴과정에서 이갑제를 대신하
여 향약·보갑제가 활발히 형성되고 있음을 볼 수 있고,179) 曲阜縣에
서도 종래에는 城堡가 없었으나 姦民과 游民에 대한 守望相助를 위해
이 시기에 향약과 보갑을 시행했던 예180)가 보인다. 山西지역의 경우
萬曆 19년(1591)에 山西巡撫인 呂坤에 의해 향약·보갑의 일체화형태
의 전형으로 알려진 이른바 「鄕甲約」이 山西 전역에 시행되었으며,181)
이러한 형태의 보갑은 潞州府에서도 보이거니와182) 山西 전역은 물론
이후 여타 지역에도 영향을 주었다. 浙江에서도 萬曆 47년(1619)에 嘉
興府 海鹽縣 知縣인 樊維成이 『約保全書』를 간행하여 이를 시행하였
고,183) 이 무렵 龍游縣에서도 知縣인 萬廷謙에 의한 시행 예가 보인
다.184) 이 밖에도 湖南, 四川, 江蘇 등 여러 지역에서 향약·보갑이 행
해졌던 예185)가 보이며, 이 시기에 嘉靖·萬曆年間의 향약·보갑의
구체적 내용을 담은 『圖書編』, 『經世實用編』 등이 간행되기도 했다.

---

177) Timothy Brook은 명말 보갑제의 시행은 전 중국의 절반 정도의 지역에 확대
　　　되어 시행된 것으로 보고 있다(Timothy Brook, "The Spatial Structure of
　　　Ming Local Administration", *Late Imperial China* 6-1, 1985, 37쪽).
178) 『道光博平縣志』卷4, 宦業傳 明 華汝梅.
179) 그런 과정에서 이들 두 조직이 결합되어 시행되기도 했다. 이에 대해서는
　　　Timothy Brook, 앞의 논문, 1985, 40~41쪽 참조.
180) 『萬曆曲阜縣志』卷2, 人民志 保甲.
181) 呂坤, 『實政錄』卷5, 鄕甲約.
182) 『萬曆潞安府志』卷9, 政事6 鄕約保甲.
183) 『康熙嘉興府志』卷18, 公移條議·講鄕約條約.
184) 『萬曆龍游縣志』卷5, 風俗.
185) 栗林宣夫, 『里甲制の研究』(東京 : 文理書院, 1971), 261~267쪽에 소개되어
　　　있는 여러 사례 참조.

그러면 이 시대에 시행된 향약·보갑제의 구조와 특성은 어떠한가에 대해 살펴보도록 하겠다. 그런데 이 시기에 향약·보갑제는 先述한 바대로 거의 전국에 걸쳐 시행되기는 했지만 국가의 공식적인 명령에 의해 획일적으로 시행된 것이 아니고, 각 지역의 특성에 따라 지방관의 재량 하에서 시행되었다. 때문에 그 구조와 성격은 제각기 다른 점이 많다. 따라서 여기에서 이들 사례를 일일히 열거하며 그 구조와 특성을 살피기는 어렵고 다만 전체적인 시각에서 이 시기에 시행된 향약·보갑제의 구조적인 특성과 기능 및 시행상의 특성 몇 가지만 지적하고자 한다.

먼저 조직·편성면을 보면, 이 시기에 明代 保甲의 전형이라 할 수 있는 10家 1甲, 10甲 1保의 戶數編成原則에 입각한 2級制 편성조직이 보편화된 점을 지적할 수 있다. 일찍이 正統年間에 相互保識을 위해 10家 1甲의 조직이 편성되었고, 이를 바탕으로 王守仁의 十家牌法이 형성된 이래 嘉靖年間까지의 보갑의 조직형태는 相互覺察과 連帶責任을 위주로 한 10家 1甲의 하급조직이 중심이 되어 왔다. 비록 10家의 조직 위에 상급조직으로서 保를 설치하여 상호구원과 향촌방위에 임한 경우도 없지는 않지만 그것은 대부분 자연촌을 바탕으로 單村 혹은 聯村의 형식으로 이루어진 것이며, 戶數編成에 입각하여 운용된 것은 아니었다. 그러나 萬曆年間에 들어와 福建 전역에 걸쳐 시행된 許孚遠과 黃承玄의 保甲, 『圖書編』에 수록된 章橫의 保甲, 『經世實用編』에 있는 張朝瑞의 保甲 및 萬曆 47년(1619)에 海鹽知縣인 樊維成이 시행한 保甲 등, 이 시기에 시행된 대부분의 保甲은 하급조직은 물론이고 상급조직까지도 100家 1保의 戶數基準에 입각하여 편성되고 있음을 볼 수 있다.

물론 戶數編成原則에 입각해서 보갑이 편성되었다고는 하나 이를 엄수한 것은 아니었지만[186] 아무튼 종전과는 달리 상급조직까지도 編

---

186) 戶數基準에 의해 보갑이 편성된다 할지라도 치안유지의 힘의 원천이라 할

成戶數의 기준에 의하여 편성되었다는 것은 하급조직뿐만 아니라 상급조직도 치안질서유지에 있어서 그 중요성이 커졌음을 의미하는 것이다. 이것은 즉, 상호구원이나 공동방위에 있어서는 소규모의 조직보다는 대규모의 조직이 보다 더 큰 힘을 발휘한다는 점[187]을 감안할 때, 萬曆年間에 들어와 사회혼란이 이전에 ㅂ해 가중됨과 더불어 향촌방위의 필요성이 더욱 증대되었다는 것을 의미하는 것이다.

다음으로는 萬曆時代 이전부터 향약과 보갑의 결합이 이루어졌던 것이나 이 시대에 들어와 보다 확실하게 향약·보갑제의 일체화형태가 定型化되었음을 들 수 있다. 향약과 보갑은 각기 향촌교화와 치안질서유지를 위주로 한 제도이다. 그러나 이들 양자는 그 성립시기에 있어서도 비슷할 뿐만 아니라 궁극적으로는 모두 향촌질서를 안정시키기 위한 방안이었다. 따라서 이들 양 제도는 그 성립 초부터 동시에 병존하여 거행되었거니와 자연 상호보완적인 결합관계를 가지고 운용되었던 것이다. 正德年間에 시행된 王守仁의 十家牌法과 南贛鄉約의 경우에서도 이를 볼 수 있지만, 嘉靖年間에 들어와 王廷相이 社倉·保甲·鄉約을 서로 결합해서 행할 것을 주장한 이래 이러한 형태의 향약·보갑제 시행을 앞서 살핀 黃佐의 경우는 물론, 많은 鄉約, 保甲의 시행을 주장하는 논의에서도 볼 수 있다. 이러한 鄉約과 保甲의 결합은 萬曆年間에 들어와 더욱 일반화되어 갔다. 즉, 潞安府의 鄉約·保甲을 설명하는 중에 "然保甲與鄉約 相表裏 鄉約實行 則保甲亦實行矣"[188]라든가 萬曆 後期 南直隷 休寧縣에서도 "合鄉約保甲 竝行之 設立合一"[189]과 같은 예는 무수히 보이거니와 향약과 보갑의 일체화

수 있는 공동성은 역시 자연촌의 일상생활 중에서 나오는 것이기 때문에 集落을 도외시할 수는 없는 것이며, 따라서 여기에는 많은 융통성이 부여되었던 것이다. 이러한 지적과 그 예에 대해서 淸水盛光, 앞의 책, 1951, 30·44쪽 ; 栗林宣夫, 앞의 책, 1971, 282~286쪽 등 참조.

187) 淸水盛光, 위의 책, 176쪽.

188) 『萬曆潞安府志』卷9, 政事6 鄉約保甲.

된 조직은 일반화되고 定型化되었다.[190] 그 대표적인 예로서 萬曆 19
년(1591)에 산서에서 행해진 呂坤의 鄕甲法[191]을 들 수 있는데, 이를
통해 그 대체적인 구조를 간단히 살펴보면, 우선 그는 "但勸善懲惡 本
相因 而鄕約·保甲 原非兩事"라 하고 있는 바와 같이 鄕約과 保甲은
원래 兩事가 아님을 전제로 一條로 編해야 함을 말하고 있다. 이를 바
탕으로 100家를 1約으로 하여 公道正直者 가운데서 約正 1人, 約副 1
人을 선출하여 約의 구성원을 통솔케 하고, 善書能勸者 가운데에서
約講, 約吏 각기 1人을 뽑아 1約의 일을 담당하도록 하였다. 그런가
하면 100家의 조직에 約正, 約副 외에 保長을 두어 防盜의 일을 담당
토록 했으며, 100家 조직 밑에 10家를 1甲으로 편성하여 甲長을 두어
勸善敎化의 일과 防護의 일을 겸임하도록 하였다. 또한 甲長의 勸善
敎化의 임무를 補足하게 하기 위해 甲 밑에 5家를 모아 規察과 連座
의 범위를 정하였다.[192] 즉, 鄕甲法은 保正(100家)－甲長(10家)의 統
屬關係를 가진 보갑조직과 約正(100家)－甲長(10家)－5家의 계열로
이루어진 향약조직의 합체에 의해 만들어진 것이다.[193] 이러한 향약·
보갑의 일체화형식은 이후 광범위하게 행해지며 정형화되었던 것인데,
이들 양자가 일체화되는 것은 이들 조직의 성격상 어쩔 수 없는 추세
라 할 것이지만, 특히 萬曆年間에 이르러 보편화된 것은 당시 상황이
그 어느 때보다도 향촌질서의 안정이 크게 요청되었던 것과 관련이 있
다고 생각된다. 또한 당시 향약·보갑은 관 주도에 의해 시행되었다는
점과 관련해서 官의 행정편의와 행정의 집중을 도모하기 위해서는 일

---

189) 『萬曆休寧縣志』卷2, 建置志 鄕約.
190) Timothy Brook, 앞의 글, 41~42쪽.
191) 呂坤의 鄕甲法에 대한 보다 구체적 내용 및 기능에 대해서는 谷口規矩雄,
「呂坤の鄕甲法について」,『佐久間重男敎授退休記念中國史·陶磁史論集』(東
京, 1983) 참조.
192) 呂坤,『實政錄』卷5, 鄕甲約1 申明鄕里告諭.
193) 淸水盛光, 앞의 책, 1951, 157쪽.

체화된 형태로 운용하는 편이 손쉬웠을 것으로도 생각된다.

한편 一體化組織과 관련하여 가령 許孚遠의 「鄕保條規」에 "각기 地理遠近 및 人戶多寡에 따라 酌量하여 會를 만든다.……매월 초 2일에 保長은 諸 保甲을 이끌고 約正을 따라 鄕保의 會所에 나가 禮를 행한다"[194]라든가 黃承玄의 「約保事宜」에 "각 約人은 同一의 會에 속하여 반드시 기쁨과 근심을 서로 나누게 한다. 會日에 約正은 각 保內를 遍詢하여 가난하여 활동할 수 없고, 병들어 치료받을 수 없고,……자산이 없어 고생하는 자가 있으면 마땅히 區處하고 周恤하여야 한다",[195] 그리고 『圖書編』의 내용 가운데 "凡鄕約,……約規를 정하여 매 100家 혹은 200~300家를 遠近에 따라 연결을 하여 1會를 만든다"[196] 및 "保甲人 등은 각기 地理遠近과 人戶多寡에 따라 酌量하여 1會를 세운다"[197] 등의 내용에서 보듯 萬曆年間의 향약·보갑제는 地緣에 기초하여 설립된 '會'라는 자치단체를 근간으로 연결되었거니와 이를 중심으로 여러 가지의 기능과 역할을 했다는 점[198] 역시 또 하나의 특징으로 지적할 수 있다.

또한 이 시기의 특징으로 들 수 있는 것은 향촌방위조직으로서 鄕兵이 편성되기 시작했거니와 이를 편성하는 데 향약·보갑조직이 이용되었다는 점이다. 앞에서도 살폈듯이 萬曆年間에 들어와 정국의 혼란과 함께 民變 및 抗租·奴變 등 사회불안이 그 어느 때보다도 극심하였다. 그런데 이를 진정시키는 데 필요한 군대는 이 무렵에 들어와 심한 폐이현상을 보였을 뿐 아니라 兵變을 일으키며 民變 등 여타 변란

---

194) 『敬和堂集』 公移 撫閩稿 頒正俗編 行各屬鄕保條規.
195) 『盟鷗堂集』 卷29, 公移1 約保事宜.
196) 『圖書編』 卷92, 鄕約總敍.
197) 『圖書編』 卷92, 保甲規條.
198) 會에 대한 보다 구체적인 내용은 山田秀二, 「明淸時代の村落自治について (1)」, 『歷史學硏究』 2-3, 1934, 25~28쪽 ; 三木聰, 앞의 논문, 1979, 85~86쪽 참조.

을 촉발시키는 데 오히려 기능을 하였다.[199] 이에 따라 각지의 지방관 및 향신·지주층 들은 기존의 지배체제를 유지하기 위한 수단으로 자위책으로서 鄕兵을 조직하기 시작하였던 것이다.

이들 鄕兵組織은 특히 土寇 및 반란세력이 크게 만연하여 향촌안정을 심히 위협하는 天啓·崇禎年間에 활발하게 조직되고 활동을 하였지만(다음 장 참조) 이미 萬曆年間에도 각 지역에서 鄕兵이 조직되기 시작하였다. 보갑조직은 그 자체가 自警團으로서의 성격을 가지고 있지만 각지에 鄕兵이 조직되면서 그 기초조직으로서 활용되었다. 萬曆 21년경 呂坤이 上奏한「摘陳邊計艱疏」의 내용 가운데 "五曰, 練鄕兵以備緩急의 項에 保正에 命하여 保正(100家)·甲長(10家)의 보갑조직을 중심으로 하여 甲內의 장정을 뽑아 鄕兵을 조직하고, 이들에게 농한기를 이용해 각종 무예를 습득하도록 했다"라는 내용[200]에서 이를 살필 수 있거니와 이와 같은 보갑 시행을 전제로 鄕兵을 조직한 예는 福建에서 鄕兵을 組織한 許孚遠,[201] 黃承玄[202]의 경우에서도 볼 수 있다.

그런데 萬曆時代의 향약·보갑제는 앞에서 살핀 바와 같이 당시의 불안정한 시대상황에 부응하여 그 필요성이 강조되고 활성화되었지만 그 시행상에 있어서 문제점도 많았다. 보갑제는 지방관 및 향신지주층의 주도 하에 각지의 향촌사회를 안정시키는 데 편성·운용되었다. 그렇지만 그 실제 역할은 保甲 구성원인 대부분의 중소농민 및 도시의 일반 서민들이 맡았던 것으로 그들의 부담은 원래부터 많았다. 그런데 보갑제의 地域巡察 및 防護 등 여러 역할이 하나의 徭役으로 化하면서 종래의 優免條例에 따라 향신지주층이 이 役에서 제외됨에 따라

---

199) 가령 萬曆 10년에 일어난 杭州民變의 경우 兵變에 유발되어 일어났던 것이다(夫馬進, 앞의 논문, 1977, 234~237쪽).
200) 呂坤,『呂申吾集』卷2, 摘陳邊計艱疏, "五曰 練鄕兵以備緩急".
201)『敬和堂集』公移 撫閩稿 團練鄕兵 行各道 8條 중 1條.
202)『盟鷗堂集』卷29, 公移1 約保事宜 27條 중 26條.

상대적으로 이들의 부담은 더욱 가중되게 되었던 것이다. 이러한 保甲의 徭役化는 이미 嘉靖年間부터 이루어져 이 때부터도 적지 않은 부작용이 일어났던 것인데[203] 萬曆年間에 디르러 이는 보다 보편화되었고, 이로 인한 사회모순은 첨예하게 나타났다. 呂坤이 당시 보갑제 실시상황에 대하여 "보갑법은 마땅히 私派하여 행해야 하는데, 有司는 감히 이를 編하지 못하고 있다. 그것은 一縣의 四境 가운데 優免者가 10 중 8이고, 應役者가 10 중 2밖에 되지 않기 때문이다. 小民은 恨을 머금고 감히 소리도 못 내는데, 이것은 우주간에 일대 평등치 못한 일이다"[204]라고 서술한 것은 이를 잘 대변하 주고 있는데, 즉 보갑법 시행에 있어서 優免特權이 남용되어 一縣의 居民 가운데 8할이 보갑의 役을 면제받음으로써 상대적으로 소수의 소농민의 부담이 가중되었던 것을 보여준다. 이러한 모순은 자연 계층간의 갈등, 즉 특권층인 향신지주와 일반 중소농민 및 도시 서민 간의 대립을 유발시키는 것인데, 萬曆年間 경제선진지역인 杭州와 蘇州에서 일어난 反鄕紳民變은 바로 이 같은 상황에서 일어난 것이다. 즉, 이들 지역에서도 呂坤이 지적한 바와 똑같은 상황이 전개되었거니와 이러한 바탕에서 保甲의 役을 폐지할 것을 주장하며 民變을 일으킨 것이다.[205] 이러한 모순을 줄이기 위하여 呂坤이 제안한 "鄕官之家는 都市에서 자신의 住宅(의 운용상의 비용)만 면제하고, 향촌에서는 大莊 한 곳만(의 부담을) 면제한다. 그 나머지는 家屋의 수에 따라 비용을 내며, 倉夫(保甲)의 役은 小民과 一體하여 編하면 보갑법은 가히 행할 수 있고, 貧賤의 陋를 조금은 줄일 수 있다"[206]와 같은 방안이 강구되기도 하였다. 그런데 이러한

---

203) 보갑이 언제부터 顧役化되었는가는 확실하지 않지만 이미 嘉靖 24년에 杭州 城內에 민간경비를 맡은 總甲・火夫가 顧役化되었음이 지적되고 있다(夫馬 進, 앞의 논문, 1977, 231~232쪽).

204) 呂坤, 『去僞齊全集』 卷5, 上巡按條陳利弊 第2項 火夫・槍夫之累.

205) 夫馬進, 앞의 논문, 1977 참조.

206) 呂坤, 『去僞齊全集』 卷5, 上巡按條陳利弊 第2項 火夫・槍夫之累.

제안이 실제로 과연 실행되었는가도 의문이지만, 만일 시행되었다 할
지라도 그것은 하나의 편법에 지나지 않은 것으로 향신의 사적 지배체
제로 변질된 보갑제를 근본적으로 고칠 수는 없는 것이었다.

제5장 明末 동란기의 향촌사회와 鄕約 · 保甲制의 기능

제1절 明末의 상황과 반란의 전개

1. 明末의 정국과 사회상황

明朝의 지배체제는 이미 앞장에서도 살핀 바와 같이 萬曆朝에 들어오면서 제반 사회모순의 격화와 함께 심히 동요하기 시작했다. 이 같은 상황은 萬曆을 이은 天啓 · 崇禎年間에 이르러서 더욱 심각한 양상으로 발전하였다.

먼저 중앙정부에서의 당파싸움은 萬曆 중엽부터 황태자책봉, 이른바 國本問題와 礦稅의 禍를 중심으로 해서 일어났던 것이지만 이것은 계속 이어져 萬曆晩年에서 天啓 初에 걸쳐 일어난 '三案'의 사건으로 그 극점에 다달았다. 그러나 이 東林黨과 非東林黨의 당파싸움은 萬曆帝를 뒤이어 皇長子 尙洛이 후사를 잇고 또 光宗을 이어 그의 長子인 由校가 天啓帝로 즉위함으로써 일단락되어 중앙정계는 일단 안정을 이루는 듯했다. 이 때부터 葉向高를 우시한 東林黨人事들이 대거 입각하여 정계를 주도하게 되었는데, 이들은 天啓 3년(1623)에 京察에서 기존의 反東林勢力으로서 정권을 주도해 온 宣 · 崑 · 浙 三黨을 모두 탄핵하고 나왔고,[1] 또한 곧 熹宗 天啓帝의 乳母인 客氏를 통해 황제의 신임을 얻은 宦官 魏忠賢이 東林黨과 非東林黨의 黨爭을 기회로 권력을 잡고 나오면서 그 양상은 달라지게 되었다. 이때 東林黨에 의해 밀려났던 三黨이 魏忠賢과 결탁하여 閹黨을 결성하였던 것이며, 이로써 다시 東林黨과 閹黨의 정치적 파쟁이 재연되게 되었다.

그런데 정치의 실권을 장악한 魏忠賢은 天啓 4년(1624)에 副都御史 楊漣이 24大罪를 들어 자기를 탄핵하자, 이를 계기로 비동림파와 합세하여 옥사를 일으켜 대규모로 동림당에 대해 탄압을 가하고 나왔다. 이것이 天啓 5년(1625) 3월에 일어난 汪文言의 獄[2]인데, 환관파는 이 옥사에 연루시켜 그 해 6월에 楊漣, 左光斗, 魏大中 등을 위시한 동림파인사를 옥사시키고, 7월에는 首善書院, 東林書院 등 동림계 서원을 모두 폐쇄시켜 버렸다. 이러한 동림당에 대한 탄압은 이후로도 계속되었는데, 다음 해(1626)에 들어와서 1월에는 동림당을 비방하고 閹黨의 정당성을 내세우기 위해『三朝要典』을 편찬하였고, 이어 2월에는 周宗建, 黃尊素, 周起元 및 高攀龍 등 주요 동림계 인사를 削籍하여 옥사시켰다.[3] 이와 같은 탄압과 공포정치는 각지에서 대중적 반대운동을 불러일으키기도 했다. 天啓 6년(1626) 3월에 동림파 周順昌을 체포하려고 했을 때 蘇州市民의 자발적인 반대운동으로 일어난 이른바 '開讀의 變'이 그 대표적 사건이지만,[4] 그 규모는 작을지라도 이와 같은 운

---

1) 曺永祿,『中國近世政治史硏究 - 明代 科道官의 言官的 機能 - 』, 知識産業社, 1988, 260~265쪽.

2) 趙翼,『二十二史箚記』卷36, 汪文言之獄.

3) 曺永祿, 앞의 책, 1988, 265~268쪽 ; Charles O. Hucker, "The Tung-Lin Movement of the Late Ming Period", *Chinese Thought and Institutions*, ed. by John K. Fairbank, Chicago U.P., 1957, 153~156쪽.

4) '開讀의 變'에 관한 상세한 내용에 대해서는 田中正俊,「民變・抗租奴變」,『世界の歷史』11(東京 : 筑摩書房, 1961), 53~60쪽 ; Yuan, Tsing, "Urban Riot and Disturbances", *From Ming to Ch'ing : Conquest, Region and Continuity in Seventeenth-Century China*, ed. by Spence, Jonathan D. and

동은 다른 여러 지역에서도 일어났었다.

아무튼 이러한 탄압을 계기로 해서 東林의 유력한 인사는 대부분 세상을 떠나게 되었고, 한편 魏忠賢을 중심으로 한 閹黨이 모든 정치 권력을 독점하게 되었으며, 그의 전횡은 날로 크게 확대되었다.5) 그의 전횡은 비밀정보기관인 '東廠'을 장악함으로써 본격화되었는데, 반대 당에 가차없는 탄압을 가했던 것은 물론 자기의 德을 칭송하기 위해 각 지방관들에게 명하여 杭州를 시작으로 전국 각지에 生祠를 세워 제사케 했는가 하면, 백성들로 하여금 二를 향해 "九千歲"라 외치며 환호하도록 할 정도였다.6) 이 같은 전횡에 대해 동림파를 지지했던 지식층들은 復社7)를 조직하여 조직적으로 저항하였으며, 많은 민중들도 이에 호응하였다.

민심을 이반한 세력이 영속할 수는 없는 것이지만 天啓 7년(1627)에 天啓帝가 죽고 明朝 재흥의 뜻을 가진 懿宗이 즉위하면서 魏忠賢의 전성시대는 끝이 났다. 즉, 崇禎帝가 즉위하자마자 朝野에서 閹黨에 대한 탄핵이 비등하였거니와 崇禎帝는 魏忠賢에 자살을 명하는 한편 종전 환관파의 입장을 정당화시켰던『三朝要典』을 폐기시키고,8) 崇禎 2년(1629) 3월에는 前朝의 환관파의 전횡에 대한 처분으로「欽定逆 案」을 발함으로써9) 閹黨派는 일소되었다. 이로써 동림의 명예는 회복 되었고, 다시 정권을 주도할 수 있게 되었다.10)

Wills Jr., John E, Yale U.P., 1979, 292~296쪽. 특히 Yuan, Tsing은 이를 조 정과 환관들에 주의를 요하는 사건일 뿐 아니라 지식인과 일반 서민층의 결 합에 의해 전개된 점에 주목하고 있다.

5)『明史紀事本末』卷71, 魏忠賢亂政.

6)『明史』卷305, 宦官2 魏忠賢傳.

7) 復社의 성립과 그 정치운동의 전개에 대해서는 小野和子,「明末·淸初にお ける知識人の政治行動 - 特に結社をめぐって -」,『世界の歷史』11(東京：筑 摩書房, 1961) 참조.

8)『明史』卷265, 倪元璐傳.

9)『明史』卷265, 宦官2 崔呈秀傳.

10) 謝國楨,『明淸之際黨史運動考』, 臺北, 1967, 73쪽 ; 小野和子, 앞의 논문,

그러나 동림의 유력한 지도자들은 이미 魏忠賢의 철저한 탄압으로 거의 세상을 떠났기 때문에 현실정치를 처리해 나갈 능력 있는 자가 거의 없게 되었으며, 崇禎 초에 있은 閣臣의 會推로부터 또다시 파당이 싹트게 되었다. 즉, 崇禎 元年 末에 있은 會推에서 衆望을 얻고 있던 동림파인사인 禮部侍郎 錢謙益이 閣臣에 추천된 것에 대해 비동림파인 禮部尙書 溫體仁과 禮部右侍郎 周延儒가 합작하여 錢을 免官시키고 그들 內閣을 세웠던 것이다. 이로부터 周延儒와 溫體仁의 내각이 번갈아 가며 거의 崇禎 末까지 지속되었는데, 이러한 과정에서 동림파와 비동림파 사이에 정치적 논쟁은 前代에 못지않게 지속적으로 전개되었다.11) 이러한 파당적 정치가 계속 행해지자 이에 염증을 느낀 崇禎帝는 崇禎 4년(1631)을 전후로 해서 환관을 중용하여 이들로 하여금 탄핵권을 행사토록 했는가 하면, 武擧를 給事中으로 발탁하는 등 새로운 방안을 강구하여 政局의 여건을 일신시켜 보려고도 했다.12) 그러나 이것은 또다시 환관들의 정치관여의 풍조만 조성했을 뿐이며, 亂政은 계속되었다. 즉, 崇禎 末年에 이르러서 또 한 차례 정치적 파국인 姜·熊의 獄死13)를 맞으면서 明朝의 정계는 혼란으로 빠져 들어갔던 것이다.

이와 같은 정치적 파국이 진행되는 동안, 이미 萬曆 末부터 中原으로 진출해 오던 만주족의 침공 또한 계속되었다. 遼東經略 熊廷弼의 수비로 잠시 주춤했던 만주군은 泰昌 원년(1620)에 熊廷弼이 言官의 탄핵으로 파면되자14) 재차 중원에 대한 침공을 감행하였다. 그 해 2월 撫順城을 재공격하고 懿路, 蒲河를 공략한 후, 天啓 원년(1621) 3월에

1961, 85쪽.

11) 謝國楨, 위의 책, 74쪽 ; 曹永祿, 앞의 책, 1988, 274쪽.

12) 曹永祿, 위의 책, 279~283쪽.

13) 福本雅一, 「熊姜の獄」, 『明淸時代の政治と社會』(小野和子 編), 京都大學人文科學硏究所, 1983., 135~159쪽 ; 曹永祿, 앞의 책, 1988, 283~287쪽 참조.

14) 『明史』卷259, 熊廷弼傳.

는 瀋陽을 이어 동북지역의 物産의 중심지인 遼陽까지 함락시켰다. 이
때 遼東에서 이 난을 피해 중국 내지로 이주한 漢人이 200만이나 될
정도로 큰 혼란이 야기되었으며,15) 곧 이어 누르하치가 遼東으로 遷都
하여 새로운 근거지를 마련함으로써16) 명조는 큰 위협을 느끼지 않을
수 없게 되었다. 이에 명조는 熊廷弼의 요동에서의 功勞를 재평가하여
다시 이를 기용하였다. 그러나 계속되는 당파싸움의 여파로 熊廷弼은
廣寧巡撫 王化貞과의 전략상의 이견 때문에 제대로 전략을 세우지도
못한 채 遼河에서 누르하치군에 궤멸을 당하였다.17) 이후 孫承宗이
새로이 經略에 임명되었으나 魏忠賢과 不和하여 그 역시 결국 罷職을
당하였고,18) 명조는 袁崇煥의 필사적인 寧遠城 방위로 만주족의 공격
으로부터 연명할 수 있었다.19)

天啓 6년(1626)에 寧遠城 공격에 실패한 누르하치는 그 해 8월에 죽
고 그 뒤를 이어 홍타이지가 즉위하였다. 이 때부터 明과의 전투는 더
욱 극렬해졌는데, 明朝는 長城 이남의 중원 내지인 山東지역까지 유린
당하는 위기에까지 직면하게 되었다. 홍타이지가 즉위한 초기에는 여
전히 袁崇煥의 굳건한 방위 때문에 明에 대한 공격이 여의치 못했다.
따라서 청조는 방향을 바꾸어 배후의 위협적인 존재로 있던 조선과 蒙
古를 우선 정벌하였던 것이지만, 이후 崇禎 2년(1629)부터는 친히 대
군을 이끌고 喜峯口(現 河北省 尊化縣)에 대한 공략을 시작으로 遷
安, 灤州, 永平 등 北京 부근의 諸 城을 공략하였다. 이 때에도 明에
대한 공격은 그들의 공격목표인 北京을 점령치 못하였기 때문에 성공

---

15) 葉向高,「條陳要務疏」,『會疏奏稿』卷2(『皇明經世文編』Vol. 28, 國聯圖書
    出版有限公司 印行).
16) 戶田茂喜,「淸太祖の都城遷移問題」,『史學硏究』8-3, 1938.
17) 廷臣들 가운데에도 이들 兩者에 대한 지지와 반대로 논의가 분분하였으며,
    科道官 사이에도 찬반 양론으로 구분되었다(Hucker, Charles O., *The
    Censorial System of Ming China*, Stanford U.P., 1966, 225쪽).
18) 『明史』卷250, 孫承宗傳.
19) 『明史』卷259, 袁崇煥傳.

적이라 할 수는 없지만 淸 太宗은 이들 점령지를 만주통치의 모델지역
으로 삼아 중국인을 회유하였다.[20]

이후 청조는 명의 계속되는 당파싸움을 이용하여 袁崇煥을 제거시
켰으며, 특히 大凌下戰을 치르면서는 많은 漢人武將의 투항을 받아
만주군의 군사력을 증강시킬 수 있게 되었다. 일찍이 范文程, 李永芳
이 투항했지만 이 무렵 遼東出身의 祖澤潤, 祖可法, 祖澤溥, 祖澤法,
劉良臣, 劉武, 孫定遼, 張在仁 등의 武將이 집단적으로 투항하여 大凌
下戰 이후 명과의 전투에서는 사실상 이들이 전면에 나서 싸웠고, 또
한 毛文龍 휘하의 海戰의 경험이 풍부한 山東出身인 尙可喜, 孔有德,
耿仲明 등의 무장집단이 투항하여 사실상 북방해안의 통제권도 청조
에 넘어가게 되었다.[21] 또 이들의 투항으로 제수이트회(耶蘇會) 선교
사들이 제조하여 청조에 큰 타격을 주었던 신식무기도 이제 갖출 수
있게 되었다. 아무튼 이와 같은 만주족의 대두는 명조에게 있어 국가
존망의 큰 위협이었고, 뿐만 아니라 현실적으로 이들의 침략으로 변방
지대는 거의 전장터로 화하여 황폐화되었다.[22] 또한 이들 침략에 대비
한 財源 마련을 위한 遼餉의 부과는 계속되어 명조의 백성들을 극도
로 피폐하게 했다.

이러한 상황은 前代부터 지속되어 온 사회모순의 격화와 이에 따른
民變 및 抗租·奴變을 더욱 첨예화시켰음은 물론이다. 앞서 언급했다
시피 天啓年間 횡포를 자행했던 환관 魏忠賢을 중심으로 한 환관파의
惡政에 대한 비판과 반대운동으로 天啓 6년(1626)에 이른바 開讀의

---

20) 청 태종 홍타이지는 누르하치와는 달리 韓人들을 대거 회유, 이들을 포섭·
  우대하는 정책을 취하였다(袁良義, 『明末農民戰爭』(北京 : 中華書局, 1987),
  87쪽 ; Gertraude Roth, "The Manchu-Chinese Relationship, 1618~1636",
  From Ming to Ch'ing, 1979, 26쪽).
21) Gertraude Roth, 위의 논문, 32쪽.
22) 만주족의 침공으로 인한 화북지방의 구체적인 혼란과 황폐상에 대해서는 鄭
  炳喆, 『明末淸初의 華北社會 - 動亂期 山東圈의 社會經濟的 諸樣相 - 』서
  울대 박사학위논문, 1996, 제2편 1장 2절 참조.

變이 일어났거니와 이후로도 江蘇, 浙江, 安徽 등 江南의 여러 도시에서 지방관 및 향신의 횡포에 대한 시민들의 궐기가 끊임없이 일어났다.[23] 그런가 하면 "吳中의 백성 가운데 田을 가지고 있는 자는 10에 1이고, 他人을 위해 佃作하는 자가 10에 9이다"[24]라는 顧炎武의 지적처럼 명말의 지주·전호관계의 보편적인 조건 하에서 지주의 가혹한 지대착취에 반대하는 抗租도 광범위하게 전개되었다.

이 무렵 抗租는 福建沿海, 福建·江西省境地區 및 江南델타지역에서 주로 일어났다. 이들 抗租의 요구조건은 前代와 마찬가지로 대체로 소작료를 計量하는 量器의 시정과 통일, 소작료 이외에 부가부담의 폐지 및 경작권 확립 등이었지만 그 형태는 이전에 비해서 조직적이었을 뿐 아니라 무장반란 형태로 전개되는 경우가 많았다. 江西 吳縣의 경우 30여 개 촌의 佃農이 결집하기도 했고, 福建의 省境地域에서는 縣境을 넘어 他縣의 전호와 조직을 결성하는 예도 있었다.[25]

이러한 조직적인 抗租의 전개와 함께 이미 前代부터 이루어진 지주

---

23) 환관 魏忠賢에게 탄핵을 받은 楊漣이 향리인 湖北省 德安府에서 체포될 당시에도 수만의 시민이 운집해 폭동발발 직전까지 이르렀고, 開讀의 變 이후 崇禎 6년에는 太倉州에서 知事 劉士斗의 해임에 반대하여 시민의 궐기가 있었다. 崇禎 11년에는 江蘇 常熟知縣이 生員과 민중 수천 명에 의해 罵倒되고, 崇禎 13년에는 江蘇 無錫縣의 향신인 馬世奇에 대한 궐기 및 江南諸都市에서의 米騷動이 광범위하게 전개되었다[夫馬進, 「明末淸初의 都市暴動」, 『中國民衆叛亂史』 4(東京 : 平凡社, 1983) 및 말미의 「諸叛亂關係年表」 참조].

24) 顧炎武, 『日知錄』 卷10, 蘇松二府田賦之重.

25) 森正夫, 「抗租」, 『中國民衆叛亂史』 4(東京 : 平凡社, 1983), 233쪽. 森正夫는 抗租運動을 다음 3시기로 구분하고 있다. 嘉靖 중엽에서 萬曆 말년까지를 항조풍조의 발생기, 崇禎 초년에서 康熙 30년대까지를 항조반란의 전개기, 康熙 40년대에서 道光 10년대까지를 항조의 恒常化期로 규정하고 있다. 한편 濱島敦俊은 항조반란기에 江南 델타 여러 지역에서 소작료의 미납·체납에 관한 지주들의 고소가 증대하고 있음을 지적하고 있다[濱島敦俊, 「明末淸初の改革と民衆鬪爭」, 『明代江南農村社會の硏究』(東京大出版會, 1982), 第3部].

· 노복관계의 대변동을 계기로 이 무렵부터 광범위한 지역에서 노복의 신분해방투쟁인 奴變도 집중적으로 발생했다. 이 무렵에 일어난 노변은 규모면에서 한 개의 현, 혹은 그 이상의 지역을 포괄하는 광역적인 운동으로 전개되었고, 백 명, 천 명이 군집하는 것이 보통이었으나 만 명의 수에 이르는 대규모의 조직을 바탕으로 일으키는 경우도 있었다. 특히, 이들 奴變은 왕조지배 일반을 부정하는 것은 아니었지만 주인과 노복 간의 신분질서를 명조 국가가 지탱해 주었다는 공통된 인식의 바탕에서 청조의 흥기, 후술할 北方農民軍의 승리 및 명조 붕괴라는 격동의 과정과 밀접한 관련 하에, 이 무렵에 집중적으로 발생하였던 것이다.26)

한편 어느 왕조에서나 말기적 현상의 하나로 나타나는 邪敎集團의 활동도 이 무렵 활발하게 전개되었다. 명대의 반란은 종교적인 요소가 비교적 박약했다라는 지적도 있다.27) 그렇지만 元末에 활동했던 각지의 白蓮敎徒는 명초의 禁敎政策에도 불구하고 명초 이래 면면히 이어져 왔거니와28) 명말에는 수많은 종교결사를 형성하면서29) 사회정세의 변화에 편승해 반란을 일으키기도 하였다. 그 대표적인 예로 天啓 2년 (1622) 5월에 山東을 무대로 일어난 徐鴻儒의 亂을 들 수 있는데, 萬

---

26) 森正夫,「奴變」, 앞의 책, 1983, 127~130쪽 ; 韓大成, 『明代城市硏究』(北京 : 中國人民大學出版社, 1991), 397~401쪽.
27) 崔甲洵,「明·淸代의 農民反亂」, 『講座中國史』Ⅳ(知識産業社, 1989), 182쪽.
28) 鈴木中正은 명대 백련교의 활동을 다음 네 시기로 구분하고 있다. 첫째, 원말의 백련교가 명초에도 지속되어 명조에 반항한 시기. 둘째, 명 중기 이후 대규모로 발생한 流民이 백련교에 의해 결합하여 반란을 일으킨 시기. 셋째, 山西, 陝西, 河北 등 內蒙古와 인접한 북부 변경지대에서 활동한 시기. 넷째, 萬曆 이후 饑民들 사이에 포교되어 徐鴻儒의 난이 일어난 시기[鈴木中正, 『中國史における革命と宗敎』(東京 : 東京大出版會, 1974), 92쪽].
29) 명말의 대표적인 종교결사로는 無爲敎, 羅祖敎, 紅封敎, 南無敎, 淨空敎, 悟明敎, 龍天敎, 大乘敎, 混元敎, 聞香敎 등을 들 수 있다. 이에 대해서는 酒井忠夫, 『中國善書の硏究』(東京 : 國書刊行會, 1960), 제7장 4절 참조.

曆 末 이래 河北·山東·河南·陝西·安徽 등지에 세력을 확장하고
있던 聞香敎의 大傳頭(大幹部)인 徐鴻儒가 당시 극심한 정치상의 부
패와 이에 따른 향촌사회의 극심한 피폐 및 對滿洲作戰의 실패 등 제
조건의 변화에 편승하여 亂을 일으켰던 것이다.[30] 이 亂은 비록 반년
만에 평정되었지만, 山東의 여러 縣城에서의 攻防戰을 통해 대소란을
일으켰거니와 평정된 뒤에도 그 餘黨은 分散하여 四川·江西·江南
등 여러 곳에서 활동을 계속하였고 이후 陝西 流賊의 반란을 유도하
기도 했다.[31]

아무튼 萬曆朝를 이어 天啓年間에 들어와서도 政局의 혼란과 만주
족의 侵掠 등 內憂外患이 더욱 거세게 뒤따랐으며 이에 편승하여 종
래의 民變·抗租·奴變이 보다 광역적으로 일어났고, 뿐만 아니라 말
기적 현상인 白蓮敎의 세력도 크게 확대되어 이들에 의한 종교적 반란
이 크게 전개되기 시작했다. 이와 같은 각 지역에서의 소요는 결국 天
啓 7년(1627)에서 崇禎 원년(1628)에 걸쳐 陝西省 북부를 휩쓴 旱害로
인한 기근에 의해 대규모의 반란세력으로 발전하여, 마침내 명조를 전
복시키게 되었다.

2. 반란의 발발과 그 전개

앞서도 살핀 바와 같이 萬曆 이래 天啓年間에 들어와서도 각지에서
수많은 반란이 일어났던 것이지만, 이들 반란은 대부분 局地的이거나
비조직적이었고 반란세력들간의 상호 결속력은 매우 희박했다. 따라서
이들 대부분의 반란은 단기적으로 끝났다. 그러나 崇禎年間에 들어서

---

30) 徐鴻儒의 亂에 대해서는 『明史紀事本末』卷70, 平徐鴻儒 ; 鈴木中正, 「天啓
　　二年の白蓮敎亂」, 앞의 책, 1974, 제7장 ; 夫馬進, 「明末白蓮敎の亂」, 『中國
　　民衆叛亂史』 3(東京 : 平凡社, 1982) ; 淺井紀, 「明末徐鴻儒の亂の史料につ
　　いて」, 『東洋學報』 60-1·2, 1978 등 참조.
31) 鈴木中正, 앞의 논문, 1974, 119쪽.

부터는 그 양상이 전과 같지는 않았다. 즉, 이 때부터 반란세력은 조직화되었고, 이들 세력간에 결속도 이루어졌거니와 규모도 확대되어 지속적으로 전개되었다.[32] 일반적으로 농민반란은 백성들의 窮乏化에서 기인하는 것이지만, 당시 이 같은 반란양상을 촉발시킨 것은 天啓 7년(1627)에서 崇禎 원년(1628)에 걸쳐 陝西 북부지역에 극심한 旱害에 의한 기근이었다. 이 때의 기근에 대해서 陝西出身 馬懋才는

　　延安府에서는 (崇禎 원년) 1년 간 비가 오지 않아 草木이 말라 죽었습니다. 8~9월 간에는 백성들이 다투어 山間의 쑥을 먹으며 죽지 않고 겨우 연명할 수 있었습니다. 그런데 10월 이후에는 쑥도 다 먹고 없어 이제 나무껍질을 벗겨 먹으며 연명하였지만 年末에 이르러 이것도 없어져 山中의 靑葉이라는 石塊를 먹었습니다. 그러나 (이를 먹은 후) 수일이 지나면 배가 불룩해져 설사를 하며 죽는데, 이를 먹지 않은 자도 역시 죽을 수밖에 없습니다. 이런 상황에서 백성들은 모여 도적이 되었는데, 이들은 조금이라도 재산이 있는 家를 습격했지만 습격받은 자도 사실 아무것도 없는 상태였습니다. 백성들은 굶주려 죽으나 도적이 되어 죽으나 같을 바에는 도적이 되는 편이 보다 나았던 것입니다. 가장 측은한 것은 安塞의 城 서쪽에 자식을 버리는 곳이 있고 매일 1~2명의 갓난아이가 버려져 울거나 부모를 부르는 것입니다. 또한 다른 것은 어린 아이가 한 번 성 밖으로 나가면 종적이 없어지는데, 후에 성 밖의 사람들이 人骨을 장작으로 불을 때고 人肉을 구워 먹는 것을 보면, 비로소 전에 없어진 사람들이 모두 이렇게 되었음을 알 수 있습니다.……[33]

---

32) 袁良義는 명말의 농민반란을 3단계로 전개되었음을 지적하고 있다. 제1단계는 天啓 7년 3월부터 崇禎 6년 11월까지로 陝西, 山東 등 黃河 이북 일대에서 국지적으로 전개된 시기, 제2단계는 崇禎 6년 11월부터 崇禎 14년 정월까지 전국으로 파급되었을 뿐만 아니라 明軍과 대등한 위치에서 대결하는 시기, 제3단계는 崇禎 14년 정월부터 崇禎 17년 3월까지 농민군이 明軍을 능가하여 결국 明朝를 멸망시키는 시기로 규정하고 있다(袁良義, 앞의 책, 1987, 제3장 참조).

33) 『明季北略』 卷5, 馬懋才備陳大飢. 이와 같은 내용은 『雍正陝西通志』 卷86,

라고 생생하게 전하고 있거니와 이 보고에서 당시의 극한적인 饑餓에 몰린 농민들이 어쩔 수 없이 무리를 지어 富豪들의 곡식을 약탈하게 되고, 결국은 관권과 충돌함으로써 국가권력에 저항하는 流寇勢力으로 성장해 갔던 것을 엿볼 수 있다. 물론 기근이 일어나면 백성들의 생활은 자연 궁핍해지고 따라서 반란의 기운이 일어나는 것은 자명한 것이다. 그렇지만 기근이 일어날 때마다 대규모의 반란이 형성되는 것은 아니다. 그런데 당시의 사정은 기근이 예전에 볼 수 없이 극심하였고 지속적으로 일어나기도 했지만, 앞에서 살핀 바와 같이 고질적인 정치의 부패와 만주족의 對明攻勢 등 내우외환에 시달렸던 명조가 이에 대해 어떠한 적극적인 구제책도 강구하지 못했기 때문이었다.

이러한 상황에서 군량의 부족에서 일어난 兵變과 驛站의 削減과 철폐로 인한 驛卒들의 失業은 기아폭동으로 일어난 농민반란의 규모를 한층 확대시키는 계기가 되었다. 당시 명은 만주족의 압력에 시달리고 있었다. 따라서 명조는 각지의 군대를 勤王軍으로 모집하여 北京 부근의 邊鎭에 이동·배치시켰다. 그런데 이들에 대한 군량보급은 이미 天啓 初年부터 제대로 이루어지지 못했거니와[34] 崇禎 2년(1629)경에는 延綏·寧夏·固原 등 諸 鎭의 병사들에 대한 식량보급이 36개월 간이나 단절될 정도로 심각하게 되었다.[35] 이러한 만성적인 缺食狀況에서 굶주린 병사들은 도처에서 약탈을 하기도 하고 폭동을 일으켰으며[36] 농민폭동세력과 합세하여 반란세력으로 성장해 갔다.

馬懋才 備陳災變疏에도 있다.

34) 당시 陝西 四鎭의 兵餉은 4할은 京運, 6할은 현지의 民運에 의존하였다. 그런데 對淸防備가 절박해진 天啓 초년 이래 京運은 두절되었고 民運 역시 西安府를 제외한 모든 지역에서 完納이 어려웠다(『[明]熹宗實錄』卷17, 天啓元年 12月 丙戌條, 867쪽).

35) 『明季北略』卷5, 南去益請發軍餉.

36) 이들 폭동을 이른바 兵變이라 하는데 이들 사례는 谷口規矩雄, 「明末の鄕兵·義軍について」, 『硏究』43, 1969, 102~103쪽 ; 韓大成, 앞의 책, 1991, 7장 1절 참조.

또한 당시 명조는 만성적인 적자재정에 허덕여 왔거니와, 재정난을 타개키 위한 방편의 하나로 崇禎 2년(1629)에는 연간 60만 냥의 驛傳銀을 절약하기 위해 驛傳을 削減・撤廢시키는 등 대폭 축소・조정하였다.37) 이로 인해 많은 역졸들이 無業의 流民이 되었고, 이들 역시 대부분 반란에 참가하여 반란의 규모는 한층 확대되었다. 특히, 이들 병사나 역졸들은 단순히 기아에서 폭동을 일으킨 농민과는 달리 비교적 조직적이고 무장된 세력이어서 이들이 농민반란군에 가담함으로써 이제 반란세력은 상당한 조직력과 군사력을 가지게 되었던 것이다.38)

아무튼 농민반란은 기근이 휩쓴 陝西 북부에서 기아폭동으로 발생했던 것이지만, 이후 反卒・逃卒・驛卒을 비롯해 響馬・難民 등이 이에 가담하며39) 그 규모가 급속히 확대되었으며 각지에 수많은 반란세력이 형성되게 되었다. 당시의 반란세력으로는 神木의 王嘉胤, 白水의 王二, 宜川의 王左掛・飛山虎・大紅狼, 安塞의 高迎祥・王大梁 등의 세력이 형성되었거니와 활동범위를 확대하고 있었다.40) 특히, 이 중에서도 王嘉胤이 최대의 세력을 이루고 있었는데, 그는 점차 반란세력 가운데 지도자적 위치로 부상하였다. 이로써 초기의 개별 분산적인 반란세력은 점차 결집된 반란군의 성격을 띠게 되었다. 이들은 崇禎 3년(1630)에 神木에서 黃河를 넘어 山西로 들어와 河曲을 점거하였는데, 이 때부터 반란은 陝西에서 山西지역으로 확대・전개되었으며 새로운 반란의 중심지로 되었다. 물론, 이 무렵 陝西지역에서도 새로운 반란세력이 형성되기도 했지만41) 山西지역에 새로이 老回回(馬守應), 曹

---

37) 『明季北略』 卷5, 劉懋請裁驛遞 ; 『國榷』 卷90, 崇禎 2年 2月 甲午條.
38) 崔甲洵, 앞의 논문, 1989, 184쪽.
39) 『明季北略』 卷4, 流賊初起에 보면 流賊의 구성요소는 反卒・逃卒・驛卒・響馬・難民 등 여섯이라 하고 있다. 여기에서 響馬는 북방지역의 오래 전부터 있어 온 馬賊을 가리키는데 蒙古族과도 접촉하면서 무장하여 주로 客商을 약탈하는 무리를 말한다[谷口規矩雄,「李自成・張獻忠の亂」,『中國民衆叛亂史』 3(東京 : 平凡社, 1982), 8쪽].
40) 『明史』 卷309, 李自成傳.

操(羅汝才), 八金剛, 掃地王, 高迎祥, 張獻忠, 射塌天, 閻正虎, 滿天星, 邢紅狼, 混世王, 亂世王, 顯道神 등을 頭目으로 하는 세력이 형성되었다. 이들의 규모는 당시 36營 20여만의 병력을 이루고 있었으며, 이들 반란군은 상호 결집하여 활동을 하였다. 처음에는 王嘉胤을 구심점으로 결집되었으며, 崇禎 4년(1631)에 王嘉胤이 부하에게 살해된 이후에도 새로 추대된 首領 王自用(紫金梁)을 중심으로 활동을 계속하였다.

그런데 이 무렵 명조는 반란군에 대한 전술을 종전의 招撫作戰에서 철저한 武力掃討作戰으로 전환시켰다. 崇禎 4년(1631) 9월에 반란군 진압에 招撫방침을 고수해 온 陝西三邊總督 楊鶴을 招撫策의 실패를 이유로 체포하여 투옥시키고 그를 대신해 洪承疇를 새로 총독으로 임명하여 反軍에 대한 적극적인 剿討에 임하였다. 이로 인해 陝西지역의 반란군은 거의 진정이 되었다. 그러나 이러한 명조의 剿討에도 불구하고 陝西지역과는 달리 山西의 반란군은 조직적인 연대 하에 명군과 대적하면서 계속 세력을 확대시켜 나갔다. 崇禎 4년(1631)에 이들 반란군은 中陽, 石樓, 稷山, 聞喜, 河津 일대를 점거하였고, 이어 崇禎 5년(1632)부터 사방으로 진공하여 崇禎 6년(1633)경에는 山西 전역에 세력을 확대시켰을 뿐만 아니라 이들 反軍의 일부는 河北의 眞定, 沙河, 大名, 順德에까지 진출하였다. 그런데 崇禎 6년(1633) 5월에 반란군의 지도자인 王自用이 明軍의 總兵官 曹文詔, 宜大總督 張宗衡, 山西巡撫 許鼎臣, 總兵 左良玉 등의 공격을 받아 전사하였다. 이로써 山西의 반란군은 그 중심을 잃게 되어 분산되었거니와 각지에서 明軍에 敗하여 그 세력은 급격히 약화되었던 것인데, 이것 역시 명조의 입장에서 본다면 이전에 취한 剿討策의 결실이라 할 수 있는 것이다.

아무튼 이들 약체화된 반란군은 강력한 명군의 剿討를 우선 피해야

---

41) 이 무렵 陝西지역에 새로 형성된 세력으로는 靖邊의 神一元, 綏德의 不粘泥, 慶陽의 可天飛, 延安의 郝臨菴, 鎭原의 紅軍友, 淸澗의 点燈子, 延川의 混天王, 保安의 獨行狼 등이 있다. 『明史』卷309, 李自成傳 ; 周谷城, 『中國社會史論(上冊)』(濟南 : 齊魯書社, 1988), 192쪽.

했다. 당시 명군의 주력은 山西, 河北, 河南의 省境地帶에 집중되어 있었기 때문에 이들의 진로는 자연 太行山脈을 끼고 북상하든가 아니면 黃河를 건너 남진하는 두 길밖에 없었다. 그런데 때는 초겨울로 黃河가 結氷하였기 때문에 이들은 黃河를 渡河하여 河南으로 진출했거니와 여기에서 다시 湖北, 湖南 方面으로 진출하였고, 陝西 漢中을 통해 四川 北部로 진출한 세력도 있었다. 그런데 明朝는 崇禎 7년(1634) 봄에 山西·陝西·河南·湖廣·四川 總督을 설치하고 陳奇瑜를 延綏巡撫, 盧象昇을 鄖陽撫治에 임명하여 보다 적극적으로 招撫에 임하였고, 이후 五省(陝西·山西·河南·湖廣·四川)의 軍務를 겸임하게 된 洪承疇의 적극적인 攻勢로 반란군은 일대 위기를 맞게 되었다. 이러한 위기를 극복하기 위해서 孤立·分散的으로 쫓기는 입장에 있던 반란군은 이에 적절히 대응해야만 했던 것인데, 당시 반란군 가운데 최강인 高迎祥의 주도 하에 이른바 13家 72營의 반란군이 崇禎 8년(1635) 정월에 河南省 荊襄에서 전략회의를 개최했다.[42] 이때 李自成이 전략가로서 명성을 떨치게 되었거니와 그의 조정 하에 諸派가 각기 지역과 책임을 분담하게 되었다.[43] 즉, 비록 통일적인 작전이 전개된 것은 아니지만 이 회의를 통해 반란군은 상호간의 연락 아래 전체적인 전략을 마련할 수 있게 되었다. 이후 반란군은 서쪽은 陝西로부터 동

---

42) 여기서 13家는 高迎祥, 張獻忠, 馬守雄, 羅汝才, 賀一龍, 賀錦, 許可變, 李萬慶, 馬進忠, 惠登相, 橫天王, 九條龍, 順天王을 가리키는데, 이들은 수만에서 10만에 이르는 대병력을 가지고 있는 수령들이다. 1만 이상의 병력을 가진 수령을 大營, 1천 이상은 小營이라 하는데 72營은 이들 모두 가리킨다(谷口規矩雄, 앞의 논문, 1982, 115쪽 ; Parsons, James Bunyan, *Peasant Rebellions of the Late Ming Dynasty*, The University of Arizona Press, 1970, 36~38쪽).

43) 賀一龍, 賀錦의 軍은 四川·湖廣方面軍, 馬進忠, 橫天王, 李萬慶, 許可變의 軍은 陝西方面軍, 羅汝才, 惠登相軍은 河南駐屯軍, 高迎祥, 張獻忠軍은 東征軍, 馬守雄, 九條龍, 順天王軍은 遊擊軍으로 편성하였다. 이 회의에 대해서는 李文治, 『晚明民變』(上海 : 中華書局, 1948), 55~57쪽 ; 谷口規矩雄, 앞의 논문, 1982, 115~116쪽.

쪽으로는 安徽의 鳳陽, 巢縣에 이르기까지 세력을 확대하고, 또 河南, 湖北, 湖南 지방을 종횡으로 유린하였던 것인데 이것은 바로 전략회의에서 비롯된 결실이었다고 보인다.

그러나 崇禎 9년(1636)에 들어와 명조는 관군을 정비하여 당시 최강의 반란세력인 高迎祥軍에 집중시켰다. 그 결과 그 해 7月 高迎祥이 漢中에서 西安으로 향하던 도중에 陝西巡撫 孫傳庭에 체포되어 北京에 호송·처형되었다. 이 때부터 반란군은 전반적으로 退潮의 현상을 보이기 시작했다. 高迎祥의 뒤를 이어 李自成이 闖王의 지위에 올랐지만 全 반란군을 호령할 만한 힘이 부족했었고, 潼關에서 洪承疇·曹變蛟에게 패한 이후에는 산악지대에 은거할 수밖에 없었다. 또한 高迎祥 사후 최강의 반군세력이었던 張獻忠軍도 揚子江을 내려와 동진하여 六合·安慶을 공격했지만 楊嗣昌·左良玉軍에 패한 이후 湖北의 穀城으로 도망하여 당시 總理軍務인 熊文燦에 거짓 投降하여 官軍의 대대적인 토벌을 면할 수 있었다. 이 무렵을 전후하여 여타 13家의 大頭目들도 투항하거나 산악지대에 은거하였다. 이러한 반란군의 위축된 형세는 崇禎 12년(1639)까지 지속되었다.

그런데 崇禎 12년(1639)에서 13년(1640)에 걸쳐 旱害와 蝗害가 각지에 빈발하여 거의 중국 全土가 극심한 재해에 휩싸이게 되었다. 이 때문에 河南, 河北, 山東 등 여러 지역에서 여러 형태의 반란이 일어났거니와, 이를 계기로 이전에 주춤했던 반란군의 활동이 다시 활기를 띠기 시작했다. 당시 湖北省 鄖陽의 산악지대에 은거하고 있던 李自成은 기근으로 황폐했던 河南으로 들어와 세력확대를 도모하였다. 『明史紀事本末』에 저간의 사정을

　당시 河南은 크게 飢饉이 들어 饑民이 있는 곳에 도적이 일어났다. 自成은 곧 鄖(鄖陽)·均(湖北省 均縣)에서 伊(河南省 伊陽縣)·雒(河南省 洛陽縣)으로 들어왔는데, 數萬의 饑民이 그를 따라 세력이 다시

크게 일어났다. (崇禎 12년) 12월에 自成은 永寧(河南 洛寧縣)을 포위하고 雲梯로 攻城肉薄하여 함락하였으며, 焚殺한 바 하나도 남음이 없었다. 萬安王 采攔을 죽이고 48寨를 連破하였다. 土賊 一斗穀 등 群盜들이 이에 호응하여 드디어 宜陽을 함락하였는데 그 무리가 數十萬에 이르렀다.[44]

라고 전하고 있거니와 그는 기근으로 일어난 수많은 土寇勢力을 흡수·규합하여 다시 일대 세력을 이루어 나갔다. 이와 함께 이 무렵 일시 官軍의 招撫에 응했던 張獻忠도 羅汝才 등과 함께 다시 반기를 들었다. 그러자 이전에 투항했던 13家의 대부분 首令도 다시 일제히 반기를 들어 이에 합세하므로 일대 세력을 이루게 되었던 것이다. 이로부터 반군은 李自成과 張獻忠에 주도되어 전개되었는데 이들은 각기 國號를 定하고 稱帝하는 등 새로운 국면으로 전환하였다.

먼저 河南에 들어와 세력을 확대하고 있던 李自成은 崇禎 13년(1640) 12월에 河南省 杞縣의 富裕한 지주이며 擧人 出身인 李巖의 투항을 받으면서 그 세력을 더욱 신장시킬 수 있었다.[45] 李巖은 반란군에 합류한 직후 4개 항의 민심수렴책, 즉 첫째, '均田免糧'과 '不當差' 등으로 표현되는 經濟政策, 둘째, '除暴恤民'과 '將富家銀錢 分賑窮民' 등으로 표현되는 民生安定策, 셋째, '不殺人 不愛財 不奸淫 不權掠 平買平賣'로 표현되는 軍紀肅正과 公正去來策, 넷째, 지식인에 대한 예우와 포섭책을 李自成에게 건의하였거니와, "吃他娘穿他娘 開了開門迎闖王 闖王來時不納糧"이라는 민요를 만들어 이를 선전하였다.[46] 李自成은 이를 채택하여 이제 그들 집단 나름의 명확한 강령을 가지게 되었을 뿐만 아니라 특히, 심한 계층적 갈등 속에서 어려운 생활을 하고 있는 소농민들에게 크게 어필하게 되었던 것이다.[47] 이로써

---

44) 『明史紀事本末』 卷78, 李自成之亂.
45) Parsons, James Bunyan, 앞의 책, 1970, 90~93쪽.
46) 『明季北略』 卷23, 李巖說自成假行仁義.

李自成의 세력은 급속히 확대되었는데, 이를 바탕으로 파죽지세로 진
격하여 崇禎 14년(1641) 정월에 洛陽을 함락한 데 이어 3차에 걸친 공
방전 끝에 開封도 공략하였다. 이 때의 승리로 대도시를 점령한 李自
成軍은 거점을 확보하게 되어 종래 流寇的 성격을 脫却할 수 있게 되
었고, 또 이 무렵 종래 張獻忠의 연합세력이었던 羅汝才와 老回回를
비롯한 이른바 革·左五營(老回回를 포함하여 賀一龍, 賀錦, 劉希堯,
亂世王을 이름) 및 당시 河南·安徽交界地帶를 무대로 20여만의 세력
으로 성장한 土寇 袁時中[48] 등이 投歸해 옴으로써 이제 張獻忠을 능
가하는 一大 勢力을 이루게 되었다.

　이처럼 지반을 굳힌 李自成은 湖廣省으로 南進하여 세력을 확대하
였는데, 드디어 崇禎 16년(1643) 정월에 湖北의 襄陽을 점령하면서부
터 이 곳을 襄京으로 改稱하여 거점으로 삼아 地方政權을 수립해 나
갔다. 그는 老府奉天倡義大將軍을 稱하였으며 이후 同大元帥, 이어
新順王을 自稱하면서 上相國·左輔·右匹 및 六政府 등 중앙관제와
각지에 지방관 및 武官職을 임명하는 등 政權體制를 정비해 나갔
다.[49] 그 해 10월에 들어와 西安을 점령한 李自成은 한발 더 나아가
西安을 西京으로 改稱하고, 다음 해(1644) 1월에는 年號를 永昌이라
하여 大順國을 건설하였다. 이와 아울러 새 曆法의 시행 및 화폐를 주

---

47) 당시 향신층도 자율적으로 향병조직을 통하여 구휼활동을 하였지만 그것은
　　본질적으로 그들의 소농민지배의 안정에 불과한 것으로 소농민뿐 아니라 하
　　층향신인 생원층까지도 이보다는 경제적 평등을 내용으로 하는 농민군의 선
　　전에 크게 호응하였고, 이로 인해 향병의 不可用 상태가 초래되었다(李成珪,
　　「淸初地方統治의 確立過程과 鄕紳 - 順治年間의 山東地方을 中心으로 - 」,
　　『서울大東洋史學科論集』 1輯, 1977, 11~14쪽).
48) 佐藤文俊, 「袁時中の亂について」, 『明代農民反亂の硏究』(東京 : 硏文出版,
　　1985), 23~42쪽.
49) 襄京地方政權 및 官制編成에 대해서 佐藤文俊, 「大順地方政權について -
　　'襄京'政權を例として - 」, 위의 책, 42~77쪽 ; 谷口規矩雄, 앞의 논문, 1982,
　　14~15쪽 <表 I> 참조.

조하고, 인재등용을 위한 取士試驗을 실시하는 등 체제를 강화시켜 나가기도 했다. 이러한 상황 아래 2월에 들어서 그는 40만의 병력을 이끌고 首都 北京을 향해 진격했으며, 파죽의 세로 太原·大同을 거쳐 3월 15일에는 居庸關을 돌파하여 17일에 北京을 포위하게 되었다. 이 같은 反軍의 압박에 견딜 수 없는 崇禎帝는 19일 궁성 뒤편의 萬歲山에서 자살을 했는데, 이로써 277년 간에 이르렀던 명왕조의 지배는 끝이 나고 李自成의 大順政權 성립은 일단 성공하게 되었다.[50]

　한편 崇禎 12년(1639) 5월에 다시 반기를 들고 나온 張獻忠도 左良玉을 대파하면서 기세를 올렸다. 그러나 그 해 8월 督師를 자임하고 나선 楊嗣昌이 계속해서 추격했기 때문에 그는 이를 피해 四川, 湖北의 여러 지역을 전전할 수밖에 없었고, 이때 상당한 타격을 입어 세력이 크게 약화되기도 했다. 그러나 楊嗣昌과 左良玉의 의견불화[51]를 틈타 敗殘兵을 재결집시킨 張獻忠은 崇禎 13년(1640) 7월에 奉節縣 土地嶺에서 官軍과의 대전에서 승리를 거둔 후 다시 세력확대의 계기를 마련하였던 것이다. 이 때부터 다음 해 정월까지 반년 만에 大昌, 開縣, 達州, 劍州, 廣元, 綿州, 成都, 瀘州, 德陽, 巴州 등 四川 대부분의 지역을 석권하였거니와, 崇禎 14년(1641) 2월에는 部將인 李定國의 策略으로 襄陽城을 함락하여 襄王을 죽였다.[52] 이 무렵 湖北의 數萬의 반군이 張獻忠軍에 가담하여 다시 대세력을 이루었다. 그러나 左良玉의 끈질긴 추격과 또 당시 流寇的인 색채를 脫却한 李自成에게 반군 및 土寇들의 호응과 함께 張獻忠과 행동을 같이 했던 羅汝才마저

---

50) 이후 大順政權은 청조가 성립될 때까지 6주간 北京을 점령했는데, 이 기간 동안의 자세한 내용은 Frederic Wakeman Jr., "The Shun Interregnum of 1644", *From Ming to Ch'ing*, 1979 ; 袁良義, 앞의 책, .1987, 제6장 참조.

51) 楊嗣昌은 湖廣人으로 賊이 湖廣으로 들어오는 것을 막고 四川에 묶어 두려고 했다. 이에 반해 左良玉은 四川은 토지가 비옥하기 때문에 四川에 賊이 침입하는 것이 湖廣에서 받는 피해보다 더 많다고 이에 반대했다.

52) 『明史』卷252, 楊嗣昌傳. 이 때문에 楊嗣昌은 그 해 3월에 荊州 沙市에서 자살하였다.

도 이에 合體하자 張獻忠의 세력은 급속히 쇠퇴하게 되었다. 이때 그
역시도 李自成에 연합하려고도 했지만 李自成이 그를 인정하지 않자
다시 세력을 규합하여 湖北, 安徽의 여러 縣城을 공략하며 독자적인
세력을 형성해 나갔다. 崇禎 16년(1643)에 들어와 長江을 넘어 武昌을
함락시킨 뒤 이 곳의 楚王과 宗室을 모두 죽이고, 武昌을 天授府라 고
쳐 이를 본거지로 삼아 스스로 大西王을 칭하였다. 그 역시 이때 寶印
을 鑄造하고, 尙書·都督·巡撫 등의 官을 설치하였으며, 科擧를 행
하여 士大夫를 채용하기도 했다.[53] 崇禎 17년(1644)에 들어와 그는 다
시 四川으로 들어와 활동했거니와, 8월에는 成都를 장악하고는 成都
를 西京으로 개칭하여 새로운 수도로 삼고, 國號를 大西, 年號를 大順
이라 하여 帝位에 올랐다.

제2절 향촌방위활동과 鄕約·保甲制의 기능

1. 自衛集團의 형성과 그 전개

앞절에서 살폈듯이 明末 天啓·崇禎年間에 들어 각 지역에서 반란
과 소요는 대규모화하여 만성적으로 지속되었다. 이러한 혼란을 타개
하기 위해서는 무엇보다도 강력한 군사력이 필요했다. 그러나 명대의
군대는 正統年間 이래 줄곧 수적인 감소와 함께 弊弛現狀을 보여 왔
던 것이지만[54] 명말 동란기에 이르러서는 국가재정의 궁핍에 연유한

---

53) 이때 과거시험을 통해 78인을 선발하여 21개 州·縣의 官 및 屬官에 임명하
    였다(『綏寇紀略』卷10). 이 때의 관직에 대해서는 谷口規矩雄, 앞의 논문,
    1982, 20쪽의 <表 3> 참조.
54) 명대 軍隊弱化의 원인은 무관직의 세습화, 무관의 경시풍조, 군기의 이완, 둔

兵糧의 缺配가 만성화되어 이 때문에 북변 각지에서 반란을 일으키기
도 했거니와 이들은 대거 농민반란군에 가담하기도 하였다.55) 비록 이
탈하지 않고 반란군의 진정과 淸軍防禦에 임하고 있는 군대라 할지라
도 軍規는 매우 문란하여 주민에 대한 살인과 약탈을 일삼았으며, 유
력한 將軍의 私兵化하여 명조의 통제에서 벗어나 있는 상태였다.56)
따라서 明末의 전반적인 치안부재의 상황을 타개하는 데 군사력에 기
대하기는 어려웠으며, 사실 이 때문에 앞절에서 살핀 바와 같이 반란
이 지속적으로 전개되었던 것이다. 따라서 농민반란군에 저항하여 지
방의 치안질서를 유지하고 만주족의 침략으로부터 향촌을 방위하는
임무는 자연 각지의 지방관, 향신 및 향촌민에게 떠맡겨질 수밖에 없
었으며, 각 지역에서 이들을 중심으로 한 자위조직으로서 鄕兵이 조직
되게 되었다.

그런데 향병조직은 이보다 일찍 '民壯'57)이라는 이름으로 明朝 군대
의 弊弛現狀이 심하게 나타나는 正統年間에 이미 제도화되어 나타났
었다. 그것은 당시 經制兵의 부족을 보충하여 征守에 그 목적이 있었
다. 그러나 명 중기 이후 사회분화가 심화되면서 대량의 流民發生과
함께 流賊集團의 소요가 점차 확대되자 국경의 방비뿐 아니라 반란의
진정과 流賊의 체포 등 국내 치안질서유지에도 사용되었다. 그러나 嘉
靖年間에 이르러 民壯은 국가재정의 궁핍으로 여타 徭役과 함께 銀納
化되어 招募에 의해 편성되게 되었거니와58) 설립 초기의 뜻과는 달리
유명무실하게 되었다. 이러한 현상은 특히 萬曆年間에 이르러서 현저

전제도의 붕괴와 도망병의 발생 등이 지적된다(佐伯富,「明淸時代の民壯に
ついて」,『東洋史硏究』15-4, 1957, 35~41쪽).
55) 앞의 주 34), 35), 36) 참조.
56) 谷口規矩雄, 앞의 논문, 1969, 107~108쪽.
57) 民壯에 대해서는 佐伯富, 앞의 논문, 1957 ; 梁方仲,「明代的民兵」,『中國社
會經濟史集刊』5-2, 1937 ; 岩見宏,「明代の民壯と北邊防衛」,『東洋史硏究』
19-2, 1960 참조.
58)『天下郡國利病書』原編 17冊, 廣東上 民壯.

하게 나타났는데,[59) 당시 격심한 사회변동 속에 불안을 느낀 각 지역
의 향신들을 중심으로 국가의 공식적인 향병과는 달리 자위조직으로
서의 향병도 조직되기 시작했다. 당시 이들 향병조직의 대상은 童僕·
義男·幹僕 등 郷紳地主의 族衆이었던 것으로 향병조직은 일면 향촌
공동체의 계층간 모순을 완화하고 향신지배를 관철시키기 위한 성격
을 가지고 있다고 할 수 있다.[60) 그러나 향병은 기득권을 고수하려는
향신·부호 등 지주층을 중심으로 조직되었던 것이기 때문에 기존의
지배체제를 부정하는 土寇 및 반란세력을 제거하고 향촌을 방위해야
한다는 보다 적극적인 목적을 가지고 있었다.

　여하튼 이와 같은 성격을 가지고 있는 향병조직은 萬曆年間을 이
어[61) 土寇·流賊勢力이 만연하는 天啓·崇禎年間에 이르러서는 보다
많이 조직되었거니와 활발한 활동을 전기하였던 것이다. 天啓 2년
(1622)에 鄒·藤·嶧縣을 중심으로 徐鴻儒의 난이 대규모로 일어났을
때 당시 總河大司空 陳道亨, 僉憲 熊文燦을 중심으로 한 지방관과 濟
寧의 향신들이 土著丁壯 수만을 모집하여 郷兵 9營을 편성하여 이를
바탕으로 반란을 진압하였던 것은 明末 향병활동에 있어 성공적인 사
례이다.[62) 이때 조직된 향병은 이후로도 계속 유지되어 救恤機關으로
서의 역할도 수행하면서 인근 제 지역의 土寇의 騷擾와 清軍의 侵攻
으로부터 지역을 방어하는 역할을 계속 수행하였던 것이지만 이와 같
은 향병의 활동은, 특히 반란이 확대되는 崇禎年間에 들어와 일상화되
었다.

　이미 앞절에서 살핀 바와 같이 天啓末·崇禎 初年에 대규모의 기근

---

59)『明史』卷91, 兵志3, "至萬曆初……兵部因言 天下之無兵者 不獨蜀也 各省
　　官軍·民壯 皆宜罷老稚 易以健卒".
60) 三木聰,「明末の福建における保甲制」,『東洋學報』61, 1979, 90쪽.
61) 萬曆年間의 향병육성책 및 향병조직은 呂坤, 徐光啓 등에 의해 주도되었다.
　　그 내용에 대해서는 鄭炳喆, 앞의 학위논문, 1996, 137~141쪽 참조.
62)『咸豐濟寧直隸州志』卷4, 兵革志 鄭與僑 守禦記.

발생과 함께 반란세력은 크게 확대되었거니와 도처에서 이들과의 접전이 벌어졌다. 이때 각 지역에서 조직된 향병은 관군과 함께 적극적으로 반란토벌에 참여하기도 하고, 혹은 독자적으로 반란군을 맞아 전투에 임하기도 하였다. 이러한 예는 수없이 많은데, 崇禎 2년(1629) 2월에

　　三原鄕兵이 陽社里에서 賊을 격퇴하여 賊은 富平同官으로 도주했다.63)

라든가 崇禎 2년(1629) 4월에 陝西省 西安에 도적이 침범하였을 때

　　督糧道參政 洪承疇는 官兵·鄕勇을 합쳐 一萬餘人으로 12營으로 나누어 淳化縣 西北에서 賊을 포위했다. 몇 차례 공격했으나 야밤에 雷雨를 틈타 포위를 뚫고 淳化로 도주하였다. 이에 神道嶺에 들어가 추적하여 200餘級을 斬하였다.64)

라는 例 및 崇禎 4년(1631) 3월에

　　(副總兵) 張應昌 등이 神一魁를 격퇴하여 238級을 잡아 斬首했는데, 향병이 100餘級을 斬했다.65)

라는 것은 그 가운데 일부의 例이다.

　그러나 이러한 향병의 활동에도 불구하고 土寇 및 流賊勢力의 극성은 수그러들기는커녕 더욱 그 세력을 확대해 갔고, 이들과의 대결이 장기화되어 감에 따라 향촌사회의 피해는 더해 갔다. 특히 城市와는

---

63)『懷陵流寇始終錄』卷2, 崇禎 2年 2月 乙巳條.
64)『國榷』崇禎 2年 4月 甲午條.
65)『國榷』崇禎 4年 3月 丁丑條.

달리 향촌사회는 擁城自衛하는 방어활동이 불가능할 뿐 아니라 土寇·反亂軍 및 鄕兵 등 제 세력이 공존하면서 향촌민을 대상으로 대결하는 장이었기 때문에 그 피해는 클 수밖에 없었다. 이에 따라 각 향촌에는 이제 居民의 생명과 재산을 지키기 위한 방책의 하나로 험준한 山中이나 山頂에 堡寨[66]를 축조하여 이에 임하였다. 당시 堡寨의 설립은 崇禎 7년(1634) 撫治鄖陽都御史로 취임한 盧象昇이 그 전 해(1633)에 太行山中에서 賊을 토벌하는 데 성공했던 立寨淸野의 법을 응용하여 鄖陽 제 지역에 시행했던 데서 비롯되었는데,[67] 湖廣지역을 비롯하여 제 지역에 널리 보급되었다. 明末의 대표적 堡寨로서 淸初까지 존속하면서 淸朝의 침공에 지속적으로 대항한 蔴城縣의 이른바 '蘄·黃48寨'도 바로 이 무렵 大鄕紳 梅之煥을 중심으로 건립되기 시작했던 것이다.[68] 아무튼 각 지역에 堡寨가 건립되면서부터 향병활동은 대부분 이를 거점으로 하여 전개되었으며, 이들은 때로 주변에 있는 堡寨間에 서로 倂村 등의 방법으로 연계방위체제를 형성하여 반란세력에 대항하기도 하였다. 물론 이러는 중에 규모가 작은 寨는 보다 큰 규모의 寨에 병합·흡수되기도 하여 萬數의 규모를 갖는 大寨가 등장하기도 했던 것인데,[69] 앞에서 든 梅之煥의 '蘄·黃48寨'도 그 대표적인 것 가운데 하나이다.

  그러나 堡寨를 중심으로 한 방위활동이라는 것은 전통적인 '堅壁淸野'[70]의 戰法에 입각하여 寨의 무장력이 미치는 지역에서만 생산활동

---

66) 明末의 堡寨에 대해서는 谷口規矩雄, 「明末淸初の堡寨について」, 『東海史學』 9, 1973 ; 李文治, 「明末的寨堡與義軍」, 『明史硏究論叢』 2輯, 1983 ; 佐藤文俊, 앞의 책, 1985, 1장 3절 3 「襄京地方政權と堡寨」 참조.

67) 盧象昇, 『盧象昇疏牘』 卷2, 立寨倂村淸野設伏增兵籌餉疏 ; 卷3, 立寨倂村七款. 盧象昇의 鄖陽에서의 鄕村防衛活動에 대해서는 王賢德, 「明末動亂期に於ける鄕村防衛」, 『明代史硏究』 2, 1975, 36~39쪽 참조.

68) 『光緖蔴城縣志』 卷37, 大事記. 梅之煥의 「蘄·黃48寨」에 대해서는 谷口規矩雄, 앞의 논문, 1973 참조.

69) 堡寨連合에 대해서 佐藤文俊, 앞의 책, 1985, 62~70쪽 참조.

을 확보하는 소극적인 방책이었다. 이러한 수비적인 방책을 취한 것은 반란세력과의 장기전에 대비하는 의미도 있지만 한편 당시의 반란세력이 관군 및 향병의 적극적인 공세로도 도저히 감당할 수 없을 만큼 강대했기 때문이기도 했다. 앞 절에서도 살폈듯이 崇禎 7, 8년경(1634, 5) 반란군은 13家 72營의 대규모 군단을 형성했거니와 서로간에 연계를 맺어 河南, 湖北, 湖南地方을 종횡으로 유린하는 등 강세를 보이고 있었다. 이들 堡寨間에 연합전선을 구축할 수밖에 없었던 것도 당시 반란세력의 이 같은 강세에 대응키 위함이었다. 이러한 상황에서 비단 종래의 향신층을 중심으로 한 자위집단뿐 아니라 각 지역의 유력한 土豪가 중심이 된 무장자위조직도 형성되게 되었다. 이들 유력자에 의한 무장조직은, 특히 당시 반란군의 중심거점인 河南지역에 많이 형성되었는데, 그 가운데 汝寧府 西平縣의 鹽盜인 劉洪起가 조직한 세력과 汝寧府 眞陽縣의 大俠인 沈萬登의 세력, 그리고 河南府 登封縣의 土豪인 李際遇가 조직한 세력이 대표적인 것이다.[71] 이들을 합하여 이른바 '河南三寨'라고 부르는데, 이들은 각기 數萬의 세력을 형성하여 이후 李自成 농민반란군에 대항하였거니와 명조로부터 都司, 副總兵 등의 관직을 부여받는 등 명조와도 밀접한 관계를 유지하면서 향촌방위에 일익을 담당하였다.

그러나 이들 무장자위집단은 명조에 일방적으로 협조한 것만은 아니었다. 그 중에는 향촌방위를 목적으로 堡寨를 형성하였지만 이후 곧 土賊化하거나 반란세력에 가담하여 오히려 명조에 대항하는 세력도 많았다. 자위세력 가운데 土寇化한 세력은 南陽府 舞陽縣의 楊四와 泌陽縣의 郭三海가 최강의 세력으로 그 대표적인 예로 꼽히지만 이외에도 遂平의 侯馭民・秦至剛, 裕州의 張五 등 南陽・汝寧府 소속의

---

70) 日比野丈夫,「鄕村防衛と堅壁淸野」,『東方學報』(京都) 22, 1953.
71) 이들에 대한 내용은『綏寇紀略』補遺下, 河南諸寨. 이에 대한 논고로는 佐藤文俊, 앞의 책, 1985, 62~70쪽 ; 谷口規矩雄, 앞의 논문, 1969, 116~119쪽 참조.

많은 자위집단이 土寇化하였다.[72] 앞에서 언급한 '河南三寨' 역시도 명조와 일정한 관계를 맺어 활동을 하였던 것이지만 기실은 그들의 독자적 세력을 확보키 위한 방편이었던 것이다. '河南三寨' 가운데 하나인 沈萬登의 경우, 崇禎 16년(1643)에 總督 馬士英 휘하의 副總兵이 되었지만 그 해 9월에 督師 孫傳庭과 李自成軍이 襄城·洛陽에서 전투를 할 때 관망만 할 뿐 援軍을 보내지 않음으로써 明軍을 패하게 했거니와[73] 李際遇 역시 이 무렵 明朝와 제휴하지 않고 여러 土寨를 병합하여 河南府 일대에 독자적인 대세력을 형성해 갔던 것[74]은 이들 土豪에 의해 형성된 자위집단의 성격을 잘 보여준다. 이와 같이 자위세력이 土寇化하거나 독자적인 세력을 형성해 나간 것은 당시 반란군의 세력이 점차 강대해 갔던 데에 연유하는 것이지만, 한편 이들 세력을 효과적으로 통제할 만한 힘이 없었던 명조의 약체화에 기인하는 것이기도 하다.

물론 이와 같은 각 지역에서 독자적인 세력을 구축하여 향촌을 방위하고 있던 민간자위집단에 대해 명조도 그대로 방치한 것만은 아니었다. 군사력이 극도로 약화된 명조로서 반란군을 진압하기 위해서는 이들의 도움이 절대적으로 필요했던 것이어서 崇禎 11년 兵科給事中 張作楫이 大縣은 3,000, 中縣은 2,000, 小縣은 1,000명의 鄕兵原額을 설정하여 향병을 육성해야 한다고 한 것이나[75] 같은 해 北直隷 眞定府에서 鄕兵數가 原額에 미달한 州·縣의 官을 처벌했던 사례[76]에서 보듯이 명조는 관 주도의 향병세력을 적극적으로 양성하고자 했던 것이다. 이와 아울러 각지의 향병을 효과적으로 운용하기 위해서 崇禎 8년

---

72) 『懷陵流寇始終錄』 卷9, 崇禎 9年 8月 丁丑條 ; 佐藤文俊, 앞의 책, 1985, 64쪽.
73) 佐藤文俊, 위의 책, 66쪽.
74) 위의 책, 66~67쪽.
75) 『明淸史料』 辛編 6本, 兵部題 兵科抄出吏部尙書商周祚等題稿, 506쪽.
76) 『明淸史料』 辛編 4本, 兵部題 眞保分監陳鎭夷題殘稿, 383쪽.

鄖陽巡撫 盧象昇이 鄕兵의 指揮系統을 마련하고, 갖가지 향병 훈련방법과 지역사정에 알맞는 향촌 방위방법으로서 '立寨倂村'制를 마련하여 소속 州·縣의 鄕兵에 지시하고 있음에서77) 보듯 일정한 틀 속에 각 지역의 鄕兵을 통합시켜 운용하려고도 했다. 또한 崇禎 11년(1638)에 總監眞保太監인 方正化가 올린 題本의 내용 가운데

　　(鄕兵을 조직하는 데는) 牌甲, 火夫는 쓸 수 없습니다. 이들이 亂에 편승하여 姦巧하게 될까 두렵기 때문입니다. 遠方의 鄕村民도 쓸 수 없는데 이들이 기회를 보아 거리낌 없이 활개를 칠까 두렵기 때문입니다. 반드시 城中의 紳衿, 庶士, 大戶, 富商들의 子弟나 佃戶, 家人으로서 情으로 연결되어 있고 뜻이 굳은 자를 量力酌丁하여 편성해야 합니다.78)

라는 것을 보면 민간자위집단이 土寇化할 위험성을 충분히 인지한 바탕에서 이를 방지하기 위해 향신·지주의 사적 영향력 하에 있는 子弟, 家丁, 佃戶 등의 '情聯義固'한 자들만으로 향병을 구성해야 한다는 방책도 강구되었던 것이다.79)

　그러나 이러한 明朝의 제 시책은 어느 정도 효과는 거둘 수 있을지 언정 현실적으로 土寇化하는 자위집단이 속출하는 당시의 상황에서 이를 방지할 확실한 대책은 되지 못하였다. 이에 따라 보다 구체적이고, 적극적인 국가주도의 공식적인 향병대책이 강구되기도 했다. 崇禎 12년(1639) 3월에 당시 兵部尙書인 楊嗣昌이 시행한 '練總制'가 바로 그것이다. 그의 練總制는 修(城壁과 堀의 修繕)·備(防具의 設置와 製造)·練(鄕兵의 團練)·儲(食料의 貯藏)로 표현되는 鄕村防衛策80)

---

77) 주 67) 참조.
78) 『明淸史料』 甲編 10本, 兵部等部題 總監眞保太監方正化題行稿, 901쪽.
79) 실제 이 무렵 北直隷 眞定府, 保定府에서 紳衿, 富家의 私兵이 반란진압에 적극적으로 참가하였다. 그 참가상황에 대해서는 鄭炳喆, 앞의 학위논문, 1996, 158쪽 주 92)의 圖表 참조.

과 더불어 강구되었던 것으로 각 府 · 州 · 縣의 관직 일부를 삭감하고
이를 대신해 '練備', '練總'이라는 武官을 설치하여 이들로 하여금 民兵
을 훈련시키게 한 것인데,[81] 그 주된 내용은 準官軍으로서 모든 향병
을 정부주도 하에 육성하자는 것이었다. 이와 같은 방안이 나오게 된
것은 崇禎 10년(1637) 4월에 향병의 유효성을 묻는 황제의 질문에 대
해 그가

　　각 巡撫가 있는 지방은 반드시 土著를 훈련시켜 自强의 根本으로 삼
　　아야 합니다. 가령 河南의 土賊 楊四 · 郭三海와 같은 괴수는 强盛하여
　　兵鋒을 당할 수 없습니다. 만일 당초에 이들을 불러모아 각기 頭目으로
　　삼아 다른 鄕兵을 통솔토록 했다면 어찌 賊을 죽일 수 없겠습니까?[82]

라고 대답한 데에서 유추할 수 있듯이 土賊化한 土豪에 의해 형성된
무장자위집단을 토적화하기 전에 이들을 정부통제 하에 편입시켰다면
향촌방위의 역량이 한층 향상될 수 있었다는 그의 평소의 생각을 바탕
으로 한 것이다.

　그런데 이 같은 官主導의 練總制를 시행하기 위해서는 막대한 재원
조달이 필요했던 것으로 이를 위해 730만 냥의 練餉을 增徵하였던 것
이다.[83] 이것은 막대한 액수였거니와 萬曆 末에 설치된 遼餉이 계속
增徵되고 있었고,[84] 또한 崇禎 10년(1637)에 對流賊包圍作戰으로서

---

80) 이 향촌방위안은 崇禎 7년 8월에 이미 崇禎帝가 兵部에 내린 것으로 楊嗣昌
　　은 이를 기초로 그의 방위안을 만들었던 것이다(吉尾寬, 「明末 楊嗣昌の地
　　域防衛案について」, 『東洋史硏究』 45-4, 1987, 4~5쪽).
81) 『明史』 卷252, 楊嗣昌傳, 6515쪽. 練總制는 北邊의 긴장상태 하에 있던 畿輔,
　　山東, 河南, 山西에 우선 시행했지만, 점차 華中 · 華南지역에까지 보급되고
　　명말의 전국적인 지역방위책으로 확대되었다. 그 시행과정에 대해서는 吉尾
　　寬, 앞의 논문, 1987 참조.
82) 『楊文弱先生集』 卷43, 丁丑4月27日 召對.
83) 『明史』 卷252, 楊嗣昌傳, 6515쪽.
84) 淸水泰次, 『中國近世社會經濟史』(東京 : 西野書店, 1950), 5장 2절.

'十面의 網'을 실행하기 위해 280여만 냥의 剿餉85)을 징수하고 있던 당시로서는 엄청난 부담이었다. 이를 부담하는 계층은 향신층을 포함한 소농민이었는데, 이들의 반발이 당연히 거세었을 뿐 아니라 重稅에 못 이겨 오히려 반란세력에 가담하는 자도 많이 발생했다. 게다가 당시 민생안정을 제일의적 과제로 삼고 있는 東林派의 비판도 거세게 일어났다.86) 따라서 練總制는 자연 원활하게 시행될 수 없었거니와 楊嗣昌 자신도 "州縣의 民兵은 날로 無實해지고, 단지 厚餉만 축낼 뿐이다"87)라고 하고 있듯이 그다지 성과를 거두지 못하였다. 이 같은 상황에서 崇禎 14년(1941) 3월에 楊嗣昌이 襄王 翊銘이 張獻忠에게 살해된 사건에 책임을 지고 자살함으로써 練總制는 폐지되어 버렸다. 이로써 국가통제 하의 공식적인 향병육성책은 실패로 끝났는데, 사실 이를 원활하게 실행하기 위해서는 무엇보다도 각 지방관의 노력이 필수적이라 할 것이나 滿洲兵의 침략과 반란군의 횡행으로 지방관 缺員이 많았던 당시의 상황88)에서 중앙정부 차원의 이러한 방안이 본래의 취지대로 실행된다는 것은 지극히 어려운 것이기도 했다.

　그러나 비록 정부주도의 향병육성책은 실패로 끝났다고 하지만 기존의 향신주도의 향병제까지 포기할 수는 없었다.89) 官兵이 약체화될 대로 약체화된 명말의 상황에서 內憂外患을 극복하기 위한 유일한 힘이라는 것은 어쨌든 향병 조직밖에 없었기 때문이다. 練總制의 폐지와

---

85) 『明史』 卷252, 楊嗣昌傳, 6510쪽. 楊嗣昌의 剿餉案에 대해서는 吉尾寬, 「明末 楊嗣昌の'剿餉'案について」, 『東方學報』(京都) 58, 1985 참조.
86) 吉尾寬, 「『楊文弱先生集』について - 張顯淸の所說によせて - 」, 『東洋學報』 65-3 · 4, 1984.
87) 『明史』 卷252, 楊嗣昌傳, 6515쪽.
88) 주 94) 참조.
89) 楊嗣昌의 練總制 시행에 있어서도 그 경제적 지원이나 鄕兵을 지도하는 데 있어서 향신층을 배제하고서는 시행될 수 없는 것이었다. 사실 楊嗣昌은 지역방위를 행하는 데 전적으로 향신층에 의존하려는 것이었으나 오히려 崇禎帝가 향병지도자로서 향신을 배제하였다(吉尾寬, 앞의 논문, 1987, 18~19쪽).

함께 곧 종래의 '自編自練'하는 향병제가 부활되어야 한다는 논의가
대두되었다. 당시 향병제 부활을 주장했던 대표적 인물인 兵科給事中
李永茂는 崇禎 15년(1642) 閏11월에

　　鄕兵은 마땅히 復活되어야 합니다.……이들(鄕兵)은 司農에 糧食을
　　구하지 않고, 內庫에서 衣甲을 받지 않으며, 大帥에게 稟成을 하지 않
　　아도 사람들은 스스로 싸우고, 法令에 의거하지 않고서도 家가 스스로
　　지킵니다. 오로지 어진 守令의 力行에 달렸습니다.[90]

라고 상주하였다. 즉, 그는 國庫에 의존하지 않고 '人自爲戰', '家自爲
守'하는 자율적 향병조직을 다시 부활시킬 것을 주장하였던 것이다. 이
와 아울러 그는 촌을 기본단위로 1村 혹은 2~3村을 1哨로, 10村 혹은
20村을 1營으로 구성하여 각기 練長, 統領을 두어 縣丞下에 각 조직
을 통솔토록 하였다.[91] 그의 이러한 향병제는 練總制 시행 이전처럼
官의 감독 하에서 운용되는 것을 전제로 하면서도 향병의 통솔은 물론
운영자금을 전적으로 향신·지주 등 향촌지배층에게 의존하는 것이었
다.[92] 이와 같은 그의 향촌방위안은 北直隷 順德府下의 9개 현에 행
해졌거니와 만주족 침입을 저지하는 데 큰 성과를 거두기도 했다.[93]
　　그러나 앞에서도 지적하였지만 향병자위집단 가운데 土賊·反亂勢
力에 가담한 세력이 속출하였으며, 이러한 향병제는 그다지 원활하게
유지되지 못하였다. 그렇게 된 데에는 명말로 갈수록 지역방위의 중심

---

90) 『邢襄題稿』第3疏 奏報鄕兵當復等事疏, 13쪽.
91) 위와 같음.
92) 邢台縣의 경우는 衙役兵과 義兵(鄕紳의 私的勢力)이 합체되어 향병을 이루
　　었던 것으로 李永茂가 주장한 원래의 향병 편성방법과 다르다는 지적도 있
　　으나(谷口規矩雄, 앞의 논문, 1969, 112~113쪽) 원래의 편성방법에 있어서도
　　구체적으로는 지역의 鄕紳·富豪들의 절대적인 도움 하에서 가능했던 것으
　　로 보인다.
93) 그 실행실태에 대해서는 王賢德, 앞의 논문, 1975, 33~36쪽 참조.

적 위치에 있어야 할 지방관의 결원이 많이 발생했다는 것94)도 그 한 원인으로 지적될 수 있겠지만 무엇보다도 李自成을 중심으로 한 농민 반란세력의 강화와 그가 표방한 '均田免糧'으로 대표되는 민심수렴책 이 향병조직의 기초적 구성원인 소농민·家僕은 물론 生監層에게까지 크게 어필했기 때문이었다.95) 아울러 명말 당시 향신 등 有力戶에 예 속되었던 노복의 반란96)이 집중적으로 발생했던 것도 향병을 '不可用' 하게 만든 요인이었던 것이다.

2. 自衛集團의 조직과 鄕約·保甲의 역할

어느 조직이나 그 조직의 힘을 극대화하기 위해서는 그 구성원의 결 속을 다지는 일이 무엇보다도 필요하다. 마찬가지로 명말에 형성된 자 위집단 역시도 그 주요 임무인 군사적인 방위활동을 보다 굳건히 전개 하기 위해서는 향병 구성원에 대한 내부통제를 확실히 해야 할 필요가 있었다. 그런데 이미 향병조직은 萬曆年間부터 형성되기 시작했거니 와 향병을 편성하는 데 있어서 종래 향촌질서의 유지를 위해 널리 시 행해 온 향약·보갑제를 근간으로 하였었다.97) 萬曆 中半 福建巡撫를 지낸 許孚遠의 경우 보갑제의 실시를 전제로 향병을 조직한 것이나,98)

---

94) 崇禎 16년 정월에 李自成의 襄京政權이 성립되면서 襄陽, 荊州, 德安, 鄖陽, 承天, 黃州, 岳州, 汝寧, 南陽, 開封府 등이 장악되었거니와 이들 소속 각 주 ·현에 襄京政權의 文武官이 파견되었다(佐藤文俊, 앞의 책, 1985, 48~51쪽 <表 I> 참조). 이보다 앞선 崇禎 15년경 北直隷의 경우 畿輔地域에 지방관 이 缺員인 곳이 14곳이나 되었고, 畿南의 順德府만도 9縣 중 4縣의 지방관이 缺員이었다(『邢襄題稿』第1疏 奏陳應責應催事宜疏 및 第7疏 奏報道臣聞報 丁憂等事疏).

95) 李成珪, 앞의 논문, 1977, 12~14쪽.

96) 주 26) 참조.

97) 正德年間 왕양명이 민병조직으로서 總小甲制를 편성할 때 각 향촌에 편성된 상호연대조직인 十家牌法을 기초로 하였다(이 책 4장 1절 2 참조).

萬曆年間 山西巡撫를 지낸 呂坤 역시 보갑제 조직에 의해 향병을 編制할 것을 주장한 것[99]은 이를 잘 보여준다. 이처럼 보갑제를 향병편성의 기초조직으로 삼은 것은, 앞장에서도 살펴보았듯이 이미 오래 전부터 지방관 및 향신 등 지배층을 중심으로 향촌질서의 안정을 위해 널리 편성되었고, 또 그 자체가 自警團으로서의 성격을 가지고 향촌자위의 일면을 가졌던 것이고 보면 당연한 것으로 보여진다. 아무튼 향병조직은 萬曆年間을 이어 天啓·崇禎年間에 들어와 본격적으로 편성되었거니와 향병 조직과 그 활동에 있어서 향약·보갑 조직을 이용한 것은 이후로도 크게 이루어졌던 것으로 보인다.

天啓年間에 들어와 당시 大學士를 지낸 葉向高는 王安石의 保甲과 周代의 比閭制(六鄕六遂制)를 비교하면서 保甲의 이점과 아울러 그 해를 '强兵', '弭奸', '禁盜', '正俗'으로 분류하여 설명하고 있는데,[100] 여기에서 '弭奸', '禁盜', '正俗'은 鄕村民의 相互規察과 이를 통한 奸細의 防止, 鄕村民의 지역사회로부터의 이탈방지 및 風俗의 匡正이라는 기존에 행해져 온 보갑적 기능에 속하는 것이지만, 새로이 보갑의 기능으로서 '强兵'을 논한 것은 향병조직에 있어 보갑제가 바탕이 되었다는 당시의 보편적인 현상을 전제로 하고 있는 것이다. 그러면 보다 구체적인 몇몇 사례를 들어 이를 살펴보도록 하겠다.

鄖陽撫治 盧象昇이 鄖陽 주변 諸 州·縣에 '立寨淸野의 法'을 시행했다는 것은 앞에서도 소개한 바이다. 鄖陽은 明代를 통해 流民의 潛入이 가장 많은 지역이었거니와 明末 동란기에 농민반란군에 유린되어 "百里不見炊烟 不逢人跡"[101]의 상태에 처해 있었다. 이러한 때인

---

98) 許孚遠, 『敬和堂集』 公移 撫閩稿 團練鄕兵 各行道 8條 중 1條. 三木聰, 앞의 논문, 1979, 89~90쪽 참조.

99) 呂坤, 『呂申吾集』 卷2, 摘陳邊計民難疏(『皇明經世文編』 Vol. 25).

100) 葉向高, 『蒼霞正續集』 卷1, 保甲議(『皇明經世文編』 Vol. 28, 國聯圖書出版有限公司 印行) ; 冷東, 『葉向高與明末政壇』(廣東 : 汕頭大學出版社, 1996), 128~129쪽.

崇禎 7년(1634)에 盧象昇은 이 곳 撫治에 임명되었는데, 그는 곧 반란
군으로부터 향촌을 방위하기 위해 各 縣의 殘存鄕民으로 향병을 편성
하여 향신으로 하여금 團練시키도록 했는가 하면 이 곳의 地理形勢를
고려하여 '立寨淸野의 法'을 행하였던 것이다. 그런데 이 법을 공표·
실행했던 내용을 담고 있는 「立寨併村七款」[102]을 보면, 그 第1款에

　　山寨에는 원래 規則도 없고 일정한 장소도 없다. 다만 地勢가 험준하
　고 山頂이 寬平하며 물을 얻기 좋고, 수백 혹은 백여 인을 수용할 수 있
　으면 된다. 그리하여 4~5里, 7~8里 이내의 居民을 보갑에 편성하여 일
　이 없을 때에는 각기 本家에 돌아가도 좋지만 賊이 오면 (山寨) 위에
　團聚하여 守禦에 임하며, 틈틈이 돌을 운반하여 賊의 공격에 대비한다.

라 하고 있는데, 평소에 모든 향촌민을 보갑조직에 편성하였거니와 山
寨를 중심으로 한 향촌방위에 임함에 있어 보갑조직을 이용하고 있음
을 보여준다. 다음 第5款의 내용을 보면

　　平地의 村鎭은 山間과는 달리 賊이 와도 의지할 곳이 없으므로 오로
　지 사람들을 무리짓는 데 의지할 수밖에 없다. 따라서 大村·大鎭을 택
　하여 부근 10여 리의 촌락 백성을 그 안에 편입시키는데 10家牌規에 따
　라 이를 행한다. 그리고 그 村·鎭을 團으로 하여 각기 山寨와 같이 團
　長과 練長을 두지만 원래의 鄕約, 地方, 保長도 그대로 두어 壕를 파고
　堤塹을 쌓는다.

라 하고 있는데, 이것은 山寨가 없는 평지의 촌락방어에 대한 내용이
지만 이 역시 평상시에 향약·보갑제를 운용하여 이를 중심으로 併村
의 방법으로 향병을 편성, 향촌방위에 임했던 것을 보여준다. 아울러

---

101) 盧象昇, 『盧象昇疏牘』 卷1, 撫郧奏議 停徵修城積穀疏.
102) 盧象昇, 『盧象昇疏牘』 卷3, 撫郧公牘 立寨併村七款.

第7款에

　　各寨, 各村의 居民 중 가난하여 自食할 수 없는 자가 있으면 團長, 練
　　長 및 鄕約, 地方, 保正副 등이 本院에 보고하여 糧食을 공급하여 구제
　　토록 한다.

라는 내용을 보면, 향약·보갑제를 운용하여 堡寨의 구성원들의 생활
까지 관리하도록 하고 있음을 보여준다.

　　이와 같은 향촌방위에 있어 향약·보갑제를 이용하고 있는 사례는
安徽省 徽州府에서 崇禎 8년(1635)에 농민반란군에 대항하여 이 곳의
향촌방위에 임했던 金聲의 경우에서도 찾아볼 수 있다. 崇禎 원년
(1628)에 진사로 관계에 진출한 金聲[103]은 당시 滿洲兵의 침입에 강개
하여 重兵으로 이를 막을 것을 건의하고 이에 自任하였다. 그러나 이
에 실패하고 관직에서 물러난 그는 崇禎 4년(1631)에 향리인 休寧縣에
還古書院을 설립하여 「聖諭六言」을 중심으로 한 향약을 講學하며 鄕
民의 교화에 임하였다.[104] 그러던 중인 崇禎 8년(1635) 농민반란군이
安徽省境內에까지 이르게 되었는데, 이 소식을 접한 그는 病患중에
있음에도 불구하고 '鄕射'라는 규범을 세워 향병훈련에 임하는 한편,
'友助事宜'라는 향촌방위책을 마련함으로써 농민반란군으로부터 鄕里
를 보전할 수 있었다. 그런데 그의 향촌방위책으로서 '鄕射', '友助事
宜'라는 것은 일찍이 그가 향약을 강의했던 것과 관련하여 향약조직을
바탕으로 설립한 것임을 뚜렷하게 보여주고 있다. 즉, 그가 마련한 '鄕
射'의 규범은 鄕閭의 靑年子弟들에게 매월 朔望에 「六諭」를 講讀하고
翌日에 '習射'를 훈련하도록 하여 鄕民으로 하여금 방위력을 갖추게
한 것이며, 이를 위해 休寧縣 도처에 '都鄕約所', '隅鄕約所'를 설치하

---

103) 『明史』 卷277, 金聲傳.
104) 吳景賢, 「金正希之地方自衛」, 『學風』 5-6, 1935, 4~7쪽.

여 이 곳에서 流賊의 起因과 그 行方 및 방어방법을 宣講했던 것105)
이 그것이다. 그의 보다 구체적인 향촌방위이론을 담고 있는 15개조로
된 '友助事宜'의 내용106)에서도 그 향촌방위조직이 '班-連-區-約-縣'
으로 편성되어 있는 것을 보면(1·2·11조), 향약조직을 근간으로 하
고 있음을 알 수 있거니와 이들 조직을 통해 '約內事宜'를 申明·解說
함으로써 공동체 의식을 고취시키고 있고(15조), 앞에서 본 '鄕射'의 규
범에 입각하여 향민을 훈련시켰던 것(7조)으로 향약의 조직과 정신을
바탕으로 향촌방위에 임하였음을 확실히 알 수 있다. 아울러 連이나
區의 조직에 牌冊를 구비하여 소속 구성원의 人名과 器械를 列記하고
(2·3·11조), 異方人의 住宿·往來를 注記하여 감시하는 내용이 있
는가 하면(9조) 각 조직에 望樓와 大鼓를 설치하여 1家가 피습을 당하
면 종을 울려 鄰村의 家가 救護에 나서도록 하고 있는 내용(3·4조)도
포함하고 있는 것으로 볼 때 보갑제적인 守望相助의 기능도 가지고
있음을 알 수 있다.

崇禎 12년(1639)경에 당시 兵部尙書인 楊嗣昌에 의해 정부통제 하
의 강력한 향병육성책으로서 練總制가 시행되었다는 것은 앞에서도
서술한 바이지만 그의 경우에도 향촌방위조직을 편성하는 데 있어서
향약·보갑제를 바탕으로 편성하고자 함을 분명히 하고 있다. 崇禎 9
년(1636) 7월에 최강의 반란세력을 옹유하고 있던 高迎祥이 체포되어
처형되어 반란군의 형세는 대체로 退潮 현상을 보이고 있었다. 그러나
여전히 각 지역에서는 土賊들이 횡행하였거니와 특히, 河南 제 지역에
서 이들의 활동은 매우 활발하였다.107) 이에 兵部尙書에 임명된 楊嗣

---

105) 王賢德, 앞의 논문, 1975, 40쪽.
106) 「友助事宜」의 내용은 1條 書村落, 2條 督任事, 3條 聯守望, 4條 嚴警號, 5條
旌義勇, 6條 鼓怯惰, 7條 習擊射, 8條 禁夜行, 9條 詰面生, 10條 曉貧愚, 11
條 勸子弟, 12條 防大警, 13條 練巷戰, 14條 創私廒, 15條 明約束으로 구성
되어 있다. 吳景賢은 이 내용의 특징적인 점으로 조직의 정밀, 훈련의 得法,
생업에 주의, 상벌의 嚴明, 방위의 치밀함을 들고있다(위의 논문, 16~21쪽).

昌은 이를 완전히 제압하기 위한 방책을 강구하였다. 崇禎 10년(1937) 閏4월에 "鄕團을 選練하고, 豪桀을 소집해야 함"을 主案으로 하여 上奏한 「覆兵科汝宛盜窟悉平疏」[108]가 바로 그것이다. 여기에서 그는 士(生員)까지도 賊黨에 가담하는 현실풍조를 바로잡아야 함을 강조하고, 그러기 위해서 年高·有德하고 모든 居民으로부터 敬信을 받는 자를 約正으로 삼아 鄕村住民 전체에 향약을 거행하여 교화시켜야 함을 주장하고 있거니와, 이와 아울러 "流賊이 蔓延하고 土賊이 계속해서 다시 크게 일어나는 것은 이를 일으키는 자를 은닉하여 보고치 않고, 어린 뱀을 키워 큰 뱀으로 성장시키는 것" 같이 하기 때문이라 하여 保長·甲長으로 하여금 良善한 士民과 함께 사람들의 동태를 끊임없이 살펴야 한다고 하였다. 즉, 그는 향촌을 방위하기 위해서는 향병을 양성하여야 하지만, 그에 앞서 먼저 향약·브갑제를 행하여 향촌사회를 어느 정도 안정시킨 바탕 위에 행할 것을 말하고 있다. 이와 같은 그의 방침은 채택이 되어 河南지역의 流寇·反亂勢力을 토벌하는 데 크게 성공을 거두었으며, 그의 이러한 방책은 이후로도 계속 이어졌다.

그는 崇禎 11년(1638) 이후 華北지역의 流賊이 점차 약화되는 것과는 달리 湖南, 湖北, 江西, 廣東 등 南方 諸省에 在地의 반란이 연쇄적으로 일어나자, 또다시 이에 대한 지역방위책을 강구하게 되었다. 이때 그는 崇禎帝가 이미 지시한 4개의 방침, 즉 '修·備·練·儲'의 방침을 구체화시켜 이를 보다 철저히 시행하도록 했던 것인데, 이 가운데 향병을 團練시키는 데에 있어 이전에 華北지역에서 행한 방법을 그대로 여기에서도 구사하였던 것이다. 즉, 그는 향병을 조직하기에 앞서 本地의 居民 및 외래인의 동정을 주의깊게 살펴 의심스러운 자가 있으면 반드시 保甲과 官府에 通報하도록 하였다. 그러는 한편 本地

---

107) 당시 土寇勢力 가운데 최강으로 알려진 舞陽의 楊四, 泌陽의 郭三海 등을 중심으로 한 土寇들이 南陽府 일대에서 활발한 활동을 전개하고 있었다(주 71)의 문헌 및 논문 참조).

108) 『楊文弱先生集』 卷13, 覆兵科汝宛盜窟悉平疏, 崇禎 10年 閏4月 16日 聖旨.

의 居民과 勢家大族의 義男·家丁 가운데 무예를 습득한 자가 있으면 평상시에 이들의 이름과 年貌를 官府에 기록하여 유사시에 府·州·縣 衙門의 향병으로 삼도록 했던 것이다.109) 이 때의 방책도 채택되어 향촌방위에 큰 성과를 올렸거니와, 이 무렵 설치되기 시작한 練總策과도 합체를 이루어 중앙정부 차원의 향촌방위책으로서 전국에 걸쳐 시행되었던 것이다.

이 밖에 明末 동란기의 향촌방위에 있어 향약·보갑제를 활용했던 예로서 山東 寧陽縣의 諸生인 朱克配가 鄕人들에 의해 約長에 추대되어 향병을 조직하여 土賊을 물리쳤다든가110) 崇禎 9년(1636)에 山西 巡按 張孫振의 上疏에 "每村마다 백성들로 하여금 스스로 約正副 2人을 推擧하여 自編自練케 한즉 이를 좋아하지 않는 자가 없었고, 이를 시행하자 沿河 일대에 향병 3만을 얻었습니다"111)라는 것은 향약을 기반으로 향병이 조직되었던 것을 보여주거니와 향병 부활을 주장했던 李永茂가 順德府의 방위력을 증강시키기 위해 보갑을 행한 것,112) 李靑山의 亂을 당하여 濟寧州의 방위에 임한 按察副使 葉重華가 이 지역의 紳衿과 함께 "門禁을 嚴히 하고, 保甲을 淸했던 것"113)은 향촌을 방위함에 있어 보갑을 이용했던 수많은 예 가운데 일부이다.114)

이상에서 볼 수 있듯이 동란기에 당하여 수많은 지역에서 각기 지방관 및 향신지주들을 중심으로 한 향병자위집단이 구성되었던 것인데, 향약·보갑조직은 자위활동을 위한 향병조직의 기초조직을 이룸과 함께 향촌민의 규찰과 이들의 이탈방지를 위한 통제기능을 하면서 활성

---

109) 『楊文弱先生集』 卷22, 南方盜賊漸起疏, 崇禎 11年 2月 28日 聖旨.
110) 『光緒寧陽縣志』 卷12, 列傳 人物 朱克配傳.
111) 『明淸史料』 乙編 9本, 兵部行 兵科抄出山西巡按張孫振題稿, 837쪽.
112) 王賢德, 앞의 논문, 1975, 35쪽.
113) 『乾隆濟寧直隷州志』 卷34, 雜綴 ; 佐藤文俊, 앞의 책, 1985, 111~113쪽.
114) Jerry Dennerline, "Hsu Tu and the Lesson of Nanking"(*From Ming to Ch'ing*, 1979)에는 金聲의 예 외에도 浙江 紹興에서의 祁彪佳, 松江에서의 陳子龍, 蘇州에서의 侯峒曾에 의한 향약·보갑의 시행 예가 소개되어 있다.

화되었던 것이다. 아울러 楊嗣昌에 의한 향촌방위책 수립과 함께 향약·보갑제는 중앙정부 차원에서도 시행되었던 것인데, 이것은 향약·보갑제가 일찍부터 전국에 걸쳐 크게 보급되고 그 실효성이 많았던 것을 바탕으로 한 것이고, 또한 비록 정부의 전국에 걸친 획일적인 제도로 공식화되지는 못했지만 전국적 규모로 시행될 수 있는 계기를 마련했던 것이다.

제6장 入關 初期의 향촌사회와
淸朝의 향촌지배

1644년 3월 18일 李自成의 大順軍이 北京城을 함락시킴으로써 14세기 이래 중국의 집권적 통일권력인 明朝는 붕괴되었다. 명조의 붕괴 소식을 접한 청조는 이를 그들의 염원인 중원 진출의 호기로 판단하였다. 그 해 4월 大學士 范文程은 中原侵攻을 주장하였거니와[1] 청조는 이를 받아들여 '復讐義軍'을 자처하며 山海關에 들어왔다(4월 22일).[2] 이후 청조는 그들의 강력한 군사력[3]과 華北 일대의 신사층의 투항과 협조를 바탕으로 大順軍을 격파하며, 비교적 순조롭게 北京城에 入城(5월 2일)할 수 있었다.

그런데 청조는 北京을 점령함으로써 중원정복의 일단계 목표를 달성하였다고는 하지만, 이후의 중원정복과 향촌사회의 질서회복 사업은 그다지 순조롭게 진행시키지는 못하였다. 그것은 大順政權의 잔존세

---

1) 『[淸]世祖實錄』 卷4, 順治元年 4月 辛酉條, 41쪽(以下 『淸實錄』은 臺北 新文豊出版公社印行本임).
2) 청조 입관의 세부적인 상황은 袁良義, 『明末農民戰爭』(北京 : 中華書局, 1987), 360~372쪽 참조.
3) 청조의 군사력이 초기부터 강력했던 것은 아니었다. Angela Hsi는 입관 당초 청조가 吳三桂에게 좋은 조건을 제시하여 그의 투항을 적극 권유한 것은 청조의 약세의 군사력을 보강할 목적에서였다고 지적하고 있다(Angela Hsi, "Wu San-kuei in 1644 : A Reappraisal", *Journal of Asian Studies*, 34-2, 1975, 443~453쪽).

력이 여전히 상당한 세력을 유지하여 華北 일대를 중심으로 청조에 대한 저항을 계속하였을 뿐만 아니라 각지의 土寇들이 다시 창궐하여 明末과 같은 혼란된 무정부적 사회가 이어졌고, 또 江南을 중심으로 南明의 제 정권이 세워져 청조에 대한 격렬한 저항을 계속하였기 때문이다. 따라서 청조가 완전한 중원정복을 이루기 위해서는 무엇보다도 먼저 이들 세력을 격파해야 함은 물론이려니와, 이에 못지않게 정복한 지역에 대한 질서회복을 효과적으로 이루어 나가야만 했다. 이것은 征服戰이 한창 진행되는 당시에 그 효율성을 높이는 수단이 될 뿐 아니라 항구적인 왕조지배를 계속 관철해 나가는 데도 필요한 것이었다.

그러면 우선 入關 당초 이들 제 세력의 활동으로 인한 중원의 향촌 상황은 어떠하였는가를 살펴보고, 이에 대응하여 청조가 초기 향촌질서를 확립하기 위해 어떻게 대응해 나갔는가를 살펴보도록 하겠다.

제1절 入關 初期의 향촌상황

淸朝가 北京에 入城했음에도 불구하고, 중원은 여전히 권력의 공백 상태에 있었으며 향촌사회는 계속 혼란상태였다. 그것은 비록 청조에 쫓기는 입장에 있었지만 명말의 농민정권이 여전히 강력한 세력을 구축하고 있었기 때문이다. 山海關에서 패한 李自成은 淸軍이 北京을 향해 계속 진격해 오자 궁궐을 불태우고 많은 금은재화를 가지고 北京을 탈출, 서쪽으로 도주하였다.[4] 이로써 한때 北京을 점령하여 거의 전국에 걸쳐 통일정권을 수립한 大順農民政權[5]은 일단 短期政權으로

---

4) 『[淸]世祖實錄』卷5, 順治 元年 5月 己亥條, 53쪽, "四月二十六日 流賊李自成盡括金銀幣帛 載發長安 三十日 自成焚煅宮闕遁走".

끝이 났다. 이후 李自成軍은 淸軍의 계속된 추격으로 定州에서 眞定으로, 다시 山西의 平陽을 거쳐 西安 등지로 전전하였고, 이러는 과정에서 각 지역의 지주를 중심으로 한 무장자위집단의 공격에 의해 큰 타격을 받았을 뿐만 아니라 내부의 분열로 그의 세력은 크게 약화되어 갔다.

그렇지만 李自成이 西安으로 도망한 順治 원년(1644) 6월경6)만 하더라도 漢中을 함락하여 總兵官인 趙光遠을 항복시키고, 保寧을 공략할 정도로 상당한 軍勢를 유지하여 건재해 있었으며,7) 또한 順治 2년(1645) 2월에 淸軍이 潼關을 공격했을 때도 당시 大順政權의 巫山伯이었던 馬世耀가 60만 軍勢를 이끌고 나아가 淸軍에 당당히 대적하였던 것으로 보아 여전히 상당한 세력을 유지하고 있었음을 알 수 있다.8) 이후 淸軍의 계속된 추격으로 다시 武昌으로 도주하였지만 이 때에도 50여만의 軍勢를 보유하였을 뿐 아니라 그들 세력권에 있던 江夏縣을 瑞符縣으로 改稱하는 여유도 보였다.9) 이처럼 淸軍에 비록 쫓기는 입장에 처해 있으면서도 大順 本陣勢力은 여전히 상당한 병력을 보유하여 山西, 陝西, 湖北 등 각지에서 무시 못 할 위세를 떨치고 있었다.

한편 李自成 本陣勢力에 못지않게 여타 지역에서 大順軍의 餘黨도 건재하여 향촌사회의 안정을 크게 위협하였다. 이들의 활동은 거의 華北의 전 지역에 걸치고 있었지만, 특히 청즈의 적극적인 招撫가 비교적 일찍부터 이루어져 순조롭게 진행된 山戎의 경우10)만 하더라도 兗

---

5) 大順政權의 성격에 대해서 孫祚民은 봉건정권이라는 입장을 제기하고도 있지만 많은 비판을 받고 있다. 그 논쟁경과에 대해서는 佐藤文俊, 『明末農民反亂の硏究』(東京 : 硏文出版, 1985), 286~292쪽 참조.
6) 森正夫・谷川道雄 編, 『中國民衆叛亂史』 3(東京 : 平凡社, 1982), 102쪽 註 1 참조.
7) 『明史』 卷309, 李自成傳, 7968쪽.
8) 『明史』 卷309, 李自成傳, 7968쪽.
9) 『明史』 卷309, 李自成傳, 7968쪽. 『綏寇紀略』 卷9에도 같은 내용이 있다.

州府 濟寧州에서는 大順官員이 계속해서 軍餉을 强徵하고 있었으며,11) 大順官員을 축출하고 구질서를 회복한 泰安縣이 大順軍에 의해 재함락될 정도로12) 이들 餘勢 또한 각지에서 활발한 활동을 전개하였다. 順治 원년(1644) 8월 24일에 山東巡撫 方大猷가

闖賊餘黨 및 僞官(大順官員)의 무리들이 날마다 招兵買馬하기를 털 끝만큼도 꺼리지 않습니다.13)

라고 보고한 내용은 華北의 여러 지역에서 당시 大順餘黨의 활동상황을 단적으로 보여주는 예라 할 것이다.

그러던 중인 順治 2년(1645) 5월에 李自成이 武昌에서 南으로 향하는 도중 通城의 九宮山 부근에서 지주들의 자위집단에 의해 살해되었다.14) 그럼으로써 이들 大順勢力은 그 구심점을 잃게 되었거니와 그 잔존부대는 李錦, 高一功, 袁宗弟 등 大順軍 各 部將의 통솔 하에 각 營으로 분산되게 되었다. 그러나 이들 각 營은 여전히 각기 수만의 병력을 擁有하는 强勢를 보였고, 이후에도 계속 湖北, 湖南 등지에서 활

---

10) 順治 원년 5월 25일 明의 井陘道인 方大猷를 監軍副使로, 6월 4일 明 戶部 侍郎 王鰲永을 山東河南等處招撫에 각각 임명하여 山東에 파견하고, 이어 6월 10일에는 固山額眞 覺羅巴哈納과 石廷柱 휘하의 滿兵을 파견, 본격적인 山東招撫에 임하여 청조는 8월경에는 이 곳에 권력의 뿌리를 내리게 되었다 (李成珪, 「淸初 地方統治의 確立過程과 鄕紳 - 順治年間의 山東地方을 中心으로 - 」, 『서울大東洋史學科論集』 1輯, 1977, 5~6쪽 ; 渡邊修, 「貳臣傳과 山東의 貳臣」, 『史苑』 37-1, 1976, 144쪽 참조).

11) 李成珪, 위의 논문, 15쪽.

12) 앞의 논문, 16쪽.

13) 「農民軍在山東與鄕紳競相招兵買馬及淸朝之對策」, 『淸代農民戰爭史資料選編 第1冊(上)』(北京 : 中國人民大學出版社, 1984. 이하에서는 『選編』으로 줄임), 13쪽.

14) 이자성이 죽은 시기에 대해서 『明史』李自成傳에는 秋 9月로 되어 있으나 근자의 연구에서는 順治 2년 4월 말에서 5월경으로 보고 있다[李文治, 『晚明民變』(上海 : 中華書局, 1948), 157~159쪽 참조].

동을 하였다. 順治 2년(1645) 11월에는 南宋 이래 반란의 중심지대였던 荊·襄地方[15]을 공격하여 수만의 백성을 살육하여 '百姓俱逃內'라 할 정도로 이 곳 향촌을 철저히 파괴하였고, 이를 전후로 한 시기에 이 곳의 양 大營이었던 田見秀와 吳汝義의 합병이 이루어져, 대세력을 이루어 나가기도 했다.[16] 이러한 合營은 이후로 一只虎 李錦을 중심으로 한 合營結盟을 이루어 감[17]에 따라 이들은 다시 일대 세력을 이루게 되었다. 이 무렵 李錦 등이 이끄는 병력은 20여만에 이르게 되었고,[18] 이들의 계속된 활동으로 荊州에 속해 있는 各 州·縣의 향촌은 유린되어 "焚劫盡空 百里內外 罕有人迹"[19]라고 할 정도로 철저하게 파괴되었다. 이후로도 이들 세력은 5, 60만의 流兵을 모아 湖南지방에 雄據하고 있던 明의 舊巡撫 何騰咬와도 연합하고, 때로는 南明 제 정권과 연합하여 反淸活動을 계속해서 전개해 나갔던 것이며,[20] 이들로 인해 향촌사회는 크게 어지럽혀졌다.

그러는 한편, 당시 명말 이래 長江을 무대로 일대 세력을 형성했던 張獻忠의 세력도 건재하여 李自成세력 못지않게 청조에 위협을 주었다. 청조가 北京을 점령했을 무렵 張獻忠은 四川을 중심으로 활발한 활동을 전개하고 있었다. 淸軍이 北京을 진정하여 李自成이 西安으로 逃歸했을 무렵, 張獻忠은 明의 守道 劉麟長, 總兵 曹英이 이끄는 軍

---

15) 이 지역은 河南, 湖北, 陜西 三省交界地域으로 많은 流民이 모여들어 도적의 淵叢地域이었다. 특히, 명 태조는 이 지역을 禁山地區로 정하여 流民의 入植을 일체 금지시켰지만, 명 중기인 1464년 겨울에 이 지역을 중심으로 한 이른바 '荊·襄의 난'이 일어나기도 했다(谷口規矩雄, 「明代の農民反亂」, 『岩波講座世界歷史』 12, 1971, 97~102쪽).
16) 「農民軍在荊襄地區活動情形」, 『選編(上)』, 46쪽.
17) 「李錦等圍攻荊州及馬進忠等活動情形」, 『選編(上)』, 47쪽.
18) 「劉體純攻鄧縣李錦去西山」, 『選編(上)』, 65쪽.
19) 「淸軍鎭壓農民軍過程中的乏餉情形」, 『選編(上)』, 52쪽.
20) 南明의 總督 何騰蛟에 항복한 이후 그의 軍은 忠貞營으로 唐王政權에 속하게 되었으며, 永明王 때에 李錦은 興國侯에 봉해졌다(『明史』 卷309, 流賊傳, 7968쪽).

을 격파하여 佛圖關을 공략하였다. 이후 順治 원년(1644) 6월에는 四川의 重慶을 攻取하고, 이어 8월 9일 成都에 들어와 여기에서 그 해 冬 11월 6일에 帝位에 올라 國號를 大西, 元號를 大順, 成都를 西京으로 칭하였다. 이로써 大西政權이 성립되었거니와 이후 四川의 諸 府·州·縣을 공략하면서 全蜀을 영유해 나갔는데, 특히 이 과정에서 張獻忠은 상식인으로서는 도저히 이해할 수 없는 대살육의 만행을 자행하여 이 지역을 공포의 도가니로 몰아넣었다.

그가 四川人에 대한 대학살을 시작한 것은 陝西를 그의 새로운 기지로 정한 이후인 順治 2년(1645) 9월 15일부터이다. 그가 살육을 단행한 것은 李自成세력과의 대결에서 우위를 점하기 위해 陝西基地의 안전을 도모할 군사적 목적에서 계획적으로 행해졌다고 한다.[21] 그러나 이에 대한『明史』의 기록을 보면 이 때부터 다음 해(1646) 5월까지 살육된 인원은 "남녀 합계 6억을 넘었다"[22]라고 되어 있는데, 물론 이 수치를 액면 그대로 믿기는 어렵다 할지라도 2~3세의 男女兒까지 무차별 살육한 것은 아무리 군사적인 목적이었다고 하지만 상식을 넘은 狂人의 소행이라 하지 않을 수 없는 것이다.[23]

아무튼 이러한 대살육으로 인해 당시 四川의 전 지역은 초토화되었는데,『明史』그의 열전 말미에 亂 이후의 상황을

四川 전역이 獻忠의 亂을 맞이한 이래 어느 (州縣의) 城內에나 잡다

---

21) 鈴木中正,『中國史における革命と宗敎』(東京：東京大出版會, 1974), 第9章「張獻忠の四川支配」, 147쪽.

22)『明史』卷309, 流賊傳, 7976쪽.『蜀記』에서는 보다 세부적으로 幼子女外에 平東一路에서 男 5,988萬餘, 女 9,500萬餘, 撫南一路에서 男 9,960萬餘, 女 8,660萬餘, 安西一路에서 男 7,900萬餘, 女 8,800萬餘, 定北一路에서 男 7,600萬餘, 女 9,400萬餘가 살육되었다고 한다(鈴木中正, 앞의 책, 1974, 149~150쪽).

23) 張獻忠의 四川에서의 살육의 정황에 대해서는 鈴木中正, 위의 책, 148~150쪽의『蜀記』의 내용을 참조.

한 樹木이 우거졌으며, 개가 人肉을 먹어 狐彪와 같이 猛獸로 되고, 사람을 물어뜯어 죽여 놓고도 먹지 않고 버릴 정도였다. 백성들은 깊은 山中으로 도망하여 草衣를 입고 나뭇잎을 먹은 지 오래 되어 몸에는 모두 털이 생겨났다.[24]

라고 전하고 있는바, 이 내용이 다소 과장된 표현일지라도 이들의 활동으로 인한 四川省 일대 향촌사회가 얼마나 철저하게 파괴되었는가는 충분히 짐작할 수 있다.

그런데 順治 3년(1646) 12월에 張獻忠은 四川에서 陝西로 향하던 도중 참살되었다. 따라서 四川지역은 淸軍에 의해 점령되고, 그의 결집된 세력은 와해되었다. 그러나 그의 잔존세력 역시 李自成의 잔존세력과 마찬가지로 이후에도 孫可望, 艾能奇, 劉文秀, 李定國 등 張獻忠의 部將들에 이끌려 활동을 계속하였다. 이들은 四川 남부지역에 들어와 활동을 전개했는데, 비록 구심점을 잃었지만 여전히 무시할 수 없는 세력을 유지하고 있었다. 이 곳에서 그들은 曾英, 李建德 등 地主武裝軍을 격파하며 세력확대를 도모하였는가 하면, 이후로 順治 8년(1651) 5월 무렵에는 10여 家가 合營하여 80만이라는 대병력의 결집을 이루기도 했으며, 이때 수천여 척의 戰船도 보유하는 강대한 세력을 이루었다.[25] 당시 이들의 활동으로 인해 雲南, 貴州, 四川의 변경지대는 "空虛하게 되었으며, 이 곳 인심은 煽惑되었다"고 할 정도로 향촌사회는 크게 어지럽혀졌다. 이들의 이러한 활동은 이후에도 계속 이어졌거니와 李自成의 잔존부대와 함께 南明 永明王에 투항하여 抗淸戰을 계속 전개해 나갔다.[26]

한편, 이들 양 농민정권이 붕괴해 가는 중에 잠시 잠잠했던 명말 이

---

24) 『明史』 卷309, 列傳197 流賊傳, 7976쪽.
25) 「孫可望等在雲貴四川活動及淸軍籌防湖南情形」, 『選編(上)』, 222쪽.
26) Struve, Lynn A., *The Southern Ming, 1644~1662*, Yale Univ.Press, 1984, 125~138쪽.

래의 土寇勢力도 각지에서 다시 활동을 개시하여 향촌사회를 위협하
고 나왔다. 이들 土寇勢力은 명말 이래 각지에서 고립·분산적으로 활
동해 오다가 점차 李自成, 張獻忠의 세력에 흡수·병합 혹은 결합하
여,27) 한때 北京을 점령하여 전국에 걸친 통일정권을 이루기도 했다.
그렇지만 강력한 淸軍의 공격으로 이들 세력의 결집력이 약화되면서
다시 지방적 할거세력으로 복귀하게 되었다. 이것은 이전에 大順政權
이 土寇勢力을 바탕으로 형성되었다고는 하지만 양자 간의 결합관계
가 어느 정도 긴밀했었는가 하는 의문을 갖게 하는 것이다. 이에 대해
특히, 大順官員이 각지에서 쉽게 축출되었던 것은 土寇勢力이 大順政
權에 적극적으로 흡수되지 못했기 때문이며, 土寇는 大順政權과 공고
한 결속보다는 다만 적대관계를 피하면서 사태의 추이를 관망하고 있
었던 것으로 보는 견해도 있다.28) 그렇지만 기본적으로 大順政權이 하
나의 정권을 창출하였을지라도 여전히 流寇主義的 성격을 탈피치 못
한 한계성 때문이 아닌가 한다.

　여하튼 入關 初期 각 지방에는 다시 土寇勢力이 크게 창궐했는데,
이에 대해 淸朝는 기회 있을 때마다

　　土寇는 본래 모두 吾民이다. 渠魁로서 능히 무리를 이끌고 來歸하는

---

27) 土賊은 당해 지역의 생산관계 및 계급모순에서 소농민층을 모태로 성립하여
　　지역성과 폐쇄적인 성격을 갖지만 流賊의 활동이 활발해지면서 그 기반세력
　　을 이루었고, 또 流賊이 성행함으로써 그들 활동도 활발해졌다[佐藤文俊, 「土
　　賊李靑山の亂について - 明末華北農民叛亂の一形態 - 」, 『東洋學報』 52-3·4,
　　1971 ; 佐藤文俊, 「光山縣·麻城縣奴變考」, 『中山八郞敎授頌壽紀念明淸史
　　論叢』(東京 : 燎原書店, 1977)]. 이미 崇禎 8년(1635) 1월에 13家 72營의 明末
　　의 반란군이 高迎祥의 부름에 응해 河南 滎陽에서 대회합을 가졌고, 종래 고
　　립분산적인 반란군 상호 간의 연결이 크게 이루어졌던 것이며, 이후 이자성
　　군단은 湖北·河南 등지로 세력을 확대시키면서 각지의 土寇勢力을 규합·
　　조직하여 나아갔다(谷口規矩雄, 앞의 논문, 1971, 115~119쪽 참조).
28) 李成珪, 앞의 논문, 1977, 17쪽.

자는 마땅히 사죄한다.29)

라는 입장을 천명하며 土寇의 투항을 권고하였다. 그렇지만 이러한 투항의 권고는 舊來의 지배질서로의 복귀 이상을 의미하지 않는 것이었고, 때문에 이들은 계속해서 반권력적 입장을 취할 수밖에 없었거니와, 그들의 활동은 명말 상황을 다시 연출하게 되었다.

이들의 활동은 거의 華中·華北 전역에 걸쳐 전개되었고, 또 그 행위 역시 다양하기 때문에 이를 일일이 枚擧할 수는 없다.30) 다만 여기서는 李自成, 張獻忠의 本陣勢力과 떨어져 위치하고, 淸朝의 招撫가 비교적 순조롭게 진행되었던 山東지역의 몇몇 사례를 통해 이들의 활동과 당시의 향촌상황을 推察해 보고자 한다.

山東지역은 이미 明末 天啓 2년(1622)에 徐鴻儒의 난이 일어났거니와 이후로도 각지에 土寇의 활동이 활발하여 大順政權이 용이하게 침투의 기반을 마련할 수 있었던 곳이다.31) 청조는 입관과 함께 5월 25일부터 이 지역에 대한 招撫에 임하였는데, 8월경까지는 대부분 지역에서 大順勢力을 축출하는 데 성공하여32) 각지에 지방관도 파견할 수 있게 되었다.33) 그러나 이 곳의 大順官員을 축출하는 데는 어느 정도 성공을 거두었을지라도 사회의 근본적인 모순이 해결되지 않는 한 土寇勢力을 완전히 근절시킬 수는 없었다. 招撫作戰이 한창 진행될 무렵인 順治 원년(1644) 8월 3일에 兗州府 鄒縣의 知縣인 吳壽가 이 곳

---

29) 『[淸]世祖實錄』卷6, 順治 元年 7月 丙戌條, 55쪽.

30) 『選編(下)』에 각지의 抗淸鬪爭 사례가 열거되어 있다.

31) 大順政權이 山東지역에 침투한 것은 北京을 함락한 이후로 보인다(李成珪, 앞의 논문, 1977, 9쪽).

32) 이 무렵 濟南, 東昌, 泰安, 兗州, 靑州 등 제 주현의 賊들이 귀순하였음이 보고되고 있다(『淸史列傳』卷78, 王鰲永傳).

33) 順治 원년 9월 현재 山東省에는 83명, 北直隷에는 104명의 知府·知州·知縣에 파견되었다(鄭炳喆,「明末·淸初 華北의 鄕村防衛活動과 紳士」, 서울대 석사학위논문, 1988, 주 152) 참조).

의 賊情을 보고하는 내용 가운데

> 土賊의 무리가 수십에 달하고 있으며, 각기 400~500명, 적으면 60~
> 70명의 무리를 이끌고 각 村庄을 위협하고 있습니다.[34]

라고 한 것은 당시 각 지역에 수많은 土賊들이 횡행하여 향촌을 유린
했던 상황을 보여주는 예이다. 물론 이 예는 招撫作戰이 진행중일 때
의 상황이고, 또 이들 土賊은 山東巡撫 方大猷의 派兵으로 招撫되었
지만 順治 원년(1644) 9월에 河道總督인 楊方興이 兗州府 滿家洞土
賊 宮文彩에 대하여

> 滿家洞의 叛首 宮文彩는 擎天王을 僭稱하고 賊 2萬餘를 擁有하였는
> 데, 北營 李文盛은 賊 數千을 擁有하였습니다. 촌락은 모두 불에 타 남
> 음이 없고 백성은 殺擄되어 거의 없습니다. 또한 逆闖이 堅事하여 僞號
> 를 遵奉하고, 諸賊과 연결하여 도처의 城을 攻聚하며 그 威勢는 심히
> 猖獗하고 있습니다.……兗州府 소속 東西 州邑에는 土寇가 數萬이 넘
> 고, 그 중 가장 강한 자는 滿家洞의 擎天大王 宮文彩, 許家樓의 沖天大
> 王 李文盛, 韓家營의 掃地大王 宋二烟, 楊家樓의 混天大王 楊鴻升…
> …袁老口의 徐小野, 徐家樓의 于光斗 등은 모두 다 積年의 巨寇로서
> 尋常의 土寇와 비할 수 없는 것입니다. (이들) 土賊은 한 명의 頭目을
> 세울 뿐만 아니라 이들은 엄연히 王號를 사용하고 있고, 烏合獸散하지
> 않을 뿐 아니라 營을 건립하고 寨를 세우고 있으며, 길을 막고 재물을
> 빼앗는 데 그치지 않고 城을 공격하여 토지를 빼앗고, 나무를 베어 장대
> 를 세우는 데 그치지 않고 五兵火器로 두루 갖추었습니다. 殺人을 할
> 때면 갑자기 千萬이 되고 재물을 빼앗는 데는 이를 이길 수 없습니다.…
> …(이들에 의해) 城郭은 불에 타고, 村舍는 모두 파괴되었으며, 백성들
> 이 피하여 숨는 것은 이리와 호랑이를 피하는 것과 같습니다. 또한 안심
> 하고 逆에 붙고, 旗幟 위에 闖賊의 年號를 大書하며, 가슴과 눈에는 이

---

34) 「鄒猴一帶各支抗淸民衆活動及淸軍籌剿情形」, 『選編(下)』, 43~44쪽.

미 살기가 없어진 지 오래입니다. 매번 招撫하지만 매번 叛하는 것은
마치 어린애가 싸우는 것을 보는 것 같은데, 이 모두는 明末의 招撫가
이루어지지 않고 今日에까지 이르렀기 때문입니다.[35]

라고 보고한 내용은 비록 山東지역에 대한 招撫가 이루어졌다 할지라
도 여전히 각 지역에 土寇勢力이 건재하고 있음을 보여준다. 이 내용
에서 兗州府에는 명말부터 土賊이 招撫에도 불구하고 계속 상존해 왔
음을 알 수 있거니와 闖賊의 연호를 깃발에 大書하여 활동을 계속하
고 있음에서 이들 土賊이 大順政權의 세력기반이 되었음을 확인할 수
있다. 아울러 청조의 招撫가 대대적으로 이루어지고 있는 시점에서도
滿家洞 宮文彩의 경우 2만여의 무리를 擁有하고 있고, 이 외에도 이
곳에만도 數千 혹은 萬數가 넘는 土賊의 무리가 10여 개에 달하고 있
거니와 이들은 각기 王을 僭稱하고, 또한 서로 연계관계도 가지고 있
음을 알 수 있다. 아무튼 이들은 각기 營·寨를 건립하여 그 안에 樓
台를 세우고 갖가지 兵器를 갖추어 청조에 대항하였고, 이 곳 향촌사
회를 크게 유린하였다.

그런데 위와 같은 상황은 비단 兗州府에만 국한된 것은 아니었다.
順治 원년(1644) 10月에 山東監察御史 朱郎鑅의 揭帖에

山東의 이름 있는 土寇로 萬名 이상의 무리를 거느리고 있는 자만도
50여 營 이상이나 됩니다.[36]

라는 내용에서 볼 수 있듯이 山東지역에는 萬數 이상의 대규모 土寇
集團이 여러 지역에 상존하고 있었다. 이로 미루어 兗州府와 같은 상
황은 사실 山東 전역에 걸쳐 전개되었고, 실로 土寇의 세계나 다름없
는 상황이 전개되었음을 짐작할 수 있다. 이들 土寇의 활동으로 이 지

---

35) 「嘉祥滿家洞起義軍首領宮文彩稱擎天大王籌情況」, 『選編(下)』, 52~53쪽.
36) 「山東巡按槪述全省民衆抗淸狀況幷淸兵鎭壓」, 『選編(下)』, 54쪽.

역의 인심은 그 해 10월 兵部右侍郎 楊方興이

> 今日 (山東의) 大勢를 보면 人心이 아직 진정되지 않은 것이 근심거
> 리인데, 인심이 진정되지 않는 것은 土寇가 횡행하기 때문이다.37)

라 하고 있는 바와 같이 크게 동요하였던 것은 물론이려니와 이들이
활동하는 지역은 대부분 白晝에도 行旅가 단절되어, 마치 化外의 지역
과 같이 될 정도로38) 향촌사회는 심히 황폐화되었다.

한편 이들 土寇의 활동은 그들 세력간의 연계는 물론, 大順勢力과
도 일정한 관계 하에서 전개해 나갔고, 또 大順勢力이 점차 몰락하
고 새로이 南明政權이 성립하자 이들은 곧 南明과도 일정한 연계성을
가지고 새로운 활동을 전개해 나갔다. 順治 원년(1644)에 兵部侍郎 楊
方興이

> 土寇가 횡행하는 것은 南兵이 奸細를 잠입시켜 僞榜을 어지럽게 傳
> 하여 訛言이 屢起하기 때문입니다.39)

라는 보고 내용에서 이를 확인할 수 있는데, 이후 이들은 南明政權의
존재에 고무받아 점차 諸 土賊集團間의 결집을 이루어 일대 抗淸連合
勢力을 결성하기도 하였다. 順治 2년(1645) 2월에 長淸縣 일대를 중심
으로 土賊 孫化庭이 諸 土賊集團을 결집하여 명 황실의 翼王 朱議汸
을 옹립하고 僞公僞伯을 세워 일대 소요를 일으켰던 것40)은 이를 보
여주거니와, 順治 5년(1648) 7월에 山東 曹縣 일대를 중심으로 일대

---

37) 「山東農民軍的發展與淸軍布防情形」, 『選編(下)』, 55쪽.
38) 「京畿楊村等處人民堅持抗淸及淸官員籌辦剿撫事宜」, 『選編(下)』, 3~4쪽.
39) 「山東農民軍的發展與淸軍布防情形」, 『選編(下)』, 55쪽. 이러한 예는 鄭炳喆,
　　앞의 학위논문, 1988, 38쪽 참조.
40) 「山東孫化庭擁立翼王拒寨抗淸戰敗被俘」, 『選編(下)』, 113쪽.

세력을 형성한 李化鯨의 경우에서도 볼 수 있다. 즉, 李化鯨이 반란을 일으킨 지 수일 만에 曹·濮 일대를 함락하여 數十餘萬의 무리를 모아 明 宗室(의 後裔)을 옹립하여 僭稱하고, 天正이라는 연호를 정하여 假勅假印까지 갖추고 僞公僞侯를 세웠을 뿐만 아니라 인접해 있는 直隷, 河南의 土賊과도 연결을 꾀하면서 各 州·縣에 僞官을 설치하는 등 독자적인 관료체제를 갖추어 항청활동을 전개했던 것이다.[41]

아무튼 山東지역에서의 土寇들의 활동은 順治 5년 정월에 당시 山東巡撫인 張儒秀도 "不難于剿 而難于淨"[42]이라 보고하고 있듯이 入關 초기부터 淸朝의 대대적인 招撫에도 불구하고 계속 이어졌거니와, 이 때문에 이 곳 향촌민은 "從賊亦死 不從賊亦死"[43]의 참담한 역경에 처할 수밖에 없었다. 이상에서 山東지역에 대한 土寇의 상황을 보았는데, 淸朝의 招撫가 비교적 일찍부터 행해진 山東지방의 경우가 이러할진대 李自成, 張獻忠의 잔존세력이 여전히 활동하고 있는 華北의 타지역에서의 상황은 적어도 이보다는 못하지 않았을 것으로 보인다.

이상에서와 같이 淸 입관 초 華中·北 일대는 李自成과 張獻忠의 잔존세력 및 명말부터 이어지는 土寇의 활동으로 무질서한 사회가 전개되었던 것이지만 한편 남중국 일대도 그다지 평온한 것은 아니었다. 그것은 1644년 5월 15일 鳳陽總督 馬士英 등 明의 遺臣들에 의해 南京에서 福王의 弘光政權이 세워진 이래, 다음 해 5월 南京이 淸에 함락된 이후부터는 浙江 紹興에서 魯王政權, 福建 福州에서 唐王 隆武政權 등의 南明政權이 연이어 세워져 抗淸戰을 전개하였기 때문이다.

초기의 이들 南明政權은 앞서 살핀 바처럼 각지의 土寇勢力과도 일정한 관계를 유지하며 이들의 활동을 지원하기도 했거니와, 舊明의 관료 및 신사층에게도 상당한 영향력을 행사하였다. 따라서 청조가 중원

---

41) 「李化鯨在曹縣戰敗降淸情形」, 『選編(下)』, 109~111쪽.
42) 「山東抗淸農民在德州等處活動情形」, 『選編(下)』, 103쪽.
43) 「山東民衆紛起抗淸及淸軍濫殺無辜情形」, 『選編(下)』, 90쪽.

의 질서를 회복하는 데 이들 세력은 큰 걸림돌이 아닐 수 없었다. 順治원년(1644) 8월 17일에 睿親王이 兵部에 諭하기를

　　각 지방의 歸順한 文武官員들이 대부분 망설이고, 形勢를 관망하며겉으로는 귀순했지만 속으로는 두 마음을 품은 자이다. 이들에게 죄를주어 流刑에 처하여 비록 명백히 한다고 해도 자속하기는 어렵다.[44]

라고 불만을 토로한 것은 바로 南明勢力의 존재에서 나온 것이다. 즉,당시 淸朝治下에 들어와 있던 관리 및 신사 가운데 청조를 벗어나 남하하여 남명정권에 참여하는 자들이 많았던 것이어서 관리 및 지주의회유를 통해 향촌질서의 안정을 기하려 했던 청조에 있어 이들의 존재는 큰 지장을 주었기 때문이다.

　이와 같은 상황은 특히, 順治 5, 6년(1648, 9) 金聲桓·王得仁이 봉기했을 때 크게 나타났는데, 당시 廣東, 湖南, 山東, 河南, 山西, 甘肅,四川, 大同 등지의 紳士를 비롯한 제 抗淸勢力이 남명정권을 중심으로 결집되었다.[45] 이 때의 결집은 明室 회복의 마지막 기회였다고 평가되거니와 청조로서는 큰 위기였고, 이에 따라 중국사회는 매우 불안정하게 되었다.[46] 이와 같은 江南지역에 대해서 청조는 順治 2년(1645) 4월부터 공략에 나서 제 지역을 점령해 나갔는데, 淸軍과 南明을 비롯한 諸 抗淸勢力과의 攻防에서 淸軍·南明軍·土賊·流賊 등무장한 모든 세력들은 부족한 병량을 조달하기 위해 노략질을 일삼아華南社會는 그야말로 치안부재의 空洞社會를 현출하였다.[47]

　그런가 하면 이 무렵 東南 연해지역을 중심으로 鄭成功의 抗淸勢力

44) 『[淸]世祖實錄』卷7, 順治 元年 8月 壬申條, 87쪽.
45) 蕭一山, 『淸代通史(上卷)』(上海 : 商務印書館, 1931), 314～324쪽.
46) 吳金成, 「順治親政期의 淸朝權力과 江南紳士」, 『歷史學報』 122, 1989, 73쪽.
47) 吳金成, 「明·淸時代의 國家權力과 紳士」, 『講座中國史』 Ⅳ(知識産業社, 1989), 226～227쪽.

도 크게 일어났다. 順治 3년(1646)에 鄭芝龍이 淸에 항복하자 鄭成功
은 부친과 결별을 선언하고 廈門·金門을 근거지로 동남아시아, 일본
등지와 무역을 통하여 세력을 신장시켰으며 항청운동을 계속 전개해
나갔다. 그의 세력은 順治 10년(1653)을 전후해서는 李自成의 잔존세
력인 李定國과도 제휴하였고, 永曆帝와도 연결을 맺었거니와 東南 연
해 및 江南의 많은 신사층의 호응을 받으며 청조로서도 무시할 수 없
는 세력으로 성장하였다. 이에 대해 청조도 鄭芝龍을 앞세워 항복을
권유하기도 하고, 혹은 군사적인 공세도 가하였지만 효과를 거두지 못
하였다. 이후 鄭成功은 청조의 공격에 계속 대항하였으며, 비록 실패
로 끝났지만 順治 16년(1659)에는 南京을 공격하여 江南 일대를 크게
진동시키기도 했다.[48]

이 밖에도 이 무렵 福建의 興化, 汀州, 邵武, 延平府 등지 및 江西
東部의 建昌, 南贛 그리고 長江下流 델타 등지에서는 副租의 폐지, 度
量衡의 시정, 田租의 輕減 등을 내세우며 명말 이래의 항조운동도 계
속 일어났고,[49] 아울러 奴僕의 主家인 지주에 대한 신분해방투쟁으로

---

48) 吳金成,「順治親政期의 淸朝權力과 江南紳士」, 1989, 88~94쪽 ; John E.
    Wills, Jr., "Maritime China from Wang Chih to Shih Lang : Themes in
    Peripheral History", *From Ming to Ch'ing* 1979, 223~228쪽 ; 彭德淸 主
    編,『中國航海史(古代航海史)』(北京 : 人民交通出版社, 1988), 5장 3절. 鄭成
    功과 그의 활동에 대한 전반적인 상황은 鄭成功研究學術討論會學術組 編,
    『鄭成功研究論文選續集』, 福建人民出版社, 1984에 수록된 여러 논문 참조.
49) 抗租에 대해서는 傅衣凌,「明淸之際'奴變'和佃農解放運動」,『明淸農村社會
    經濟』(北京 : 三聯書店, 1980) ; 傅衣凌,「明末淸初閩贛毗鄰地區的社會經濟
    與佃農抗租風潮」,『明淸社會經濟史論文集』(北京 : 人民出版社, 1982) ; 田
    中正俊,「民變·抗租奴變」,『世界の歷史』11(東京 : 筑摩書房, 1961) ; 森正
    夫,「明淸時代の土地制度」,『岩波講座世界歷史』12, 1971 ; 森正夫,「十七世
    紀福建寧化縣における黃通の抗租反亂」(1·2·3),『名古屋大學文學部研究
    論集』59·62·74, 1973·74·78 ; 森正夫,「抗租」,『中國民衆叛亂史』4(東
    京 : 平凡社, 1983) ; 三木聰,「淸代前期福建の抗租と國家權力」,『史學雜誌』
    91-8, 1982 등 참조.

서 奴變50)도 順治 원년과 2년의 명청교체의 혼란한 상황에서 蘇州, 常州, 松江, 嘉興, 江寧府 및 太倉州 등 江南 제 지방과 江北의 揚州, 汝寧府뿐만 아니라 廣東의 廣州府, 安徽의 徽州府, 福建의 泉州府 등지에서 광범위하게 일어나 향촌사회의 혼란을 더욱 가중시켰다. 또한 淸朝는 입관 초 漢人에 대한 投誠의 眞否를 판단하기 위해 薙髮令을 내렸는데,51) 이로 인해 三河縣民의 반란이 촉발되었는가 하면 江陰, 嘉定, 松江 등지를 중심으로 한 도처의 漢人知識人들의 격렬한 抗淸民變을 초래하였다.52)

아무튼 이와 같은 입관 초기의 사회혼란은 명말의 연장선상에서 일어났거니와 명말의 상황을 방불할 정도로 심각하였다. 이러한 위기상황은 청조의 강력한 무력에 의해 점차 평정되어 갔지만 기본적으로는 永曆帝의 남명정권이 소멸될 때까지 약 15년 간 이어졌고 길게는 鄭成功의 抗淸勢力이 제거되는 康熙 22년(1683)까지 지속되었다고 할 수 있다.53)

---

50) 奴變에 대해서는 傅衣凌, 앞의 논문, 1980 ; 傅衣凌, 「明季奴變史料拾補」, 앞의 책, 1982 ; 田中正俊, 앞의 논문, 1961 ; 佐藤文俊, 앞의 논문, 1977 ; 森正夫, 「一六四五年太倉州沙溪鎭における烏龍會の反亂について」, 『中山八郎敎授訟壽記念明淸史論叢』(東京 : 燎原書店, 1977) ; 森正夫, 「奴變」, 앞의 책, 1983 등 참조.

51) 청조가 최초로 薙髮令을 내린 것은 順治 원년 4월 22일 입관과 함께 山海城內의 軍과 民에 대해서였다. 그러나 공식적으로는 5월 1일에 通州에서 발했을 때이고, 이 때부터 薙髮을 계속 강조해 나갔다. 그런데 이에 대한 반발이 의외로 거세자 5월 24일에 철회하였지만 강남지역이 어느 정도 평정되자 順治 2년 6월 15일에 재차 치발령을 내려 이를 강행하였다.

52) 全明姬, 「順治初期의 反淸運動硏究」, 『淑大史論』 10집, 1979 ; 森正夫, 앞의 논문, 1977 ; Yuan, Tsing, "Urban Riot and Disturbances", *From Ming to Ch'ing*, 1979, 298~299쪽.

53) 사실상 제 세력의 조직적인 항청운동은 남명정권의 소멸로 제거되었다고 할 수 있다. 그러나 비록 광범위한 제 세력을 규합하지는 못했지만 鄭成功軍도 동남연해 일대의 紳士의 협조를 받고 있었거니와 청조로서는 腹心의 우환이 되었다.

제2절 地方官 확보와 民心收攬策

1. 紳士層의 흡수와 地方官 확보

淸朝는 위와 같은 전반적인 위기상황에 대처하기 위해 각처에 군대를 파견하여 土寇, 反淸勢力을 진압해 나가야 했지만 이와 병행하여 한편으로는 점령지의 향촌사회질서를 확립해 나가야 했다. 그것은 단기적으로는 정복전을 수월하게 수행하는 방편이 되는 것이면서 장기적으로는 항구적인 왕조지배를 계속 관철해 나가는 데도 필수불가결한 요소이기 때문이다. 이를 위해 청조로서는 우선 지방통치의 核이라 할 수 있는 지방관을 조속히 확보해야 했으며, 아울러 기존 향촌질서의 담당자였던 신사층을 포섭해야만 했다. 물론 지방관을 확보하는 데 있어 신사층의 포섭은 그 전제가 되는 것이기 때문에 이들 문제는 별개의 것이 아니라 동시에 병행되어야 할 문제였다.

청조는 이미 입관 전부터 諸生에 대한 考試를 행하였고,54) 差徭 2丁을 면제하는 등 優免特權을 부여하기도 했으며,55) 諸生을 文官으로 등용하는 등56) 귀순한 신사층을 우대하여 흡수·이용하고자 했다. 그러나 이와 같은 청조의 방책은 이들 신사층에게 구래의 사회적 제 특권을 전면적으로 재보장해 주는 것은 아니었고, 다만 당시에 필요한 관료를 선발하는 데 국한된 소극적인 방책에 불과했다.57) 그렇지만 이

---

54) 『[淸]太宗實錄』卷5, 天聰 3年 8月 乙亥條, 74쪽, "朕今欲振興文治 於生員中 考取其文藝明通者 優奬之 以昭作人之典 諸貝勒府以下 及滿漢蒙古家 所有 生員 俱令考試 於九月初一日 命諸臣公同考校 各家主毋得阻撓 有考中者 仍以別丁償之".

55) 『同實錄』卷5, 天聰 3年 9月 壬午條, 74쪽. 이미 乙丑年(1625)에 태조는 諸生들을 考試하여 우열을 분별해서 이들에게 差徭 2丁을 면제해 주었다.

56) 『同實錄』卷28, 天聰 10年 3月 辛亥條, 501쪽.

57) 李成珪, 앞의 논문, 1977, 22~23쪽.

러한 방책은 이후로도 이어졌거니와 청조가 중원진출을 보다 구체적
으로 계획해 나가면서 그 필요성이 더욱 강조되었다. 그것은 順治 원
년(1644) 4월에 황제의 신임이 두터웠던 大學士 范文程이 中原侵攻을
주장하는 啓를 睿親王에게 올린 내용 가운데

> 今日의 計는 우리가 마땅히 賢者를 임용해서 백성을 무마하는 일입니
> 다.……이를 시행하지 않는다면 이것은 我國의 힘을 허비하게 될 것이
> 오며, 반대로 流寇가 民을 부리게 될 것입니다.……이제 中原에 진출함
> 에 있어 (前朝의) 官은 모두 그 (前의) 직책에 보해야 하고, 백성은 그
> 生業에 복귀시켜야 하며, 賢能한 자는 임용해야 합니다.……이렇게 한
> 다면 大河 이북은 檄文이 가히 傳해져 平定이 될 것입니다.[58]

라는 데에서도 알 수 있다. 즉, 청조는 금후 중원진출을 계획하고 있었
거니와 중원진출을 용이하게 하기 위해서는 민심의 동요를 막아야 했
고, 또 그러기 위해서는 明의 舊官을 그대로 임명해야 한다는 것이다.
물론 청조는 이에 따라 곧 중원진출을 결행하였고, 또 투항한 舊明官
僚를 '仍令供職'시켜 나갔는데,[59] 이러한 계획은 당시 반란군 및 土寇
勢力으로부터 위협을 받고 있던 漢人 신사층의 협조를 얻는 데 기여
하였고,[60] 이로써 청조는 순조롭게 중원에 진출할 수 있게 되었던 것
이다.

　그런데 비교적 순조롭게 北京에 入城한 청조는 이후 의외로 완강한
저항에 직면하였다. 앞절에서도 살핀 바와 같이 大順農民軍이 여전히
강세를 유지하여 저항을 계속하였거니와 각지의 土寇들도 다시 크게
일어났고, 南明의 抗淸勢力의 결성과 함께 많은 漢人의 저항이 있었

---

58) 『[淸]世祖實錄』 卷4, 順治 元年 4月 辛酉條, 41쪽.
59) 입관 직전 청에 귀순한 撫寧縣 知縣 侯益光, 昌黎縣 知縣 徐可大를 仍令供
　　職시켰으며, 灤州學正 孫維寧을 知州에 署任시켰다(『[淸]世祖實錄』 卷4, 順
　　治 元年 4月 壬午, 癸未, 甲申條, 48쪽).
60) 李成珪, 앞의 논문, 1977, 15~18쪽.

기 때문이다. 이러한 상황에서 생존권마져 크게 위협받고 있던 漢人
신사층 역시 마찬가지였지만 청조의 입장에서 이들의 협조는 다방면
에서 더욱 절실하게 요구되었다. 우선 병력면에서 淸朝는 17만여의 八
旗軍과 吳三桂가 이끄는 50여만의 병력을 보유하고 있었지만 戰線의
확대와 함께 淸軍의 수는 항청세력에 비하여 오히려 약세였으며 군량
도 부족하였다.[61] 이러한 때에 각지의 신사층이 이끄는 향병자위세력
을 활용하는 것은 청조에 있어 크게 도움이 되는 것이었으며,[62] 이것
은 한편으로 이들이 남명세력과 연결을 하여 항청세력으로 化하는 것
을 막는 방책이기도 했다. 또한 무엇보다도 청조가 신사층을 필요로
했던 것은 점령지에 대한 치안확보 때문이었다.

 청조는 北京에 入城한 후 강력한 군사력을 바탕으로 華北 일대 각
지역을 점령해 갔지만 土寇勢力이 계속 만연하는 상황에서 점령지를
보다 확고하게 확보하는 것이 필요했다. 이것은 이들 세력의 근거지를
근절하는 것임과 동시에 청조의 진정한 중원지배의 근거지를 확보하
는 것이기도 했다. 그런데 점령지를 확보하여 그들 지배를 관철하기
위해서는 왕조권력을 대변하는 지방관 파견이 필수적이었다. 따라서
청조는 지방관 확보를 위해서 신사층의 포섭이 절대 필요하였다. 아무
튼 이와 같은 직접적인 필요성이 없다 하더라도 장기적인 안목에서 異
民族인 청조가 광대한 漢人社會를 계속 지태해 나가기 위해서는 아무
리 그들의 무력이 강하다 할지라도 무력만으로는 한계가 있는 것이며,
어떠한 형태로든 漢人의 지지기반을 확보해야만 했다. 이 때문에 漢人
신사층의 포섭은 청조에게 필수적이었다.

 이러한 바탕에서 이전부터 행해져 오던 청조의 신사층에 대한 우대
와 포섭방책은 보다 적극성을 띠게 되었다. 즉, 입관 당초 청조는 孤立

---

61) 吳金成, 「明·淸時代의 國家權力과 紳士」, 1989, 226쪽 ; 吳金成, 「順治親政
　　期의 淸朝權力과 江南紳士」, 1989, 80쪽.
62) 청조는 이후 실제 각지의 鄕兵·義軍을 재편하여 활용해 나갔다(鄭炳喆, 앞
　　의 학위논문, 1988, 34~36쪽).

無援 속에서 大順軍 및 土寇勢力과 대결하던 신사층을 지원하기 위해 직접 군대를 파견하여 土寇를 격퇴하기도 하고, 곤궁에 처한 지주 자위무장집단을 경제적으로도 지원하였으며, 각지의 향병을 통일적으로 파악하여 위급한 지역에 적절히 파견함으로써 이들을 위기에서 벗어나게 하는 등 지역적 할거・고립성을 면치 못했던 신사층을 청조를 구심점으로 하여 결집시켜 나갔다.[63]

그런가 하면 청조는 신사층에 대한 신분상의 특권과 경제적인 이득도 법적・제도적 조처를 강구하여 보장하면서 이들을 계속 우대, 포섭해 나갔다. 順治 원년 7월에 貢生에 대한 考試 시행[64]과 貧生들에게 錢粟의 지급을 허락[65]하는 등 신사층에 대한 우대책을 강구했으며, 10월 10일 順治帝 卽位詔[66]를 반포하면서부터는 보다 구체적이고 광범위한 紳士 포섭・우대책을 마련해 갔다.[67] 즉, 청조는 "各處 府・州・縣學의 廩膳生員에게 廩膳米를 지급하고 增廣・附學生員에게도 在學肄業토록 하며, 모든 生員에게 例에 따라 優免해 줄 것"이라고 규정하여, 명대 이래 국가로부터 부여받은 徭役優免特權을 인정해 줌으로써 신사층의 기존 경제적 이익을 보장해 주었다. 뿐만 아니라 이미 順治 원년 5月 睿親王이 "각 衙門의 관원은 모두 옛 직을 살펴 錄用하라"[68]라고 명한 이래 각지를 招撫・平定함과 동시에 현직에 있던 文武官을 原官任用하였는데, 이를 확대하여 기존의 文武進士・擧人・

---

63) 李成珪, 앞의 논문, 1977, 18~19쪽.
64) 『[淸]世祖實錄』 卷6, 順治 元年 7月 己丑條, 65~66쪽, "禮部議覆順天督學御史曹溶條議 考拔貢生 應聽學臣於所至之地 便宜考試 至褒揚節考 原屬舊制……攝政和碩睿親王從之".
65) 『[淸]世祖實錄』 卷6, 順治 元年 7月 癸卯條 順天督學御史曹溶의 條陳三事, 70쪽, "一 賑助貧生 兵燹之後 士有菜色 請廣新恩 給以錢粟".
66) 『[淸]世祖實錄』 卷9, 順治 元年 10月 甲子條, 107~114쪽.
67) 이에 대한 자세한 분석은 吳金成, 「睿親王 攝政期의 淸朝의 紳士政策」, 『韓沽劤博士停年紀念史學論叢』(知識産業社, 1981), 727~731쪽 참조.
68) 『[淸]世祖實錄』 卷5, 順治 元年 5月 庚寅條, 52쪽.

監生 및 生員에 이르기까지 적당한 직책에 임용하도록 했으며, 山林隱
逸之士도 薦擧하여 임용하도록 함으로써 신사층의 기존 정치·사회적
신분상의 특권을 보장해 주었다. 또한 이와 아울러 명대와 같이 學校
制와 科擧制를 실시하여 이들 신사신분의 획득과 신분상승의 기초를
마련, 그들 신분을 계속적으로 승인하였으며 보호를 보장하였다.

아무튼 이렇게 해서 당시 신사층의 우대정책과 함께 많은 관원이 임
명되었다. 그런데 이들 대부분은 조정의 정식임명이 아니라 현지에서
督撫가 임의로 委署한 것이었다.69) 順治 원년 6月 順天巡撫 柳寅東의
啓言에

근자에 陞任되거나 除授되는 各官을 보면 前朝에서 犯臟하여 除名된
자나 流賊으로부터 官을 받은 자까지도 한가지로 錄用되고 있습니다.70)

라고 하고 있듯이 前非의 有無를 따질 겨를도 없이 무작위로 現地任
官을 하였다. 물론 이 때문에 지방관 선택에 있어 신중론이 계속 대두
되었지만,71) 이처럼 아무 조건도 없이 졸속으로 지방관을 임명할 수밖
에 없었던 것은 그만큼 신사층을 포섭해야 하고, 각지에 지방관을 신
속히 파견해야 하는 문제가 청조에 있어 얼마나 절박한 문제였는가를
잘 대변해 주고 있다. 順治 원년(1644) 8月에 兵部右侍郎 楊方興과 登
萊巡撫 陳錦 등의 上疏에

---

69) 이러한 예로 順治 원년 6月 山東을 평정한 巴哈納, 石廷柱는 霸州, 滄州, 德
州, 臨淸의 官을 委屬하고 있다(『[淸]世祖實錄』 卷5, 順治 元年 6月 乙酉條,
63쪽).

70) 『[淸]世祖實錄』 卷5, 順治 元年 6月 甲戌條, 59쪽.

71) 柳寅東을 이어, 같은 무렵 吏科給事中 向玉軒도 "土寇未平 皆因向來地方官
不能綏輯解散 致煩今日撲剿 此後當愼擇守令……"(『[淸]世祖實錄』 卷5, 順
治 元年 6月 己卯條, 61쪽)이라 하고 있고, 7月에 工科給事中朱鼎蒲도 이와
같은 취지의 내용을 피력하고 있다(『[淸]世祖實錄』 卷6, 順治 元年 7月 甲辰
條, 72쪽).

> 山東 一省 府州縣의 大小 文職이 약 400여 員이나 지금 아직도 3/4이 缺員입니다.[72]

라든가 河南巡撫 羅繡錦이

> 河北 3府의 諸官이 쓸쓸할 정도로 1人도 없습니다.[73]

라 啓한 내용 및 山東巡撫 朱郞鑅이

> 이미 推遷된 道, 府, 州, 縣의 各官을 빨리 赴任 受事토록 하십시요. 만일 觀望하고 머뭇거리는 자가 있으면 當 지역의 撫按을 要處에 보내어 (그들의) 신속한 赴任을 엄히 독려토록 하십시요.[74]

라는 상소는 土賊의 창궐로 인한 당시의 유동적인 상황에서 지방관 부임이 그다지 용이하지 못했음을 보여주거니와, 신중히 지방관을 임명할 만한 여유가 없었던 당시의 절박한 사정을 짐작케 한다. 사실 입관 직후 내린 薙髮令을 곧 철폐한 것도 청조가 위와 같은 입장에서 신사층의 포섭과 지방관 확보를 위해 漢人 신사층의 반발을 둔화시키기 위해 취한 조치였다.

이상과 같은 신사층에 대한 포섭과 우대의 조치는 입관 초에는 청조가 장악한 華北의 일부 지방에만 한정해서 적용되었지만 이후 점차 새로 정복하는 지역에 대해서도 이를 관철해 나갔다. 順治 2년(1645) 4월에 陝西지역을 평정한 후, 이 곳에

> 該省 지방의 前朝 文武進士 및 擧人은 계속하여 該府의 심리에 따라

---

72) 羅振玉,『史料叢編』吏曹章奏 順治 元年 8月 12日 丁卯.
73)『明淸史料』丙編 第5本, 河南巡撫 羅繡錦啓本.
74) 羅振玉,『史料叢編』吏曹章奏 順治 元年 8月 28日 癸未.

黜用하라. 該省 지방의 前朝에 建言하다가 降謫된 諸臣 가운데 持論이
公平하고 治理에 보탬이 되는 자는 吏部는 具奏召用하라.……該省의
生員에게 鄕試를 擧人에게 會試를 直隸 및 각 省의 사례에 따라 일체
遵行토록 하며, 각 학교의 廩增附生員을 계속 전과 같이 肄業토록 하고
모두 照例優免하라.

라는 이전의 卽位詔와 거의 같은 내용의 이른바 陝西恩詔[75]를 내렸
고, 이후 江南지방에 대한 공략에 임하여 이 곳을 어느 정도 평정한 후
인 6월에는 이 곳에도 역시 같은 내용의 河南·江北·江南恩詔[76]를
내렸다. 이와 같은 내용의 詔勅은 이후 平定作戰이 수행되던 지역에
계속 내려졌는데, 4년(1647) 2월에는 浙東·福建恩詔,[77] 7월에는 廣東
恩詔[78] 등이 내려졌다. 이로 인해 이제 입관 초기의 紳士 포섭과 지방
관 확보책은 전국에 걸쳐 시행되게 되었다.

그런데 신사층은 원래부터 국가권력에 대해 順機能과 함께 그들의
사적 이익을 추구하는 역기능을 공유하고 있는 존재로 언젠가는 이들
에 대한 일정한 제제를 필요로 하였다. 이미 청조도 順治 4년(1647)에
2차 殿試의 策題 가운데 이들의 '明季廢習猶存'을 지적하고 있거니
와[79] 그 필요성을 절감하고 있었다. 이에 따라 청조가 점차 중원 내지
를 거의 그 군사력 아래 장악하고 어느 정도 자신감을 갖게 되자 이들
에 대한 제재를 가하기 시작하였는데, 漢人 신사 포섭에 적극적이었던
도르곤이 죽고 順治帝가 친정하면서부터 여러 규제조치가 강구되었
다. 順治 8·9년(1651·2)에 이들의 糾衆結社, 言論出版, 書院講學 등
을 금지하였고, 이어 일어난 順治 14년(1657)의 科場案, 順治 16년

---

75) 『[淸]世祖實錄』 卷15, 順治 2年 4月 丁卯條, 173～177쪽.
76) 『[淸]世祖實錄』 卷17, 順治 2年 6月 己卯條, 202～206쪽.
77) 『[淸]世祖實錄』 卷30, 順治 4年 2月 癸未條, 356～359쪽.
78) 『[淸]世祖實錄』 卷33, 順治 4年 7月 甲子條, 391～393쪽.
79) 『[淸]世祖實錄』 卷31, 順治 4年 3月 丙辰條, 356쪽.

(1659) 鄭成功의 南京攻擊事件으로 발단한 金壇獄案, 蘇州哭廟案, 江南奏銷案, 莊氏史案 등이 그것이다.80) 이로써 입관 초기의 일방적인 신사층에 대한 우대와 포섭책은 수정되었으며, 청조의 신사층에 대한 새로운 대응책이 마련되기 시작했다.

　그렇지만 이러한 일련의 조처들이 신사층의 존재를 완전히 부정하는 전제 하에서 시도된 것은 결코 아니었다. 그것은 오히려 청조권력이 신사층을 자기측으로의 완전한 편입을 시도하려는 바탕에서 새로운 협조체제를 이루고자 한 조처였던 것으로,81) 어떤 면에서는 입관 초부터 취해 온 신사층의 포섭을 더욱 적극적으로 추진하려는 것으로 이해할 수 있는 것이다.

2. 租稅減免과 荒田開墾策

　중원을 정복해 나가는 과정에서 향촌안정을 위해서는 지방관 확보와 신사층의 포섭도 필요하지만 오랜 동란으로 피폐해진 민심도 안정시켜야만 했다. 물론 앞서 서술한 신사층에 대한 우대책 역시 이러한 방편의 일환에서 취해진 조치이지만 이를 위해서는 보다 광범위한 일반인에 대한 恤民政策을 강구해야만 했다. 그것은 일찍이 大順政權이 '均田免糧'이라는 구호로 폭발적인 소농민의 지지를 얻었던 것82)에서도 충분히 알 수 있거니와 사실 명말부터 重租에 허덕여 온 이들 소농민층이 明末・淸初 土寇의 기반이 되었던 것이어서 이들을 振恤하는 것은 土寇勢力을 진정시키는 효과도 있는 것이었다.

　이에 따라 청조는 생활하기 어려운 鰥寡孤獨과 생활할 대책이 없는

---

80) 吳金成,「順治親政期의 淸朝權力과 江南紳士」, 1989, 74~79, 94~106쪽 참조.
81) 吳金成,「明・淸時代의 國家權力과 紳士」, 1989, 230~231쪽.
82) 李成珪, 앞의 논문, 1977, 13쪽.

자 및 걸인들을 일일이 살펴 錢糧을 지급하도록 했고,[83] 신사층에 대한 포섭책의 일환이지만 貧生들에게 錢粟을 지급하도록 하였다.[84] 그러나 이것은 일시적인 효과는 있었을지 모르지만 근본적인 처방은 되지 못하였다. 明末부터 重租에 허덕여 온 당시에 있어서 향촌민을 賑恤하는 데에는 工科給事中인 朱鼎蒲이 "於收拾民心 莫過於輕徭減賦"[85]라고 한 데서도 알 수 있듯이 무엇보다도 조세감면이 절실히 요청되었다.

이러한 필요에서 물론 입관 초부터 청조의 여러 관료들 사이에서도 조세감면에 대한 獻策이 있어 왔다. 順治 원년(1644) 6월에 당시 兵部右侍郎 金之俊이 直隷지역의 백성들을 慰撫하기 위해 蠲租의 詔勅을 내릴 것을 啓하였고,[86] 그 뒤로 天津總督 駱養性도 明末에 加派된 錢糧을 割免하고, 단지 正額 및 火耗만을 징수하기를 청하였다.[87] 이에 대해 청조는 駱養性이 請한 火耗라는 것도 貪濫의 積弊라 지적하여 이에 대한 禁革을 엄히 하라고 할 정도로 恤民에 적극적인 의욕을 보였거니와,[88] 이를 바탕으로 청조는 곧 명말 이래 三餉 등 악명 높은 일체의 부가세를 蠲免하라는 命을 반포하였다. 즉, 順治 원년(1644) 7

---

83) 『[淸]世祖實錄』 卷5, 順治 元年 6月 癸酉條, 59쪽, "京城內 流賊蹂躪之後 必有鰥寡孤獨 課生無計及丐街市者 著一一察出 給與錢糧恩養".

84) 『[淸]世祖實錄』 卷6, 順治 元年 7月 癸卯條 順天督學御史 曹溶의 條陳三事, 70쪽.

85) 『[淸]世祖實錄』 卷10, 順治 元年 10月 丙寅條, 116쪽.

86) 『[淸]世祖實錄』 卷5, 順治 元年 6月 甲戌條, 59쪽, "聖朝之德意方新 畿甸之望恩甚切 乞先下蠲租之詔於直隷 以大慰民望 下所司速議".

87) 『[淸]世祖實錄』 卷6, 順治 元年 7月 甲午條, 67쪽, "啓請豁免明季加派錢糧 止徵正額幷火耗".

88) 『[淸]世祖實錄』 卷6, 順治 元年 7月 甲午條, 67쪽, "攝政和碩睿親王報曰 官吏犯贓 審實論斬 前諭甚明 所啓錢糧徵納 每兩火耗三分 正是貪婪績弊 何云舊例 況正賦尙且酌蠲 額外豈客多取 著嚴行禁革 如違禁加耗 卽以犯贓論". 火耗에 대한 청조의 대응에 대해서는 安部健夫, 『淸代史의 硏究』(東京 : 創文社, 1971), 565~570쪽 참조.

월 16일에 攝政王이 官吏와 軍民人 등에게

> ……前朝의 弊政에 대하여 보면 백성들을 가장 심하게 학대한 것은 遼餉을 加派한 것과 같은 것이 없다. 이 때문에 백성들은 궁핍해지고, 도적이 일어났는데 이에 더하여 剿餉을 부과하였고, 또다시 各邊의 抽練을 위해 練餉을 부과하였다. 이 三餉은 正供의 수배였고 小民을 이루 형언할 수 없이 고통스럽게 했다.……무릇 定額 外에 遼餉, 剿餉, 練餉 및 召買米豆 등 一體의 加派를 모두 蠲免하라.[89]

라고 명하였던 것이다. 당시 三餉의 액수는 연간 1,670만 냥으로 이를 면제해 주는 것은 그야말로 대폭적인 減稅였고, 최선의 民心收攬策이 었다. 이와 같은 내용은 10월 10일 順治帝 卽位詔에서 재확인되거니와 이때 各 直省의 本色·折色의 田量의 미납액 중 順治 원년(1644) 5월 1일 이전에 속하는 것도 모두 蠲免하고, 有司가 錢糧을 징수할 때 단지 정액만을 징수하고 枰頭, 火耗 등 규정 이외의 것을 징수할 경우 중죄로 다스리도록 했다.[90] 이 조칙은 곧 戶部에 내려져 各 直省의 모든 錢糧은 萬曆年間의 則例에 따라 징수토록 공포되었고,[91] 이와 같은 조세감면책은 점령지의 확대와 함께 각 지역에 恩詔가 반포되면서 이후 여러 지역에 확대 적용되게 되었다.

　그러나 이러한 대폭적인 蠲免에도 불구하고 오랜 전란으로 토지가 광범위하게 황폐화되었고 농민이 離散한 상태였기 때문에 농민들의 생활은 여전히 어려웠다. 그것은 順治 2년(1645)에 당시 河都總督인 楊方興이

> 山東지역의 전토는 황폐되어 一戶 중 단지 한두 사람만 남아 있고, 10

---

89) 『[淸]世祖實錄』 卷6, 順治 元年 7月 壬寅條, 69쪽.
90) 『[淸]世祖實錄』 卷9, 順治 元年 10月 甲子條, 108~109쪽.
91) 『大淸會典』 卷24, 戶部8 賦役1 徵收.

畝의 田土 가운데 단지 1~2畝밖에 경작되지 않습니다. 그런데 原額 그
대로 징수하니 실제로는 1/3밖에 면제되는 데 지나지 않습니다.……이
것은 蠲免이 있어도 실은 無蠲과 같습니다.[92]

라고 한 데서도 알 수 있다. 여기에서 이를 시정하기 위한 방안으로 土
地의 丈量과 丁量의 編審을 행해야 한다는 논의가 제기되었다. 이에
대한 논의는 順治 원년 12월 眞定巡撫 衛周允이 백성들 가운데 流亡
한 자가 많아 토지가 황폐되었기 때문에 錢糧의 實數를 기하기 위해
서는 丈量과 編審을 해야 한다라는 지적[93]에서 비롯되었다. 이와 같은
주장은 順治 4년(1647) 5월에 江西巡按 吳贊元에 의해 南昌, 瑞州, 袁
州 三府의 賦役을 均平하게 할 목적에서 ㄷ시 제기되었거니와[94] 順治
8년(1651)에 蘇松巡按 秦世禎 등이 계속 이를 건의하였다.[95] 그러나
입관 초기의 급박한 사정 하에서 청조는 이를 시행할 여유가 없었고,
順治 10년(1653) 이후에 가서야 적극적인 관심을 갖게 되었다.[96]

---

92) 『[淸]世祖實錄』卷13, 順治 2年 正月 己丑條, 146쪽.
93) 『[淸]世祖實錄』卷12, 順治 元年 12月 庚申條, 138쪽, "巡行各處 極目荒涼
    舊額錢糧 尙難數數 況地畝荒蕪 百姓流亡 十居六七 若照額責徵 是令見在
    之丁 代逃亡者重出 墾熟之田 爲荒蕪者包賠也 臣以爲欲淸荒田法在丈量 欲
    淸亡丁法在編審 果能徹底淸楚 則錢糧自有實數 官吏無巧豚之弊 百姓免代
    賠之累矣 疏入 下所司議".
94) 『[淸]世祖實錄』卷32, 順治 4年 5月 丙辰條, 378쪽, "江右南瑞袁三府 先因陳
    友諒割據倍徵 故明因循未改 兼以水漂沙塞 虛糧逋缺甚多 亟請釐定 令照他
    郡額賦徵輸 更行淸丈 各官履畝親査……".
95) 『[淸]世祖實錄』卷59, 順治 8年 8月 丙寅條, 697쪽. 이 무렵 吏部左侍郎 熊
    文擧도 이를 실시할 것을 주장하였다.『皇淸奏議』卷4, 熊文擧(臺北:文海
    出版社), "爲徵巨略述江省情形推廣紀綱法度士氣人心以甦殘黎以隆德化事".
96) 順治 10년과 12년 연속으로 전국에 丈量을 명령하였으나 실행되지는 못하였
    다(吳金成,「順治親政期의 淸朝權力과 江南紳士」, 1989, 83쪽). 順治年間의
    丈量과 編審의 시행과정과 그 구체적인 내용에 대해서는 西村元照,「淸初의
    土地丈量에 대하여 - 土地臺帳과 隱田을めぐる國家と鄕紳の對抗關係を基軸
    として - 」,『東洋史硏究』33-3, 1974 참조.

아무튼 청조가 이와 같이 蠲免을 행한 것은 재정에 여유가 있어서
가 아니었다.[97] 당시의 상황은 전선이 날로 확대되어 오히려 전비와
국가재정은 날로 증가될 수밖에 없었다. 실제로 입관 초부터 淸軍은
각지의 전선에서 軍餉의 부족을 수시로 호소하였거니와 淸軍 역시 流
寇나 土寇처럼 노략질을 일삼았다. 이 때문에 淸朝는 順治 5년
(1648)에 三餉 가운데 遼餉分에 해당하는 액수를 다시 징수하도록 했
고, 이후 신사층에 대한 제제도 기실은 적자재정을 만회하기 위해서였
던 것이다. 이처럼 국가재정이 극히 어려운 상태에서도 조세의 감면책
을 취한 것은 청조가 民心收攬과 향촌사회의 안정에 얼마나 지대한
관심을 보였는가를 보여주는 것이다.

한편 이미 앞서도 살폈듯이 다액의 蠲免에도 불구하고 농촌생활이
어려웠던 것은 명말 이래의 동란기를 거치면서 수많은 流民이 발생했
거니와 이로 인해 농경지가 황폐화되었기 때문이다. 따라서 향촌을 안
정시키기 위해서는 恤民政策도 중요하지만 流民의 復業과 荒田開墾
事業이 보다 근본적인 방책이며, 이것은 국가재정을 확보하는 데 있어
서도 중요하였다. 이와 같은 중요성과 관련하여 이에 대한 정책을 제
시하는 것 역시도 일찍이 입관 직후부터 나타나고 있다. 즉 順治 원년
(1644) 7월에 戶科給事中인 郝傑이 條陳한 四事 가운데

　　첫째, 農桑을 권장함으로써 근본을 세워야 하고, 도망인을 招撫하여
　　戶口를 확보해야 합니다.[98]

라 하고 있고, 또 이 무렵 兵部右侍郎 金之俊이 州縣官으로 하여금

　　牌甲을 編置하여 백성들을 古業에 安住토록 해야 합니다.[99]

---

97) 吳金成, 위의 논문, 80쪽.
98) 『[淸]世祖實錄』 卷6, 順治 元年 7月 己亥條, 68쪽.
99) 『[淸]世祖實錄』 卷6, 順治 元年 7月 丙戌條, 65쪽.

라고 상주한 것이 그것이다. 이에 대해 청조가 즉각적으로 어떤 조치
를 취하지는 않았지만 물론 긍정적이었다. 이는 睿親王이 이전에 金之
俊이 민간의 兵器馬騾를 압수해야 한다라는 奏請100)에 대해 馬匹兵
器는 압수하되 소와 나귀 등 농경에 필요한 牧畜의 압수는 허락치 않
았던 데101)에서 알 수 있다.

이러한 바탕에서 청조는 順治 원년 12월에 流民의 復業과 墾田策을
시행하였는데, 그 내용은 無主의 荒蕪地에 流民이나 官兵을 屯種시켜
3년 뒤부터 稅糧을 부과한다는 것이다.102) 그런데 이 무렵부터 滿洲旗
人의 생활을 보장하기 위한 旗地의 分給, 즉 圈地政策이 행해졌거니
와,103) 이 정책은 그 일환으로 행해진 것이다. 이후 征服地가 전국으로
확대되면서 보다 적극적인 관심에서 이를 추진하였는데, 順治 4년
(1647) 4월에 당시 戶科給事中 梁維本이

　　荒田을 개간하고 水利를 부흥시키는 것이 弭盜安民의 근본책입니다

라고 역설하면서 지방관으로 하여금 황무지 개간을 촉구하였다.104) 이
건의는 대체로 채택된 것으로 보이며, 이를 바탕으로 順治 6년(1649) 4
월에 內三院에 다음과 같은 諭를 내려 墾田政策을 확정하였다.

　　戶部·都察院은 각 巡撫·巡安 및 府·州·縣의 관리로 하여금 原
籍·別籍을 不論하고 널리 招致하여 보갑에 편입시켜 安居樂業토록

---

100) 『皇淸奏議』卷1, 謹陳剿撫實著疏, 113~116쪽.
101) 『[淸]世祖實錄』卷6, 順治 元年 7月 丙戌條, 65쪽, "其就撫之民 必馬必兵器
　　盡數交官 方見眞心就撫 牛驢乃農事必需 毋得括取滋擾".
102) 『[淸]世祖實錄』卷12, 順治 元年 12月 丁丑條, 142쪽 ;『淸朝通典』卷1, 食貨
　　志.
103) 圈地政策은 順治 원년 12월 順天巡按 柳寅亰의 상소를 바탕으로 시행되었
　　는데, 다음 2년 정월까지 北京 부근의 州縣에 旗地가 분급되어졌다. 圈地에
　　대해서는 周藤吉之, 「淸初に於ける畿輔旗地の成立過程」, 『淸代東アジア史
　　研究』(東京 : 日本學術振興會, 1972) 참조.
104) 『[淸]世祖實錄』卷31, 順治 4年 4月 丙戌條, 371쪽.

하고, 본 지방의 無主荒田을 살펴 州·縣官은 許可狀을 발부하고, 이를
살펴 開墾·耕種토록 하여 永准爲業토록 하라. 농사를 지은 지 6년 후
에 각 지방관은 친히 成熟畝數와 그 實을 살펴 錢糧徵收의 議을 奏請
토록 하며, 6년 이전에는 징수를 불허하고, 差徭의 科派도 전혀 불허한
다.……이렇게 하면 逃民의 復業과 田地의 개간은 점차 많아질 것이며,
각 州縣의 治績은 剌民과 勸耕의 多寡로 優劣을 판정하며, 道府는 催
督의 勤惰로 殿催할 것이다.105)

이후 청조는 順治 14년(1657)에는 이를 보다 구체화시켜「督墾荒地
應定勸懲則例」를 반포하였는데,106) 즉 1년 동안의 개간지 실적을 살
펴 總督·巡撫·按察使의 경우 2,000頃 이상자는 紀錄하고 6,000頃
이상자는 加陞一級하며, 道·府官의 경우 1,000頃 이상자는 紀錄하고
2,000頃 이상자는 加陞一級하고, 州·縣官으로서 100頃 이상자는 紀

<順治年間 人丁 및 田土 統計>107)

연 도	人 丁(丁)	田 地(畝)
順治　8년	10,633,326	290,858,461
9년	14,483,858	403,392,504
10년	13,916,598	388,792,636
11년	14,057,205	389,693,500
12년	14,033,900	387,771,991
13년	15,412,776	478,186,000
14년	18,611,996	496,039,830
15년	18,632,881	498,864,074
16년	19,008,913	514,202,234
17년	19,087,572	519,403,830
18년	19,137,652	526,502,829

105)『[淸]世祖實錄』卷43, 順治 6年 4月 壬子條, 509쪽.
106)『[淸]世祖實錄』卷109, 順治 14年 4月 壬午條, 1301~1302쪽.
107) 梁方仲,『中國歷代戶口·田地·田賦統計』(上海 : 人民出版社, 1980), 248쪽.

錄하고 300頃 이상자는 加陞一級하고, 衛所官員으로 50頃 이상자는 紀錄, 100頃 이상자는 加陞一級하며, 文武鄕紳으로 50頃 이상자로 現任官은 紀錄, 致仕者는 扁旌獎을 給하고, 貢·監·生員 및 일반 백성의 경우 有主의 荒地는 주인이 개간토록 하며, 만일 本主人이 개간할 수 없으면 지방관이 招民하여 허가장을 주어 개간토록 하여 永爲已業토록 하였다.

　이와 같은 流民復業과 荒田開墾策은 신사나 관리·서리·토호 들의 은전 때문에 기대한 만큼의 효과를 거두지는 못했지만, 앞의 표에서 보듯이 順治年間만 하더라도 비교적 꾸준히 人丁과 田土 수가 증가하고 있음을 볼 때 나름대로 성과가 있었음을 알 수 있다.

제3절 향촌질서 유지방안과 그 운용

1. 總甲制의 창립과 그 추이

　앞절에서 살핀 바와 같이 入關 初期 중원의 향촌사회는 土寇의 세계나 다름없는 무질서의 혼란된 사회가 전개 되었고, 이에 대해 청조는 반란세력의 진압과 함께 향촌질서를 회복하기 위한 방안으로 신사층의 흡수와 지방관 확보, 그리고 소농민에 대한 구휼정책 및 개간사업 등을 시행해 나갔다. 그러나 아직 입관 초기의 유동적인 사회상황 속에서 여전히 형세를 관망하는 자가 많았기 때문에 위의 여러 방안도 필요했겠지만 이들을 보다 확고하게 체제 내에 안주케 할 구체적인 향촌조직의 마련이 필요하였다. 이것은 비단 입관 초기의 유동적인 상황에서만 필요한 것이 아니라 어느 왕조에서건 그들의 향촌지배를 관철시키기 위해서는 반드시 필요했던 것으로, 청조 역시 그들 지배의 久

遠을 위해서라도 향촌조직을 마련해야만 했다.

이를 위한 방안이 최초로 제기된 것은 順治 원년 7월 1일 兵部右侍郎 金之俊에 의해서였다. 그는 州·縣官으로 하여금 招撫者들의 冊籍을 만들어 이에 의해 排甲을 編置함으로써 금후의 稽察을 편하게 함과 동시에 그 冊籍을 道·府를 통해 兵部에 轉送시켜 지방관을 평가하도록 주청했던 것이다.108) 이 같은 방안은 같은 해 7월 23일에 內院大學士인 馮全과 洪承疇에 의해서도 제기되었는데, 直隷 京城지역에 도적이 횡행하여 백성을 불안케 한 것은 모두 禁防巡緝이 엄히 행해지지 않기 때문이라 하여 檔柵을 비치하고 10家牌를 編하여 五城御史로 하여금 夜巡을 엄히 실행하도록 啓한 것이 그것이다.109) 청조는 이와 같은 방책을 즉시 채택하지는 않았지만 이후 곧 이를 기초로 최초의 치안대책으로서 總甲制를 제정하였다. 順治 원년 8월 8일에 睿親王이 官民에게

　　各 府·州·縣·衛 소속의 향촌에 10家마다 甲長 1人을 두고, 100家에 1總甲을 두어 무릇 도적과 도망인, 姦宄, 竊發의 일이 일어나면 인접해 있는 家가 이를 甲長에 알리고, 甲長은 總甲에 알리며, 總甲은 府·州·縣·衛에 알리고, 府·州·縣·衛는 이를 확실히 살펴 兵部에 보고해야 한다. 만일 1家가 숨기고 있는데 그 인접해 있는 9家·甲長·總甲이 이를 고발하지 않으면 모두 중죄로 다스리며 용서치 않는다.110)

라고 명한 것이 바로 총갑제의 최초의 시행령이다.

그런데 위 시행령이 내려진 시기는 順治 원년 8월로 당시 청조는 直隷 주변지역만 점령하고 있었다. 따라서 총갑제의 시행범위는 자연 直

---

108) 『皇淸奏議』 卷1, 謹陳剿撫實著疏, 113~116쪽.
109) 「京郊民衆的抗淸活動與淸廷之治安措施」, 『選編(下)』, 1쪽.
110) 『[淸]世祖實錄』 卷7, 順治 元年 8月 癸亥條, 81쪽 ; 『皇朝文獻通考』 卷21, 職役考1, 5043쪽(新興書局).

隷 주변지역으로 한정되었다. 위 시행령에서 각 省이라 하지 않고 各府·州·縣·衛라고 기록한 것도 바로 이 때문이다. 다음으로 위 내용을 통해 그 편성조직과 내용을 보면, 총갑제는 모든 향촌민을 대상으로 10家 1甲, 10甲 1總甲으로 조직하여 각 조직에 甲長 1人, 總甲 1人을 두어 그 구성원을 통솔토록 하였고, 이들 조직 내에 盜賊, 逃人, 姦宄, 竊發 등 형사적 사건이 일어나면 9家는 甲長에게, 甲長은 總甲에게, 總甲은 지방관에게 報知해야 하며 지방관은 그 실정을 조사하여 兵部에 通達토록 하였거니와, 만일 이들 범죄를 은닉하면 9家 및 甲長·總甲은 모두 중죄로 처벌토록 규정하고 있다. 이로 볼 때 총갑제는 연대책임에 의해 치안질서를 유지하기 위한 조직이었음을 알 수 있다.

그런데 총갑제는 이미 명 중기경에도 향촌의 치안질서 유지책으로 여러 지역에 시행되었던 것으로 그 구체적인 관련 내용은 없지만 淸初의 총갑제는 명대의 총갑제를 바탕으로 설립된 것으로 보인다. 그러나 명대의 총갑제는 단순한 相互覺察을 통한 연대책임뿐만 아니라 특히 王陽明의 總小甲制에서 보듯 향촌방위의 기능까지 가진 민병조직이었던 것[111]임에 비해 청대의 총갑제는 앞서 지적한 대로 향촌방위의 기능은 閑却되고, 단지 연대책임만 강조될 뿐이었다. 이것은 아직 향촌사회에 流寇·土寇勢力 및 南明抗淸勢力이 상존하고 있거니와 이에 대한 征服戰을 계속 수행해야 하는 청조에 있어 향촌민에게 자위수단을 부여한 향촌방위는 비록 그 필요성이 절실했지만 오히려 큰 위협이 된다고 판단했기 때문으로 보인다. 이와 같은 총갑제의 성격은 이후에 논의되는 保甲에 있어서도 마찬가지이며, 淸 초기 보갑제의 특징이라고도 할 수 있는 것이다.

그런데 청조 최초의 향촌통치제도라 할 수 있는 총갑제가 이후 어떻게 운용되었는가는 의문이다. 왜냐하면 총갑제의 시행령이 반포된 順治 원년 8월부터 順治 14년(1657) 11월에 錢文의 私鑄를 취체할 목적

---

111) 이 책의 4장 1절 2 참조.

에서 다시 총갑제를 시행한 내용112)이 보일 때까지 어디에도 총갑이라
는 명칭이 전혀 보이지 않기 때문이다. 이에 대한 해명으로 일찍이 松
本善海는 總甲에 대신하여 10家長의 명칭이 많이 보이고, 또 10家長
이 畿輔旗地의 노예의 도망방지에 주로 역할을 하고 있음에 着目하여
이후의 총갑제 운용에 대한 나름대로의 논리를 전개하였다. 그의 논지
를 요약하면 다음과 같다. 즉, "총갑제는 弭盜安民을 목적으로 창립되
었다. 그러나 畿輔旗地의 설정과 함께 이를 경작하는 노예, 즉 旗丁의
도망자가 매우 많아지자 이에 대한 대책으로서 총갑제는 당초의 목적
을 일탈하여 오로지 逃亡旗下人의 追捕에 중점을 둔 조직으로 변하였
다. 이에 따라 총갑제의 조직도 順治 5・6년(1648・9)경부터는 逃人의
檢察과 窩逃의 죄에 대한 연좌라는 목적에 편리하도록 100家의 조직
은 閑却되고 10家 1甲의 조직만 남게 되고, 동시에 그 시행범위도 旗
地가 집중되어 있는 直隷지역을 중심으로 그 주변의 諸 省에 한정되
게 되었다. 그런데 順治年間에 이어 康熙時代에 들어와 旗地의 경작
이 노예로부터 점차 佃戶, 즉 소작인으로 이행되면서 도망인의 수가
자연 감소되자 이제 총갑제는 유명무실하게 되었다"113)는 것이다.

　이러한 松本氏의 논리는 매우 명쾌하거니와 그 때문에 通說로 받아
들여지고 있다. 그렇지만 이러한 논지에는 몇 가지 의문점이 제기된다.
우선 그는 10家의 조직, 즉 총갑제는 逃人의 追捕만을 목적으로 그 기
능이 轉化되었다고 보았다. 물론 10家 1甲의 조직이 많은 사례114)에서
보듯 逃人의 追捕에 주로 이용되었다는 데는 의문의 여지가 없다. 그

---

112)『[淸]世祖實錄』卷113, 順治 14年 11月 甲辰條, 1345쪽, "私鑄錢文之爲首及
　　　匠人處斬……總甲 十家長 知情不首者 俱照爲首律處斬".
113) 松本善海,「淸代における總甲制の創立」,『東方學報』(東京) 13-1, 1942[후에
　　　『中國村落制度の史的硏究』(東京 : 岩波書店, 1977)에 재수록].
114)『[淸]世祖實錄』卷15, 順治 2年 3月 戊申條, 170쪽, "投充旗下人民 有逃走者
　　　逃人 及窩逃之人 兩鄰十家長 百家長 俱照逃人定例治罪" ; 卷43, 順治 6年
　　　3月 甲申條, 505쪽 ; 卷65, 順治 9年 5月 丙申條, 758쪽 ; 卷86, 順治 11年 9月
　　　壬辰條, 1023쪽.

러나 順治 5년(1648) 8월에 兵部에 내린 諭旨를 보면 土賊들의 수중
에 武器와 馬匹이 넘어가지 못하도록 민간에 馬匹과 각종 兵器所有를
금지했거니와 이들을 은닉하는 자를 취체하는 데에 10家의 조직을 이
용하고 있는 내용이 있고,115) 또 順治 6년(1649) 7월에 역시 兵部에 내
린 諭 가운데 각지의 지방관으로 하여금 土賊의 횡행에 대해 嚴察할
것을 지시하면서 盜賊竊發者가 있을 경우 知情不擧의 左右兩隣은 물
론, 10家長도 중죄에 처한다는 내용이 있다.116) 여기에서 10家 1甲의
조직은 旗人의 도망방지뿐만 아니라 각지의 도적 등 범죄발생의 방지
에도 역할을 했음을 알 수 있으며, 따라서 10家의 조직이 반드시 旗地
의 도망인방지에만 이용되었다는 松本氏의 견해를 그대로 받아들일
수는 없다.

　다음으로 그는 總甲이라는 명칭의 자료를 전혀 揭示치 않고, 10家
長을 總甲의 甲長에 일치시켜 10家의 조직을 총갑제의 변형된 새로운
형태로 보고 있다. 그런데 다음 항에서 보다 집중적으로 살피겠지만
이미 順治 2년경부터 여러 사람에 의해 보갑제 시행이 활발하게 논의
되고 있고, 청조 또한 順治 6년에 보갑을 逃人의 방지 및 逃人의 歸農
에 활용할 것을 지시하고 있고 보면, 이미 청 초기에 각지에는 명말 이
래의 보갑이 상당한 정도 시행되었음을 짐작할 수 있다. 그렇다고 한
다면 당시 逃人의 追捕에 이용된 10家 1甲의 조직은, 굳이 總甲과 保
甲을 분리해서 본다면 總甲制下 甲의 조직이라기보다는 오히려 保甲
制下의 甲의 조직으로 보는 것이 더욱 타당하지 않을까 한다. 그러나

---

115) 『[淸]世祖實錄』 卷40, 順治 5年 8月 丁未條, 464쪽, "今各處土賊 倫製器械
　　私買馬匹 毒害良民 作爲叛亂 朕思土賊之起……槪不許蓄養馬匹 亦不許收
　　藏銃·砲·甲·胄·鎗·刀·弓·矢·器械　各地方官察出……隣佑十家長
　　俱具甘結於該管官".

116) 『[淸]世祖實錄』 卷45, 順治 6年 7月 癸未條, 528쪽, "土賊橫行 皆由該地方官
　　怠忽疎玩覺察不早……致有盜賊竊發者 該地方各官 俱治以重罪 其窩藏之家
　　處斬 左右隣知情不擧 及十家長不行擧察者 槪不姑宥". 앞의 주) 112에서 열
　　거한 사례도 같은 처벌 내용을 기록하고 있다.

이미 명대부터 보갑은 逃人의 방지를 포함한 제 향촌질서 유지의 기능을 가지고 있고, 또 청대에도 이후 보갑제가 정비되면서 향촌의 盜竊·邪敎·賭博·窩盜·私鑄·私銷·聚衆 등을 취체하는 제기능을 망라하게 되었던 것[117]으로 보아 사실 총갑과 보갑을 과연 구분할 필요가 있겠는가 하는 의문이 생긴다.

또한 松本善海 씨는 아무런 근거도 없이 똑같이 보갑이라는 명칭을 사용하고 있음에도 불구하고 그 목적에 따라 임의로 總甲, 혹은 保甲으로 구분하고 있다. 즉, 그는 順治 11년(1654) 2월에 吏科右給事中 王禎의 奏言에 보이는 保甲과 嘉慶『武功縣志』卷4, 人物志 楊澤傳에 보이는, 보갑제를 逃人을 追捕하는 데 이용되었다고 해서 이를 보갑이 아닌 총갑제라 하고 있으며, 반면『[淸]世祖實錄』順治 13년 6월 癸巳條의 勅諭에 보이는 보갑에 대해서는 이전의 逃人追捕 외에 연해 일대 商民의 무역활동을 금지하는 데에 이용되었다고 해서 글자 그대로 명말 이래의 보갑이라 하였다.[118] 그런데 만일 위에서 지적한 바와 같은 시각으로 본다면 군이 이러한 무리를 범하지 않아도 될 뿐만 아니라 명대와 마찬가지로 청대에도 보갑제는 총갑제를 바탕으로 이루어진 것으로 볼 수 있으며, 따라서 총갑제를 일컬어 "청대 보갑의 權輿"[119]라는 評도 타당성 있게 받아들여질 수 있게 될 것이다.

그런데 順治 원년 창립 이후 잠시 보이지 않던 총갑제의 명칭은 順治 14년(1657)부터 다시 나타나고 있다. 이 때의 총갑제는, 청조가 錢文의 私鑄를 엄격히 금해 왔던 것이지만[120] 특히 京師 부근에서 錢文

---

117)『同治戶部則例』卷3, 戶口 ;『淸史稿』卷126, 食貨志1 戶口.

118) 松本善海, 앞의 논문, 1942, 504~508쪽.

119)『淸朝文獻通考』卷21, 職役考1, 5043~5044쪽.

120)『[淸]世祖實錄』卷113, 順治 14年 11月 甲辰條, 1345쪽, "和碩簡親王濟度等遵旨議奏 私鑄錢文之爲首及匠人處斬 爲從及知情買使者 擬絞監候 其賣錢 經紀鋪戶 興販攪和私錢者 責四十板 流徒尙陽堡 總甲 十家長知情不首者 俱照爲首律處斬". 이와 같은 내용은『大淸會典事例』卷220, 戶部 錢法 錢法禁令條 順治14年議准에도 있다.

의 私鑄가 계속해서 행해져 이를 보다 엄격하게 취체할 목적에서 시행
된 것이다. 이러한 내용은 順治 18년(1661)에도 보이거니와[121] 順治年
間을 이어 특히, 康熙年間에 들어와 더욱 많은 사례가 나타나고 있
다.[122] 이 무렵에 행해진 총갑제는 이미 荒川淸에 의해 자세히 분석되
었듯이[123] 京城의 치안행정을 담당하는 五城司坊官의 督率下에서 그
임무를 수행하였고, 비단 錢文私鑄의 취체뿐만 아니라 司坊官을 도와
범죄인의 搜査逮捕, 巡邏夜警, 流民의 救恤 등의 임무도 수행하게 되
었으며, 京師 諸衙門의 器物人夫까지도 承弁하는 일을 맡았다. 또한
이 무렵 京城總甲과 그 맥을 달리하지만 直隷뿐 아니라 江南지역에서
도 각지의 치안유지 임무를 목적으로 총갑이 시행되었는데, 이 역시
京城總甲과 같이 각 地方衙門의 需用物品 및 工匠人夫를 조달하는
등 差務를 承弁하는 일까지도 담당하였다.

　아무튼 이처럼 이후에도 총갑제가 계속 시행되었음을 볼 수 있는데,
이 때의 총갑은 逃人追捕만을 수행한 것은 물론 아니지만 康熙年間에
들어와 총갑제의 기능이 유명무실해진다는 松本氏의 견해를 무색케
한다. 그러나 여기에서 문제가 되는 것은 보갑제가 시행되고 있음에도
불구하고 총갑제가 다시 거론되고 있다는 것이다. 그런데 후술하겠지
만 順治年間부터 보갑제가 거론되고, 또 시행되었다고는 하지만 그것
은 청조의 공인 하에 시행된 것이 아니라 다만 그 필요성이 인정되어
비공식적으로 시행이 용인된 것에 불과하며, 여전히 공식적인 향촌통
치제의 명칭으로는 順治 원년에 반포된 총갑제뿐이었기 때문으로 보
인다. 다시 말해서 총갑제는 逃人追捕의 기능뿐 아니라 청조가 중국지
배에 자신감을 가지게 되면서 점차 종래 보갑제가 수행했던 여타의 향

---

121) 『大淸會典事例』卷220, 戶部 錢法 錢法禁令條 順治18年議准.
122) 『大淸會典事例』卷220, 戶部 錢法 錢法禁令條 ; 卷104, 吏部 處分例 查禁私
　　鑄私銷 ; 卷795, 刑部 刑律盜賊 略人略賣人 등 여러 곳에 보인다.
123) 荒川淸,「淸代の鄕村に關する一考察 - 淸代の總甲・地方, 就中, 順治元年の
　　總甲制について -」,『史流』11, 1970.

촌통제의 기능을 추가하면서, 사실상 보갑제로 轉化되어 가지만 다만 공식적인 명칭으로는 여전히 총갑제를 사용했다는 것이다. 이것은 이후 康熙 47년(1708)에 전국에 걸쳐 보갑제 시행령을 반포하였던 것과, 또 청대의 보갑제 기능에 이전의 총갑의 기능이 망라되어 있음에서도 알 수 있는 것이다.

2. 入關初 鄕約・保甲制 운용

앞의 항에서 살폈듯이 청조는 입관 초기부터 향촌사회의 안정을 위한 구체적인 방안으로 총갑제를 창립하였다. 그러나 총갑제는 종래 보갑제가 가지고 있는 기능 가운데 향촌방위의 역할은 閑却시키고, 단지 연대책임만을 바탕으로 치안질서를 확립하고자 한 것으로 당시 점령지로 확보된 直隷지역에 한정되어 시행되었다. 이때 총갑제의 효용이 얼마나 있었는지는 알 수 없지만 청조로서는 점차 정복지를 확대해 감에 따라 타지역에 대해서도 치안질서 확립이 요구되었고, 따라서 총갑제의 시행범위도 확대할 필요가 있었다. 그런데 당시의 사정은 청조의 정복사업이 진행중에 있었지만 명말과 같은 무질서의 사회가 전개되었고, 각지에서는 여전히 향약・보갑제를 바탕으로 편성된 지주자위집단과 流賊・土寇勢力과의 대결이 이어졌다. 따라서 청조로서는 새로 총갑제를 시행하기 보다는 기존 각지에서 행해져 온 향약・보갑제를 그대로 유지하는 것이 보다 손쉬웠을 것으로 보인다. 順治 2년(1645) 2월 直隷巡撫인 王文奎의 疏言에

畿南지방의 각 衛所의 地畝田糧은 州・縣官이 나아가 징수에 편하도록 屯丁이 두루 이를 맡도록 명하고, 무릇 소속 軍宅・屯莊 및 鄕村・城市를 不論하고 모두 보갑에 편입시켜 한 사람의 도적이 발생하면 9家를 연좌하여 邊戌에 이르도록 처결하였습니다. 軍裝雜派는 청하옵건대

마땅히 禁革해야 합니다.124)

라는 내용에서 알 수 있듯이 일찍이 直隷지역에 총갑제를 시행했지만 도적을 취체하여 치안질서를 확보하는 데 보갑을 이용하였다는 것은 이 지역에서도 보갑제가 명말 이래 계속 시행되었던 것이고, 이를 바탕으로 보갑제를 시행했던 것을 볼 수 있다. 그런데 이 내용에서 보갑제는 9家連坐에 의한 방법으로 盜賊을 취체하고 있고, 향촌방위의 역할은 보이지 않는다. 이것은 이전에 시행한 총갑제와 같은 방식인데, 총갑제 시행과 마찬가지로 비록 보갑을 시행한다 할지라도 당시의 무질서한 상황에서 향촌민에게 향촌방위의 역할까지 부여하는 것은 상당한 부담이 있었기 때문으로 여겨진다.

이와 같은 清朝의 태도는 順治 3년(1646) 5월 逃人을 嚴察하기 위해 兵部에 내린 諭에

앞으로 隱匿之人과 隣佑 9家, 甲長, 鄕約人 등은 刑部에 보내 확실히 파악토록 하여 逃人은 鞭 一百에 原主에 되돌려 보내고, 隱匿犯人은 엄히 치죄하며,……그 隣佑 9家, 甲長, 鄕約은 각기 鞭 一百에 流徙邊遠시켜라.125)

라는 내용과, 또 이를 다시 수정하여 그 해 7월 역시 兵部에 내린 諭에

逃人이 스스로 돌아온 자 및 兩隣은 流徙에 처하며, 甲長은 (9家 중 남은) 7家와 함께 鞭 50에 처하고, 該管官과 향약은 모두 免罪한다.126)

라는 내용에서 보다 뚜렷이 살필 수 있다. 이 내용은 逃人을 追捕하는

---

124) 『[清]世祖實錄』 卷14, 順治 2年 2月 乙卯條, 156쪽.
125) 『[清]世祖實錄』 卷26, 順治 3年 5月 庚戌條, 306쪽.
126) 『[清]世祖實錄』 卷27, 順治 3年 7月 壬子條, 320쪽.

데 隣佑 9家, 甲長, 鄕約에 대한 처벌규정을 담은 것이고, 그 처벌 범위를 수정하고 있는 것이다. 이와 아울러 여기에서 알 수 있는 것은 甲長과 함께 향약을 거론하고 있음은 명말의 향약과 보갑이 결합된 형태의 조직이 이 때에도 계속 시행되고 있다는 것을 보여주고, 또 逃人을 연대책임에 입각하여 追捕하는 데 이 조직을 이용하는 것을 청조도 용인하고 있음을 보여주고 있다. 또한 특히 수정된 諭旨에서 逃人追捕의 책임을 보갑조직 중 10家의 長인 甲長 이하에만 부여하였던 것인데, 이 때문에 이후 逃人追捕에 관한 내용에 10家長의 명칭만이 보이게 된 것이며, 10家長이 곧 總甲의 甲長이고 10家 1甲의 조직으로 총갑제가 변형되었다는 松本氏의 주장을 나오게 한 것이다. 아무튼 이와 같은 보갑제의 시행은 山東巡按監察御史인 吳達도 順治 3년(1646) 11월에 올린 啓本에서

　　도적의 소굴을 찾아내어 그 뿌리를 끊으려면 반드시 먼저 보갑을 淸해야 합니다.[127)]

라고 하고 있거니와 이미 順治 초기부터 逃人·盜賊을 취체하는 데에 적극적으로 이용하려 했던 것으로 보인다.

　그런데 입관 초에 청조는 향촌질서를 위해 단지 연대책임만을 주로 한 총갑제 혹은 보갑제를 시행해 나갔지만 중원정복이 장기화하고, 전선이 확대되는 어려운 상황에서 향촌방위의 역할을 수행하는 명말 이래의 보갑제 활용 방안을 전혀 도외시할 수는 없었다. 順治 4년(1647) 3월에 左部都御史인 夏玉이 「弭盜要策」을 상주하는 중에

　　보갑법은 마땅히 10家를 1甲으로 하여 甲長을 세우고, 10甲을 1保로 하여 保長을 세우게 합니다. (이를 통하여) 대낮에는 形跡이 의심 있는

----

127) 「山東民衆抗淸情況及淸政府欲行保甲」, 『選編(下)』, 72~73쪽.

자를 조사하고, 만일 그런 자가 있으면 곧 官에 보내 조사를 받도록 하며, 밤에는 서로 제방을 쌓고 1家에 일이 있으면 9家가 징을 울리고 소리내어 구하고, 1甲에 일이 있으면 9甲이 징을 울리며 이를 구하면 도적은 자연 오래 가지 못할 것입니다. 만일 각자가 문을 닫고 가만히 앉아서 구원치 않으면 甲長·保長은 모두 중죄로 다스리도록 합니다.[128]

라고 한 것은 바로 명말의 보갑과 똑같은 편제와 자위기능을 갖춘 보갑제의 시행을 주장한 것이며, 바로 위와 같은 필요에서 나온 것으로 보인다. 이에 대한 청조의 태도는 어떠했는지 알 수 없다. 그러나 順治 6년(1649) 4월 內三院에

　兵을 일으킨 이래로 지방은 황폐화되고 많은 백성은 도망, 유리되어 찾을 길이 없으니 심히 애석하도다. 戶部·都察院에 알려 이 諭旨를 각 巡撫·按察使에 전하고, 府·州·縣의 관리로 하여금 행하도록 하라. 무릇 각 지역의 도망백성이 있으면 原籍·別籍을 막론하고 반드시 널리 불러와 보갑에 편입시켜 安居樂業하도록 하라.[129]

라고 한 것을 보면, 보갑제를 직접적인 향촌방위보다는 여전히 逃人의 방지 및 歸農을 통해 농민생활의 안정에 활용하고자 하는 의지를 분명히 하고 있음을 볼 수 있다.

　그러면 이처럼 보갑제를 시행함에 있어 그 필요성이 절실했음에도 불구하고 향촌방위의 임무를 배제하고, 줄곧 연대책임만을 주로 한 보갑제를 고집한 것은 무엇 때문일까? 향촌방위를 목적으로 한 보갑제를 시행하기 위해서는 당연히 鄕兵을 편성해야 하고, 각지의 지방관 및 신사·지주층을 중심으로 행해야 한다. 그러나 앞절에서도 살폈듯이

---

128) 『文獻叢編(上)』 제23집, 順治 4年 3月 11日 夏玉의 弭盜要策 중 1款(臺北 : 國風出版社), 642쪽.

129) 『[淸]世祖實錄』 卷43, 順治 6年 4月 壬子條, 509쪽.

청조가 신사층이 이끄는 향병자위세력을 활용하고, 또 적극적으로 지방관 확보와 신사층을 우대·포섭해 갔지만 그것은 抗淸活動이 거센 당시의 상황에서 어쩔 수 없이 선택한 것이지, 이들에 대한 신뢰를 바탕으로 한 것은 아니었다.130) 바로 입관 직후에 창립된 총갑제에 향촌 방위의 임무를 부여치 않은 것도 이 때문이지만 이러한 상황은 비록 중원정복이 어느 정도 진척되었던 順治 중반 이후에도 계속 이어졌다. 그것은 順治 4년(1647) 殿試의 策題에서도 살필 수 있고, 여전히 南明 勢力과 鄭成功의 抗淸活動이 계속되었으며 사실 신사층이 이들 세력의 잠재적인 기반을 이루고 있었거니와, 이와 관련하여 順治親政期부터 신사층에 대한 여러 가지 규제가 이루어졌던 데에도 확인된다.131) 이와 같은 상황이 계속되는 한 향병조직의 편성을 바탕으로 한 보갑제 편성을 허용한다는 것은 異民族 淸朝에 있어 매우 큰 위험이 아닐 수 없는 것이다. 바로 이 때문에 청조는 연대책임에 입각한 보갑만을 허용하였고, 또한 이를 정식으로 공포하지 못한 이유이다.132)

아무튼 청조는 입관 초부터 연대책임만을 바탕으로 한 명말 이래의 보갑을 이용하여 향촌질서의 안정을 기해 나갔는데, 이는 실제 여러 지역에서 행해졌거니와 상당한 성과를 거둔 것으로 보인다. 물론 보갑을 시행함에 있어 간혹 官員 및 保長의 不行擧首의 예133)도 없지는

---

130) 이와 같은 맥락에서 王夫之도 보갑을 유해무익한 제도로 비판한 바 있다. 그는 『宋論』卷3, 神宗論에서 명대 鄧茂七의 난이 일어난 것은 보갑에 兵器를 부여하고 부대를 편성해서 拳勇한 자에게 賞을 주며, 豪傑에게 이를 통솔케 한 데서 일어난 것이라 하여 보갑의 이름은 극히 좋으나 실제 기능상에서는 많은 우려가 있다고 비판하였다.

131) 주 79) 참조.

132) 보갑제 시행령이 정식으로 공포된 것은 康熙 47년에 와서이다. 康熙年間에 들어와 항청세력 및 三藩의 난 등 국가의 불안요소를 제거한 청조는 향약의 시행과 아울러 전국적으로 보갑제 시행을 반포함으로써 국가적 차원에서 확고한 향촌지배체제를 확립하게 되었다. 이에 대해서는 다음 장을 참조.

133) 「濟源縣楊天美等反剃發抗納粮」, 『選編(下)』, 191쪽.

않지만 각지의 抗淸勢力을 招撫하여 이들을 歸農安揷시키는 데에 보
갑이 크게 역할을 한 사례가 많이 보인다. 즉, 山東 濟南府 泰安州의
경우 일찍이 滕天鳳 등 土寇勢力이 크게 일어나 이 곳 향촌사회를 유
린하였다. 때문에 順治 4년(1647) 10월 12일 이 곳에 부임한 知州인 宋
志는 居民을 査点하여 이들 奸細를 막기 위해 保甲을 編置하였었다.
그러나 이들 叛賊의 세력이 워낙 강하여 오히려 이들에게 州城을 함
락당하였다.134) 그럼에도 이들에 대한 招撫는 이후로도 계속되어 결국
順治 8년(1651) 9월에 이들 세력을 招撫하게 되는데, 이전부터 시행되
어 온 보갑이 이 때에 계속 이어져 시행되었거니와 투항한 이들 세력
을 安揷歸農시키는 데 큰 역할을 하였다.135) 이 같은 내용은 山西지역
에서도 보이는데, 順治 4년(1647)에 兵部右侍郎兼都察院副都御史인
馬國柱의 塘報에 보면, 당시 翼城縣 등지에서 侯九諭 등이 이 곳 양
민들을 결집하여 邪黨을 형성하였는데, 이를 招撫하자 山林에 잠적해
있던 수백의 村民이 투항해 왔거니와 이들을 보갑에 편입시켜 안정을
이루었다는 예가 보인다.136) 또한 廣東에서도 順治 15년(1658)에 惠州
·韶州 소속의 여러 현에 陳輝·丘長脚·王三總·楊四總·唐三總
등 賊首를 중심으로 수많은 土寇勢力이 활동을 하였다. 이때 이들 세
력과 양민의 연결을 단절하기 위해 각 향촌에 10家 1甲, 10甲 1保의
보갑을 편성하였거니와 이 지역 반란세력을 근절하여 안정시키는 데
큰 역할을 하였다.137) 이 밖에도 보갑을 행하여 향촌사회를 안정시켰
던 예는 湖北·陝西지역에서도 많이 보인다.

　이와 같은 각지의 시행성과를 바탕으로 청 조정에서도 盜賊搜捕를
위해 보갑을 시행하자는 논의가 계속되었으며, 그 시행범위도 점차 확
대되었다. 順治 10년에 당시 兵科給事中인 王廷諫이 각 지역의 도적

---

134) 「淸政府審擬丁鳴吾(維岳)等攻下泰安時之失職官員」, 『選編(下)』, 107~8쪽.
135) 「淸政府安置剿撫之滕天鳳等人情形」, 『選編(下)』, 129쪽.
136) 「山西禪敎侯九諭等抗淸起義及其失敗情形」, 『選編(下)』, 144~145쪽.
137) 「長宁等地起事民衆陳輝等拒守圍寨抗擊淸軍情形」, 『選編(下)』, 364~374쪽.

의 巢窟과 窩主를 색출하는 데 보갑조직을 이용하여 행할 것을 주장하였고,[138] 다음 해 2월 吏科給事中인 王禎도 窩主의 방지를 위해 보갑을 이용할 것을 청하였다.[139] 또한 보갑의 시행은 중국 내지뿐 아니라 貴州巡撫인 趙廷臣이 苗族을 비롯한 이 곳 여러 이민족의 안정을 위해 보갑을 이용하려 한 것이라든가[140] 雲南巡撫인 袁懋功이 無籍亡命之徒의 安置를 위해 보갑을 編하였던 데서[141] 변방지역에까지 확대 시행되었음을 알 수 있다. 뿐만 아니라 당시 鄭成功의 抗淸海上勢力을 취체할 목적에서 浙江, 福建, 廣東, 江南, 山東, 天津 등 연해지역의 船舶出港을 살피는 데도 보갑이 이용되었으며,[142] 상업활동이 번성한 蘇松地方의 西洋船舶의 출입을 살피는 데에도 보갑을 이용하였다.[143]

그런데 청조는 이와 같이 逃人 및 도적의 취체를 위해 보갑제를 시행해 나가는 한편 향촌교화를 위한 향약의 정비도 아울러 병행하였다. 입관 초 보갑제와 함께 향약도 시행되었다는 것은 이미 앞에서 인용한 順治 3년(1646년) 5월과 7월에 兵部에 내린 諭旨의 내용에서 확인된다.[144] 그런데 이 때의 향약은 明 太祖의 「六諭」의 講讀을 주 내용으

---

138) 『[淸]世祖實錄』 卷71, 順治 10년 正月 丁丑條 兵科給事中王廷諫疏言, 841쪽.

139) 『[淸]世祖實錄』 卷81, 順治 11年 2月 庚寅條 吏科右給事中王禎奏言, 965쪽.

140) 『[淸]世祖實錄』 卷126, 順治 16年 5月 壬午條 貴州巡撫趙廷臣疏言, 1497쪽.

141) 『[淸]世祖實錄』 卷2, 順治 18年 3月 辛酉條 雲南巡撫袁懋功疏言, 58쪽.

142) 『[淸]世祖實錄』 卷102, 順治 13年 6月 癸巳條, 1203쪽.

143) 『[淸]世祖實錄』 卷2, 順治 18年 3月 癸卯條 巡按蘇松六部御史馬騰陞疏言, 67쪽.

144) 淸初 향약의 시행은 『淸朝文獻通考』 卷21, 職役考1 順治 3年條, "其以鄕人治其鄕之事者 鄕約地方等役 類由本鄕本里之民 保送僉充 而地方一役最重……"에서도 확인되거니와 地方 등과 함께 향촌의 일을 맡았다. 이 외에도 보갑과 아울러 향약이 향촌질서 안정에 이용되고 있는 예도 『[淸]世祖實錄』 卷26, 順治 3年 5月 庚戌條, 306쪽 ; 卷27, 順治 3年 7月 壬子條, 320쪽 ; 卷43, 順治 6年 3月 壬子條, 509쪽 등 여러 곳에 散見된다. 地方에 대해서는 佐伯富, 「淸代の鄕約·地保について」, 『東方學』 28, 1964 ; 荒川淸, 앞의 논문,

로 하고, 官治補助를 목적으로 해서 교화기관으로 轉化한 명말의 향약
을 그대로 이어받은 것이다. 청조는 이러한 향약에 대하여 보갑과 마
찬가지로 명말 이래 행해져 온 것을 그대로 용인만 했을 뿐 입관 초기
에는 어떠한 새로운 조처를 취하지는 않았다. 그것은 향촌민 교화를
통한 향촌질서 안정이 필요 없어서가 아니라 향촌민 교화에 앞서 우선
중원정복사업이 추진되어야 했기 때문으로 보인다. 그런데 청조는 중
원정복이 어느 정도 마무리된 후인 順治 9년(1652)부터 향약에 대한
정책을 수립해 나가기 시작했다. 바로 順治 9년에 八旗 및 直隸 各省
에 太祖의 「六諭」를 臥碑文의 이름으로 頒行하였거니와,[145] 이어 順
治 16년(1659)에는 각 지방관에 향약을 설립하도록 명한 것이 그것이
다. 이때 향약은 60세 이상의 生員, 生員이 없을 경우 衆望이 있는 평
민을 公擧하여 約正, 約副로 삼고, 매월 朔望 兩日에 향민에게 「六諭」
의 講解와 善惡의 旌別을 행하게 했으며, 禮部의 관할 하에 官部로 하
여금 적극적으로 실행케 하였다.[146] 이후 향약은 다음 장에서 서술하
겠거니와 康熙年間에 들어와 16개조의 「聖諭」가 發해져 「六諭」를 대
신하여 새로운 중심강령으로 자리하게 됨에 따라 청조 나름의 향약의
내용을 갖추게 되었다.

아무튼 청 초기에 향약은 보갑에 앞서 일찍 成文化되었는데, 그것은
입관 초기의 상황에서 향병 육성을 수반한 보갑이 청조에 부담이 되었
던 데 비해 교화만을 위주로 한 향약 시행은 청조에게 부담이 적을 뿐
아니라 오히려 도움이 되었기 때문으로 보이며, 이처럼 향약이 일찍
성문화됨으로써 명대 이래 향약·보갑의 결합형태는 청대에 들어와
각기 별개의 官廳下에 분리·시행되었고, 그럼으로써 청조의 지배력
을 더욱 강화시킬 수 있게 되었다.

1970 등 참조.
145) 『欽定大淸會典事例』 卷397, 禮部 風敎 講約1 順治9年條.
146) 『欽定大淸會典事例』 卷397, 禮部 風敎 講約1 順治16年條.

제7장 淸朝 향촌지배의 제도적 확립

제1절 康熙朝의 정국과 사회상황

入關 初부터 지속적으로 전개해 온 청조의 중원정복은 順治 18년 (1661)에 永曆帝가 미얀마에서 붙잡혀 南明政權이 붕괴됨으로써 사실 상 완결되었다. 그럼으로써 청조는 중국 전역에 대한 지배력을 관철시 킬 수가 있었다. 그렇다고 해서 모든 불안요소가 제거된 것은 아니었 다. 그것은 南明勢力과 함께 抗淸運動을 계속 전개해 온 鄭成功勢力 이 비록 康熙 원년(1662)에 병을 얻어 죽지만 그의 아들 鄭經이 대를 이어 계속 활동을 전개했기 때문이며, 계속해서 三藩의 亂이 일어났거 니와 또한 前代부터 이어져 온 抗租運動 등 생산관계의 모순문제가 계속해서 일어났기 때문이다. 그러면 먼저 康熙朝의 사회에 큰 영향을 미친 抗淸勢力의 경과부터 살펴보도록 하겠다.

鄭成功의 해상세력은 順治 3년(1646)에 廈門·金門을 근거지로 삼 아 자립한 이후 그 세력을 신장시켜 왔거니와 잔존 농민세력과 永曆帝 의 南明政權과도 연결하여 항청활동을 지속적으로 전개하였다. 이들 세력은 결국 실패로 끝나기는 했지만 順治 16년(1659)에는 南京을 공 격하여 江南지역을 크게 진동시켰으며, 이때 동남연해지역의 많은 紳 ·民으로부터 큰 호응을 얻었을 만큼 강세를 계속 유지하였다.[1] 청조 가 順治 18년(1661)에 遷界令을 내려 동남허안지대를 봉쇄한 것은 이들의 强勢를 꺽기 위한 직접적인 조치로 취해진 것이며,2) 역시 이 무렵 金壇獄案·蘇州哭廟案·江南奏銷案·莊氏史案 등 일련의 사건을 일으켜 江南紳士를 탄압한 것도 청조의 재정확보와 통치기반을 확립키 위한 것이 그 직접적인 원인이라고는 하지만3) 그 이면에는 이들을 鄭氏勢力으로부터 분리시켜 항청세력을 약화시키기 위한 것이었다.4) 이러한 청조의 강력한 대응 때문에 鄭氏勢力은 거점을 臺灣으로 옮기게 되었는데, 鄭成功을 이은 鄭經은 天興·萬年 2縣을 州로 승격시키고, 南北 兩路 및 彭湖에 綏撫司를 설치하였을 뿐만 아니라 學校의 설치와 科擧의 실시 및 타국과의 통상무역에 노력하는 등 사회경제적 발전을 이루면서 장기적인 할거를 진행시켜 나갔다.

　이에 대해 康熙帝는 親政 초기부터 孔元章·慕天順 등을 파견하여 두 차례에 걸쳐 招撫를 시도하였으나 실패하였다. 康熙 13년(1674)에 三藩의 亂이 일어났을 때, 이들 세력은 耿精忠의 구원요청도 있었지만 이를 기회로 대륙에 대한 反攻作戰도 개시하였다. 이때 廈門을 탈환하

---

1) 『[淸]世祖實錄』 卷127, 順治 16年 6月 己丑條, 1508쪽 ; 吳金成, 「順治親政期의 淸朝權力과 江南紳士」, 『歷史學報』 122, 1989, 89~94쪽.
2) 遷界令은 동남연해지역의 居民을 해안으로부터 30리 이상 내지로 강제이주케 하고, 무역·어업활동은 물론이고 모든 백성들이 해상으로 나가는 것을 전면 금지하였다. 이것은 특히 福建에 엄격히 시행되어 해상에서 30리 이내의 모든 가옥은 전부 불태웠는데, 이 조치로 연해주민들은 큰 타격을 입었다 (浦廉一, 「淸初遷界令의 硏究」, 『廣島大學文學部紀要』 5, 1954).
3) 특히, 江南奏銷案의 경우 거의 모든 연구가 재정확보가 그 주된 動因이었다고 하고 있지만 사상탄압 및 신사층의 탄압측면도 강조되고 있다. 이에 대해서는 小野和子, 「淸初の思想統制をめぐって」, 『東洋史硏究』 18-3, 1959 ; Robert Oxnam, "Policies and Institutions of the Obei Regency, 1661~1669", *The Journal of Asian Studies*, 32-2, 1973 ; Hsiao, Kung-chuan, *Rural China : Imperial Control in Nineteenth Century*, Seattle, 1960, 127쪽 ; Chu, Tung-tsu, *Local Government in China under the Ch'ing*, HUP, 1962, 185쪽 ; Lawrence D. Kessler, "Chinese Scholars and the Early Manchu State", *HJAS.*, 31, 1971.
4) 吳金成, 앞의 논문, 1989, 95~106쪽.

고, 이어 福建의 泉州・漳州, 廣東의 潮州를 취한 후 다시 남하하여
惠州까지 석권하여 다시 일대 해상세력을 재건하기도 했다. 그러나 耿
精忠이 청조에 투항하고 三藩의 난이 점차 평정되면서 청조의 반격을
받아 康熙 19년(1680) 金門・厦門이 공략당해 臺灣으로 다시 퇴각하
였다. 이듬해(1681)에 鄭經은 병사하고, 그 아들 鄭克塽이 대를 이었으
나 상속과 관련하여 내분이 일어나 분열하게 되었다. 이때 청조는 鄭
成功의 부하장수로 투항한 施琅으로 하여금 康熙 21년(1682)에 彭湖
島를 점령케 하였거니와 이를 계기로 鄭氏勢力은 와해되었고, 마침내
鄭克塽은 康熙 22년(1683) 청조에 투항하였다.[5]

한편 康熙朝의 사회를 불안케 한 또 하나의 세력은 三藩이었다.[6]
입관 직후부터 청조는 투항한 漢人武將을 이용하여 중원정복을 이루
어 나갔다. 따라서 청조는 이들 부대에 대한 보급을 지원하였고, 이를
이끄는 무장을 우대하여 王爵을 부여하기도 하였다. 平西王 吳三桂,
定南王 孔有德, 靖南王 耿仲明, 平南王 尙可喜가 바로 중원정복의 功
으로 청조로부터 王爵을 부여받은 한인무장들이다. 이들 가운데 定南
王 孔有德은 順治 9년(1652)에 桂林에서 敗死하여 定南王은 廢絶되
었지만 나머지 三王의 군대는 중원정복이 사실상 마무리된 뒤에도 抗
淸 잔존세력이 남방 각지에서 계속 활동하였기 때문에 각지에 배치되
었다. 즉, 平西王은 雲南에, 平南王은 廣東에, 靖南王은 四川에(후에
福建으로 移動) 각기 鎭守토록 하였다. 이들을 이른바 三藩이라 부르
는데, 이들이 鎭守한 지역이 封地로 부여된 것은 아니었지만 각기 막

---

5) 이상의 내용은 蕭一山, 『淸代通史(上卷)』(上海:商務印書館, 1931), 439~
   446쪽 ;『淸史紀事本末』卷9, 明朱成功之事跡에 의함. 정씨세력의 내분은 사
   실상 鄭經이 鄭成功을 계승하면서부터 일어난다(John E. Wills Jr.,
   "Maritime China from Wang Chih to Shih Lang : Themes in Peripheral
   History", *From Ming to Ch'ing*, 1979, 228~229쪽).
6) 三藩에 대해서는 다음 글 참조. 蕭一山, 『淸代通史(上卷)』, 3編 17章 ; 神田
   信夫, 「康熙帝 - 三藩の亂について - 」, 『世界の歷史』 11(東京:筑摩書房,
   1961).

강한 군사력을 보유한 이들은 주둔지역의 軍·民政 모든 사무를 장악하여 독자적인 세력을 이루니 사실상 봉건제후와 같았다. 특히 吳三桂는 貴州 변경지역까지 토벌하여 종래 중국의 통치가 미치지 못한 소수민족 자치지역까지 통제했을 뿐 아니라 礦山의 채굴, 銅錢의 주조, 무역의 관리까지 행하는 등 독립국적인 형세를 취하고 있었다. 그런데도 이들은 형식상으로는 청조의 군대였기 때문에 이들에 대한 급여는 청조가 지급하여야 했는데, 그 액수는 "天下의 財富의 半이 三藩에 소모된다"고 할 만큼 막대한 것이었다.

아무튼 이 같은 三藩의 존재는 국가 재정상에서도 큰 문제였지만 중앙집권적 통일정치를 이루어 나가는 데 큰 장애였으며, 더구나 이민족인 청조의 지배를 관철해 가는 데에 크나큰 문제였다. 이러던 차에 康熙 12년(1673), 尙可喜는 遼東으로의 歸鄕과 자기 대신 아들 尙之信에게 平南王 繼位를 원하는 奏請을 올렸고, 곧 이어 이에 대한 청조의 의향을 탐문키 위해 吳三桂의 철병하겠다는 上奏를 올렸다. 이에 대하여 청 조정에서는 많은 의논이 있었지만 결국 撤藩令을 결정하게 되었다. 청조의 의향을 확실히 파악한 吳三桂는 이에 곧 반기를 들고 거병을 하였다. 그는 四川, 湖南을 점령하는 한편 각지에 復明을 명분으로 한 檄文을 보내어 호응을 호소하였다. 이때 湖北總兵 楊采嘉, 廣西提督 孫延齡, 四川巡撫 羅森 등이 응하였으며 靖南王 耿精忠도 이에 가담하였고, 康熙 15년(1676)에는 平南王 尙之信도 이에 가세하였다. 이로써 반란군은 십수만의 대세력을 이루게 되었고,[7] 곧 揚子江 유역으로 진출하여 여러 지역을 점령하기에 이르렀다.

이 같은 삼번의 난은 청조에게 있어 중국지배를 판가름하는 일대 위

---

7) 『聖武記』 卷2上에 "耿尙二藩所屬 各十五佐領 綠旗兵各六七千 丁口各二萬 三桂所屬 五十三佐領 綠旗兵萬有二千 丁口計數萬 是爲三藩倂之始……"라는 내용에서 볼 때, 설립 당초 삼번의 군대는 모두 합하여 3만도 채 되지 못하였다. 그러나 이들이 반기를 들면서 각지의 많은 漢軍이 가담함으로써 당시 10여만의 팔기군에 크게 뒤지지 않은 병력을 이루었던 것으로 보인다.

기적 사건이었다. 청조는 곧 각지의 병력을 동원하여 防戰에 노력하였지만 입관 이래 30년이 지난 당시 실전경험이 있는 유력한 무장이 거의 없는 淸軍으로서는 사실상 정예의 군사력을 보유한 삼번의 세력을 간단히 진압할 수 없었다. 이에 대처하기 위해 청조는 종래 취해 오던 綠旗兵의 裁汰를 중지시켰을 뿐만 아니라, 이를 첨설·증강시켜 三藩戰의 平戰에 임하였다.8) 특히 三藩의 亂은 남방의 저습한 지역에서 일어났는데 이 곳은 풍토병이 많은 곳이라 북방에서만 생활을 해 온데다 山岳戰에 익숙치 못한 청조의 기마병만으로는 이를 진압하기 어려웠다. 때문에 보병 위주로 구성된 綠營兵이 절대적으로 필요했던 것이다.9) 이러한 군사적 보강조처와 아울러 한편으로 청조는 江南紳士에 대한 무마책도 병행하였다. 그것은 이전의 奏銷案에 의해 처벌당한 많은 신사들이 삼번의 난에 가담할 것을 염려했기 때문이다. 청조는 奏銷案 이후 수많은 처벌자에 대해 유력 관료들의 여러 차례에 걸친 권리회복 주청에도 불구하고 거부하였던 종래의 방침10)을 바꾸어 康熙 14년(1675)경 江南紳士의 구제를 허락하였는데, 이것은 바로 위와 같은 이유에서였다.11)

　삼번의 난은 吳三桂의 老齡, 復明에 있어 명분상의 약점도 있었기 때문에 교착상태에 들어갔다가 청조의 충실한 전력증강과 恩賞招撫로

---

8) 拙稿, 「淸初期 綠營制의 理念과 그 機能」, 『全北史學』 7輯, 1983, 186쪽.

9) 楢木野宣, 「戰時의 綠營兵制」, 『淸代重要職官の硏究』 附編(東京 : 風間書房, 1975), 407~408쪽.

10) 이러한 주청은 당시 兵部尙書 龔鼎孳 외에 蘇松常守備道 安世鼎, 巡撫 韓世琦, 松江知府 張羽明 등이 했었다(『閱世編』 卷6, 賦稅).

11) 물론 이때 권리회복이 무조건 이루어진 것은 아니고 進士는 1,500냥, 擧人은 800냥, 貢·監生은 200냥, 생원은 120냥의 納銀을 바쳐야만 되었다[川勝守, 『中國封建國家の支配構造 - 明淸賦役制度史の硏究 - 』(東京 : 東京大出版會, 1980), 565쪽]. 그러나 그것은, 물론 兵餉의 확보책일 수도 있지만 그보다는 신사층이 삼번의 난에 가담할 것을 막기 위한 조처의 측면이 강한 것으로 보인다(吳金成, 앞의 논문, 1989, 104쪽).

인해 점차 진압되어 갔다. 康熙 15년(1676)에 청조는 총공세를 취하여 諸方의 반란군을 각개 격파해 갔으며, 이듬해(1677)에는 耿精忠, 尙之信도 청조에 투항하였다. 고립된 吳三桂는 康熙 17년(1678) 봄에 湖南 衡州에서 稱帝를 하고 필사적인 항쟁을 전개했지만 그 해 가을에 병사하고 그를 이은 孫子 吳世璠도 康熙 20년(1681)에 淸軍의 공세에 敗死하였다. 이로써 9년, 10省에 걸친 大亂은 평정되었다.

이상과 같이 입관 초부터 시작된 청조의 중원정복은 順治朝까지 거의 全域을 석권하지만 鄭成功의 抗淸運動은 康熙朝까지 계속 이어졌으며, 새로이 三藩의 亂이 촉발되어 康熙朝의 사회를 뒤흔들었다. 결국 이들 세력은 康熙 중반에 들어 각기 평정되었고, 그럼으로써 청조의 실질적인 통치가 중원 전역에 미치게 되었다.

그런데 삼번의 난과 鄭成功의 항청세력을 진압하여 청조의 중원지배가 관철되었다고는 하지만 향촌사회 내부의 문제는 前時代를 이어 계속 상존해 있었다. 앞장에서도 살폈듯이 청조는 중원에 들어와 그들 왕조지배를 지속적이고 확고히 관철해 나가기 위해 신사층을 포섭해 나갔거니와[12] 점차 지주정권화해 갔다.[13] 이 때문에 토지소유의 불균형은 명말을 이어 청초에도 계속되었으며, 이미 順治年間부터 각지에

---

12) 이 책의 6장 2절 1 참조.

13) 청조의 지주정권적 입장은 이후 乾隆年間에 들어와 보다 확실하게 표명된다. 즉, 명대부터 田租감면령이 오히려 전호들에게 항조의 구실로 이용되는 사태가 많이 일어났는데, 청대 乾隆帝에 들어와 稅糧을 완전히 면제하는 흉년에도 田租의 징수 여부를 모두 지주에게 맡기는 조치를 취하여 지주·전호의 等次的인 신분관계를 용인하는 데까지는 이르지 않았다 할지라도 지주의 편에 서게 되었다(近藤秀樹, 「淸朝權力の性格」, 『岩波講座世界歷史』 12, 1971, 171~175쪽 ; 崔甲洵, 「淸朝前期 對農民政策의 一面」, 『東洋史學硏究』 10, 1976 참조). 또한 이보다 앞서 雍正年間에 이미 국가권력은 지주의 전호지배를 방임한 지주제적 권력화의 지향도 있었음이 지적되고 있다(重田德, 「淸朝農民支配の歷史的特質」, 『淸代社會經濟史硏究』, 岩波書店, 1975 ; 小島晋治, 「農民と革命」, 『中國文化叢書』 8, 大修館書店, 1968 ; 宮崎一市, 「淸代初期の租稅減免について」, 『釧路論集』 9, 1977 등 참조).

서 副租의 폐지, 度量衡의 시정, 田租의 경감 등을 내세우며 抗租運動
이 크게 일어났던 것이다.14) 이러한 토지소유의 모순은 康熙帝가 大學
士 등에게 내린

> 田畝가 縉紳豪富에게로 많이 돌아가서 小民들이 소유하고 있는 토지
> 는 얼마 되지 않는다. 종전에 누차에 걸쳐 蠲租를 반포했지만 전토가 없
> 이 백성들은 곤궁하며 아직 반드시 골고루 혜택을 입지 못하였다. 대략
> 계산해서 小民 가운데 恒産으로서 자신의 토지를 가진 자는 10 가운데
> 3, 4에 불과하며, 나머지는 모두 땅을 빌려 租를 내고 있다.15)

라는 諭旨에서도 확인할 수 있듯이 계속 이어졌으며, 康熙帝는 지주에
의한 토지의 집적이라든가 빈민의 곤궁을 모두 어쩔 수 없는 필연적인
事勢로 간주하였다. 이러한 상황에서 順治年間을 이어 康熙年間에 들
어와서도 각지에서 佃戶들의 투쟁이 계속 전개되었다.

예컨대 順治 초년에도 福建 汀州府 寧化縣과 인접한 江西 贛州府
石城縣에서 黃通과 吳万乾 등을 중심으로 한 抗租투쟁이 일어났지만,
이후 康熙 13년(1674)에는 黃通의 일족인 黃冬生이 汀州府 長汀縣 출
신인 吳八十의 협력을 얻어 萬餘 농민을 규합하여 寧化縣과 石城縣
城을 포위·공격하는 일이 발생하였다.16) 이들은 長關17)이라는 자체

---

14) 이 책의 6장 주 48)에 있는 여러 논문 참조.

15) 『[淸]聖祖實錄』卷215, 康熙 43年 正月 辛酉條, 2888쪽. 이와 비슷한 내용은
『[淸]聖祖實錄』卷213, 康熙 42年 8月 甲申條, 2860쪽에서도 山東지방의 예
이지만 小民들은 대부분 富室의 田을 빌려 경작하고 小民, 즉 전호는 그 소
득이 매우 적어 흉년이 드는 경우 생계가 어려워 타지로 流亡하는 상태를 볼
수 있다.

16) 黃通과 黃冬生 등이 寧化縣과 石城縣 및 瑞金縣에서 일으킨 抗租運動에 대
한 상세한 내용은 森正夫,「十七世紀の福建寧化縣における黃通の抗租反
亂」(1)·(2)·(3),『名古屋大學文學部硏究論集』, 20·21·25, 1973·74·78
참조.

17) 長關은 수십 향을 연결해서 조직된 농민무장집단이었다. 이것은 順治 3년 黃

군사조직을 결성하여 鄕紳을 살해하고 富豪를 약탈하였으며 관군과 조직적으로 전투를 벌이기도 하였다. 이를 일명 佃變이라고도 부르는데,[18] 이러한 佃變은 이 무렵 항상적으로 일어나는 抗租와 밀접한 관련을 가지고 일어났다. 항조는 어디까지나 생산관계에 결부된 경제투쟁이요 조건투쟁으로서 처음부터 왕조권력에 정면으로 대항하여 국가권력을 타도하려는 무장반란이 아니라 전호의 이익을 확실하게 신장시키기 위한 현실적이고 일상적인 투쟁이었다. 그러나 왕조가 교체되는 明末·淸初에 일상적인 투쟁을 벗어나 집단적이고 조직적인 佃變이라는 무장봉기를 통해 항조투쟁을 관철시키려 했던 것이다. 이러한 형태의 농민투쟁은 이 시기에 들어와서의 새로운 특징으로 들려지고 있다.[19]

아무튼 이러한 전호들의 반란은 康熙 32년(1693)에도 羅七禾, 羅遂 등의 선동에 의해 수십 촌이 結黨을 해서 역시 寧化縣에서 지속적으로 일어났으며, 康熙 41년(1702) 汀州府 上杭縣에서 鬪關을 중심으로

通에 의해 조직된 것이지만 일찍이 명말 廣東 博羅縣에서도 長興이라는 이와 비슷한 조직이 있었다. 청대에 들어와 농민들이 수십 년에 걸쳐 투쟁을 견지할 수 있었던 것은 농민의 기초조직을 이룬 長關이 대중을 동원하고 조직화했기 때문이다. 이 長關은 실로 농민이 정치권력을 조직하는 형식이었거니와 농민군이 명령을 발하고 동원을 행하는 中樞였다[森正夫, 앞의 논문(1), 1973, 4~5쪽 ; 傅衣凌, 「明淸之際'奴變'和佃農解放運動」, 『明淸農村社會經濟』(北京 : 三聯書店, 1961) 등 참조].

18) 佃變이란 전호가 田租를 바치지 않으려고 저항하며 지주의 집을 습격하여 살상과 약탈을 저지르거나 진압을 위해 파견된 관군과 조직적으로 전투를 벌이기도 하는 무장봉기를 일컫는다. 이 전변이라는 용어를 처음 발굴하여 사용한 것은 傅衣凌이며, 이후 濱島敦俊은 무장봉기의 투쟁을 佃變으로, 田租를 내지 않음으로써 일상적으로 존재하는 지주·전호 간의 긴장관계를 抗租로 불러 양자를 구별하였다(朴元熇, 「明末·淸初의 民衆反亂」, 『明末·淸初 社會의 照明』, 1990, 113~117쪽).

19) 물론 康熙年間의 항조투쟁은 삼번의 반란세력, 특히 福建의 경우 靖南王 耿精忠의 봉기의 영향 하에서 지속적으로 전개된 면도 많았다(森正夫, 앞의 논문, 1973 참조).

한 투쟁, 康熙 41년에서 43년에 걸쳐 江西 瑞金縣에서도 같은 형태의
조직적인 항조가 일어났고, 興國縣 및 長汀하류 델타지대에서도 전호
들의 지대착취에 대한 투쟁이 恒常化되어 갔다.20)

물론 이러한 항조투쟁은 토지소유의 불균형 속에서 지주·전호 간
대립에서 나타나는 것이 보통이다. 그렇지만 한편 관료체계의 이완 속
에서 관료들, 특히 지방관들의 일반 백성에 대한 압력도 그 한 요소로
주목하지 않을 수 없다. 중국 역대왕조는 관료제의 기초 하에 지배를
관철해 왔다. 그런데 이들 관료제는 신진다사가 이루어진다고는 하지
만 대체로 각 지역의 名族, 地主 및 豪商들이 관료사회의 기층을 이루
고 있었다. 때문에 이들은 자기들의 신분과 이익을 유지하려는 습성이
강하여 간혹 경직되는 경향이 있었다. 이러한 경향은 대체로 왕조 말
기에 자주 나타나거니와 전제정치의 구조는 물론이고 모든 사회의 경
직화를 불러일으키는 것이다. 이미 명조 중기 이후부터 관료제의 경직
성이 심화되어 각지에서 反地方官運動을 야기시키기도 했지만21) 이
러한 경향은 청조에 들어와서도 여전히 계속되어 나타났다. 이미 앞장
에서도 살핀 바 있지만 입관 초부터 청조는 지방통치의 확보라는 절박
성에서 前非의 有無를 따질 겨를도 없이 즐속으로 現地任官을 행해
나갔다. 이에 따라 지방관 선택에 있어 신중론도 계속해서 대두되었던
것이지만,22) 청초의 지방관 소질은 다른 시대에 비해 최저의 수준이었
다고 할 것이다.

아무튼 이로 인해 관리들의 부정은 물론이고 胥吏와 衙役의 부정이

---

20) 이들 여러 지역에서 일어난 항조투쟁의 내용에 대해서는 森正夫와 傅衣凌의
    앞의 논문 참조.
21) 趙翼은 嘉靖, 隆慶年間 이후에 吏部의 考察法이 具文化하면서 명조 官界는
    문란해졌으며 백성들의 생활도 어렵게 되어 갔다고 지적하고 있다(趙翼, 『二
    十二史箚記』 卷33, 明初史治). 明 末期 反地方官運動에 대해서는 夫馬進,
    「明末反地方官士變」, 『東方學報』(京都) 52, 1980 참조.
22) 이 책의 6장 2절 1의 내용 참조.

청초 順治年間부터 다양하게 나타났다. 즉, 錢糧을 받고서도 滯納으로
처리하거나 陋規의 비율을 높여 징수하였으며, 錢糧의 額外徵收에 있
어 지방관의 자의적 경향과도 관련해서 규정된 火耗의 비율을 높여 징
수하기도 하였고, 향신층과 결탁하여 갖가지 부정행위를 저지르기도
하였다.23) 이에 대해 청조는 地方官考成法을 강화하여 錢糧의 完徵을
기하고자 하였지만24) 이러한 의지에도 불구하고 지방관의 부정은 康
熙年間에도 계속 이어졌다.

康熙 5년에 황제는 吏部 등 衙門에 諭旨를 내리기를, 直隷 및 각 省
의 백성들이 失業하고 疾苦하여 의지할 곳이 없게 된 것을 관리들의
貪酷 때문이라고 지목했거니와25) 이후 이러한 민간의 疾苦는 구체적
으로 각 지방 巡撫의 貪酷 때문이라 하여26) 巡撫 및 在京 2품 이상의
고급관료에 대해 중점 고찰을 행한 것27)은 그러한 실상을 보여준다.

이에 대해 康熙帝는 청렴을 장려하는 한편 관리들의 貪汚에 대해서
엄중하게 징계해 나갔지만28) 소기의 목적을 달성하지는 못하였다. 그

---

23) 吳金成, 앞의 논문, 1989, 85~86쪽.

24) 順治 7년부터 官吏考成은 10分考成, 즉 完徵을 원칙으로 정하였으며, 考成
을 布政使 이하뿐 아니라 司·道·巡撫에게까지 적용해 갔다(吳金成, 위의
논문, 86~87쪽).

25) 『[淸]聖祖實錄』卷22, 康熙 6年 5月 丙午條, 319쪽, "近聞直隷各省 民多失
所 疾苦顚連 深可憫念 或係官吏貪酷 朘削窮黎 抑或法制未便……". 이와
같은 내용은 『[淸]聖祖實錄』卷22, 康熙 6月 甲戌條, 322쪽에도 보인다.

26) 『[淸]聖祖實錄』卷22, 康熙 6年 6月 戊寅條, 325쪽, "前因民間之疾苦 諭大小
各官 各陳所見 據各官奏稱民間之疾苦 皆由督撫之貪酷".

27) 康熙帝의 고급관료들에 대한 중점적 고찰에 대해서는 孟昭信, 「略論康熙察
吏安民」, 『淸史國際學術討論會論文集』(白壽彝 主編), 遼寧人民出版社,
1990, 194~196쪽 참조.

28) 康熙帝의 淸官獎勵로 淸官을 배출하는 데 상당한 효과도 거두었지만(魏象
樞, 湯斌, 陸隴其, 于成龍, 趙廷臣, 趙申喬, 張伯行 등의 대표적인 淸官을 배
출하였다) 官이 革職되거나 강등되는 예도 많았다. 康熙 8년 5월에서 9월 사
이에 在京 3품 이상의 관리와 巡撫로 83인이 革職되거나 강등 및 휴직되었
다(孟昭信, 위의 논문, 203~206쪽 참조).

것은 관료들이 일상생활을 꾸려나가는 데 절대적으로 부족한 봉록을 늘리지 않고서는 해결할 수 없는 것이었다.29) 명대 이래 관리들의 녹봉 수준은 역대왕조 가운데 최저수준이었지만, 특히 康熙年間에 들어서는 三藩의 亂으로 인해 국가의 재정난이 심각해졌기 때문에 관리들의 급여는 더욱 악화되고 또한 賣官行爲가 대대적으로 시행됨으로써 관리들의 소질은 더욱 저하되어 갔던 것이다.30)

이러한 상황에서 청 조정에서 火耗에 대한 禁斷의 令을 내렸음에도 불구하고 火耗銀糧에 대한 유혹을 관리들이 뿌리친다는 것은 매우 어려웠다. 이후 火耗 또는 耗羨은 명실공히 州縣官들의 사적인 수입원으로 되어 갔거니와 모든 陋規는 상식화되었으며, 청조에서도 어쩔 수 없이 공인하는 단계에까지 이르게 되었다.31) 이러한 현실상황에서 康熙帝가 시행한 田租減免政策32)은 사회문제를 완화시키는 데 어느 정도 기여했을지 모르나 근본적인 문제를 해결하는 데에는 한계성을 가질 수밖에 없었다.

이상에서와 같이 康熙朝에 들어와 청조의 지배는 입관 초기의 상황에 비해서는 안정을 이루긴 했으나 鄭氏勢力의 계속된 抗淸活動과 이어 일어난 三藩의 亂으로 인하여 불안정한 상태가 계속 이어졌던 것이

---

29) 康熙年間 관원의 1년간 봉록은 총독이 155兩, 巡撫가 130兩, 知州는 80兩, 知縣은 45兩으로 이 액수로만 생활할 경우 知縣의 생활은 겨우 5∼6일 정도밖에 유지할 수 없었다(蔣良騏, 『東華錄』卷9, 康熙 8年 6月 御史 趙璟遵의 上疏, 151쪽 참조). 청초의 관리에 대한 보다 상서한 급여체계는 安部健夫,「耗羨提解の硏究 - 雍正史の一章としてみた - 」,『淸代史硏究』, 1971, 601∼606쪽 참조. 이와 관련해서 그 한계성으로 孟昭信도 고찰의 중점을 고급관리에 두었던 데도 있지만 무엇보다도 관대한 정책을 취한 데 있고, 또한 근본적으로는 관리부패의 원인인 극히 낮은 官吏奉銀을 해결하지 못한 데 있다고 지적하고 있다(孟昭信, 앞의 논문, 1990, 206∼209쪽 참조).

30) 安部健夫, 앞의 논문, 1971, 573∼583쪽.

31) 위의 논문, 583∼595쪽.

32) 周藤吉之,「淸代前期に於ける佃戶の田租減免政策」,『淸代東アジア史硏究』(東京 : 日本學術振興會, 1972), 425∼426쪽.

다. 물론 이들 세력도 康熙 23년에 들어 결국 평정되었지만 만성적인
官界의 부패상황은 여전하였으며, 이에 연유한 토지소유의 불균등에서
초래되는 항조운동 등, 정치적으로나 사회적으로나 여전히 불안한 요
소가 상존해 있었던 것이다. 따라서 청조는 앞으로 이를 해결해야 하
는 과제를 안고 있었다.

제2절 鄕約·保甲制의 시행과 제도적 확립

  앞의 항에서 살핀 바와 같이 順治時代를 이어 康熙朝에 들어와서도
사회불안은 여전하였다. 이 때문에 康熙年間에도 향촌사회의 안정을
위한 향약·보갑제에 대한 시행논의는 康熙年間에 들어와서도 順治朝
를 이어 계속되었다. 즉, 康熙 원년에 逃人의 발생이 여전히 많아 兩隣
·十家長·地方으로 하여금 이를 취체하도록 했는가 하면,[33] 康熙 4
년(1665)에는 廣東巡撫 盧崇峻에 의해 "연해지역에서 무역을 함에 있
어 通賊妄行을 地方·保甲으로 하여금 취체하도록 해야 한다"[34]는 건
의도 있었다. 이것은 이미 順治年間에도 鄭成功의 활동에 대한 연해
지역의 船舶出港을 살피는 데 보갑을 이용한 것을 거의 그대로 이어
받아 시행하려는 것이었다.

1. 鄕約의 시행상황

---

33) 『欽定大淸會典事例』 卷858, 刑部 督捕例 康熙元年題准. 이와 같은 내용은
    康熙 2年 正月 兵部에 내린 諭旨에도 보인다(『[淸]聖祖實錄』 卷8, 康熙 2年
    正月 壬午條, 141쪽).
34) 『[淸]聖祖實錄』 卷15, 康熙 4年 4月 戊寅條, 236쪽.

그러나 康熙朝에 들어와 향약·보갑제의 시행논의는 順治朝의 수준에 머문 것만은 아니다. 우선 향약에 대해서 살펴보면, 이미 앞장에서 살핀 바와 같이 順治年間에 청조는 향촌민을 교화하기 위해「六諭」의 講解와 善惡의 旌別을 주내용으로 한 향약을 성문화하였고, 康熙朝에 들어와서는 이를 보다 발전시켰다. 즉, 康熙 9년(1670)에 聖祖는 교화를 우선으로 하여 다스리면 인심은 醇良해지고 풍속이 樸實해져 刑은 필요 없게 된다고 하여, 옛 先王들이 德을 숭상하고 刑을 완화하여 和民成俗한 것을 본받아 다음과 같은 16개조의「聖諭」를 禮部에 내렸다.[35]

敦孝弟以重人倫　篤宗族以昭雍睦　和鄕黨以息爭訟
重農桑以足衣食　尙節儉以惜財用　隆學校以端士習
黜異端以崇正學　講法律以儆愚頑　明禮讓以厚風俗
務本業以定民志　訓子弟以察非爲　息誣告以全善良
誡窩逃以免株連　完錢糧以省催科　聯保甲以弭盜賊
解讐忿以重身命

이것은 백성들의 생활규범으로서「康熙聖諭」라는 이름 하에 행해졌으며, 향약의 형식으로 宣講되어졌다. 즉, 각 直省督撫로 하여금 소속 지방관 및 土司官을 통해 매월 朔望에 향촌민을 대상으로「聖諭」를 講解하도록 했던 것인데,[36] 이 聖諭는 명 태조의「六諭」를 보다 확충한 것이거니와 이를 향약의 중심 내용으로 宣講했다는 것은 청조 나름의 교화정책을 국가주도 하에 보다 확고히 펼쳐 나갔음을 의미하는 것이다. 이러한「聖諭」를 중심 내용으로 한 향약은 이후에도 계속 행해졌으며, 이후 보갑을 대대적으로 시행한 于成龍(號 : 淸端)이「愼選鄕

---

35)『欽定大淸會典事例』卷397, 禮部 風敎 講約1 康熙9年諭 ;『[淸]聖祖實錄』
　　卷34, 康熙 9年 10月 癸巳條, 485~486쪽.
36)『欽定大淸會典事例』卷397, 禮部 風敎 講約1 康熙25年議准, 康熙52年諭.

約諭」37)를 올린 것도 이를 바탕으로 한 것이다.

그런데 講解를 함에 있어 「聖諭」의 내용을 향촌민들에게 효과적으로 주입시키기 위해서는 쉽고도 상세한 訓釋도 필요했다. 따라서 康熙 18년(1679)에 浙江巡撫 李本晟이 그 필요성에서 『鄕約全書』를 刊刻하여 各 府·州·縣·鄕村에 배포였고,38) 그 이래로 각지에서도 나름의 「聖諭」에 대한 註解가 이루어지기 시작했다. 康熙 23년(1684)에 山東省 章丘縣 鍾運泰가 刊刻한 『鄕約書』, 都察院右副都御史 陳謹의 『上諭合律鄕約全書』, 廣東省 連山縣 知縣인 李來章의 「聖諭圖像衍義」, 陝西 『光緖城固縣志』에 있는 「上諭十六條約解」 등이 그것들이다.39) 이러한 註解는 이후 雍正 2년(1724)에 世宗에 의해 「聖諭廣訓」으로 欽定되어 「聖諭」 解析에 대한 官定의 規準이 세워지게 된다.40) 아무튼 康熙 9년(1670)에 제정된 16개조의 「聖諭」는 명 태조의 「六諭」를 대신하여 청 일대를 통해서 향약의 새로운 내용을 이루게 되었고, 天下民이 생활하는 데 지켜야 할 강령으로 정착되었다.41)

2. 保甲의 논의와 시행상황

1) 保甲制 論議

한편 康熙朝에 들어와 보갑제 역시도 그 논의가 활발히 이루어지거니와 보다 적극적으로 시행되었고, 향약보다는 늦었지만 전국적으로

---

37) 『皇朝經世文編』 卷74, 兵政.
38) 『欽定大淸會典事例』 卷397, 禮部 風敎 講約1 康熙18年條.
39) 淸水盛光, 『中國鄕村社會論』(東京 : 岩波書店, 1951), 378쪽.
40) 『[淸]世宗實錄』 卷16, 雍正 2年 2月 丙午條, 247~248쪽 ; 『欽定大淸會典事例』 卷397, 禮部 風敎 講約1 雍正2年御製.
41) 청대의 여러 지방지 기사에도 聖諭를 講解한 내용이 많이 보인다(前田司, 「淸初期의 鄕約 - とくに黃州府を中心として - 」, 『史觀』 90, 1975, 40쪽 참조).

제도적 확립이 이루어졌다. 앞에서 예시한 바, 康熙年間에 들어와 그 초기에 동남연해지역에 보갑을 시행하여 通賊妄行을 취체해야 한다는 건의도 있었고, 또한 16개조로 된 「聖諭」 가운데에도 "(향약은) 보갑과 聯하여 도적을 없애야 한다"는 내용도 있다. 이것은 順治시기 이래 각지에서 행해져 온 보갑의 연장선상에서 그 시행이 계속되고 있음을 말해 주는 것이지만 이후 여러 사람에 의해 보갑에 대한 논의가 활발하게 이루어졌고, 그 시행도 보다 활발하게 전개되었다.

康熙年間의 대표적인 淸官으로 알려진 張伯行은 "보갑의 설치는 진실로 姦宄를 稽查하기 위함이요 실로 勸勉良善하기 위함으로 참으로 길이 편안하게 다스리기 위한 길"이라고 논하여 보갑 시행을 讚賞하고 있다.[42] 역시 康熙年間 按察使, 巡撫를 역임한 彭鵬도 그의 「保甲示」[43]에서 "보갑을 행하여 도적을 없애고, 도망인을 잡고, 賭博을 적발하고, 姦宄를 경계하고, 力役을 균등히 하고, 武斷을 단절하고, 鄕里를 和睦케 하고, 耕桑을 課하고, 善惡의 식별을 의탁하면 一善도 不備함이 없다. 이를 행하여 옳지 않으면 民弊만을 더할 따름이다"라고 하여 보갑의 폐해도 없는 것은 아니지만 이를 잘 시행하면 더할 나위 없는 유익한 제도라고 논하고 있다. 이 외에도 陶元淳,[44] 于成龍 등이 보갑법의 優點을 논했을 뿐만 아니라 黃六鴻에 의한 보갑제의 理想案이 제시되기도 하였다. 이처럼 보갑제에 대한 논의가 활발하게 이루어진 것은 이 당시 보갑제의 필요성이 절실했기 때문이고, 또한 실제로 활발하게 시행되었다는 것을 방증해 주는 것이기도 하다. 『大淸會典事例』 刑部의 戶律戶役, 督捕例, 刑律賊盜, 戶部의 錢法禁令, 吏部의 處分例 등의 내용에도 總甲 및 十家長의 활동 등, 즉 보갑제를 통한

---

42) 張伯行,「通飭淸釐保甲檄」,『皇朝經世文編』卷74, 兵政.

43) 彭鵬,「保甲示」,『皇朝經世文編』卷74, 兵政.

44) 陶元淳은 常熟人으로 康熙 27년 진사가 된 후 康熙 33년 廣東 昌化縣 知縣을 지냈던 인물이며, 청조의 循吏로 알려져 있다. 그의 보갑에 대한 논의 내용은 『皇朝經世文編』卷74, 兵政 條陳四政議에 있음.

도망인의 방지, 盜賊追捕, 私鑄嚴禁 등에 대한 수많은 사례가 보이는데, 이를 보면 順治年間을 이어 康熙年間에도 향촌질서 유지에 보갑이 크게 활용되었던 것을 짐작할 수 있다.

그러면 이 시기에 보갑제는 보다 구체적으로 어떻게 시행되어졌는가에 대해서 살펴보도록 하겠다. 그런데 이 시기에 시행된 보갑제 가운데 于成龍의 보갑시행 사례가 비교적 자세히 나타날 뿐 아니라 시행범위도 넓고, 또 會典에도 採錄되어 있기 때문에 이를 통해 그 시행상황을 살펴보도록 하겠다.[45] 아울러 비록 이상안이라 하지만 청대 보갑의 전형적인 형태를 보여주는 한편, 그 제도적 확립에도 상당한 영향을 준 것으로 보이는 黃六鴻의 보갑에 대해서도 살펴보고자 한다.

2) 于成龍의 保甲

于成龍[46]은 順治 18년(1661) 그의 나이 44세에 廣西省 羅城縣 知縣으로 官界에 진출하였다. 당시 羅城縣은 그가 부임할 무렵까지 永曆政權 이래의 反淸運動이 지속되어 왔거니와 獞獞이 雜處하여 치안상태가 매우 불안하였다. 이러한 때에 부임한 그는 이 곳 향촌민에 대한 賑恤에 힘쓰는 한편, 그 구체적인 내용은 보이지 않지만 보갑제를 시행하고 향병을 조직하여 도적을 물리침으로써 향촌사회를 안정시키는데 크게 공헌하였다.[47] 이 때의 치적이 인정되어 總督인 盧興祖의 薦擧를 받아 康熙 6년(1667)에 四川省 合州府 知州로 발탁되었다. 그런

---

45) 이 때문에 于成龍의 보갑은 일찍부터 주목을 받아 왔으며, 상세한 분석도 있다(谷口規矩雄,「于成龍の保甲法について」,『東洋史硏究』34-3, 1975 ; 前田司,「淸初の保甲」,『鹿兒島短期大學硏究紀要』14, 1974 ; 和田淸 編,『支那地方自治發達史』(東京 : 汲古書院, 1939), 第5章 第3節.

46) 于成龍의 전기에 대해서는『淸史列傳』卷8 ;『淸史稿』卷282, 于成龍傳 참조.

47)『于淸端政書』卷1, 羅城書 治羅自紀倂貽友人荊雪濤 ;『淸史稿』卷282, 于成龍傳.

데 이 곳 合州府 역시 명말·청초의 동란을 거치면서, 특히 張獻忠의
반란세력에 의해 유린되었으며 대다수의 주민이 流亡하여 향촌사회는
매우 피폐해 있었다. 때문에 그는 이 곳에 부임해서도 향촌사회를 안
정시켜야만 했고, 이를 위해 적극적으로 流民을 招撫하는 한편, 荒田
의 개발을 장려함과 동시에 민심을 수람하기 위해 향약을 설립하여
「聖諭」의 講解를 행하기도 하였다.[48] 이후 그는 康熙 8년(1669)에 湖
廣 黃州府의 同知로 전임하였지만, 이 때에도 黃岡과 麻城의 縣境에
위치한 岐亭에 盜賊들이 白晝에도 횡행하였기 때문에 이 곳에 駐留하
여 치안질서의 회복에 진력함과 아울러 이를 위해 보갑제 편성을 추진
하였다.[49]

그런데 康熙 13년(1674)에 三藩의 亂이 일어났거니와 吳三桂의 軍
이 岳州·長沙를 점령하고 湖南方面으로 진출해 왔다. 이때 吳三桂의
반란세력이 僞箚를 湖北의 각 州縣에 散布하여 선동하니 이에 麻城縣
을 비롯해 大冶縣·黃岡縣·黃安縣 등지의 山寨가 이에 호응해 반기
를 들고 나왔다. 이것이 이른바 ‘東山의 亂’[50]으로 불리는 사건이다.
이 당시 于成龍은 武昌知府로 있다가 咸寧縣에 建造한 浮橋가 流失
된 책임으로 革職되어 관직에서 물러나 있었는데, 이전 黃州府 同知
로서 실적이 인정되어 이 반란평정의 책임자로 다시 임명되었다. 그는
그 해 6월 劉靑黎 등의 난을 진압한 뒤 이 지역에 대한 先後策으로 보
갑을 編置하였으며,[51] 이를 바탕으로 이후 반란을 완전히 진압하는 데
성공하였다.

于成龍이 편성한 이 당시의 보갑조직은, 그 내용이 『政書』 卷1의
「淸理保甲諭」 「申飭區堡諭」 「申飭保甲諭」 등에 보이는데 이를 종합

---

48) 『于淸端政書』 卷1, 合州書 規畫銅梁條議 中 一風俗宜整也.
49) 『于淸端政書』 卷2, 黃州書 到黃州任申飭諭.
50) 이 亂의 개략은 谷口規矩雄, 앞의 논문, 1975, 69~70쪽 ; 前田司, 앞의 논문,
    1974 참조.
51) 『于淸端政書』 卷1, 武昌書 東山就撫後飭行保甲諭, 淸理保甲諭.

해 보면 다음과 같다. 자제의 교훈을 주로 하는 戶를 기초단위로 해서 그 위에 근린 약간호를 통솔하는 甲長을 두었으며, 그 위에 갑장을 통솔하는 堡長을 두었다. 즉, 戶長 - 甲長 - 堡長의 통속관계를 기축으로 보갑조직을 편성하였다.52) 그런데 그가 編한 보갑은 대개의 보갑조직이 戶數編成原則에 입각해서 편성 조직된 것임에 비해 전혀 어떠한 구체적인 숫자가 명시되어 있지 않다. 그것은 당시 이 지방이 明末 이래 극심하게 황폐화되었거니와 아직 流離農民이 많은 유동적인 상황이었기 때문이기도 하지만53) 그보다는 기존의 自然村을 바탕으로 편성되었기 때문으로 보인다. 바로 이것은 于成龍의 보갑이 단순히 소극적인 향촌질서를 유지하는 데 종래의 相互覺察만이 아니라 적극적인 향촌방위의 역할을 하는 향병조직으로서의 역할을 가졌던 것과도 관련이 있는 것이다. 왜냐하면 향촌방위를 위해서는 강력한 단결력이 필요하고, 단결력은 인위적인 편성조직보다는 자연촌의 공동체의 힘에서 더욱 크게 발휘되기 때문이다.

東山의 亂의 예봉을 꺾은 후, 于成龍은 보갑을 편성하라는 諭示를 각지에 내리는데, 그 내용 가운데 "協力擒解 或殲滅",54) "一方有警 隣堡同心堵剿",55) "家自爲守 人自爲戰"56)이라는 것을 보면, 于成龍의 보갑은 명말의 향병조직으로서의 성격을 가지고 있음을 짐작할 수 있다. 실제로 7월부터 이 곳에 다시 일어난 黃金龍·鄒君升의 亂과 이어 일어난 何士榮의 亂을 토벌하는 데 있어, 이때 설립한 보갑을 기초로

---

52) 『于淸端政書』 卷1, 武昌書 上張撫臺善後事宜稟에 보면 區長을 설치하여 殷實의 良善者를 推擧해야 한다는 내용이 있다. 谷口規矩雄은 堡長 위의 조직으로 區를 설정하고 있지만 실제로 1區=1堡의 경우가 많은 것으로 區는 堡와 거의 同等의 조직이었던 것으로 보인다(谷口規矩雄, 앞의 논문, 1975, 72~73쪽).

53) 谷口規矩雄, 위의 논문, 71쪽.

54) 『于淸端政書』 卷1, 武昌書 東山就撫後飭行保甲諭.

55) 『于淸端政書』 卷1, 武昌書 申飭區堡諭.

56) 『于淸端政書』 卷1, 武昌書 上張撫臺善後事宜稟.

한 향병의 효과는 매우 컸다. 이 난을 진압한 이후, 黃州府下에 告示
된 「申飭保甲諭」에 "編査保甲과 團練鄕勇의 법은 일이 없으면 도적
을 稽察하고 난을 미연에 방지하는 것이며, 일이 있으면 서로 궐기하
여 구원하고 防禦堵剿한다"라고 하여 보갑과 함께 향병을 설치케 한
것은 바로 이전의 성과를 바탕으로 한 것이다. 물론 이와 같은 향병을
조직하기 위한 보갑 편성은 향촌민의 징발을 전제로 하는 것이다. 때
문에 향촌민은 戶口를 隱漏하여 保甲冊에 등록을 하지 않음으로써 보
갑 편성에 저항을 하기도 하였다. 그렇지만 于成龍은 이들 향촌민에
대한 꾸준한 설득을 행해 나갔거니와 범위를 확대하여 보갑을 계속 시
행해 나갔던 것이다.[57] 아무튼 그의 이 같은 보갑 편성은 향촌방위를
위해 향병 육성을 전제로 한 것인데, 이는 명말 동란기에 각지에 행해
진 보갑과 똑같은 성격의 것으로서 입관 초 이래 줄곧 연대책임을 위
주로 한 보갑 시행만을 고집해 온 淸初의 위기적인 상황에서 하나의
시금석이라 할 수 있을 것이다.

于成龍은 이후 康熙 17년(1678)에 福建按察使, 同布政使를 거쳐 康
熙 19년(1680)에 直隷巡撫로 발탁되었다. 이때 逃人·盜賊이 백성들
에 큰 해를 미칠 것을 우려하여 '弭盜條約' 13개조를 제정하였다.[58] 이
는 黃州府時節에 시행한 보갑을 기초로 보다 상세하게 정비한 것인데,
그 내용을 요약하면 다음과 같다.

① 10家를 1甲으로 編하여 殷實老成者 1인을 甲長으로 公擧하여 官
에 승인을 얻으며, 9家는 그의 통할을 받는다.
② 10家는 그 직업, 同一世代(가족은 굴론 노복에 이르기까지)에 거주
하는 자의 성명과 연령을 門單에 列記하여 甲長에 제출, 稽査에 備한
다.
③·④ 1甲의 人戶는 相互保結하여 窩盜, 蓄盜, 交結匪類, 出入旗下,

---

57) 『于淸端政書』 卷1, 武昌書 申飭保甲諭.
58) 『于淸端政書』 卷5, 畿輔書 弭盜條約.

句連生事, 遊手賭飮, 撒潑凶惡, 結黨刁訟, 起滅是非 등을 취체한다.

　⑤ 甲內의 人戶는 鄕의 出入을 甲長에 보고하여 甲簿에 記入토록 하며, 보고 없이 不在할 경우 남은 8家는 이를 甲長에 보고하고, 甲長은 官에 이를 通達해야 한다.

　⑥ 甲長이 無識하거나 他出할 경우 甲長을 대신하여 9家가 공히 甲簿를 관리한다.

　⑦ 市鎭의 接客業所는 宿簿를 갖추게 하여 매일 밤 客寓의 주소, 성명, 직업, 왕래장소, 동행인 수를 기입하여 甲長에 査閱을 받고, 만일 내력과 종적이 의심스러운 자는 甲長, 保長에게 알린다.

　⑧ 향촌에 거주하는 향신, 文武兩榜, 貢監生員 등으로 서민과 同例編査를 불편하다고 하는 자는 別冊으로 編査케 한다.

　⑨ 농한기에 각 촌의 垣牆과 柵欄을 修理하며, 각 家로 하여금 順番으로 巡夜케 하고, 그 실행에 따라 상벌을 내린다.

　⑩·⑪ 同一村莊 혹은 近村의 數十甲을 연합하여 賢能한 자를 公擧하여 保長으로 삼아 그 통솔 하에 허가된 무기를 가지고 賊徒의 來襲에 대비한다.

　⑫ 旗莊에 거주하는 자도 부근 촌민의 甲에 編하여 保結토록 한다.

　⑬ 甲內에 窮苦한 民戶가 있어 이를 養濟해야 할 필요가 있을 경우 甲長은 이들을 冊으로 작성하여 지방관에게 보고해야 한다.

于成龍은 이후 이를 보강하기 위해 '續增條約' 5개조[59]를 부가시켰거니와 康熙 20년(1681)에 兩江總督으로 轉任하여서는 이를 더욱 보강하여 '弭盜安民條約' 38개조[60]를 발령하여 이 곳에서도 보갑을 시행하였다.

그는 鄭氏抗淸勢力이 진압된 직후인 康熙 23년(1684)에 임지에서 죽지만 그의 보갑은 위에서 본 바와 같이 향촌방위와 향촌질서를 바로잡는 데 상당한 성과를 거두었으며, 제 항청세력이 진압되어 어느 정

---

59) 『于淸端政書』 卷5, 畿輔書 續增條約.
60) 『于淸端政書』 卷7, 兩江書 弭盜安民條約.

도 안정을 회복한 후에는 더욱 여러 지역으로 확대, 시행되게 되었다.

3) 黃六鴻의 保甲

한편 이 무렵 보갑 시행의 이상안이 黃六鴻에 의해 제시되기도 하였는데, 이 역시 于成龍의 보갑과 함께 청조가 보갑제를 定制化하는 데 중요한 역할을 한 것으로 보여 이에 대한 내용을 살펴보도록 하겠다.

黃六鴻[61]은 江西省 新昌縣 天德鄉人으로 順治 8년(1651)에 擧人이 되어 처음으로 山東省 郯城縣 知縣으로서 官途에 나아갔으며, 康熙 14년(1675)에는 直隷 東光縣의 知縣이 되었다. 知縣으로 있었을 때 그는 특히 賑恤・救荒에 힘쓰고, 誇盜를 잘하여 監獄은 항상 비어 있는 상태였으며 소송사건도 전혀 없었다고 한다. 그 후 行人에 발탁되어 山西, 陝西, 四川 등지를 거쳐 長江 밑으로 湖北, 河南지방에까지 나아가 각지의 사정을 몸소 체득하였다. 후에 그는 御試에 1등으로 합격하여 禮科 給事中에 등용되어 중앙정계에서 활약하였고 康熙 30년(1691)에는 會試의 同考官이 되었는데, 이때 매사에 공정하기로 평판이 높았다고 한다. 이어서 그는 工科 給事中이 되어 康熙 32년(1693)에 관직을 사임할 때까지 이 職에 있었다.

黃六鴻은 관직을 사임한 후 향리에 돌아와서는 저작에 힘썼는데, 그가 사임한 다음 해에 보갑제의 이상안을 담은 『福惠全書』가 완성되어 간행되었다. 『福惠全書』는 청대의 대표적인 官箴書의 하나로 꼽힌다.[62] 그런데 官箴書는 公牌나 政書처럼 관리 자신의 통치체험과 政

---

61) 黃六鴻의 傳記는 同治『新昌縣志』卷12, 人物志 擧人條에 있지만 여기서는 山根幸夫의『福惠全書』解題를 참고했다.

62) 官箴이라는 것은 관리가 집무를 할 때 준수해야 하는 것으로, 실제 政事에 임할 때 이를 휴대할 경우 매우 귀중한 지침이 되는 것이다. 청대의 官箴書로는 이 외에도 汪輝祖의『佐治藥言』,『學治臆說』등이 유명하다.

績을 그대로 기록한 것은 아니고 다만 그의 정치이상을 서술한 것이다. 때문에 그 사료적 가치는 비교적 떨어진다고 한다.63) 그렇지만 정치이상은 현실을 바탕으로 하지 않을 수 없는 것이고 보면, 官箴書는 비록 정치이상을 담고 있지만 현실정치를 바탕으로 서술되지 않을 수 없다. 사실 黃六鴻도 郯城 및 東光縣의 知縣으로 재임했을 당시의 체험과 그가 行人으로서, 또 중앙관직에 재임시에 얻었던 경험을 바탕으로 『福惠全書』를 저작한 것이기 때문에 그 자신 나름의 정치이상뿐 아니라 당시의 실제 사회사정도 어느 정도 반영되었음이 틀림없다고 본다.64)

아무튼 『福惠全書』의 내용은 당시 불안정한 사회사정과 관련해서 백성들의 생명과 직접 연관되어 있는 刑名에 보다 중점을 두고 서술되었거니와65) 현실사회를 바탕으로 이루어졌으며 이후 많은 관리들에게 읽혀졌다. 따라서 당시 정치에도 상당한 영향을 미친 것으로 보이며, 그가 제시한 보갑 역시 현실사회에 적용되어 이후 보갑제를 定制하는 데 상당한 영향을 주었을 것으로 보인다. 그것은 이 내용이 많은 관리에게 읽혔다는 점 외에도 시기적으로 보갑제 논의가 한창 진행중일 때

---

63) 仁井田陞은 '官箴'을 관리의 독단적인 프로그램이기 때문에 매우 경계해야 한다고까지 했다[『アジア歷史事典』(東京 : 平凡社, 1967), 296쪽].

64) 또한 『福惠全書』의 완성 시기가 그의 사임 직후임을 감안할 때 그 내용은 다분히 그가 관직에 있으면서 실제 정치에서 얻은 경험과 평가를 토대로 이루어졌던 것으로 판단된다.

65) 『福惠全書』는 아래와 같이 총 32卷의 내용으로 구성되어 있다.

筮仕部 - 1권	蒞任部 - 4권	錢穀部 - 2.5권	雜課部 - 0.5권
編審部 - 1권	淸丈部 - 1권	刑名部 - 10권	保甲部 - 3권
典禮部 - 1권	敎養部 - 2권	荒政部 - 1권	郵政部 - 2권
庶政部 - 2권	陞遷部 - 1권		

이상에서처럼 刑名部는 이와 관련되는 保甲部를 포함해서 13권으로 전체의 2/5 정도의 분량을 차지하고 있다. 이와 같이 刑名을 강조한 것은 당시 사회사정의 불안정을 반영한 것으로 볼 수 있는 것이다.

이상안으로 제시되었던 것이며, 黃六鴻이 향리에 은거하고 있을 때에
康熙帝가 친히 그를 召見할 정도로 厚遇하였다는 점에서도66) 짐작할
수 있다. 후술하겠지만 사실 내용면에 있어서도 黃六鴻의 보갑은 康熙
47년에 定制된 보갑과 많은 유사점이 보이는데, 이 역시 이를 방증해
주는 것이다.

　　그러면 黃六鴻의 보갑제는 어떠한 내용을 담고 있는가에 대하여 살
펴보도록 하겠다.67)

　　먼저 黃六鴻이 보갑제를 구상했던 것은 盜賊과 逃人을 弭하고 奸宄
를 엄히 다스려 법을 善하게 하기 위함이었다.68) 물론, 이 같은 목적으
로 당시에도 보갑이 여러 지역에서 행해지고 있었다. 그러나 당시의
保甲은 "惟行之者 不得其要 且視爲具文 而又紛紛焉"이라든가 "今之
州邑 惟快壯數人 供奔走而已"69)와 같은 상태였기 때문에 黃六鴻은
나름의 이상안을 구상하게 되었던 것이다.

　　먼저 그는 보갑제의 근원을 周代의 六鄕·六遂制에 두고 寓兵於農,
즉 兵農一致制를 바탕으로 보갑제를 시행해야 한다고 했다. 그의 이러
한 이념은, 宋代 王安石의 보갑이 백성들을 民兵으로 징집하여 遠方
의 征伐에 보내고 백성들을 軍裝시키고 餘糧을 自備시킴으로써 農稼
를 방해하고 백성들을 곤궁케 한다고 극렬히 비판하면서, 그런 반면
寓兵於農의 정신에 입각하여 시행한 王陽明의 보갑을 극구 찬상하고
있음에서도 볼 수 있다.70) 이것은 한편으로 黃六鴻의 보갑이 明代에

---

66) 康熙帝는 康熙 44년(1705) 南巡하는 도중에 당시 향리에 은거하고 있던 黃
　　六鴻을 친히 召見하였으며 歐陽守의 「晩過水北詩」를 御書해서 하사하였다.
67) 拙稿, 「淸初 鄕村統治의 理想 - 黃六鴻의 保甲制를 中心으로 - 」, 『慶尙大論
　　文集』 22, 1983 참조.
68) 『福惠全書』 卷21, 保甲部 總論, 241쪽, "夫保甲之設 所以弭盜逃 而嚴奸宄
　　法至善也".
69) 『福惠全書』 卷21, 保甲部 總論, 241쪽.
70) 『福惠全書』 卷21, 保甲部 總論, 242쪽. 송대 보갑제에 반대하는 비판은 黃中
　　堅, 陸曾禹 등에 의해서, 또 『天台治略』에서도 피력되고 있지만 黃六鴻은 그

시행된 陽明 이래의 보갑을 계승하고 있음을 보여준다. 사실 黃六鴻의 보갑제는 치안질서유지의 임무를 주로 하면서도, 德行을 相規하고, 患難을 相恤하고, 死喪을 相助하며, 孝弟·謙和·好禮 등의 풍속습관까지도 導致하는, 즉 향약의 기능도 포함하고 있는데,[71] 이것은 명말 이래 향약과 보갑이 결합된 양태에서 나타나는 기능과 맥을 같이하는 것이다.

그의 보갑제 편성은 10家를 1甲, 10甲(100家)을 1保, 몇 개의 保를 1鄕으로 편성하고 각 조직에 각기 甲長, 保正, 保長을 두어 각 조직의 사무를 관장토록 했다. 여기에서 黃六鴻의 保甲은 10진법의 戶數編成 原則에 입각해서 편성하도록 했음을 알 수 있다. 그러나 그는 戶數編成에 입각하고 있으면서도 편성 후 여분의 戶, 여분의 甲을 畸零戶, 畸零甲으로 하여 末甲·末保의 甲長·保正에 附統시키는 등 융통성을 부여하고 있다.[72] 이러한 예는 이후 청대 보갑편성에 있어 많이 보이는데,[73] 黃六鴻의 보갑편성이 그 선례가 아닌가 한다. 또한 그의 보갑조직은 甲(10家) - 保(10甲) - 鄕(數保)의 三級制로 편성되었다.[74] 여기에서 上級組織인 鄕은 그 확실한 호수는 명시되어 있지는 않지만 명말에 보편적으로 행해진 二級制의 조직에 비해서 그 조직이 확대되었으며, 이후 康熙 47년(1708)에 定制化된 보갑조직이 牌(10家) - 甲(10牌) - 保(10甲)의 三級制로 이루어졌고 보면, 黃六鴻의 보갑은 조직과 형태면에서 명대의 보갑에서 청대의 定制된 보갑제로 이행하는 과도기적 중간형태로 보여진다.

대표적인 인물이다.

71) 『福惠全書』卷21, 保甲部 總論, 242쪽.

72) 『福惠全書』卷21, 保甲部 保甲之制, 244쪽.

73) 『同治戶部則例』卷3, 戶口에 "十戶爲牌(畸零散處·通融編列)立牌長 十牌爲甲 立甲長……"이라 규정되었거니와 이러한 예는 葉佩蓀의 '飭行保甲', 王鳳生의 '保甲事宜'(이들 내용은 同治 10年 刊 徐棟·丁日昌 輯, 『保甲書集要』所收) 등에도 보인다.

74) 黃六鴻의 이러한 保甲編制는 앞에 예시했던 臨安縣의 보갑체제와 유사하다.

黃六鴻이 보갑제의 이상안을 제시하게 된 것은, 당시 시행되던 보갑
제의 폐해가 많았기 때문이었다. 특히, 그는 보갑의 興廢는 이를 담당
하는 사람에게 있고, 사람을 잘 얻지 못하면 보갑은 유명무실해진다고
지적하고 있다.75) 여기에서 알 수 있듯이 黃六鴻은 보갑을 시행함에
있어 役員의 選出을 매우 중요시하였다. 二의 役員選出 방식은 高年
·有德한 자를 鄕長(保長)으로 선출하고 선출된 保長이 보갑을 편성
한 후, 여러 村長·鎭長·莊頭 등과 협의하여 精健한 자 가운데에서
保正과 甲長을 선출해야 한다고 하였다.76) 그러면서 그는

　　十家之長·保正長은 모두 서민 중에서 선출하고, 靑衿·衙役은 미치
지 못하게 한다. 靑衿은 肄業을 어지럽히며, 衙役은 作奸을 좋아하기
때문이다. 鄕紳 및 擧·貢·監·文武生員으로 本甲에 거주하는 자는
반드시 10家의 내에 編하지 않아도 되며, 門牌를 걸기 불편함으로써 十
甲長에게 稽査하도록 한다. 다만 一戶에 관계되는 鄕紳 및 擧·貢·監
·衿은 그의 姓名, 籍貫, 官職 등을 밝혀 本甲 10家의 뒤에 附記하며,
城鄕 모두 이와 같이 한다.77)

라 하고 있는데, 여기에서 黃六鴻은 보갑의 役員을 모두 서민층에서
충당하려 했음을 알 수 있거니와 신사층에게는 그들의 편의에 따라 보
갑편성에 있어 자유성을 부여하고 있음을 볼 수 있다. 이는 保甲의 役
을 職役으로 보고 신사층에게는 이를 優免해 주려는 것이었다. 그러면

---

75)『福惠全書』卷21, 保甲部 總論, 242쪽, "保甲之興廢 視乎其人 蓋法之不善有
　　搖而無安 人之不得 名存而實亡……".
76)『福惠全書』卷21, 保甲部 選保甲長, 244쪽. 여기에서 볼 때 黃六鴻의 보갑은
　　다분히 자연촌을 바탕으로 해서 행정촌과의 일체화를 도모하고자 했던 것으
　　로 보인다. 따라서 黃의 보갑에는 자연촌의 長들이 가지고 있는 교화적인 요
　　소도 다분히 포함하고 있는 것으로 보인다(拙稿,「淸初 鄕村統治의 理想」,
　　1983, 147쪽).
77)『福惠全書』卷21, 保甲部 選保甲長, 245쪽.

서도 한편 靑衿·衙役을 保甲의 役에서 배제하려 했던 것은 당시 이
들 계층의 폐해도 심각했음을 보여주는 것이기도 하다.

　이러한 보갑제 편성상 향신층의 위치설정에 대한 黃六鴻의 입장은
康熙 19년에 제정한 于成龍의 '弭盜條約' 8조의 내용과 거의 일치한
다. 물론 于成龍은 이듬해에 '弭盜安民條約'을 제정하면서 이를 개정
하여 향신 및 진사, 擧人을 제외한 微官 및 貢·監, 生員을 일반 서민
과 동렬로 보갑제에 편입하도록 했지만,[78] 黃六鴻은 이 개정 내용보다
오히려 이전의 案에 입각하여 보갑을 편성하고자 했다. 그러면 당시
보갑제에 대한 관심이 누구보다도 많았던 黃六鴻이 于成龍의 보갑 시
행과는 역행하여 개정 이전의 案과 같은 내용을 채택한 것은 무엇 때
문일까? 그것은 이미 臨安縣에서도 于成龍의 개정안에 따라 士人들을
일반 서민과 같이 보갑에 편입시켜서 편성 시행하였거니와[79] 이때 이
들에 의한 보갑 운용상 많은 폐해가 나타났기 때문으로 보이며, 앞서
예시한 사례에서 靑衿과 衙役을 보갑의 役員에서 극력 배제해야 한다
는 주장도 이러한 폐해현상에서 비롯된 것이다. 사실 이후 保甲施行令
이 전국적으로 반포된 이후에도 줄곧 보갑의 유명무실함이 많이 지적
되거니와 그 이유로 保長·甲長의 不善함이 들려지는 것을 보면,[80]
黃六鴻의 이러한 주장에도 불구하고 각지에서의 실제 보갑 시행은 향

---

78) 『于淸端政書』, 卷5, 畿輔書 弭盜安民條約 第7條.
79) 紳衿은 보갑의 役을 면제받기는 했지만 일반 백성과 함께 士人들도 保甲編
　　査의 대상이 되고 있다(目黑克彦,「淸朝初期の保甲法に關する一考察 - 浙江
　　省臨安縣の場合 - 」,『愛知敎育大學硏究報告』25, 1976, 135쪽).
80) 『皇朝政典類纂』 卷30, 戶役1에 "自康熙四十七年 整飭保甲之後 奉行旣久
　　往往有名無實"이라고 하고 있거니와 雍正 4년에 새로운 保甲條令을 반포하
　　여 保甲力行을 강조하였다. 이런 사정은 乾隆年間에 들어와서도 마찬가지였
　　으며, 沈彤은 그의 「保甲示」에서 "今之州縣官 奉大吏之令 擧行保甲 而卒無
　　其效 非保甲之法之不善 爲保長甲長之人之未善也"(『皇朝經世文編』 卷74,
　　兵政)라고 지적하여 牌頭는 서민 가운데 올바른 자를 선택해야 하고, 保長과
　　甲長은 반드시 士人 가운데 어질고 능력 있는 자를 선출해야 한다고 하였다.

신충의 주도에 의해 이루어졌으며[81] 이들, 특히 士人들의 폐해가 매우 심했던 것을 알 수 있다.

다음 黃六鴻은 보갑제의 役員을 조직 내의 인원으로 輪充하지 않고 조직 외의 殷實老成하고 人力이 많은 자를 定充하고자 했다. 그것은 輪充을 할 경우 혹시 늙고 병약한 자 및 과부 등도 업무를 맡을 우려가 있어 폐해가 예상되었기 때문이다.[82] 이로 볼 때 黃六鴻의 보갑제에 있어서 長의 임기는 제한이 없었던 것으로 보인다. 그런데 한편으로 役員을 輪充하지 않는다는 것은 전통적인 均分均役의 원칙을 벗어난다고 생각되는데, 이러한 원칙을 벗어나 黃六鴻이 役員을 定充하려 한 것은 당시의 사정이 균분균역보다는 현실적 조건에 대응해서 보갑제를 운용하는 것이 더욱 실효성이 있다고 판단했기 때문이며, 이것 역시 당시 사회의 급박한 상황을 암시해 주는 것이라 할 수 있는 것이다.[83]

이들 役員의 임무는 향촌사회의 치안질서유지와 교화를 주요 임무로 하고 있는데, 이를 보다 구체적으로 보면 다음과 같다.

① 稽察의 임무[84]

甲長은 稽簿를 가지고 관할구역에 대해 매일 저녁 남자의 有無, 왕래했던 곳, 돌아오지 않을 때에는 어느 곳에서 묵었는지의 여부, 묵었던 곳이 연고지가 아닐 경우에는 이를 자세히 물어 기록한다. 또한 잘 알지 못하는 자가 오랫동안 묵을 경우 이를 자세히 묻고, 이상한 일이 발생할 경우에는 保正에 보고한다. 保甲의 役員은 조직 내의 안전을

---

81) 각 향촌에서 향신들은 일반 民戶와 같이 거주하면서 동일 보갑에 편성되었던 것으로 보인다. 그러나 保甲長의 役은 회피하면서도 그들의 권위에 의해 보갑 내에 군림하여 일반민에 대한 감시통제를 행함으로써 자신의 지배를 보다 확고히 하려 했던 것이 일반적인 정황이었다(크黑克彦, 앞의 논문, 135쪽).

82) 『福惠全書』卷21, 保甲部 選保甲長, 243쪽.

83) 拙稿, 「淸初 鄕村統治의 理想」, 1983, 147쪽.

84) 『福惠全書』卷21, 保甲部 保甲稽査, 246~247쪽.

매일 확인하고 이를 편케 하기 위해 循環簿를 사용한다.

② 保甲冊의 編造[85]

평상시에도 州·縣에서는 鄕長이 戶口를 列記하여 煙戶冊을 編造했으나, 이를 더욱 확실하게 하기 위해 保長의 책임 하에 城·鄕의 보갑의 수 및 甲長·保正長·壯伍 등의 성명을 상세히 기재한 保甲冊을 작성토록 하여, 일이 없을 때는 防禦에 힘쓰도록 하고 일이 생기면 상호구원하도록 했다. 保甲冊 編造의 책임은 오로지 保長에 있지만 保長은 鎭集村長 및 莊頭와 서로 협의해서 작성하도록 했다.

③ 壯丁의 簡驗[86]과 訓練[87]

향촌을 도적으로부터 방호하고, 구원하기 위해 각 조직의 役員은 그 지역의 居住人員의 2/5의 숫자를 장정으로 선발하여, 保正의 관할 하에 技藝를 敎練하도록 했다. 保正은 敎官을 초빙하여 敎鍊에 힘쓸 뿐 아니라 매년 농사일에 바쁠 때인 3월을 제외하고는 매월 한 차례씩 기예를 시험하고, 매년 9월에는 城鄕의 전체 保伍壯이 모여 査閱을 받도록 했다.

④ 建築柵濠[88]

향촌을 안전하게 하기 위한 적극적인 방책으로서 鎭, 集, 村莊에 柵門을 建立하고, 墻濠를 築造해서 盜寇를 막으며 더욱 견고하게 守禦토록 했다. 이 일은 鎭集長 및 莊頭의 책임으로 되어 있지만 保正으로 하여금 이를 돕도록 하였다.

⑤ 朔望甘結[89]

매월 朔望에 甲長, 保正, 保長은 縣署에 나와 15일 동안 각 조직 내에서 행한 일에 대해서 만일 허물이 있으면 그 죄를 달게 받고 증서를

---

85) 『福惠全書』 卷21, 保甲部 造保甲冊, 248쪽.
86) 『福惠全書』 卷21, 保甲部 簡驗壯丁, 250~253쪽.
87) 『福惠全書』 卷21, 保甲部 訓練伍壯, 253~257쪽.
88) 『福惠全書』 卷21, 保甲部 建築柵濠, 257~259쪽.
89) 『福惠全書』 卷21, 保甲部 朔望甘結, 263~264쪽.

묶어 제출케 한다. 이때 甲長은 保正에게, 保正은 保長에게, 保長은 縣廳에 모든 서류를 묶어 제출한다.

⑥ 기타

향촌에 일이 생기면 장정을 집합시켜 符信케 하여 盜黨과 구별시키고,[90] 또 保甲의 役員들은 도적을 잡고 奸宄를 막는 역할뿐 아니라 相助・相恤을 권하고 勸善을 행하여 악을 제거함으로써 풍속을 교정하게 했다.[91] 그리고 보갑을 오래 유지하기 위해 지방의 소요가 일어나지 않게 해야 하고, 보갑 시행에 드는 비용을 役員들이 부담케 하였다.[92]

이 밖에도 향촌민의 賭博을 嚴禁하고,[93] 娼妓를 구축하며,[94] 淸査界址[95] 및 防救失火[96]에 힘써야 하는 등의 임무가 부여되었다.

3. 保甲制의 제도적 확립

이상에서와 같이 康熙年間에 들어와서도 보갑제의 필요성은 증대되었고, 많은 논의와 함께 폭넓게 시행되었다. 특히, 于成龍에 의해 연대책임뿐 아니라 보갑의 원래 기능이라 할 수 있는 향병으로서의 기능도 갖추어지게 되었으며, 편성조직에 있어서도 戶長 - 甲長 - 堡長이라는 3級制의 형식이 갖추어지는 등 입관 초기에 시행된 보갑에 비해 그 형태나 기능면에서 보갑의 原形을 이루어 갔거니와 보갑의 여러 가지 내용도 갖추게 되었다. 이러한 于成龍의 보갑 시행으로 인해 抗淸運動

---

90) 『福惠全書』卷21, 保甲部 調集符信, 264~265쪽.
91) 『福惠全書』卷21, 保甲部 功禁賞罰, 266~268쪽.
92) 『福惠全書』卷21, 保甲部 嚴罪搔搖, 269쪽.
93) 『福惠全書』卷21, 保甲部 嚴禁賭博, 269~270쪽.
94) 『福惠全書』卷21, 保甲部 驅逐娼妓, 270쪽.
95) 『福惠全書』卷21, 保甲部 淸査界址, 270~271쪽.
96) 『福惠全書』卷21, 保甲部 防救失火, 271~272쪽.

및 각지에서의 반란을 진압하고 향촌을 안정시키는 데 상당한 성과를 거두었고, 이에 힘입어 여러 사람에 의해 보갑을 시행하자는 건의가 계속 이어졌거니와 청조 역시 각지에 보갑을 편성해 나갔다. 즉, 康熙 24년(1685)에 廣西道御史인 錢珏이 秦・蜀・浙・閩・滇・黔・楚・粤 等地에 投誠한 자들을 安揷시켜 이들을 확실히 파악하기 위해 보갑을 시행할 것을 청하고 있으며,[97] 康熙 25년(1686)에 直隷巡撫인 于成龍 (于淸端과는 同名異人, 그의 諡는 襄勤)은 당시 直隷지역의 順天, 永 平, 保定, 何間 등지에 旗民이 雜處하여 도적이 많으므로 旗丁・民戶 를 보갑에 같이 編하여 이를 稽察할 것을 請하였는데,[98] 이것은 바로 이전 于成龍(淸端)의 성과를 바탕으로 한 것이다. 청 조정은 이들의 의견에 따라 이를 시행토록 하였고, 이때 浙江巡撫 金憲은 이 보갑령 을 받아 浙江 각 縣에 그 시행을 명하였거니와 知縣인 施宏에 의해 臨 安縣에서 행해진 보갑제 역시 이 명을 받아 시행된 것이다.[99]

---

97) 『[淸]聖祖實錄』 卷119, 康熙 24年 正月 丁酉條, 1596~1597쪽.
98) 『[淸]聖祖實錄』 卷125, 康熙 25年 4月 辛亥條, 1681~1682쪽.
99) 臨安縣에서 보갑은 이전부터도 시행되었지만 실효를 거두지 못하여 施宏에 의해 다시 개혁이 이루어져 시행되었던 것이다. 臨安縣의 보갑 내용은 潘杓 燦의 『未信編二集』에 수록되어 있는데, 施宏이 시행한 臨安縣의 보갑제는 十家를 一甲으로 하여 甲長을 두고, 一村을 단위로 村保長을 두어 甲長을 감독했으며, 십수 촌락으로 형성되는 一啚에 啚保長을 두는, 즉 啚‐村‐甲 의 三級制의 편성으로 이루어졌다. 이런 보갑 편성 하에 甲長과 村保長은 循 ・環 2冊으로 된 烟戶冊을 작성하여 이를 바탕으로 향촌 내의 주민의 이동 과 동태를 파악하고 감시하는 보갑의 주된 임무인 치안경찰임무를 담당케 하 였다. 이러한 취지와 형태의 보갑은 기본적으로 앞의 于成龍의 보갑을 근거 로 해서 시행된 것으로 보인다. 그런데 啚保長 아래에서 甲長은 별개로 설치 된 戶催와 함께 향촌민에 대한 錢糧徵收의 임무를 烟戶冊을 이용하여 수행 하고 있음을 볼 수 있는데, 이것은 淸 초기에 시행된 보갑의 기본임무에 새로 이 부가된 임무로 보인다.(이에 대한 자세한 분석은 目黑克彦, 앞의 논문 참 조) 물론 보갑을 부역징수의 한 방책으로 이용한 것은 明 萬曆年間 蘇州府 吳江縣의 知縣인 劉時俊이 시행한 보갑의 예에서도 살필 수 있지만 이후 청 초까지의 보갑제 시행사례에서는 보이질 않으며, 다만 雍正年間에 들어와 광

또한 康熙 33년경에는 黃六鴻에 의해 이상적인 보갑제의 案이 제시되어 보갑제 시행에 많은 영향을 주었다. 특히 黃六鴻의 보갑은 비록 이상안이라고는 하지만 知縣으로 재임했을 당시 그의 체험과 여러 지역에서 행해지고 있던 보갑제를 바탕으로 하여 만들어진 것이다. 그의 보갑제 내용이 于成龍이 시행한 보갑제 내용과도 크게 다르지 않음에서도 이를 알 수 있다. 아무튼 그의 보갑제의 이상안이 담긴 『福惠全書』는 당시 많은 관리들에게 읽혀졌거니와 또한 그는 康熙帝로부터도 厚待를 받고 있던 점으로 미루어 보아 청 조정에서 보갑제를 시행함에 많은 참고가 되었음은 분명하다 할 것이다.

삼번의 난과 鄭氏의 抗淸勢力을 제거하고 어느 정도 자신감을 얻은 청조는 이제 청조 나름의 확고한 향촌통치제도를 마련해야 했거니와 지금까지 시행되고 제시된 여러 보갑제의 내용을 바탕으로 해서 康熙 47년(1708)에 전국에 걸쳐 保甲制施行令을 반포하였다.

무릇 州·縣城에 10戶에 1牌頭를 세우고, 10牌에 1甲頭를 세우며, 10甲에 保長을 세운다. 각 戶에 印牌 1張씩을 지급하여 (여기에) 성명과 丁數를 기입하고, 사람이 나가면 갈 곳을 덧기하고, 들어오면 어디에서 왔는가를 기입하도록 한다. 客店 역시 각기 冊簿를 준비하여, 매일 밤 숙박하는 손님의 이름과 사람의 수, 그리고 데리고 온 가족의 수가 몇이고, 하는 일이 무엇이며 왕래하는 곳이 어디인가를 적어 확실히 밝힌다. 또 寺觀에 이르기까지 역시 印牌를 나누어 지급하고, 僧道의 숫자와 성명을 여기에 기입하여 그 출입을 조사한다. 만일 이를 虛僞로 기재하는 자가 있으면 輔官·胥吏로 하여금 擾害者를 索出케 하고, 해당 上官이 이를 살펴 治罪한다.[100]

범위하게 이용되고 있는 사례가 나타나고 있다(拙稿,「明末·淸初 賦役徵收와 保甲制」,『宋俊浩敎授停年紀念論叢』, 1987, 545~546쪽;川勝守, 앞의 책, 1980, 321~323쪽 참조). 이로 볼 때 臨安縣의 보갑은 康熙에서 雍正年間으로 이어지는 과도기적 보갑제의 성격을 가졌던 것으로도 볼 수 있다.

103)『大淸會典』卷138, 兵部28 保甲;『淸朝文獻通考』卷22, 職役考2, 5051쪽.

라는 것이 그 내용인데, 10戶 1牌, 10牌 1甲, 10甲 1保의 戶數編成原則
에 입각한 三級制의 보갑조직이 정식의 청대 향촌통치제로서 전국적
인 규모로 확립되었던 것이다. 이 내용에서는 보갑에 관한 여타의 세
부규정은 보이지 않는다. 그러나 이후 雍正·乾隆間의 保甲의 내용
및 『同治戶部則例』의 세부적인 규정은 기본적으로 康熙年間에 제정
된 보갑을 바탕으로 하고 있고, 또 이 규정은 于成龍과 黃六鴻의 보갑
내용과 대동소이한 것으로 보면, 이때 제정된 보갑의 세부적인 내용은
于成龍, 黃六鴻의 보갑규정에 준하여 마련되었던 것으로 보인다.

이상에서 康熙年間의 향약·보갑제에 대한 논의와 그 시행 및 제도
적 확립과정에 대해 살펴보았다. 청조는 입관 초기에도 향약·보갑제
를 시행했던 것이지만 당시의 불안정한 상황에서 제한적으로밖에 시
행할 수가 없었다. 물론 康熙年間에 들어와서도 鄭氏의 抗淸運動 및
三藩의 亂 그리고 각종의 抗租運動 등으로 사회적 불안요소가 여전하
였지만 입관 초기에 비해서는 상당히 호전되었다. 이에 청조는 그 나
름의 향촌통치책을 확고히 세울 필요가 있었거니와 입관 초기에 시행
해 온 향약·보갑제를 보다 폭넓게 시행할 수 있었다. 그러나 보갑제
의 시행과정 역시 順治年間 못지않게 순조로운 것만은 아니었고 많은
우려 속에서 시행되어졌다. 물론 어느 왕조에서건 제한적일지라도 민
간에 武器소지를 허용한다는 것은 쉬운 일은 아니지만, 특히 異民族
王朝인 淸朝에게 있어서는 매우 주저스러운 일이었던 것으로 여기에
서도 이민족으로서의 청조의 특징적인 점을 엿볼 수 있는 것이다. 또
한 康熙年間에 들어와 청조는 향약의 시행과 아울러 전국적으로 보갑
제 시행을 반포함으로써 국가적 차원에서 확고한 향촌지배체제를 확
립하게 되었는데, 이로써 청조는 명 중기 이후부터의 격변해 온 사회
에 대한 일단의 대책으로서 이념적으로 里甲制體制에서 鄕約·保甲
制로의 지배형태의 변화를 이루었으며, 나름대로의 독자적인 향촌통치
에 임하게 되었음을 볼 수 있다.

제8장 제도적 확립 후의 鄕約·保甲制의 추이

제1절 雍正時代의 향약·보갑제의 시행실태

康熙年間에 향약과 보갑제가 각기 전국적인 향촌조직으로 확립되었던 것에 대해서는 앞장에서 살펴보았다. 그런데 雍正年間에 들어와서도 이들 조직에 대한 많은 명령이 계속 發해지거니와 그 내용은 이들 조직을 보다 강화시키는 것이었다. 이러한 명령이 계속해서 발해지는 것은 향촌질서 안정을 위해 이들 조직의 필요성이 그만큼 강조되고 있음을 나타내 주는 것이기도 하지만 그 실행이 원활하게 시행되지 못하였기 때문이었다. 그러면 향약·보갑제가 제도적으로 확립된 이후, 특히 雍正年間에 들어와 그 시행실태는 어떠하였고, 어떠한 내용으로 그 보강작업이 이루어졌는지에 대해 살펴보도록 하겠다.

먼저 鄕約을 보면, 康熙 9년(1670)에 16개조의 「聖諭」가 발해져 종래 明 太祖의 「六諭」를 대신하여 새로이 향약의 중심강령이 마련됨으로써 청대 나름의 향약이 나타나게 되었다. 이후 향약은 「聖諭」의 講解를 중심으로 행해졌는데, 이를 효과적으로 백성들에게 주입시키고자 「聖諭」에 대한 訓釋이 이루어지기도 하였다.[1] 이와 같은 형식의 향약은 雍正年間에도 그대로 이어져 시행되었지만, 雍正 2년(1724) 2월에

---

1) 이 책의 제7장 2절 참조.

는 종래「聖諭」에 대한 구구한 註解를 종합하여 官定의 규준을 마련
하였다. 즉, 淸朝는「聖諭廣訓」을 直省督撫學臣에 頒行하여, 각지의
文武 各官으로 하여금 敎職衙門을 통해 백성들에게 講讀토록 하였던
것이다.[2] 물론 명말 이래 향약은「六諭」라든가「聖諭」등 황제의 諭
旨를 그 주된 강령으로 삼아 왔던 것이어서 다분히 관주도로 이루어졌
다 할 것이다. 그러나 다시 이 강령에 대한 주석까지도 官定으로 규준
하여 획일화한 것은 이를 보다 더 강화한 것이라고 볼 수 있으며, 그
필요성이 이전보다 더 절실했음을 보여주는 것이다.

　이와 더불어 이무렵 청조는「聖諭廣訓」에 대한 講讀의 형식도 새로
이 정해 나갔다. 즉, 雍正 7년(1729)에 각 州縣의 大鄕・大村의 인구가
조밀한 곳에 講約所를 설립하여, 擧・貢・生員 중에서 老成者 1人을
約正으로, 樸實謹守한 자 3~4人을 直月로 뽑아 이들로 하여금 매월
朔望 兩日에 부근 향촌의 耆老, 里長 및 讀書人을 불러모아「聖諭廣
訓」을 講解하도록 하였으며, 이들로 하여금 각 향촌에 돌아가 그 취지
를 향촌민에게 勸導하도록 하였다. 그런가 하면 3년이 지난 후 이를
심사하여 그 효과가 뛰어난 자가 있으면 찬상하고, 怠惰廢弛한 자는
黜罰하며, 지방관 중에도 奉行에 不實한 자는 該當 督撫로 하여금 처
벌토록 하였다.[3] 이로써 이제 향약은 본래의 촌락자치적 성격은 전혀
찾아볼 수 없게 되었으며,「聖諭」의 講解만을 유일한 목적으로 하는
촌락 지도자에 대한 轉導機關으로 변하게 되었던 것이다. 청대의 향약
을 칭하여 講約이라 부르게 된 것은 바로 이 때문이다.

---

　2)『[淸]世宗實錄』卷16, 雍正 2年 2月 丙午條, 247~248쪽 ;『欽定大淸會典事
　　例』卷397, 禮部 風敎 講約1 雍正2年御製.
　3)『欽定大淸會典事例』卷397, 禮部 風敎 講約1, "(雍正)七年奏准 直省各州縣
　　大鄕大村人居稠密之處 俱設立講約之所 於擧貢生員內 揀選老成者一人以
　　爲約正 再擇樸實謹守者三四人 以爲直月 每月朔望 齊集鄕之耆老里長及讀
　　書之人 宣讀聖諭廣訓 詳示開導……行至三年 著有成效 督撫會同學臣 擇其
　　學行最優者 具題送部引見 其誠實無過者 量加旌異 以示鼓勵 其不能董率怠
　　惰廢弛者 卽加黜罰 如地方官不實力奉行者 該督撫據實參處".

아무튼 청조가 이처럼 일방적인 관주도의 향약을 계속 강조해 나간 것은, 향약 본래의 취지인 교화적인 측면을 강화시킬 목적에서였겠지만 異民族으로서 중원을 통치하는 데는 보다 많은 행정력이 필요했던 것이며 이를 보강하기 위한 조처로서 향약을 이용하려 한 데서 연유한 것으로 보인다.

다음으로 보갑의 실태를 보면, 雍正시대에 들어와서도 康熙시대에 못지않게 향촌질서를 안정시키는 데 그 효용성이 크게 강조되었다. 이미 康熙시대에 陋規는 상식화되었고 국가에서도 공인하는 단계에까지 이르게 되었던 것이지만 이러한 州縣官吏의 私徵體制는 雍正年間에 들어와서도 더해만 갔다.[4] 이런 상황 하에서 淮南鹽의 최대의 販路인 湖廣지역에서 鹽規銀을 지불하고 있던 鹽商들의 闇鹽판매가 활발하게 이루어지자 鹽價의 등귀로 백성들의 원성이 크게 일어났던 것인데,[5] 雍正 원년 4월에 이 곳 총독인 楊宗仁은 이를 규찰하기 위해 보갑을 力行할 것을 주장하였다.[6] 이러한 그의 주장은 황제로부터 嘉納되었거니와, 같은 해 9월 그는

　　盜源을 淸淨하고 窩賭窩逃를 稽査하는데 보갑을 力行하는 것보다 좋은 것이 없습니다. 臣이 부임한 후로 즉시 소속 여러 지역에 通飭하기를 紳衿에게 齊民과 一體하여 兵役을 지게 하고 차제에 보갑을 編하여 1戶도 脫漏를 허가치 않으며 聯絡守望토록 명을 내리니 백성들은 편하게 되었습니다.……[7]

---

4) 雍正年間의 貪風의 횡행은 順治, 康熙시대에서부터 연유한 것이다(楊啓樵,『雍正帝及其密摺制度硏究』(三聯書店香港分店, 1985), 第7章 雍正初年的政局, 144~145쪽).
5) 雍正年間 鹽規와 그 폐해에 대해서 佐伯富,「淸代雍正朝における養廉銀の硏究」,『中國史硏究』3(京都 : 同朋舍, 1977), 224~226쪽 참조.
6)『東華錄』卷25, 雍正 元年 4月條.
7)『東華錄』卷25, 雍正 元年 9月條.

라는 내용의 疏를 올리고 있는 바, 그가 시행한 보갑은 상당한 성과를 올렸던 것으로 보인다.

그러나 국지적으로는 이러한 성공적인 사례가 있음에도 불구하고 전체적인 시행상황은 그와 같지는 않았던 것 같다. 雍正 2년(1724)에 刊刻된 「聖諭廣訓」의 保甲條에 "吏는 쓸데없이 戶籍을 稽하고, 백성들은 겨우 門牌만 내걸 뿐으로 聯比糾察의 법은 아직 實心으로 奉行하는 것을 보지 못했다." 지금의 보갑은 "이름은 있지만 실효는 없고, 보갑의 累는 있어도 보갑의 이득은 없는데 이것이 도적을 근절시키지 못하는 까닭이다"[8]라고 하여 보갑을 力行하여 시행할 것을 강조하고 있는 내용에서 그러한 상황을 짐작할 수 있다. 이러한 상황은 같은 해 3월에 直隷巡撫 李維鈞이 올린 「現行地方官事宜」[9]에서 "보갑을 행하여 姦匪를 막아야 한다"라든가 雍正 3년(1725) 10월에 山東巡撫 陳世倌이 「沿海防衛五事」[10]를 말하는 가운데 "도적을 근절시키는 데 보갑보다 나은 것이 없으니 마땅히 文武官이 협력하여 嚴査하도록 해야 한다"라는 내용에서도 확인된다.

아무튼 康熙 47년(1708)에 보갑제의 제도적 확립을 이루어 향촌질서 유지에 임하려 했던 것이지만 이후 인구증가에 따른 米價의 등귀는 날로 심해 갔으며,[11] 또한 지방관들의 사치풍조 만연과 陋規의 일상화 속에서 서민들의 생활은 더욱 어려워져 감에 따라 향촌질서는 매우 문

---

8) 『欽定大淸會典事例』 卷397, 禮部 風敎 講約1 "雍正二年御製 聖諭聯保甲弭盜賊".

9) 『[淸]世宗實錄』 卷17, 雍正 2年 3月 丁酉條, 276쪽.

10) 『東華錄』 卷27, 雍正 3年 10月條.

11) 중국 내지의 인구증가는 특히 康熙 22년 대만을 평정한 이후 급증되었다. 인구증가 현상은 제 물가의 등귀를 초래했는데, 특히 곡물가격의 등귀는 일상생활에 큰 영향을 미쳤으며, 이러한 영향은 특히 福建과 廣東 등지에서 심하였다. 盛世滋生人丁에 대한 人頭稅의 면제도 이 때문에 행해지게 되었던 것이다. 청조 인구증가의 문제에 대해서는 鈴木中正, 『淸朝中期史硏究』(東京 : 燎原書房, 1971), 30～37쪽 참조.

란해져 간 것이다. 이러한 상황에서 향촌질서 유지의 중추적 역할을 담당했던 보갑제는 그 효용성이 증대되었고, 따라서 그 力行은 더욱 강조될 수밖에 없었다.

또한 청 초기에 재편된 綠營兵은 종래 보갑과 거의 같은 향촌 내 제 치안질서유지의 기능을 맡아 왔던 것이나[12] 雍正帝는 전통적인 유가적 이념에 의한 府兵制的 성격의 軍制를 전제권력의 강화를 위해 綠營兵 가운데 千把總에게 그 본래의 임무인 訓練을 강화시켜 나갔던 것이다.[13] 즉, 雍正 2년(1724)에 千把總이 맡고 있던 差役的 업무인 치안질서유지 및 징세의 업무가 民壯으로 이관되었던 것이다.[14] 이에 따라 자연 綠營兵이 맡아 왔던 향촌 치안질서유지의 공백을 메워야 했으며, 이 때문에도 보갑제의 기능은 이전에 비해 그 필요성이 증대되었던 것이다.

이러한 배경에서 雍正 4년(1726) 4월에 당시 廣東巡撫인 楊文乾이

廣東省에는 城에 도적이 매우 많아 보갑을 編하지 않으면 이를 淸理할 수 없습니다. 旗兵과 民人이 連居하여 臣이 將軍들과 함께 滿·漢 兵民을 不論하고 하나로 묶어 編査하니 省會의 奸匪가 淸하게 되었고, 各 府·州·縣 역시 점차 (保甲編査를) ヲ행하니 盜風이 얼마간 적어지게 되었습니다.[15]

라고 保甲編査의 성공사례와 함께 그 시행을 疏言하였거니와 雍正帝

---

12) 綠營兵의 鄕村秩序維持의 機能에 대해서는 拙稿,「淸初期 綠營制의 機能과 그 理念」,『全北史學』7, 1983, 187~190쪽.

13) 綠營制는 명대의 衛所制를 원류로 하고 있지만 이는 점차 兵餉에 의존하는 傭兵軍으로 변질하였고, 특히 雍正年間에 그 개혁은 급속하게 이루어졌다 (大谷敏夫,「雍正期를 中心とした淸代綠營軍制に關する一考察」,『東洋史硏究』34-3, 1975).

14) 佐伯富,「明淸時代의 民壯について」,『東洋史硏究』15-4, 1957.

15)『東華錄』卷27, 雍正 4年 4月條.

는 이에 대해 大學士 등에게 다음과 같은 諭旨를 내렸다.

　彌盜의 법으로 보갑보다 좋은 것이 없다. 짐이 御極한 이래 누누이 諭旨를 頒하여 實力奉行하기를 기대했으나 지방관들이 그 煩難함을 꺼려 봉행이 不實해지고, 稽査가 不嚴해졌다. 또 籍이 있으나 畸零戶로서 甲에 編排하기가 어렵다 하고, 각 邊省에서는 土苗雜處하여 내지에 있는 자와 같이하는 데에 불편하다고 하나 전혀 그렇지 않다. 촌락은 비록 작을지라도 數家로 1甲을 編할 수 있고, 熟苗熟獞도 齊民에 編入할 수 있다. 오로지 성심으로 실행하면 실효를 얻을 수 있다. 이후 督撫 및 州・縣 이상의 各官으로 봉행에 부실한 자는 엄히 처분하며, 保正, 甲長 및 同甲之人으로 성실히 擧首하는 자는 상을 내리고, 은닉하는 자는 분별하여 治罪한다. 이를 반년 이내에 通行토록 하라.16)

　같은 해 7월에 雍正帝가 吏部에

　보갑의 법은 10戶에 1牌頭를 세우고, 10牌에 1甲長을 세우며, 10甲에 1保長을 세운다. 촌락의 畸零 및 熟苗熟獞도 일체 編排하라. 지방관으로 봉행을 부실하게 한 자는 각 管轄官이 분별하여 처분하라. 다시 민간에 勸懲의 법을 세워 擧首者는 그 인원수를 살펴 상을 내리고, 은닉자는 杖責을 함으로 격려하라. 반년 이내에 直省에 通行토록 하라.……17)

라는 내용의 '新保甲條令'을 반포하게 된 것도 바로 이를 바탕으로 한 것이다.

　그런데 이러한 조례가 다시 나오게 된 것은 보갑의 효용성이 커진

---

16)『[淸]世宗實錄』卷43, 雍正 4年 4月 甲巳條, 642쪽 ;『欽定大淸會典事例』卷 158, 戶部 戶口 保甲.

17)『[淸]世宗實錄』卷46, 雍正 4年 7月 乙丑條, 710쪽. 부실하게 봉행한 자에 대한 처분의 구체적인 규정은『欽定大淸會典事例』卷798, 刑部 刑律盜賊 盜賊窩主에 있다. 이 규정은 乾隆年間에 다시 약간의 내용이 更定되었다.

데도 연유하지만 무엇보다도 종래 부실하게 행해져 온 보갑을 강화하기 위한 목적에서이다. 보갑제의 내실을 기하는 것은 이를 시행하는 지방관이 얼마나 力行하는가에 달려 있다. 그런가 하면 보갑을 구성하는 데는 각지의 향신층을 무시하고서는 어려운 것이라 이들의 협력 또한 보갑의 운용에 큰 영향을 미치는 것이다. 그런데 이미 黃六鴻도 保甲의 興廢를 좌우하고 그 실효를 얻는 데는 그 조직의 役員을 얼마나 잘 선출하는가가 중요하다고 지적하고 아울러 그는 보갑을 시행함에 있어서 紳衿과 衙役을 保甲 役員에서 배제하도록 하였는데, 이는 이들의 폐해가 심했기 때문이었다. 또 黃六鴻은 "오직 장정 數人만 분주히 뛰어다닐 뿐이다"[18]라고 당시 보갑의 시행상태를 표현하고 있는데, 이것은 이러한 폐해와 관련한 당시 보갑 시행의 일반적인 사정을 표현한 것이다. 보갑제를 적극적으로 시행했던 于成龍도 '續增條約'을 제정하였거니와[19] 여기에서 주로 지방관의 자세를 戒하고 있는 것도 이 때문이었다.

이처럼 지방관이 보갑제를 시행하고자 하는 의지는 보갑 시행의 효과를 얻는 데 절실히 요청되는 것이며, 사실 향촌지배의 성패를 좌우하는 중요한 요소인 것이다. 康熙 47년에 청조가 보갑제를 제도적으로 확립하여 적극적으로 시행하고자 했음에도 불구하고, 그 시행의 실효성을 판단해 본다면 중앙정부의 의지만큼 긍정적이었다고 보이지는 않는다. 그것은, 이미 順治年間 이래 향신의 폐해가 심하게 나타나 土地丈量을 시행하려는 청조의 의지를 좌절시킬 정도였고,[20] 養廉銀制를 마련하여 지방관의 私徵體制를 공식화해야 할 정도로 관료들이 심히 부패해 있었던 데[21]서 쉽게 유추해 볼 수 있다. 바로 于成龍이나

---

18) 『福惠全書』 卷21, 保甲部 總論, 241쪽.
19) 『于淸端政書』 卷5, 畿輔書 續增條約.
20) 이들의 폐해에 대해서는 西村元照, 「淸初の土地丈量について」, 『東洋史研究』 33-3, 1974 ; 西村元照, 「淸初の包攬」, 『東洋史硏究』 35-3, 1976 ; 拙稿, 「明末·淸初 賦役徵收와 保甲制」, 『宋俊浩敎授停年紀念論叢』, 1987 참조.

黃六鴻이 표현하고, 염려했던 실행상황이 이후로도 계속해서 이어졌다고 할 것이다.

雍正帝가 '新保甲條例'를 반포한 것은 바로 이러한 상황에서 보갑제를 엄격히 시행하기 위해였다. 이미 于戎龍도 지방관을 戒하기 위해 '續增條約'을 제정한 바 있지만, 雍正帝는 이를 보다 확실히 하기 위해 이 조례를 반포함으로써 종래에 보갑 내의 各 長에게만 지웠던 보갑 編査의 책임을 이제 지방관에게 지우기 위한 勸懲의 규정을 만들었던 것이다. 이것은 이 신조례의 하나의 특징이라고 할 수 있거니와 雍正帝의 강력한 보갑 시행 의지를 보여주는 것이다. 종래에 보갑시행령은 대체로 兵部를 통해 내려졌지만 雍正 시대에 들어서는 이를 주로 吏部를 통해 내린 것도 바로 지방관의 力行을 통해 보갑을 부흥시키기 위한 의도에서였다고 볼 수 있다.

그러나 이와 관련한 선언적인 명령은 많이 보이는 데 비해 실제 이처럼 실행한 예는 별로 보이지 않고 있다. 이는 청조의 강력한 의지에도 불구하고 현실적으로는 그렇게 원활하게 시행되지 못했기 때문으로 보인다. 그런데 雍正 7년(1729) 정월에 巡察山東御史인 蔣洽秀가 利津縣 知縣 李周와 定陶縣 知縣 張釗를 보갑제 봉행을 부실하게 했다는 이유로 해당 부처에 보내 처결을 요청한 내용이 보이고 있다.[22] 이 사안은 이미 산동지역이 田文鏡의 節制 하에 있고 능히 訪察될 수 있을 것이라는 황제의 諭旨를 받아들여 蔣洽秀가 이를 철회함으로써 끝이 났지만[23] 당시 보갑을 부실하게 시행한 지방관에게 책임을 묻는

---

21) 養廉銀의 구체적인 시행과정에 대해서는 佐伯富, 앞의 논문, 1977, 9장 ; 岩見宏, 「淸朝の中國征服」, 『岩波講座世界歷史』 12, 1971, 149쪽 ; 安部健夫, 『淸代史の硏究』(東京 : 創文社, 1971), 7章 「耗羨提解の硏究」 ; John R. Watt, "The Yamen and Urban Administration", *The City in Imperial China*, 1977, 364쪽.

22) 『[淸]世宗實錄』 卷77, 雍正 7年 正月 曰戌條, 1178쪽 ; 『東華錄』 卷30, 雍正 7月 正月條.

23) 이 사안을 철회케 한 것은 황제의 신임을 절대적으로 받고 있는 田文鏡의 체

관행이 광범위하지는 않지만 그래도 시행되고 있었음을 보여주는 좋은 예이다.

勸懲의 규정이 삽입되었다는 것과 함께 이 신조례의 또 하나의 특징은 종래 直省의 漢人部落에 대해서만 행해졌던 보갑의 적용범위가 이제 熟苗·熟猺의 거주지역에까지 확대되었다는 점을 들 수 있다. 이것은 이미 松本善海도 지적한 바이지만 改土歸流政策의 추진과도 관련된 것이다.[24]

중국의 서부 및 서남부, 즉 湖南·四川·雲南·貴州·廣西 등의 각 산악지대에는 예로부터 苗族으로 총칭되는 여러 소수민족이 거주하고 있었다. 이들은 중국의 문화가 미치지 못한, 이른바 化外의 民으로 방치되다가 元代에 이르러서 이들 각 민족의 추장에게 宣慰使, 宣撫使 등의 중국 官名을 부여하여 이들 각 민족의 습관에 따라 그들을 통치토록 하였다. 이들의 官을 土司 혹은 土官이라고 하는데, 이들은 元·明·淸 3朝를 거치는 동안 점차 확충되었다.[25] 그런데 중국 내지의 인구증가와 함께 많은 이주자들이 발생했거니와 이들 가운데에는 비교적 내지에 가까운 변경 제 지방으로 들어가는 자들이 많았다. 따라서 자연 이주해 온 자와 토착민족 사이에 마찰이 빈번하게 일어났으며, 이주자들의 압력에 대항해서 소수민족의 반란도 크게 일어났던 것이다. 이러한 사정을 계기로 해서 중국 왕조는 이미 명대부터 土司, 土官을 대신하여 流官을 임명 파견하였거니와 이들 이민족을 중국 내지와 똑같이 통치하려는 改土歸流政策을 시행하였던 것이다. 이러한 정책

___

면을 살리고자 한 것이며, 이와 관련해서 諭旨에 山東御史가 督撫의 권한을 침해했다는 내용이 강조되고 있음으로 보아 각 지방의 보갑 시행에 있어 지방관 규찰은 督撫의 책임이었던 것으로 보인다.

24) 松本善海, 『中國村落制度의 史的研究』(東京 : 岩波書店, 1977), 174쪽.

25) 土司制度가 하나의 제도로 완성된 것은 명말에 여러 법규가 만들어지면서이다. 余貽澤, 「明代之土司制度」, 『明代土司制度』(明史論叢 5권), 學生書局印行, 1968, 5~6쪽.

은 淸朝에 들어와, 특히 雍正朝에 대규모로 행해졌고 이는 묘족들의 대규모 반란을 촉발시켰다. 바로 앞에서 예시한 '新保甲條令'의 내용에서 熟苗熟獰까지도 내지의 백성들과 같이 보갑조직에 편입시키려한 것은 이들 반란을 진압하고 이들을 확실히 파악하여 이 지역의 안정을 도모하고자 한 것이었다.

특히 雍正年間에 苗族을 무력토벌하여 改土歸流政策을 적극적으로 추진한 인물이 雲南·貴州總督을 지낸 鄂爾泰[26]이다. 그는 流官의 직책이 막중함을 강조함과 아울러 도적출몰에 대한 각 관의 책임한계를 분명히 하면서, 결국 도적의 근원을 없애는 데는 보갑보다 좋은 것이 없다고 하였거니와 苗族과 漢族이 같이 거주하는 곳에 零戶를 甲에編하여 稽査에 편케 하였다. 이러한 조치는 雲南·貴州뿐 아니라 같은 상황에 있는 四川·廣西·湖南 등에도 시행토록 했으며,[27] 다음 해인 雍正 5년(1727) 3월에 「經理犵苗事宜」[28]에서도 戶口淸冊의 작성과 함께 保甲編立을 강조하고 있다. 이를 볼 때 改土歸流政策을 효과적으로 수행하는 데에 보갑제는 크게 유용되었던 것으로 보인다. 뿐만 아니라 이 무렵 湖廣, 福建, 江西, 廣東 등지에서 많은 窮民이 四川지방으로 유입해 들어왔거니와 이들을 확실히 살펴 안정시키기 위한 방책으로서 보갑제는 크게 유용되었다.[29] 이와 같은 방책은 이후로 川

---

26) 鄂爾泰는 田文鏡, 李衛와 함께 雍正帝로부터 극진한 신임을 받은 대표적 인물 중 한 사람이다. 그는 특히 만주인 출신으로 雍正帝 즉위 직후 雲貴總督으로 발탁되었고, 이후 廣西省에도 苗族의 난이 일어나자 廣西도 더해 3省의 총독을 겸임하였다. 그는 이때 苗族을 토벌하여 開土歸流政策을 적극적이고 성공적으로 수행하였다. 雍正 8년에 옹정제 곁에서 황제를 보필하던 怡親王이 죽자 옹정제는 鄂爾泰를 조정에 불러 內閣大學士에 앉히고 자신을 보필토록 하였다.

27) 『[淸]世宗實錄』卷51, 雍正 4年 12月 戊寅條, 784~785쪽.

28) 『[淸]世宗實錄』卷54, 雍正 5年 3月 甲寅條, 841~842쪽.

29) 前任 四川巡撫인 馬會伯이 雍正 5年 6月에 이를 시행할 것을 진언했으며, (『[淸]世宗實錄』卷58, 雍正 5年 6月 戊子條 戶部議覆, 898~899쪽). 이를 바탕으로 이듬해 정월에 現任 四川巡撫가 이를 실행에 옮겼다(『[淸]世宗實錄』

陝總督 岳鍾琪에 의해서도 시행되어졌으며,[30] 改土歸流政策의 일환
으로 이 지역 苗族의 안정을 기하기 위해 流官에게 명하여 苗族들을
일체 보갑에 편입시켜 相互 稽査토록 하였다.[31]

한편 雍正年間의 보갑제는 부역제도의 개혁과 함께 地丁銀制의 성
립 및 이와 전후해서 나타난 順莊編里法下에서 부역징수의 방책으로
서도 크게 이용되었다. 이미 명 중기 이후 급격한 사회변동 속에서 부
역징수면에서도 큰 혼란이 야기되어 이에 대한 대책으로 一條鞭法[32]
및 均田均役法[33]이 제정되었다. 그래서 부역징수의 대상은 종래 戶則
에서 田土에 직접 科派하는 형태를 취하게 되었던 것이다. 이 같은 방
식은 淸代에도 이어져 균전균역법은 順治 14년(1657) 吳江縣에서 시
행된 이후[34] 康熙年間에 들어와 松江府 樓縣 知縣인 李復興의 개혁

卷65, 雍正 6年 正月 乙亥條, 1021쪽).

30) 『[淸]世宗實錄』 卷73, 雍正 6年 9月 乙亥條 川陝總督岳鍾琪疏言, 1126쪽.

31) 『[淸]世宗實錄』 卷66, 雍正 6年 2月 壬午朔條 川陝總督岳鍾琪條奏川省苗疆
善後事宜, 1027~1028쪽

32) 州·縣을 단위로 해서 戶則이 아니라 田土에 입각해서 여러 항목이 一條化
되어 賦役科派가 이루어졌으며, 종전의 10년 1차의 徭役科派 방식이 폐지되
고 매년 丁과 田에 직접 과파되었다. 一條鞭法은 이후 土地丈量에 힘입어
萬曆年間에 이르러서는 전국적으로 시행되었다. 일조편법의 내용은 지역과
시기에 따라서 차이가 있다. 그 내용에 대해서는 栗林宣夫, 「一條鞭法の成立
について」, 『淸水博士追悼明代史論叢』(大安, 1962) ; 小山正明, 「賦役制度
の變革」, 『岩波講座世界歷史』 12, 1971 등 참조.

33) 종래 里甲間 田土額의 불균등을 시정하기 위해 일정의 전토면적에 의하여
새롭게 이갑제를 재편성하고, 이에 따라 均田과 均役을 시도하려는 照田派
役이 均田均役法이다. 균전균역법에 대해서는 많은 연구가 있으나 濱島敦
俊, 『明代江南農村社會の研究』(東京大出版會, 1982), 第2部 明淸江南の均
田均役法 참조.

34) 吳江縣 知縣인 雷珽은 花分·詭寄를 막기 위해 優免額을 한정하고 胥吏層
의 부정과 중간수탈을 방지하며 요역의 불균형을 시정하기 위해 소유전토를
소유자의 戶로 일괄해서 그 호에 課稅派役하였다. 이후 均田均役法은 順治
18년 6월에 戶科給事中 柯聳에 의해 提言되기도 하였다[川勝守, 『中國封建
國家の支配構造 - 明淸賦役制度史の研究 - 』(東京 : 東京大出版會, 1980), 566

을 계기로 그 시행이 급속하게 전개되어 강남 각지에서 定制化되었다.35) 이와 함께 康熙 50년(1711)의 編審丁數를 정액으로 하여 이에 科派되는 丁銀을 地銀에 부과하여 징수하였다.36) 여기에서 地丁銀制가 성립하였거니와 특히 雍正年間에 전국적으로 파급되어, 국가의 모든 賦役의 수취가 이제 田土에 대한 科派의 체제로 정착되게 되었다.37) 이에 따라 종래 人丁編審은 무의미하게 되었으며, 실제로 여러 지역에서 黃冊의 찬조 자체가 중지되었다.38)

　　그러나 왕조지배에 있어 호구의 파악은 필수적인 것으로 종래 黃冊에 대신하여 保甲冊이 이용되었으며, 특히 부역을 징수하는 데 많이 이용되었다. 이미 明代에도, 萬曆年間 蘇州府 吳江縣 知縣인 劉時俊이 土地調査簿인 田根冊을 保甲冊인 烟戶冊과 대조하여 人戶와 土地를 결합, 정리함으로써 影射・虛裝・花分・詭寄 등의 부정행위를 막으려는 등 賦役徵收에 保甲冊이 이용된 예가 보이고 있다.39) 이러한 예는 淸代에 들어와서도 이어지거니와 康熙年間 浙江 臨安縣에서 시행된 施宏의 보갑을 보면, 甲이라는 조직에 甲長 이외 따로 戶催를 두

　　~570쪽 참조].
35) 실제로 시행되었는지는 확인되지 않지만 李復興의 개혁 이전에 江蘇巡撫 韓世琦에 의해 균전균역법은 定令으로 頒行이 되었다. 李復興의 개혁 이후로, 婁縣의 균전균역법은 康熙 13년에 江蘇布政使 慕天顔에 의해 江蘇 一省의 定例로 되고 康熙 10년에 浙江 嘉興府 嘉善縣의 莫大勳에 의해 시행되어 그 후 浙江巡撫 范承謨에 의해 浙江省의 定例로 되었다. 이에 대한 자세한 설명은 川勝守, 위의 책, 570~594쪽 참조.
36) 이후 증가한 人丁을 盛世滋生丁이라 하여 丁銀科派의 대상에서 除하였다(『[淸]聖祖實錄』卷249, 康熙 51년 2月 壬午條 ; 『雍正大淸會典』卷30, 戶部8 戶口・編審直省人丁).
37) 小山正明, 앞의 논문, 1971, 338쪽. 이와 전후해서 均田均役法 하에 일정 田土額에 의해 편성된 형식적인 里甲도 완전히 의미를 잃게 되었으며, 이를 대신해서 촌락을 기초로 한 새로운 부역징수조직으로서 順莊編里도 나타나게 되었다. 順莊編里法에 대해서는 川勝守, 앞의 책, 1980, 603~619쪽 참조.
38) 小山正明, 앞의 논문, 1971, 337쪽.
39) 拙稿, 앞의 논문, 1987, 542~547쪽 참조.

어서 본래 里長이 수행했던 花戶에 대한 催糧의 역할을 몹保長과 함
께 담당하도록 하였고, 丁稅를 징수하는 데 烟戶冊을 사용하였다.[40]
이처럼 보갑이 향촌의 치안질서유지뿐 아니라 징세에도 이용되었던
예는 地丁銀制의 성립과 順莊編里法이 시행되는 雍正朝에 들어와 보
다 많은 예가 보이거니와 광범위하게 이용되었던 것으로 보인다.

그 좋은 예로 雍正 5년(1727) 10월에 浙江總督管巡撫事인 李衛가

本年(雍正 5) 3월에 먼저 順莊滾催의 法을 설치했습니다. 省의 各縣
에 令을 내려 保甲烟戶冊內의 人戶에 의해 그 소유 田地糧額을 조사하
여 本戶에 歸入시키고 的名造冊하도록 했으며, 各里 인근 거주자에 대
해 滾單을 사용하여 傳催하도록 했습니다.[41]

라고 상주하고 있는데, 여기에서 保甲冊인 烟戶冊을 바탕으로 田糧을
조사하여 징세에 원활을 기하고자 했음을 알 수 있다. 李衛의 이런 내
용의 구체적인 안은 杭·嘉·湖 分巡道인 徐鼎에 의해 이루어지고 있
다. 雍正 5년 7월에 徐鼎이 상주한 내용 가운데

浙西의 民戶가 繁雜하여 田糧의 폐해가 더욱 커져 갑니다. 청하옵건
대 보갑을 取하여 順莊에 덧붙여서 지방을 안정시키고, 징수의 일을 편
케 했으면 합니다. 도둑을 살피는 데 여러 차례 旨를 받들어 보갑을 행
했으나 浙西의 里書의 弊가 있었고, 또다시 皇上께서 통찰하시어 다시
勅諭를 반포하였습니다. 실로 이 두 가지를 성심으로 잘 이용하면 가히
一擧兼得할 수 있고, 一勞永逸할 수 있습니다.……田糧의 包攬·飛灑

---

40) 甲長 역시도 치안경찰이 주된 임무이지만 戶催와 함께 稅納入을 권고하고
    체납자의 압송 등을 행하였으며, 丁冊으로서 烟戶冊을 만들었다. 한편 臨安
    縣에서는 다른 지역과는 달리 '照人加丁'의 방법으로 丁稅가 징수되었고, 이
    때 烟戶冊이 사용되었다(目黑克彦, 「清朝初期の保甲法に關する一考察 - 浙
    江省臨安縣の場合 - 」, 『愛知敎育大學硏究報告』 1, 1976, 50~52쪽).
41) 『雍正硃批諭旨』 雍正 5年 10月 13日付 浙江總督 管巡撫事 李衛의 奏言.

로 歷年挖缺에 이른 것은 戶名不淸과 村莊不順에 연유하고, 里長이 비록 革除되었다고 하나 圩頭・圖總・甲首 등의 명칭으로 변하였습니다. ……만일 保甲의 實을 이루어 各戶의 田産의 坐落, 田産所有者의 的名을 확인하여 行糧의 圖甲을 編하고, 莊으로 順敍하면 戶戶를 가히 살필 수 있은즉, 田糧을 어찌 詭寄할 수 있으며, 抗缺을 어찌 追比할 수 없겠습니까?[42]

라는 내용에서 확인할 수 있다. 그는 順莊法과 보갑을 합체해서 시행할 것을 주장하였으며, 보갑이 종종 부실하긴 했지만 그 實을 기한다면 詭寄・抗缺 등 부역의 부정행위를 척결할 수 있다고 하였다. 이러한 그의 주장은 가납되어 이후 浙江 여러 지역에서 행해지게 되는데, 保甲順莊의 편성방법과 그 淸冊작성에 관한 상세한 규정도 마련되었다. 이는 嘉興縣 知縣인 弋鳴岐가 徐鼎의 지시에 따라 작성한 '原案'에 보인다. 이를 통해서 살펴보면, 보갑제도를 이용하여 本坊・圩民에 대해 保甲戶冊名을 만들어 매 1호의 소유 田地에 대해서 그 면적 및 소재지를 기입하고, 이때 본인 명의의 토지는 모두 本戶에 일괄시키며 전토의 坐落地에서는 里書에게 소관 圖內의 田地 총액, 각 業戶의 이름과 納糧額 및 現住地名을 기입하도록 하였다. 縣의 胥吏는 保甲에 의해 작성된 草冊과 里書가 작성한 草冊을 대조하였는데, 만일 틀림이 있으면 里書를 소환해서 정정하도록 하였다. 이렇게 해서 保甲順莊 淸冊을 편조한 후 이것을 納期로 나누어 塡單하여 보갑에 교부해서 單首로 하여금 傳催토록 하였던 것이다.[43]

---

42) 『雍正硃批諭旨』雍正 5年 7月 20日付 徐鼎의 奏言.

43) 嘉慶 『嘉興府志』卷22, 田賦2 今定催科法編立順莊規條永導碑記, "責坊圖保甲 將本坊圩民 開造保甲戶冊 卽査其本戶名下 有田地若干 坐落其圖某甲戶名辦 如一名而數戶分納 卽令分晰 如一人而詭立數名 卽爲歸併 所納銀米一一塡寫 造一草冊送縣 一面押舊里書 將所管圖額田地山蕩若干 銀米若干 下列戶名 某人完某某項銀米若干 現住某處 務寫的名實號 核算總撤相符 亦造一草冊送縣 設局擇吏書二十余人較對 如有舛錯鬼名 卽喚里書 問門更正

위와 같이 保甲冊을 호구조사 및 부역징수에 이용했던 예는 같은 浙江지역의 杭州府 海寧縣, 湖州府의 烏程縣, 嚴州府 桐廬縣, 處州府 景寧縣 등지에서도 보이거니와 雍正年間에 들어와 빈번하게 이용되어졌으며,44) 또한 乾隆朝에 들어와서도 이 같은 관행은 계속 이어졌다.45) 종래 보갑에 관한 사항은 대체로 兵部와 吏部를 통해 諭旨가 내려졌지만 雍正 5년(1727)경부터는 주로 戶部를 통해 發해지게 되었는데,46) 이는 바로 보갑제의 기능이 위와 같이 民政事務의 역할이 강조되었기 때문으로 보인다.

아무튼 雍正朝에 이르러 그 효용의 증대와 함께 이전에 부실하게 시행되었던 보갑제를 강화하기 위해 신조례를 반포하였거니와, 이를 엄격하게 시행하기 위해 勸懲의 규정을 만들어 이를 직접 시행하는 지방관에게까지 책임을 부과하였으며, 각지에 御史를 파견하여 保甲力行 상황을 감독하기도 하였다. 또한 雍正年間에 시행된 改土歸流政策을 원활히 시행하기 위한 방편으로 중원 내지뿐 아니라 苗民雜處의 窮民, 賤民, 畸零戶에 대해서도 보갑을 編査하였고, 아울러 租稅 및 부역징수제도의 변화와 함께 稅役의 脫漏를 방지하기 위해 종래 黃冊을 대신해 保甲冊이 이용되는 등 매우 활발하게 시행되었다.47)

然後繕造保甲順莊淸冊存貯 分限塡單 交總保面 令單首傳催".
44) 川勝守, 앞의 책, 1980, 609~611쪽에 열거되어 있는 제 사례 참조.
45) 乾隆 5년에 각 直省의 督撫로 하여금 매해 11월에 管內의 호구총수를 창고에 있는 곡물 수와 함께 보고토록 했는데, 이때 保甲門牌에 의한 조사 수를 기초로 할 것이 규정되었다(『[淸]高宗實錄』 乾隆 5年 11月 戊辰條 및 乙酉條).
46) 『淸]世宗實錄』卷58, 雍正 5年 6月 戊戌條에 보이는 보갑의 내용 이래 거의 모든 『淸實錄』에 보이는 보갑에 관한 사항은 戶部를 통해 내려지고 있으며, 사실 보갑은 호부 소관 사항으로 되었다.
47) 『雍正硃批諭旨』를 보면, 보갑제가 부역징수에 이용되었던 사례가 수도 없이 많이 보이고 있다.

제2절 乾隆時代의 사회와 향약·보갑제의 시행상황

1. 乾隆時代의 사회

乾隆朝의 시대는 일반적으로 康熙·乾隆의 시대로 병칭되어 淸朝의 最盛期로 일컬어지고 있다. 그것은 乾隆帝의 治世가 강희제와 같이 60년이 넘는 장기간에 걸쳐 이루어져서 통치의 기반이 확고해졌다는 데서뿐만은 아니다. 무엇보다도 건륭제는 晩年에 자신을 十戰老人이라고 칭했던 바이지만 군대를 일으켜 국내외로 대대적인 정복사업을 펼쳐 중국 역사상 최대의 판도를 실현했고,[48] 이러한 사업은 과거 중국의 어느 왕조도 이루지 못했기 때문이다. 게다가 건륭제는 父祖에 못지않은 재능을 가졌고, 博學好文했거니와 父祖의 문화정책을 이어받아 대규모의 편찬사업을 펼쳤던 것으로[49] 이 역시 盛世의 면모를 보여주는 것으로 일컬어지고 있다.

그러나 이러한 외형적인 면과는 달리 청조 사회 내적인 면에서 볼 때에는 이미 乾隆期부터 쇠퇴의 조짐이 여러 부면에 걸쳐 나타나고 있다. 우선 앞에서 언급한 정복사업만 하더라도 乾隆帝 자신이 自贊하고 있음에도 불구하고 그 名分이나 戰果가 확실치 않은 것이 있음은 물

---

48) 乾隆帝는 준가르부의 내분을 틈타 이를 철저히 파괴하여 乾隆 25년경에는 天山南北路 全域을 귀속시켰다. 또한 乾隆 30년경부터 버마에 내란이 일어나자 이에 개입하여 34년에는 이를 조공국으로 삼았으며, 53년에는 베트남이 왕조교체로 혼란하자 이에 출병하여 역시 조공국으로 삼았다. 이와 아울러 타이와 라오스도 조공국으로 삼았으며, 조선·琉球 등도 藩屬國으로 삼았다. 그럼으로써 청조의 위세는 이제 동아시아에서 내륙아시아, 다시 서아시아에까지 미치게 되었다.

49) 『明史』의 완성과 『大淸一統志』, 『續三通』, 『古今圖書集成』 등을 편찬하였고, 무엇보다도 『四庫全書』의 편찬은 중국 최대 규모의 편찬물이었다. 특히 『四庫全書』의 편찬은 학문발전에 기여한 바도 커 考證學의 최성기를 이루기도 하였다.

론, 막대한 군사비를 소비하여 雍正年間에 축적한 國庫는 바닥을 보이게 되었다. 이것은 필연적으로 차제에 백성들의 조세부담을 증가시켜 사회적 모순을 유발하는 큰 요인이 되었다. 또한『四庫全書』등 대규모의 편찬사업도 외형적으로 볼 때에는 분명 학술문화의 발전의 면모를 보이는 것이지만, 이것 역시 순수한 학문장려의 입장에서만 이루어진 것은 아니고 그 이면에는 강력한 사상통제정책을 강화하려는 淸朝 의지의 산물이었던 것이다. 이와 관련해서 乾隆年間에 수많은 筆禍事件이 일어났거니와[50] 이것은 결국 당시의 사회사정이 강압적인 수단이 아니고서는 통제하기 어려웠다는 실상의 한 단면을 보여주는 것이다.

그러면 이제 건륭기의 보다 구체적인 사회상황을 살펴보도록 하겠다. 먼저 乾隆期의 사회에 큰 영향을 준 것으로 빼놓을 수 없는 것이 官僚界의 부패상일 것이다. 官界의 부패문제는 비단 어제 오늘의 문제는 아니며 관료사회의 고질적인 것으로 왕조말기적 상황 하에서 어김없이 나타나는 대표적 병폐 중의 하나이다. 그런데 이러한 병폐는 명말은 물론이고 청초에도 만연되어 심각한 양상을 보였다.[51] 이미 앞절에서도 언급한 바이지만 雍正시대에는 이를 제어하기 위한 제도적 방안으로 養廉銀制度를 마련하였는데, 이를 마련하면서도 관료들의 부정을 일정 정도 공식화할 수밖에 없을 정도로 관료사회의 부패는 근본적으로 고치기 힘든 상태에 도달해 있었다. 이 같은 상황은 乾隆年間에 들어 더욱 심각해졌는데, 지방정치의 貪汚에 의해 일어난 사건의

---

50) 청대의 필화사건은 康熙年間의 '明史의 獄'을 비롯해 82건이 일어났는데 그 가운데 70여 건이 乾隆年間에 일어났다. 특히 乾隆年間의 필화사건은 일반 서적에 있어서도 만주족뿐 아니라 북방민족 전반에 대한 비방, 멸시 등도 문제가 되었던 것이며, 고유명사 한자표기 하나 하나까지도 문제시될 정도로 엄격하였다.

51) 청초 관료들의 소질 저하와 이들의 부정에 대해서는 이 책의 제7장 1절 후미 내용 참조.

수효만도 前代에 비해 많았을 뿐 아니라 그 규모도 훨신 컸다. 즉, 乾
隆 22년(1757)에 일어난 雲貴總督 恒文과 山東巡撫 將洲事件, 乾隆
33년(1768)의 兩淮鹽政事件, 乾隆 46년(1781)의 浙江巡撫 王亶望과
閩浙總督 陳輝祖事件 등 貪汚에 의해 비롯된 이들 사건은 수없이 많
이 일어났다.[52] 그 가운데서도 戶部尙書, 大學士, 軍機大臣 등을 지내
며 24년 동안 乾隆帝의 총애를 배경으로 전횡을 일삼은 和珅의 貪汚
는 빼놓을 수 없는 대표적인 예일 것이다.[53] 그의 貪慾이 어느 정도였
는가는, 乾隆帝가 죽은 후 嘉慶帝에 의해 大罪 20을 들어 自盡토록 하
고 그의 모든 家産이 몰수되었는데, 이때 몰수된 재산은 10억 냥이 넘
는 액수로 국가 全 수입의 십수 년분에 해당하는 것에서 짐작할 수 있
다. 실로 한 관료가 그의 지위를 이용해서 私利를 도모한 것으로는 기
록적이다. 이와 같은 和珅의 貪汚는 국내뿐 아니라 조선 및 영국 등
외국의 使臣들에게까지 전해져 국제적으로도 명성을 날릴 정도였
다.[54]

　이처럼 乾隆朝에 들어와 관료사회의 부패가 극심해진 것은 황제 자
신의 사치생활과 아울러 官僚界에 사치풍조가 만연했던 것과 관련하
지만, 건륭제의 전제군주로서의 자의성과도 밀접한 관련을 가지고 있
다.[55] 건륭기 관료들의 부패는 대부분이 황제의 총애를 배경으로 하여

---

52) 이 밖에도 乾隆 47년에 山東巡撫 國泰, 布政使 于易簡의 貪汚案, 49년 江西
　巡撫 郝碩의 貪汚案, 51년에 閩浙總督 伍拉納, 福建巡撫 浦霖의 貪汚案, 57
　년 浙江巡撫 福崧의 貪汚案 등 수많은 사건이 일어났다. 이에 대한 내용은
　戴逸 主編, 『簡明淸史 第2冊』(北京 : 人民出版社, 1991), 374~375쪽 참조.
53) 『淸史稿』 卷319, 和珅 ; 『淸史紀事本末』 卷34, 和珅之貪橫.
54) 당시 조선의 使臣 鄭東觀은 귀국 후 20년 간에 걸쳐 和珅이 貪汚한 실상을
　보고하고 있으며, 영국의 통상사절단으로 乾隆帝의 80세 聖壽를 축하한다는
　명목으로 청조에 들어온 메카트니도 이와 같은 사실을 기록으로 남기고 있다
　(戴逸 主編, 앞의 책, 1991, 372~373쪽의 내용 참조).
55) 乾隆帝는 모든 면에서 祖父인 康熙帝를 본받았다고 자처하고 있지만 그는
　국가의 재정의 풍부함과 武功의 높음을 믿고 사치와 無道한 생활을 하였다.
　이는 전제군주로서 그의 자의성에서 비롯한 것으로, 그의 수차에 걸친 外征,

지속적으로 전개되고 있는데, 전제군주에 봉사하는 관료정치는 사회의
제약에서 격리되기 쉽거니와 관료들 사이에서도 제약이 없어져 더욱
부패가 만연될 수밖에 없기 때문이다. 아무튼 이러한 관료들의 부패는
정치적 혼란을 초래함은 물론이고 일반 택성들의 생활에 직접적으로
큰 압박을 가하게 됨은 必知의 사실이다.

  그러나 일반 백성들의 생활을 더욱 어렵게 했던 것은 향촌사회에서
의 대토지소유화의 진전이었다. 이미 康熙年間에 縉紳富豪들의 토지
겸병으로 인해 일반 小民들이 소유한 전토는 전체 전토의 30~40%에
지나지 않았다는 내용56)에서 볼 수 있듯이 淸初부터 대토지소유화 현
상은 크게 진전되고 있었다. 그런데 乾隆年間에 이르러서는 종래 왕조
의 토지정책상에서 항상 논의되었던 均田 내지 限田論議에 대해 청
조정에서도 事勢論을 이유로 명확히 그 시행이 불가하다는 단언을 내
릴 수밖에 없을 만큼 현실적으로 대토지소유 현상은 어찌할 수 없는
단계에까지 도달했던 것이다.57) 이러한 상황에서는 지주와 전호 사이
의 대립은 보다 첨예화될 수밖에 없었던 것인데, 乾隆期에 들어와 佃
戶들의 抗租鬪爭 역시도 광범위한 지역에서 지속적으로 전개되었다.
즉, 福建, 江西, 湖南, 廣東, 江蘇 등 華中·華南의 거의 모든 지역에
서 항상적으로 일어났던 것이다.58) 뿐만 아니라 전호들은 오랜 기간

   6차에 걸친 南巡의 행태, 대대적인 사상통제 등도 전제군주의 자의성과 관련
   해서 볼 수 있을 것이다. 乾隆帝와 관료들의 사치풍조에, 대해서는 戴逸 主
   編, 위의 책, 362~369쪽 참조.
56) 『[淸]聖祖實錄』 卷215, 康熙 43年 正月 辛酉條.
57) 乾隆帝의 이러한 斷案은 그만의 결단에서는 아니며, 康熙帝와 雍正帝가 취
   했던 태도의 연장선상에서 최후로 정리한 것이었다(崔甲洵, 「淸朝前期對農
   民政策의 一面 - 地主·佃戶關係에 대한 對應 -」, 『東洋史學硏究』 10輯,
   1976, 36~41쪽 ; 近藤秀樹, 「淸朝權力의 性格」, 『岩波講座世界歷史』 12,
   1971, 173~174쪽 참조).
58) 이들 지역에서 일어난 항조운동의 예는 森正夫, 「明淸時代의 土地制度」, 『岩
   波講座世界歷史』 12, 1971, 260~271쪽 ; 周藤吉之, 「淸代前期에 於ける佃戶
   의 田租減免政策」, 『淸代東アジア史硏究』(東京 : 日本學術振興會, 1972), 427

동안 토지를 점유하여 경작했던 권리, 즉 田面權을 바탕으로 토지의
소유권(田底權)을 가지고 있는 지주에 저항하고 이를 위해 집단적이고
조직적인 투쟁을 전개하였으며,[59] 그들의 요구도 예컨대 地代納入에
있어서 세부적인 비율까지 요구하는 등 집요하게 전개해 나갔다.[60]

　이러한 抗租運動은 일면 전호의 지위와 실력의 상승을 바탕으로 한
것이지만 오히려 이로 인해서 청 왕조를 지주 편에 서도록 하였거니와
종래부터 행해져 온 減租政策의 일대 轉變을 초래하여 전호들의 생활
을 더욱 압박하게 하였다. 감조는 국가가 베푸는 田賦 감면조치에 부
수하여 '王澤의 均沾'이라는 명분 하에서 행해진 소작료의 감면이다.
이러한 조치는 이미 元代에서부터 시작하여 明代, 그리고 淸初에도 빈
번하게 실시되었다. 그런데 감조는 지주와 전호 간의 이해가 상충되는
것이어서 抗租鬪爭의 명분으로 이용되었거니와 乾隆年間에는 더욱
거세게 항조운동이 일어났다. 이에 대해 청 조정은 抗租를 막고, 실
제적인 국가의 租稅源을 보호한다는 입장에서 종래 '王澤의 均沾'이라
는 명분을 포기하고 지주의 이익을 보장해 주는 입장을 취했던 것이
다.[61] 이는 앞에서 언급한 限田論에 대해 불가의 입장을 취한 것과 괘
를 같이하는 것으로, 이로 인해 전호들의 생활은 보다 더 어려워질 수
밖에 없었고, 항조투쟁도 더욱 치열하게 전개되었던 것이다.

　~430쪽 참조.

59) 이러한 투쟁은 이미 명 중기부터 상당히 보이고 청초에도 이어졌지만 특히
　　乾隆年間에 들어서부터 여러 지역에 풍조화되거니와 이에 대항하기 위해 지
　　주들은 전호에게 토지를 대여해 줄 때 소작보증금을 받는 이른바 押租慣行
　　이 성행하게 되었다(樊樹志, 『中國封建土地關係發展史』, 北京 : 人民出版
　　社, 1988, 555~564쪽 참조).

60) 乾隆 11년 福建 汀州府 上杭縣에서 항조투쟁을 일으킨 佃戶 羅日光 등은 지
　　주에게 납입하는 지대를 6할 삭감할 것과 수확한 생산물을 四六均分할 것을
　　집단적으로 지주측에게 강제하기도 하였다(『[淸]高宗實錄』卷273, 乾隆 11年
　　8月 壬辰條, 3977~3978쪽).

61) 崔甲洵, 앞의 논문, 1976, 41~50쪽.

乾隆期의 사회를 불안하게 했던 또 하나의 중요한 요인은 인구의
급격한 증가이다. 三藩의 亂과 臺灣을 평정한 이후 중국은 비교적 평
온한 상태를 유지하였으며, 이로 인해 인구는 점차 증가해 갔다. 특히
康熙 51년(1712)에 盛世滋生人丁에 대한 영구적인 不徵賦稅政策과
雍正年間의 地丁銀制의 실시로 중국의 인구는 크게 증가해 갔다. 종
래에는 인구와 賦稅는 밀접한 상관관계를 가지고 있음으로 해서 賦稅
를 기피하기 위한 수단으로 人丁을 감추었으나, 이제 그럴 필요가 없
어졌기 때문이다. 이로 본다면 인구증가를 단순히 자연적인 증가만으
로 볼 수 없는 측면이 있다고 할 것이다. 그러나 乾隆年間의 인구증가
는, 그 초기만 하더라도 인구가 1억 4천여만이었던 것이 말년에 이르
러서는 3억 천여만으로 배 이상의 폭발적인 증가를 보였던 것을 보
면62) 자연적인 인구의 증가가 현저했음을 보여준다.

이러한 인구증가는 자연 식량의 부족을 초래했던 것으로, 특히 곡물
가격은 크게 등귀하였다.63) 이러한 현상이 나타나는 것은 당시 인구증
가율에 비해 경지면적의 증가율이 따라갈 수 없었고, 따라서 개인의
경지 소유량이 크게 감소했기 때문이다.64) 기에 대처하기 위해 청조는
곡물가 앙등을 억제하고 救急穀物의 비축, 개간장려, 검약의 勵行 등

---

62) 참고적으로 乾隆年間의 인구증가의 추이를 보면 다음표와 같다.

연도	인구수	연도	인구수	연도	인구수
1741년	14,341만	1765년	20,699만	1790년	30,149만
1745년	16,992만	1770년	21,361만	1791년	30,435만
1750년	17,954만	1775년	26,456만	1792년	30,747만
1755년	18,561만	1780년	27,755단	1793년	31,050만
1760년	19,683만	1785년	28,886단	1794년	31,328만

樊樹志, 앞의 책, 1988, 567쪽 所引.

63) 17세기 후반기의 곡물가격 지수를 100으로 잡을 경우, 18세기 전반에는
132.90이었고 18세기 후반기에는 264.82로 나타나고 있다. 즉, 乾隆 일대만 해
도 갑절의 가격등귀가 있었다(樊樹志, 앞의 책, 1988, 574쪽 참조).

64) 다음 표를 보면 이 시기의 상황을 쉽게 알 수 있다.

사회안정책을 취하였지만65) 그다지 큰 효과를 거두지는 못하였다.

　이러한 상황에서 일반 백성들의 생활은 매우 어렵게 되고, 특히 대다수의 인구를 점하는 전호들은 경작지를 얻지 못하여 새로운 생활의 장을 찾아 떠나는 자들이 속출하였다. 이들 流民들은 대체로 '地狹人稠'의 지역에서 '地廣人稀'의 지역으로 흘러들었는데, 특히 淸初에 인구가 아주 희박했던 四川지역으로 많은 이주민이 들어왔다. 이주민은 처음에는 四川에 인접한 陝西와 湖廣 방면에서 많이 들어왔으나, 후에는 江西, 廣東, 廣西, 安徽 등지에서도 많은 유민이 이주해 왔다.66) 이들 이주민은 四川뿐 아니라 이후 서남부의 雲南과 貴州, 서북의 甘肅, 동북의 滿洲 등지로도 진출했거니와 해외로도 진출하였다.

　아무튼 이러한 극심한 인구이동은 앞서 본 정치의 부패, 토지의 집중화 현상 등과 어우러져 향촌사회를 극도로 불안정하게 했던 것이며, 이러한 속에서 각지에 邪敎集團이 세력을 가지게 되고 이를 중심으로 한 많은 민란이 일어났던 것이다. 嘉慶朝에 일어난 대규모의 白蓮敎徒의 난도 사실 이러한 배경에서 이미 乾隆 말년부터 일어나고 있었다.

연대	경지면적(頃)	인구(人)	畝/1人
1675	6,078,429	101,706,690	5.98
1724	7,236,429	130,560,265	5.54
1753	7,801,142	183,678,259	4.25
1766	7,807,156	208,095,796	3.75
1812	7,913,939	361,600,000	2.19
1833	7,420,000	398,942,036	1.86

　樊樹志, 앞의 책, 1988, 574쪽 所引.
65) 이에 대한 대체적인 내용은 鈴木中正, 앞의 책, 1971, 29~33쪽 참조.
66) 조정에서도 유민대책으로서 많은 논의가 있었으나 결국 자유방임책을 취하지 않을 수 없었다. 乾隆年間 四川으로의 인구집중 현상에 대한 구체적 사례는 鈴木中正, 위의 책, 71~77쪽 참조. 이러한 인구유입으로 18세기 중엽만 하더라도 四川지방의 1인당 소유경지면적이 34畝정도였던 것이 19세기 초에는 2.2畝로 엄청난 下降을 보이고 있다(戴逸 主編, 앞의 책, 1991, 345쪽 참조).

2. 향약·보갑제의 시행상황

앞에서 본 바와 같이 乾隆期의 사회는 일반적으로 淸朝의 最盛期로 일컬어지고 있지만 그 내부적인 면에서는 여러 가지 모순이 표면화되어 갔다. 즉, 정치적인 부패와 토지의 겸병 및 극심한 인구증가와 함께 향촌 내의 계급분화가 급진전되었으며, 이에 따른 流民의 발생과 이들이 중심이 되어서 많은 민란도 발생하였다. 이와 같은 상황에 대처하여 청조는 향촌질서 안정이 그 어느 때보다도 절실했던 것이며, 종래 향촌안정책으로 줄곧 시행되어 온 향약·보갑제의 필요성이 보다 요청되었음은 사실일 것이다. 그러면 乾隆期에 향약·보갑제의 시행상황은 어떠했는가를 살펴보도록 하겠다.

雍正帝는 「聖諭廣訓」을 發하고, 이를 백성들에게 講讀케 하여 향촌민을 교화토록 하였음은 앞절에서 살펴본 바이다. 乾隆帝 역시도 그 즉위 초년부터 이러한 취지의 교화책을 그대로 계승할 것을 천명하고 있거니와 각 直省督撫 및 지방관에게 이를 엄격히 시행할 것을 명하였다. 즉, 각 지방관 및 敎官에게 각 約所를 不時에 巡行하도록 하여 성실히 勸導를 행하게 하고, 만일 虛僞로 約所를 세워 게을리하면 해당 督撫로 하여금 律例에 따라 처벌토록 하였다.[67] 그런가 하면 約正과 直月을 선출함에 있어 士民에 관계 없이, 그리고 인원 수에 구애됨이 없이 素行이 溫厚하고 文意에 通曉한 자 중에서 뽑아 각 향촌에 나가 勸導에 힘쓰도록 하였다.[68] 이것은 雍正年間에 大鄕, 大村의 인구가 조밀한 곳에 講約所를 세우고, 貢生員 가운데 約正 1인 直月 3~4人을 선출하여 「聖諭廣訓」을 宣講하도록 했던 것과 비교해 본다면, 향약의 시행폭이 상당히 넓어졌음을 보여준다. 이는 그만큼 향약의 필요성이 증대했음을 보여주는 것으로 볼 수 있다. 또한 乾隆年間에 들

---

67) 『欽定大淸會典事例』 卷398, 禮部 風敎 講約2 乾隆元年覆准.
68) 『欽定大淸會典事例』 卷398, 禮部 風敎 講約2 乾隆2年議准.

어와서 향약에서 행하는 강독의 내용에 있어서도 기존의 「聖諭廣訓」
이외에 律例를 刊布하여 이를 알리도록 하였다.69)

그런데 이처럼 향약이 강조되고 또한 청조가 향약을 엄격하게 시행
해 가고자 했음에도 불구하고 실제 그 실행상황은 청조의 의지만큼 순
조롭게 시행된 것 같지는 않다. 乾隆 초년부터 향약의 시행령을 내릴
때마다 향약의 條文을 具文이 되게 하지 말라던가, 또한 그렇게 한 자
에 대해 엄하게 처벌토록 하고 있음을 보면 이를 알 수 있다.70) 물론
雍正朝에도 향약이 잘 시행된 것은 아니었다. 그런데 乾隆朝에 들어와
서 향약의 효용성은 더욱 증대해 간 반면 그 실행상황은 더욱 부실하
게 되었던 것이다. 이렇게 된 데에는 일찍이 明 중기경에 訓導를 위주
로 한 里老人制로 향촌사회를 안정시킬 수 없었듯이,71) 乾隆朝의 사
회상황이 이제 향약이라는 교화적인 방법으로는 안정시킬 수 없는 혼
란된 사회단계로 접어들었기 때문으로 생각된다. 이미 앞절에서도 언
급한 바이지만 특히, 향약을 시행하는 주체인 지방관들의 부패가 극에
달한 상태에서 그 실효를 거둔다는 것은 매우 어려웠던 것이다. 청조
가 향약을 시행하라는 명령을 내릴 때마다 각 省의 督撫로 하여금 지
방관을 督勵해서 엄격히 시행하라는 명령을 계속 내리고 있는 것도 이
때문이다.

그러나 중국에서는 전통적으로 향촌사회를 안정시키는 방법으로 교
화를 제일 우선시해 왔고, 또한 이것은 최선의 방법이기도 하였다. 때
문에 청조는 그 시행상 부실한 면을 충분히 인식하고 있으면서도 이를

---

69) 위와 같음. 그런데 이후 律例뿐 아니라 황제의 諭旨 및 雍正朝에 반포했던
   여러 조항을 木榜에 刊刻하여 각 향촌에 배포하기도 하였다(『欽定大淸會典
   事例』卷398, 禮部 風敎 講約2 乾隆3年諭 및 4年覆准).
70) 『欽定大淸會典事例』卷398, 禮部 風敎 講約2 乾隆元年覆准, 乾隆2年議准,
   乾隆5年諭 등에 이러한 내용이 강조되고 있고, 이 외에도 이러한 내용은 여
   러 곳에서 散見된다.
71) 이 책의 3장 1절 2항 참조.

포기할 수는 없었으며, 계속 그 力行을 강조하였던 것이다. 乾隆 5년 (1740)에 내린 諭旨에서 乾隆帝는 "종래의 다스리는 道에서는 衣食을 足하게 한 연후에 禮義를 興할 수 있다 하여 왕왕 백성들을 먼저 기른 이후에 교화를 행하였다. 그렇지만 교화하는 것과 기르는 것은 兩端이 아니며, 이 兩者는 서로 돕는 것이고 방해하는 것이 아니며, 이 중 어 느 하나를 떼어버릴 수 없는 것이다"[72]라고 하여 교화의 중요성을 강 조하였다. 또한 이 무렵 刑部 등 衙門에서도 향촌을 안정시키기 위해 향약을 力行할 것을 奏請하고 있는데,[73] 청조는 향약을 專心으로 勸 導하기 위해 約正 및 直月에 임명된 자에게 雜差를 면제해 주었는가 하면, 3년 동안 투쟁이나 命案사건이 전혀 없는 자는 藩司에 상세히 보고토록 하여 이를 장려하였다.[74] 이와 아울러 乾隆 9년(1744)에는 향촌민을 교화하기 위해 옛날에 세워졌던 申明亭을 다시 정비하여 이 곳에 木榜을 安置하고, 또 不孝不弟하고 악한 행위를 한 자의 姓名을 이 곳에 써 놓음으로써 과오를 고치도록 하-였다.[75]

　그런데 일반 백성들은 글자를 익히지 못한 자들이 대부분이었다. 때 문에 「聖諭」를 刊刻하여 각 향촌에 배치하여 宣講을 했지만 이를 쉽 게 이해하거나 알아듣기가 어려웠다. 따라서 청조는 이를 효과적으로 주입시키기 위하여 각 지방의 방언으로 말을 풀어 講說토록 하기도 하 였다.[76] 또한 청조는 교화의 효율성을 높이기 위해서 「聖諭」 16개조 전부를 무조건 宣講했던 종래의 방법과는 달리 각 지방의 사정과 때에 맞추어 그 輕重과 緩急을 가려 宣講토록 하-였다.[77]

72) 『欽定大淸會典事例』 卷398, 禮部 風敎 講約2 乾隆5年諭. 이 내용에 이어서 乾隆帝는, 敎와 養은 마치 '爲學之道'에서 知先行後한다고는 하지만 결국 知 와 行을 竝進해야 하는 것과 같다고 하고 있다.
73) 『[淸]高宗實錄』 卷151, 乾隆 6年 9月 庚辰條, 2241쪽.
74) 『欽定大淸會典事例』 卷398, 禮部 風敎 講約2 乾隆5年諭.
75) 『欽定大淸會典事例』 卷398, 禮部 風敎 講約2 乾隆9年覆准.
76) 『欽定大淸會典事例』 卷398, 禮部 風敎 講約2 乾隆11年覆准.
77) 위와 같음.

乾隆 23년(1758)에 이르러서는 종래 향약의 宣講이 매월 朔望 2차
례에 걸쳐 행하였지만 교화의 필요성이 증대됨에 따라 이 외에도 소송
이 있을 때나 공적인 일을 행할 때, 수시로「聖諭」를 講하도록 하였다.
이와 아울러 현재 금지하고 있는 일체의 邪敎에 관한 律例를 상세히
板籍에 새겨 이를 대량 인쇄하여 城市는 물론 벽지의 향촌에까지 배
포하여 이를 깨닫도록 하였다.78) 이것은 당시 邪敎를 중심으로 한 민
란이 각지에서 많이 발생하고 있는 것과도 관련한 것이다.

또한 이미 雍正年間부터 改土歸流政策의 시행과 함께 변방 소수민
족에 대한 안정을 기하기 위해 이들에게도 보갑조직을 編置했다는 것
은 앞절에서 살핀 바이지만, 乾隆年間에도 이를 견지하는 한편 이들
주변민족에 대한 교화도 행하였다. 乾隆 11년(1746)에 四川省 茂州,
三齊 등지의 36寨에 거주하는 番民에게도 講約所를 세워「聖諭」를 講
하도록 했는가 하면,79) 乾隆 말인 50년(1785)에는 陝西·甘肅에 거주
하는 回民에 대해서도 漢人과 일체해서 매월 朔望에「聖諭」를 講하도
록 하였다.80)

한편 보갑제 역시도 雍正朝를 이어 乾隆朝에 들어와서도 그 시행이
더욱 적극적으로 이루어졌거니와 활발하게 전개되었다. 그것은 앞에서
본 바와 같이 乾隆朝의 사회가 보다 혼란스러워졌기 때문이었다. 乾隆
帝는 즉위하자마자 곧 江西의 城·鄕·鎭·集 등 인구가 조밀한 곳에
보갑을 설치하여 이 곳 향촌사회의 안정을 도모케 함으로써 향촌질서
안정에 기존의 보갑을 이용하려는 의지를 표명하였다.81) 이러한 바탕
에서 乾隆 원년 6월에 貴州布政司인 馮光裕는 湖廣, 江西 등지에서
苗寨에 들어온 무뢰배들을 安揷시키기 위하여 보갑을 編置할 것을 주
청하였으며,82) 乾隆 2년에는 保長·甲長으로 하여금 각 戶를 稽察하

---

78)『欽定大淸會典事例』卷398, 禮部 風敎 講約2 乾隆23年覆准.
79)『欽定大淸會典事例』卷398, 禮部 風敎 講約2 乾隆10年議准.
80)『欽定大淸會典事例』卷398, 禮部 風敎 講約2 乾隆50年奏准.
81)『欽定大淸會典事例』卷158, 戶部 戶口 保甲 乾隆元年覆准, 7145쪽.

고 종적에 의심이 가는 자가 있으면 곧 呈報하고 만일 은닉할 경우 律
에 의거 治罪토록 하였다.[83] 또한 乾隆 4년(1739)의 布蘭泰가 상주한
내용에 의하면, 각 州·縣에서 행해지고 있는 보갑의 실상을 일일이
살핀 후, 大學士 및 九卿에게 諭旨를 내려 督撫 이하 州·縣 각 관으
로 하여금 이를 實力奉行하도록 하였고,[84] 같은 무렵 당시 四川 및 江
南, 福建, 浙江 등지의 산간부에 인접지역에서 빈민들이 대거 유입해
들어왔거니와 이들을 파악하기 위해 토착민과 함께 보갑조직에 편입
시키고 淸冊을 만들어 相互覺察토록 하였다.[85]

이와 같은 보갑을 시행하려는 乾隆帝의 강한 의지와 관련해서 당시
중앙정계에서도 많은 논의가 활발하게 이루어졌다. 乾隆 4년 11월에
巡視臺灣御史인 楊二酉가 내지에서 건너온 무뢰배들을 취체하기 위
해 보갑을 시행해야 한다고 주장하고 있는가 하면[86] 같은 무렵 河南
巡撫인 雅爾圖도 盜窩를 稽察하기 위해 주·현 각 관에게 보갑법을
엄히 力行토록 하고, 이를 잘 행한 자에게는 상을 내리고 은닉한 자에
대해서는 죄로 다스리도록 해야 함을 강근히 주청하고 있다.[87] 이는

---

82) 「敬陳苗彊善后事宜六條」, 『淸代農民戰爭史資料選編 第3冊』(北京 : 中國人
民大學出版社, 1991), 61쪽.

83) 『欽定大淸會典事例』卷626, 兵部 綠營處分例 保甲 乾隆2年議准, 13327쪽.
같은 해 內閣學士兼禮部侍郞인 凌如煥의 상소에서도 당시 直隷 및 各省에
보갑이 계속해서 거행되고 있음을 볼 수 있다(『皇淸奏議』卷34, 敬陳敎民實
政疏).

84) 『[淸]高宗實錄』卷99, 乾隆 4年 8月 丙申條, 1542쪽.

85) 『欽定大淸會典事例』卷158, 戶部 戶口 流寓異地 乾隆4年覆准 이외에도 이
무렵 廣東지역에서도 入山하여 砍柴, 燒炭을 業으로 하고 있는 자들에 대해
서도 保甲例에 따라 編排토록 하였다(『欽定大淸會典事例』卷626, 兵部 綠
營處分例 保甲 乾隆4年議准, 13328쪽).

86) 『[淸]高宗實錄』卷105, 乾隆 4年 11月 壬申條, 1625쪽. 이미 雍正年間에도
많은 유민이 대만에 들어왔거니와 이들을 十家甲牌에 編하여 稽察토록 하였
었다(『欽定大淸會典事例』卷626, 兵部 綠營處分例 保甲 雍正11年議准,
13327쪽).

87) 『[淸]高宗實錄』卷106, 乾隆 4年 12月 甲戌條, 1631쪽.

乾隆 5년에도 이어졌거니와 河北鎭 總兵官인 丁士傑도 巨鎭大市에 보갑을 엄히 시행하여 도적의 맹아를 미연에 없애야 한다고 청하고 있다.[88]

그런데 이러한 논의는 보갑의 필요성이 절실하였고 또한 활발하게 시행되고 있음을 방증하는 것이지만, 한편으로 그 시행이 제대로 이루어지지 못하고 있음을 반증해 주는 것이기도 하다. 따라서 청조는 일찍이 雍正 5년에 마련했던 보갑 시행의 구체적인 처벌규정을 재정비하면서 보갑을 보다 엄격하게 시행해 가고자 하였다. 즉, 乾隆 5년에 보갑을 編排함에 있어 保長, 甲長, 牌頭 등을 신중히 엄선해야 할 것을 다시 강조하였고, 도적의 稽察을 力行했는가의 여부에 따라 擧報를 잘한 자에 대해서는 도적질한 재산의 반을 상으로 지급하고 반대로 도적을 은닉한 자에게는 杖 80의 처벌을 내리도록 규정하였다. 또한 竊盜행위의 은닉과 관련해서 그 賊情의 輕重을 분별하여 세부적인 懲治의 내용도 강구하였다.[89] 이 외에도 强盜窩主가 도적질을 하지는 않았지만 그 賊情을 알면서 이를 擧報하지 않았을 경우, 窩主가 1人일 때는 杖 100에 3년 간 유배, 2人일 때 杖 100에 3천 리 되는 곳에 유배보낸다는 등의 처벌을 규정하여 보갑제를 力行시킴으로써 향촌사회의 안정을 기하고자 노력하였다. 이와 함께 청조는 編審의 해를 기다리지 않고 각 州縣에 保甲門牌를 세워 평소에 각 지역의 戶口人丁 및 業戶의 수를 만들어 보고하도록 했으며, 각 督撫로 하여금 매년 가을에 호구 총수와 곡물의 수량을 하나로 하여 작성, 보고하도록 하였다.[90] 이는 세역징수에 보갑조직을 활용하였던 雍正朝의 보갑 운용을 근간으로 내려진 조처로 볼 수 있는 것이다.

---

88) 『[淸]高宗實錄』 卷109, 乾隆 5年 正月 辛未條, 1678쪽.
89) 『欽定大淸會典事例』 卷798, 刑部 刑律盜賊 盜賊窩主, 15162쪽. 즉, 만일 牌頭가 甲長과 保長에게 擧報했으나 轉報를 하지 않았을 경우 甲長은 一等을 減하고 保長은 二等을 減하는 조처를 내리도록 했다.
90) 『欽定大淸會典事例』 卷99, 吏部 處分例 編審人丁, 6382쪽.

 이러한 노력에 부응하여 각지에서도 보갑을 力行하고자 노력하였
다. 처벌규정이 재정비된 같은 해 乾隆 5년(1740)에 兵部左侍郎 舒赫
德은 각 省에서 商民이 輻輳하는 奉天지방의 풍속이 날로 퇴폐해짐을
整飭하기 위한 방법의 하나로 보갑을 엄하게 稽査할 것을 주청하였
다.[91] 즉, 그는 領催·鄕約·牌頭가 비록 있다고는 하나 두루 稽査하
기에는 어렵기 때문에 일찍이 雍正 4년에 이 곳에 將軍 噶爾畢이 주
청하여 설립한 보갑을 嚴察하도록 曉諭하여 시행하고자 하였던 것이
다. 그 내용을 보면, 외부에서 들어온 자도 安居한 지가 오래 되면 州
縣의 檔冊에 올려 淸査하고 檔冊에 올리기를 거부하는 자는 原籍으로
되돌려 보내며, 만일 은닉하거나 擧首를 하지 않은 자는 엄히 죄를 묻
고 지방관이 失察할 경우 규정에 따라 처결토록 하였다. 또한 乾隆 6
년(1741)에는 당시 直隷를 중심으로 한 주변에 도적이 창궐하여 連黨
을 結하고 있지만 이를 쉽게 擒獲하지 못하므로, 이를 위해 각 지방관
에게 명하여 보갑을 實力嚴査케 하였다.[92] 이 밖에도 乾隆 8, 9년에
四川지방에 啯嚕黨의 난이 일어났을 때 이를 막기 위한 방법으로 보
갑을 편성하여 대응하였거니와[93] 乾隆 10년 安徽省 懷遠, 鳳臺, 宿州
등지의 炭鑛에서도 奸人을 적발하기 위해 丁戶를 대상으로 보갑을 編
排하여 시행하였다.[94]

---

91) 『[淸]高宗實錄』卷115, 乾隆 5年 4月 甲午條, 1743~1745쪽.

92) 『欽定大淸會典事例』卷786, 刑部 刑事賊盜 强盜4 乾隆6年奏准, 15048쪽 ;
   卷127, 吏部 處分例 地方緝捕竊盜1 乾隆6年覆准, 6785쪽. 이는 乾隆 6년 12
   월에 刑部 右侍郎인 周學健이 直隷 및 山東, 河南 등지에 老瓜賊이 횡행한
   데 대하여 이들을 緝捕하기 위해 보갑을 編排하여야 한다는 주청을 받아들
   인 것이다(『[淸]高宗實錄』卷157, 乾隆 6年 12月 乙卯條, 2334쪽).

93) 『[淸]高宗實錄』卷203, 乾隆 8年 10月 己卯條 2994쪽, "責令鄕保管束 朔望
   点名稽査 鄕地齊心協拿者 加以重賞" ;『軍機處錄付奏摺』乾隆 9年 11月 6
   日 御史柴潮生奏 ; 中國人民大學淸史硏究所·檔案系中國政治制度史敎硏
   室 合編,『康雍乾時期城鄕人民反抗鬪爭資料(下冊)』(北京 : 中華書局, 1979),
   634~645쪽에 所收된 내용 참조.

94) 元廷植,「乾·嘉年間 北京의 石炭 需給問題와 그 對策」,『東洋史學硏究』

이후로도 청조는 보갑을 계속 力行해 나가도록 노력하였다. 즉, 청조는 乾隆 11년에 각 直省督撫에게 명하여 현행 保甲門牌冊籍을 바탕으로 稽察을 力行토록 하였거니와 소속 지방관으로 하여금 邪說을 퍼뜨리고 돈을 모으거나 會合을 행하고 往來와 踪跡에 의심이 있는 무리들을 稽察토록 하였으며,95) 건륭 12년에는 浙江지역의 山地와 島嶼에 대해 管轄官이 會同하여 그 경계를 확실히 정하고 이 지역의 백성을 각 業에 따라 분별하여 보갑에 編排토록 하였다.96) 이러한 청조의 노력과 함께 馬朝柱의 반란이 일어난 乾隆 17년에 湖廣總督 永常과 兩江總督 尹繼善이 이들 逆黨이 分布된 羅田縣의 天堂, 天馬寨를 剿討하기 위해 지방관으로 하여금 보갑을 力行토록 한 예도 보인다.97)

아무튼 이처럼 乾隆年間에 들어와서도 보갑제는 계속 시행되어졌던 것인데, 乾隆 22년(1757) 10월에 乾隆帝는

州縣에서 編査하는 보갑은 본래 比閭什伍의 遺法이다. 지방관이 實力奉行하면 아무 때나 稽察할 수 있어 民間의 호구, 생계는 모두 편안하며, 평시에 들어 알 수 있고, 惰游匪類는 있을 데가 없고, 外來奸宄도 다시는 의탁할 곳이 없어진다. 따라서 (보갑)은 吏治의 가장 좋은 要策이다. 그런데 세월이 오래 되니 소홀함이 생겨 有司들은 迂闊常談으로 듣고 具文에 따라 종사하므로 향촌에 설치된 甲長·保長은 市井의 무뢰배들로 충당되어 평시에도 實한 마음자세로 査察을 하지 않는다. 비록 督撫에게 무거운 책임을 과하여 보갑의 條를 力行하지만 옛날의 행태에 불과하고 털끝만큼의 도움이 없다. 馬朝柱 등 10여 명의 범죄자를

---

95) 『欽定大淸會典事例』卷158, 戶部 戶口 保甲 乾隆11年覆准, 7145쪽.
96) 『欽定大淸會典事例』卷158, 戶部 戶口 保甲 乾隆12年題准, 7145쪽.
97) 『[淸]高宗實錄』卷413, 乾隆 17年 4月 庚申條 湖廣總督 永常奏, 6140쪽 ; 卷414, 同年 5月 癸亥條 永常, 尹繼善奏, 6145~6146쪽. 이와 관련해서 같은 해 7월 乙丑(7일) 軍機大臣에게 내린 諭旨에는 실제 光山縣에서 보갑을 시행한 예도 보인다(『[淸]高宗實錄』卷418, 乾隆 17年 7月 乙丑條, 6210쪽).

잡으려고 한 지 수년이 지났으나 한 명도 잡지 못한 것은 보갑을 力行
하지 않은 명확한 증거이다. 차후 신중히 遵行하라.……특히 각 督撫는
해당 지방에 나아가 그 情形을 살펴 상세히 실정을 살펴 奏하라.98)

라 諭示하고 있는데, 여기에서 보듯 보갑제를 力行하려는 청조의 의지
와는 달리 그 시행이 이전과 같이 부실하게 됨에 따라 이를 바로잡기
위해 乾隆帝는 保甲編査를 신중하게 遵行하고, 각 督撫로 하여금 이
를 철저하게 감독하도록 했던 것이다.99) 이와 함께 乾隆帝는 이전 雍
正朝 때 반포된 보갑조례와 乾隆朝에 들어와 종종 반포된 보갑조례를
정리하여 새로이 15개조의 '新保甲條例'를 반포하였다.100) 그 내용을
간략히 정리하면 다음과 같다.

　① 直省소속의 每戶에 해마다 門牌를 지급하고, 牌長·甲長은 3년마
다 保長은 1년마다 교체하며, 甲內의 盜竊·邪敎·賭博·賭具·窩逃
·姦拐·私鑄·私銷·私鹽·踘麴·硝黃의 販賣와 아울러 사사로운
斂錢·聚衆 등의 일 및 의심스러운 무리가 있으면 살펴 알려야 한다.
또한 戶口와 稅糧의 변동이 있으면 수시로 보고하여 門牌에 고쳐 써 넣
는다.
　② 紳衿의 家와 庶民의 家를 일체하여 보갑에 編한다. 旗人이나 民人
이 범법을 하면 지방관이 모여 이를 가리고 다스린다.

---

98) 『[淸]高宗實錄』卷548, 乾隆 22年 10月 庚午條, 8007~8008쪽.
99) 이처럼 지방관의 보갑 시행의 부실은 直隸의 예이지만 같은 무렵 直隸總督
　　方觀承의 상주에서도 볼 수 있다(『[淸]高宗實錄』卷549, 乾隆 22年 10月 戊
　　子條, 8029쪽).
100) 『淸史稿』卷120, 志95 食貨1 戶口. 이에 대한 내용은 『欽定大淸會典事例』
　　卷158, 戶部 戶口 乾隆22年諭에도 수록되어 있다. 그런데 『淸史稿』에 있는
　　내용 가운데 本文에 있는 ⑨항의 條文은 『欽定大淸會典事例』에서는 乾隆
　　30년에 축차로 頒行되어진 것으로 나타나고 있다. 『事例』의 내용이 『淸史
　　稿』보다 구체적으로 기록되고 있음으로 보아 『事例』의 것이 보다 정확한 것
　　으로 생각된다.

③ 旗民雜處의 村莊도 보갑에 一體編列하고, 旗人이나 民人이 범법을 하면 지방관이 모여 이를 가리고 다스린다.

④ 邊外 蒙古地方의 民人에게도 牌頭, 總甲 및 十家長 등을 설립하고, 만일 도적질을 하여 匪賊이 되거나 逃人을 은닉한 자가 있으면 조사하여 보고토록 한다.

⑤ 客民이 내지에서 무역을 하여 재산을 모은 자는 토착인과 같이 보갑에 編한다.

⑥ 鹽場井竈는 분리하여 보갑에 編排하고, 고용인은 竈戶에 덧붙여 기록케 한다.

⑦ 礦廠의 丁戶는 廠員이 廠商, 課長 및 峒長, 爐頭 등을 督率하여 編查하며, 各處의 煤窰 雇主는 傭工人 등을 冊으로 보고하여 살피도록 한다.

⑧ 各省의 산악지대에 거주하는 棚民은 按戶編冊하고 地主와 보갑이 結하여 보고토록 하며, 廣東의 寮民은 每寮에 牌를 지급하여 상호 保結토록 한다.

⑨ 沿海의 省에 있는 商船 및 漁船은 澳甲과 族隣이 保結하며, 관에 보고하여 증서를 받는다. 상선은 船主·船長·船員의 연령과 생김새, 籍貫을 증서에 기록하고, 출항시 各船이 互結하며 潮水의 입구에 이르러 증명서를 검사받고 나가도록 한다. 어선은 단지 船主의 연령과 생김새 및 籍貫을 적는다. 內洋의 작은 고기잡이배는 澳甲이 稽查토록 하며, 內河에 이르는 船隻은 船尾에 粉牌를 세우게 하여 埠頭로 하여금 査察토록 한다.

⑩ 苗人이 내지에 寄籍하여 오래 경과된 후에 民甲에 편입된 자는 民人과 함께 編查하고, 그 나머지 각처의 苗人, 猺人은 千百戶 및 頭人, 峒長이 稽察한다.

⑪ 雲南의 夷人이 漢人과 錯處하는 자는 일체하여 보갑에 편입하고, 自然을 의지하여 스스로 이룬 촌락은 管事頭目으로 하여금 책을 만들어 稽査토록 한다.

⑫ 四川省의 客民은 토착민과 같이 編查한다.

⑬ 甘肅의 番子土民은 土司가 稽察하며, 지방관이 관할하는 곳은 所

管 頭目이 編査하고 지방관이 牌冊을 지급하고 보고토록 한다. 四川의 開土歸流가 행해진 각 番寨는 鄕約·甲長 등이 稽査하도록 한다.

⑭ 사원의 승려와 道觀의 道士 등은 僧綱과 道紀로 하여금 季冊을 살펴 보고토록 하며, 각 省의 回民은 禮拜와 寺掌이 교화하고, 稽査토록 한다.

⑮ 외부에서 들어온 걸인은 保正이 丐頭를 督率하여 稽査하고, 젊은 사람은 원적지에 보내어 安揷시킨다.

이 신보갑조례는 황제의 諭旨로 반포되어 공식화되었는데, 이 내용은 이후 咸豊 2년에 반포된 '保甲章程'[101]과 거의 같은 것으로, 청조 보갑제의 사실상의 내용이 乾隆年間에 완성되었다고 할 것이다.

아무튼 이와 같이 황제가 보갑제를 力行하고자 하는 의지와 병행하여 당시 조정에서도 보갑시행에 대한 활발한 논의가 이루어졌으며, 보갑을 力行하는 데 필요한 여러 방책도 제시되었다. 보갑조례가 반포된 것과 같은 해인 乾隆 22년(1757) 10월에 直隷總督인 方觀承은 당시 보갑의 부실상황을 적시함과 아울러 보갑을 編査함에 있어 敎職까지 동원하여 확실하게 한 후, 循·環 두 책을 엄격하게 관리할 것을 강조하였다.[102] 같은 시기에 江西道監察御史인 胡澤潢 역시도 지금까지의 보갑이 市井無賴들에 의해 부실하게 행해져 왔음을 지적하고, 이후 신중하게 遵行할 것을 청함과 아울러 이를 위해 두 가지 要領을 제시하였다. 그가 제시하고 있는 두 가지 요령이란 管統을 분명히 하고, 호구를 實하게 해야 한다는 것이다. 즉, 보갑의 각 조직을 각기의 長이 책임있게 맡아서 확실한 보고체계를 확립해야 하고 保甲冊에 그때 그때의 변동상황을 기록하여 호구를 확실히 파악해야 한다는 것이다.[103]

---

101) 『同治戶部則例』卷3, 戶口(徐棟輯, 『保甲書輯要』所收).
102) 『[淸]高宗實錄』卷549, 乾隆 22年 10月 戊子條, 8029쪽.
103) 『皇朝經世文編』卷74, 兵政 敬陳保甲二要疏 ; 『皇淸奏議』卷50, 請飭整保甲疏.

이 밖에도 乾隆 23년(1758)에 江蘇巡撫인 陳宏謀도 保甲編査를 위한 여러 가지 방책을 세부적으로 제시하고 있다.104)

　이후로도 향촌질서 유지를 위한 방책으로 保甲編査의 力行과 그 시행은 계속해서 강조되었다. 乾隆 31년(1766)에 五城 소속의 각 村莊에 대한 保甲編査가 명해졌는가 하면,105) 乾隆 33년(1768)에는 湖北의 鄖陽지역의 산지 및 陝西와 河南地界의 鄖陽의 각 州縣 소속의 산악지대에 보갑을 設하여 姦匪를 編査토록 하였으며,106) 乾隆 34년에 廣東 布政使인 毆陽永琦도 保甲簡要之法을 개진하여 지방관으로 하여금 수시로 보갑을 稽査토록 하였다.107) 또한 乾隆 39, 40년에 王倫 등의 起義가 일어난 山東의 壽張, 堂邑縣, 河南의 商邱縣에서 이들 세력을 緝捕하기 위해 보갑을 적극적으로 이용하였거니와 보갑을 編査하는 과정에서 주모자들을 색출해 낸 예도 보인다.108)

　이상에서와 같이 乾隆朝에 이르러 보갑제에 대한 논의가 보다 활발하게 전개되고, 또 강력하게 시행해 나가고자 했던 것인데, 이것은 보갑제의 시행상황이 이전에 비해 부실해졌기 때문이기도 하지만 그와 아울러 앞에서도 서술했듯이 乾隆朝에 들어와 사회질서가 극도로 불안정해짐으로써 그 필요성이 더욱 강조되었기 때문이다.

---

104) 『皇淸奏議』 卷51, 籌議編査保甲疏.
105) 『欽定大淸會典事例』 卷158, 戶部 戶口 乾隆31年議准.
106) 『欽定大淸會典事例』 卷158, 戶部 戶口 乾隆33年議准. 이 외에도 同書의 乾隆42年議准, 乾隆49年議准의 내용에서도 각 州·縣에 대한 保甲編査의 命이 발해지고 있음을 볼 수 있다. 또한 同書, 吏部 處分例의 여러 내용에서도 保甲編査를 강조하고 있는 내용을 수없이 많이 볼 수 있다.
107) 『皇淸奏議』 卷58, 陳保甲簡要之法疏.
108) 「起義軍林海逃至河南被獲」, 『淸代農民戰爭史資料選編』 第3冊, 乾隆 39年 12月 24日 河南巡撫 徐續奏摺, 435쪽 ;「起義軍韓裕功等被獲審明解京」, 『淸代農民戰爭史資料選編』 第3冊, 乾隆40年 4月 11日 山東巡撫 楊景素奏摺, 448쪽 ;「起義軍劉三被獲訊明解京」, 『淸代農民戰爭史資料選編』 第3冊, 乾隆 40年 4月 11日 山東巡撫 楊景素奏摺, 450쪽 등의 내용 참조.

제9장 결 론

　이상에서 明淸時期를 중심으로 사회변호에 조응한 鄕約・保甲制의 형성과 그 시행과정을 살펴보았다. 이제 지금까지 논술한 바를 정리하고, 여기에서 추출된 결과와 문제점을 지적하여 결론으로 삼을까 한다.

　明 王朝는 지주계급의 적극적인 협력을 바탕으로 성립할 수 있었다. 따라서 명조는 지주를 대변하는 정권으로 출발했거니와 이들의 지원으로 儒敎主義에 입각한 지배이념을 채택하게 되었다. 明 太祖는 왕조를 설립한 후 황제권을 강화시키는 과정에서 종래 地主優位만을 보장하던 입장을 탈피하여 지주를 일반 서민과 同次元으로 파악하고자 하였다. 명조의 향촌지배는 기본적으로 이와 같은 이념 하에서 이루어져 나갔으며, 이에 입각한 각종의 구체적 방안이 마련되었다.

　明 建國初에 향촌지배를 위해 강구된 里社와 鄕厲의 祭, 鄕飮酒禮, 申明・旌善亭, 社學 등 여러 방안들은 洪武 14년(1381)에 里甲制가 제정되면서 일단은 이에 망라되었으며, 그럼으로써 명조 향촌지배의 기본적 틀이 마련되었다. 그러나 이후 곧 里長의 업무가 과다해지고, 里甲構成員의 공동체 강화가 필요해짐에 따라 명조는 고래의 優老의 俗, 尙齒思想에 입각하여 里老人制를 마련하였거니와, 明朝의 향촌통치의 중심은 이제 里老人의 임무로 집약되게 되었다. 즉, 里老人은 里內의 모든 일상적인 재판과 勸民爲善의 교화를 행하며, 里甲 內의 犯法을 관리하는 치안질서유지의 임무, 水利灌漑의 감독 등 勸農의 임

무 및 和睦鄕里를 위한 相互扶助 등의 임무를 수행하였고, 지방관에
대한 監察面奏權까지 부여받았다. 명조는 이와 같은 里老人制를 통해
不備한 관료조직을 보강하여 국가의 행정력을 향상시키는 한편, 향촌
질서를 유지하여 안정되게 지배를 관철시켜 나가고자 했다.

그런데 이미 명 초기부터 대토지소유화의 진전으로 야기된 사회모
순은 중기경에 들어서면서 표면화되었거니와 더욱 심화되어 갔다. 즉,
명초부터 일어난 농촌수공업 및 상품생산은 급속한 발전을 이루며 상
업적 대지주를 출현시키게 되고, 그 결과로 화폐경제는 농촌사회 깊숙
이에까지 침투해 稅役의 銀納化도 추진시켰으며, 이의 진전으로 銀을
포함한 화폐 위주의 채무관계가 형성되어 지주·전호관계는 面識이
없는 관계로 변질되어 갔거니와 이에 편승해서 각지에서는 一田兩主
制 및 三主制의 관행도 널리 보편화되어 갔다. 또한 紳士라는 새로운
사회 특권층이 대두되면서 이들에 의한 稅役 기피행위와 토지겸병으
로 사회의 계층분화가 크게 촉진되었고, 지주제의 형태변화도 초래되
었다. 이는 다름 아닌 이갑체제의 붕괴현상이었다.

이 같은 상황에서 종래 향촌질서를 유지해 온 里老人의 역할은 당
연히 크게 기대되었다. 그러나 이미 사회분화과정에서 사회풍조는 크
게 퇴폐해 갔으며, 이러한 퇴폐풍조는 각계각층으로 확산되어 갔다. 이
에 따라 종전의 소박한 기풍은 사라지고 각지에는 光棍無賴輩들이 횡
행하는 혼란된 사회로 변하였다. 이미 전통적인 유교적 질서체계는 무
너져 갔거니와 訓導를 주로 한 里老人의 기능은 기대될 수가 없었다.
명조도 里老人의 기능을 회복시키고자 노력하였지만 里老人의 직책은
이제 향촌사회의 명예직이 아니라 하나의 직역으로 변하여 그 권위는
실추되었고, 무뢰배들이 里老人으로 선임되어 오히려 향촌사회에 폐
해를 일으키는 데에 이르게 되었다. 이미 宣德年間에 里老人의 임무
였던 豫備倉의 관리 및 儲糧의 賑給은 물론이고 향촌 내의 재판을 행
하기 위해 각 촌에 세워진 申明·旌善 兩亭도 모두 廢弛되었고, 里老

人의 민간에 대한 재판 및 권농을 주로 한 敎戒도 제대로 행해지지 못
하였다. 때문에 명조로서는 극심한 사회변동이 진행되는 현실의 상황
에 조응하여 계속해서 향촌지배를 관철해 나가기 위해서는 향촌질서
를 바로세워야 했고, 이를 위해 보다 적극적이고 조직적인 새로운 방
책을 강구하지 않으면 안 되었다.

　향촌사회의 극심한 변동상황에서 향촌질서의 안정을 도모하기 위해
서는 우선 사회계층 분화과정에서 析出되어 나오는 逃戶와 流民의 문
제를 해결해야만 했다. 이를 위해 명조는 기존의 原籍地 發還主義를
완화하여 客民附籍을 시행해 갔으며, 이와 병행하여 逃戶周知의 文冊
을 만들어 逃戶를 관리해 나가는 한편 流民들을 확실히 파악하기 위
해 이들을 10家 1甲의 조직으로 편성하여 相互保識시키는 등 구체적
인 방책도 마련하였다. 그런가 하면 같은 무렵 私鹽密賣를 방지하고
礦盜의 害를 막기 위해 각지에 總小甲制라는 自警團組織을 설치·운
용하기도 하였다. 한편 사회질서유지의 본원적인 요소라고 할 수 있는
교화의 면도 도외시할 수 없었거니와 종래 里老人이 담당해 온 교화에
대한 새로운 대응에서 보다 조직적이고 철저한 지도를 주로 한 鄕約도
강구하여 위의 조직과 表裏關係 속에서 시행해 나갔다.

　이렇게 해서 향약과 보갑제적 조직이 나타났는데, 이들 방안은 모두
正統年間에 거의 동시에 나타나고 있다. 그것은 이 시기에 국내외적으
로 어려운 상황이 전개되어 향촌질서 유지가 그 어느 때보다도 요구되
는 상황이었기 때문이지만, 里老人制를 부흥시키고자 하는 明朝의 의
지가 이때 그 한계점에 도달한 것을 의미한다. 또한 이들 방책의 실행
을 각 지방관에 명하고 있으며, 실제 지방관에 의해 주도되고 있음이
주목된다. 이것은 명조의 향촌지배방침이 鄕村民 자치적 성격에서부
터 이제 官主導로 변화하고 있음을 보여주는 것이다.

　명조 사회변동은 이후 더욱 심화되어 갔거니와 이에 따라 이들 방안
은 보다 구체화되어 확대·시행되었다. 특히, 正德朝에 들어와 황제의

亂行과 宦官들의 폐해로 인한 정치적 부패는 사회 제 모순을 보다 심화시켰으며, 수많은 流民을 발생케 하였고, 도처에 반란을 야기시켰다. 이에 따라 향촌질서는 매우 어지럽게 되었는데 이 때문에 鄕約·保甲制의 설치건의도 활발하게 일어났으며, 王陽明에 의해 鄕約·保甲制의 전형적인 틀이 마련되었다. 正德年間에 江西南部 南贛地域에서는 대대적인 搔搖가 일어났거니와, 이를 진정시키기 위해 正德 12년(1517)에 王陽明은 이 곳 巡撫로 임명되었다. 그는 반란세력을 진압하고 향촌질서를 안정시키기 위해 향촌의 民家 10家를 1組로 하여 十家牌法을 마련하였으며, 이를 바탕으로 軍民一體의 治安戰鬪組織으로서 總小甲制를 편성해서 도적을 근절하여 향촌사회 안정을 도모해 나갔다. 그가 세운 이들 방책은 正統年間에 편성된 總小甲制를 계승한 것이며, 이후 각 甲을 통솔하기 위해 甲의 조직 위에 保長을 세움으로써 保甲制로 발전하였다. 또한 그는 보갑제 시행과 병행하여 역시 正統年間부터 각지에 시행되고 있던 鄕約을 바탕으로 南贛鄕約을 시행하여 招撫된 盜賊들을 향촌 내에 安揷시켜 나갔다. 이들 방책이 주효하여 소요를 진압하고 향촌질서를 확보하는 데 성공을 거둔 王陽明은 이를 江西南部뿐 아니라 江西北部 여러 지역에까지 확대 시행해 나갔거니와 향약·보갑제는 이제 향촌질서를 안정시키는 데 있어서 주요한 방책으로 자리잡게 되었다.

이후 향약·보갑제는 극심한 사회변동이 이루어지면서 보다 활발한 논의와 함께 여러 지역에 시행되었다. 특히, 嘉靖年間에 들어와 명조 사회는 北虜·南倭의 變亂을 겪었거니와 상공업의 현저한 발달과 함께 밀무역이 성행하였고, 賦役의 증대로 인한 사회분화가 가속화되었다. 이러한 현상은 隆慶年間을 거쳐 萬曆朝에 이르면 더욱 심화되었는데, 萬曆三大征으로 인한 국가재정의 궁핍과 三案事件으로 인한 廢政, 게다가 礦稅의 禍를 계기로 각지에서 民變이 續發하였거니와 이 무렵 東北地域에서의 滿洲族의 대두 등 대내외적으로 사회불안이 가

중되면서 향촌질서는 매우 혼란해졌다. 따라서 향약·보갑제의 필요성은 그 어느 때보다도 절실하게 요구되었다. 이 무렵 중앙정부 차원에서도 향약·보갑제에 대한 논의가 활발하게 이루어졌으며, 黃佐에 의해 理想案으로서 『泰泉鄕禮』가 저술되기도 하였는데, 이것은 그 당시의 상황에서 향약·보갑제의 필요성이 증대되었기 때문이기도 한 것이지만 당시 향약·보갑제가 활발히 시행되었던 것에 바탕한 것이다. 실제 이 무렵 礦盜가 출몰하는 礦山地域, 밀무역이 성행하는 東南沿海地域은 물론이고, 直隷地域을 비롯하여 山東·山西·湖南·四川 등 여러 지역에 시행되었거니와 상당한 성과를 거두었으며, 그 구체적인 내용을 담은 『圖書編』, 『經世實用編』 등이 간행되기도 하였다.

그런데 이 무렵에 시행된 향약·보갑제는, 正德年間에 定型化된 王陽明의 향약·보갑제를 範으로 하여 시행되고 있으면서도 그 내용 및 형태, 그리고 운용면에서 새로운 변화가 이루어졌다. 먼저 향약에 있어서 종래에는 呂氏鄕約의 4綱領이 주된 내용으로 宣講되었으나 점차 太祖가 내린 「六諭」의 비중이 커져 향약의 중심 내용을 이루어 갔다. 이것은 본래 民間自治的으로 운용되던 향약을 官治補助 機關化하여 里老人制에 대신해서 鄕村敎化組織으로 삼으려는 명조의 의도와도 관련한 것이다. 다음으로 보갑의 編成 면에서의 변화가 보이는데, 종래에는 10家 1甲의 조직만이 중심조직으로 운용되었으나 점차 이보다 上位組織인 10甲 1保의 조직도 편성되어 보편화되어 갔다는 점이다. 이것은 相互救援이나 共同防衛에 있어서 소규모의 조직보다는 대규모의 조직이 보다 큰 힘을 발휘한다는 점을 감안할 때, 이 무렵에 들어와 사회혼란이 이전에 비해 가중됨과 아울러 향촌방위의 필요성이 더욱 증대되었음을 보여주는 것이다. 그런가 하면 향약과 보갑제가 일체화되어 운용되었다. 특히, 呂坤에 의해 鄕甲法이 제정되면서부터 향약과 보갑의 일체화조직은 定型化되어 널리 시행되었다. 이들 양 조직은 향촌질서를 안정시키는 방안으로서 상호 보완적인 관계를 갖는 것인

데, 이처럼 일체화되어 간 것은 모두 관 주도에 의해 시행되는 것이어
서 행정편의를 도모키 위한 면도 있지만 향촌질서를 안정시키는 데 보
다 더 집중력이 요구되었기 때문으로 생각된다.

한편 명조는 각 省의 巡撫 책임 하에 지방관을 통해 향약·보갑제
를 추진시켜 나가면서도 그 효과를 얻기 위해서는 당시 향촌사회에 강
력한 영향력을 행사하고 있는 鄕紳層의 협조를 필요로 하였다. 물론
신사층 역시 혼란된 사회상황에서 위기의식이 팽배하였으며 향촌 내
에서 자신의 지배를 계속 유지해 나가기 위해 능동적으로 향촌질서 안
정에 노력하기도 했다. 그렇지만 이들 가운데에는 향촌 내에 자신의
私的인 지배를 보다 강화하기 위해 향약·보갑조직을 장악하여 鄕曲
을 武斷하는 폐해를 조장하는 예도 적지 않았다. 이 때문에 각 지방관
들은 향약·보갑제를 시행함에 있어 이들 신사층을 役員의 직책에서
배제했는가 하면 이들의 優免特權을 인정치 않고 일반 백성과 같이
향약·보갑조직에 편성하여 取締의 대상으로 삼으려고도 하였다. 간혹
향약·보갑제의 허실이 지적되는 것도 이 때문이었는데, 아무튼 향촌
질서를 유지하는 데 있어서도 지방관과 신사층 간의 상반된 이해관계
가 존재해 있었고, 많은 현실적인 갈등이 내재해 있었음을 알 수 있다.

그런데 萬曆 中半 이후부터 점차 각 지역의 반란세력은 상호 연결
을 이루어 대규모화해 가는 반면 정치적 파쟁과 군대의 廢弛로 명조의
향촌에 대한 통제력은 급속히 약화되어 감에 따라 향신층의 역할은 상
대적으로 높아지게 되었다. 즉, 이들은 반란세력으로부터 자신의 생명
과 재산을 스스로 지키지 않으면 안 되었고, 이를 위해 私的 영향력 하
에 있는 子弟, 家丁, 佃戶 등 情聯義固한 자들로 自衛組織으로서 鄕
兵을 조직하여 향촌방위에 임하였던 것이다. 이에 명 조정도 이들이
조직한 鄕兵에 의존하여 향촌방위안을 수립해야만 했었다. 그런데 종
래부터 보갑에는 鄕兵의 기능이 있었기 때문이기도 하지만 鄕兵構成
員에 대한 내부통제를 강화하기 위해 기존의 향약·보갑조직이 적극

적으로 활용되었다. 이러한 예는 萬曆 中半 福建巡撫를 지낸 許孚遠
의 鄕兵組織이나 山西巡撫를 지낸 呂坤의 鄕兵編制에서 볼 수 있고,
天啓年間 盧象昇의 '立寨倂村七款'의 내용과 崇禎年間 安徽省의 鄕
村防衛策으로 金聲이 마련한 '鄕射' 및 '反助事宜' 등에서도 볼 수 있
다. 아무튼 향병은 주로 신사층에 의해 조직되었고, 향병조직에 향약·
보갑제가 활용되었다는 것은 이 무렵에 들어와 향약·보갑제의 추진
주체는 향신층이었다는 것을 보여주는 것이다. 이것은 즉, 향약·보갑
의 운용을 官 주도에 의해 시행코자 한 명조의 의도와는 달리 이제 각
지방의 紳士·富豪 및 地主들에 의해 광범위하게 주도되었음을 보여
주는 것이다.

그렇지만 이처럼 正統年間 이래 향촌사회 변화에 대응하여 里老人
制에 대신해 나타난 향약·보갑제는 지속적으로 시행되었으면서도 전
국에 걸쳐 획일적인 제도로 정착되지 못하였다. 그것은 국가존립의 기
초인 稅制와 직접 관련이 없고 名目上으로나마 里甲制 및 里老人制
가 존속하였기 때문이기도 하지만, 이상에서처럼 관 주도에 의해 확실
하게 운용되지 못한 것도 그 한 원인이라 생각된다.

향약·보갑제는 淸朝에 들어와서도 향촌질서를 유지하는 데 계속
이용되었다. 그것은 淸朝가 강력한 군사력을 바탕으로 北京에 入城하
는 데 성공하였지만 중원의 사회상황은 諸 農民反亂勢力이 여전히 잔
존해 있었고, 明末 이래의 土寇세력도 각지에서 다시 활동을 개시하여
향촌사회를 위협하고 나왔으며, 또한 抗淸運動이 지속적으로 전개되
었기 때문이다. 이에 淸朝는 各處에 군대를 파견하여 이들 反亂 및 抗
淸勢力을 제거하는 한편, 항구적인 王朝支配를 관철해 나가기 위해
지방통치의 核이라 할 수 있는 지방관을 조속히 확보해 나갔고, 이와
병행하여 기존 향촌질서의 담당자였던 신사층을 적극 우대·포섭해
나갔다. 또한 향촌의 안정을 위해서는 오란 동란으로 피폐해진 민심도
수렴해야 할 필요에서 恤民政策으로서 조세감면을 시행하였고, 流民

의 復業과 荒田開墾事業도 적극적으로 추진해 나갔다.

　　그러나 여전히 유동적인 사회상황 속에서 형세를 관망하고 있는 자들이 많았으며, 이 때문에 이들을 보다 확고하게 체제 내에 安住케 할 구체적인 향촌조직을 마련할 필요가 있었다. 이러한 필요에서 청조는 入關 직후인 順治 元年 8월에 점령지인 直隷 주변지역에 대해 總甲制를 시행하였던 것이다. 이 총갑제는 청대 보갑의 權輿라고 評을 받고 있거니와 명대의 總小甲制를 바탕으로 설립된 것이다. 그러나 명대의 총소갑제와는 달리 鄕村防衛의 기능은 閑却되고 단지 연대책임만이 강조될 뿐이었다. 이것은 征服戰을 수행해야 하는 당시의 상황에서 무기를 수반한 민간자위집단을 용인한다는 것은 이민족인 청조에게는 큰 위협이 되기 때문이었다. 總甲制의 조직이 이후 100家로 편성된 總甲이라는 조직이 閑却되고 10家 1甲의 조직만 남게 된 것도 鄕村防衛보다는 逃亡人을 검찰하고 窩盜의 죄에 대한 연좌라는 목적이 중요시되었기 때문이다.

　　이후 점령지를 확대해 감에 따라 청조는 타지역에 대해서도 치안질서를 확립해야 했다. 그런데 각지에서는 流賊・土寇勢力에 대항하기 위해 명말 이래의 향약・보갑조직을 바탕으로 편성된 鄕村自衛集團이 온존해 있었기 때문에 청조로서는 새로이 總甲制와 같은 조직을 편성하는 것보다는 기존의 향약・보갑제를 그대로 유지하는 것이 보다 손쉬웠던 것이다. 그렇지만 여전히 鄕兵機能을 수반한 이들 조직을 그대로 시행한다는 것은 매우 위험스러웠다. 때문에 청조는 總甲制와 마찬가지로 향병조직을 배제하고 주로 연대책임에 입각한 逃人의 追捕 및 투항인을 歸農安揷시키는 데에만 이용하였으며, 조직에 있어서도 이에 필요한 10家로 편성된 하위조직만을 강조했던 것이다. 이와 같은 總甲과 保甲의 운용방식은 청조의 異民族으로서의 특수성을 보여주는 것이다.

　　그런데 향촌방위의 역할을 수행하고 있는 보갑이 청조에 부담이 되

었던 데 비해 향촌교화만을 위한 향약은 부담이 없었다. 오히려 점령
지를 안정시키는 데 절대적으로 필요하였다. 이에 따라 청조는 보갑과
는 달리 적극적으로 향약에 대한 정책을 수립해 나갔으며, 順治 9년에
八旗 및 直隷 各省에 「六諭」의 臥碑文의 이름으로 향약을 頒行하였
거니와 이어 順治 16년에는 禮部의 관할 하에 官部로 하여금 「六諭」
의 講解와 善惡의 旌別을 행하도록 하였다. 이로써 향약은 보갑에 앞
서 일찍 成文化되어 官主導下에 전국에 걸쳐 시행되게 되었으며, 그
내용도 이제 「六諭」가 중심 강령으로 되었다.

　이후 康熙年間에 들어와서도 順治시기를 이어 향촌질서를 안정시
키기 위한 방안으로서 향약과 보갑제에 대한 효용성은 크게 강조되었
고, 또한 활발하게 시행되었다. 그것은 南明政權이 붕괴되고 중원 전
역에 대한 정복이 완결되었다고는 하나 여전히 鄭氏의 抗淸勢力이 건
재해 있었고 三藩의 亂이 일어나 향촌사회를 크게 혼란시켰으며, 또
각지에서 조직적인 抗租運動도 계속 이어졌기 때문이다. 이러한 속에
서 청조는 그 내용과 형식에 있어서도 새롭게 발전시켜 나갔다. 康熙
9년에 聖祖는 16개조로 된 「聖諭」를 禮部에 발하여 종래 「六諭」를 대
신하여 새로이 향약의 중심 내용으로 삼았으며, 각 直省巡撫의 책임
하에 지방관을 통해 매월 朔望에 향촌민들에게 생활규범으로서 宣講
토록 하였다. 또한 이를 효과적으로 주입시키기 위하여, 예컨대 李本
晟의 『鄕約全書』, 鍾運泰의 『鄕約書』 등 「聖諭」에 대한 상세한 註解
書도 刊刻되었다. 이로써 이제 淸朝 나름의 독자적인 향약의 내용을
갖추게 되었다. 보갑제 역시도 향약보다는 늦지만 康熙朝에 들어와 그
제도적 확립을 이루어 갔다. 물론 이를 가능케 한 것은 이 시기에 많은
논의와 시행성과를 바탕으로 한 것이지만, 특히 于成龍의 영향이 아주
컸다. 于成龍은 康熙 13년 黃州府에서 일어난 東山의 亂을 진압하는
데 이전과는 달리 甲長 - 堡長의 統屬關係를 기축으로 한 2級制의 편
성조직과 相互覺察만이 아닌 鄕兵機能까지 수반한 保甲을 편성하여

난을 진압하는 데 성공을 거두었다. 난을 진압한 이후에도 그는 「申飭保甲諭」를 告示하여 鄕兵育成을 주 내용으로 하는 보갑을 編置해 나 갔으며, 康熙 19년에 直隸巡撫에 발탁되어 이전의 보갑 내용을 정비하여 13개조로 된 「弭盜條約」을 제정하였거니와 康熙 20년에 兩江總督으로 轉任하여서도 이를 더욱 보강하여 38개조의 「弭盜安民條約」을 발령하여 보갑 시행에 진력하였다. 이러한 于成龍의 보갑 시행은 入關初 이래 줄곧 연대책임만을 위주로 한 보갑과는 다른 것으로 청초의 위기적 상황에서 새로운 시도였으며, 청조로 하여금 향촌통치에 자신감을 갖게 한 것이었다. 게다가 康熙 20년에 三藩의 亂을 평정하고, 이어 康熙 23년에 臺灣의 鄭氏勢力을 항복시킴으로 國初부터 야기되어온 모든 위협적인 요소를 해소하게 되었다. 그럼으로써 청조는 중국지배에 보다 자신감을 가지게 되었으며, 향병의 기능까지도 수반한 보갑제를 적극적으로 시행해 나갈 수 있게 되었다. 이 무렵 廣西道御史인 錢珏, 直隸巡撫였던 于成龍(于淸端과 同名異人) 등이 적극적으로 保甲을 시행해 나갈 것을 청하였거니와 黃六鴻에 의해 청대 보갑제의 이상적인 방안도 제시되었으며, 청조는 이들을 바탕으로 康熙 47년에 전국에 걸쳐 보갑제시행령을 반포하였다. 이로써 10戶 1牌, 10牌 1甲, 10甲 1保의 三級制의 保甲組織이 편성되었으며, 연대책임뿐 아니라 향촌방위의 기능을 바탕으로 향촌치안유지의 임무, 保甲冊을 이용한 호구관리 및 조세징수의 보조의 임무, 相互扶助, 勸善敎化 등 제반 향촌질서 유지의 임무를 수행하는 청대 보갑제가 확립되었다.

　향약·보갑제가 제도적으로 확립된 뒤에도 이에 대한 보강작업은 계속되었다. 康熙年間에 「聖諭」가 발해져 향약의 중심 강령으로 되고 이에 대한 많은 訓釋도 나왔지만, 雍正 2년에 이르러 「聖諭」에 대한 종래의 구구한 註解를 종합하여 「聖諭廣訓」이라는 官定의 規準을 마련하여 文武 各官으로 하여금 敎職衙門을 통하여 백성들에게 講讀하도록 하였다. 또한 청조는 講讀의 형식도 새로이 정해 나갔는데, 인구가 조밀한 곳에 講約所를 설립하여 約正과 直月이 매월 朔望에 향촌의 耆老 및 讀書人 등에게 「聖諭廣訓」을 講解하고, 이들로 하여금 향촌에 돌아가 향촌민에게 그 취지를 勸導하도록 하였다. 이와 함께 당해 督撫로 하여금 그 시행성과를 평가하여 게을리 행한 자는 黜罰하고 지방관 중에도 奉行을 不實하게 한 자는 처벌토록 하였다. 그럼으로써 이제 향약은 본래의 촌락자치적 성격은 전혀 찾아볼 수 없게 되고 「聖諭」의 講解만을 유일한 목적으로 하는 轉導機關으로 변하게 되었다. 이처럼 청조가 내용을 보강하고 관 주도 하에 일방적으로 향약을 시행해 나가려 했던 것은 그 필요성이 더욱 요청되었기 때문이며, 특히 異民族으로서 중국을 통치하는 데 보다 많은 행정력이 필요했거니와 이를 보강하기 위해서였던 것으로 보인다.

보갑 역시도 제도적으로 확립된 이후 그 효용성이 크게 강조되었으며, 보강작업이 이루어졌다. 그것은 그만큼 사회의 불안정이 계속 이어졌기 때문이기도 하지만 그보다는 보갑제의 시행이 부실했기 때문이었다. 청조는 官主導 하에 강력하게 향촌을 통제해 나가려고 하였고, 향약·보갑제 역시 지방관의 통제 하에서 운용하고자 하였다. 그러나 入關 후 사회가 점차 안정되어 가면서 紳士層의 사회지배력은 다시 공고해져 갔거니와 이들은 향촌 내에서 자신의 지배력을 보다 강화시키기 위해 향약과 보갑조직을 장악하고자 했던 것이다. 이러한 현상은 이미 명대에도 보였던 것이지만 청대에 들어와서도 재현되어 국가에서 의도한 대로 그 운용이 원활치 못하였다. 일찍이 于成龍의 보갑이 黃六鴻의 保甲 내용에서 보듯, 보갑조직을 실질적으로 이끌어 가는 役員에 紳士를 배제하고 서민 가운데에서 충당하려고 한 것도 이들 紳士層의 폐해를 막기 위한 것이었다. 이 같은 不實은 보갑제가 제도적으로 확립된 뒤에도 계속되었던 것이어서 청조는 그 내실을 기하기 위해 雍正 4년에 勸懲의 규정을 만들어 이를 시행하는 각 지방관에게까지 책임을 묻는 '新保甲條令'을 반포하였다. 그러나 당시 官界의 상황은 養廉銀制를 마련하여 지방관의 私徵體制를 공인해야 할 정도로 부패했기 때문에 그 실효를 거두기는 어려웠다. 이 같은 상태는 乾隆年間에도 '新保甲條例'를 반포하여 督撫의 책임 하에 엄중히 보갑 시행을 奉行할 것을 강조하였던 데에서 보듯, 이후에도 계속 이어졌다.

그러면서도 보갑제의 시행범위와 기능은 크게 확대되어 갔다. 특히 雍正年間 改土歸流政策의 시행과 함께 종래 直省의 漢人부락에 국한해서 시행되었던 보갑제는 雲南・貴州・四川 등 邊外의 熟苗, 熟猺가 거주하는 지역에까지 확대 시행되었다. 그러는 한편으로 地丁銀制 성립을 전후로 해서 나타난 順莊編里法下에서 부역징수의 방책으로서도 크게 이용되었다. 즉, 지정은제의 성립으로 人丁編審이 무의미하게 되어 黃冊撰造가 중지됨에 따라 호구를 파악하는 데 保甲冊인 烟戶冊이 이용되었으며, 田糧을 확실히 파악하여 부역징수를 원활히 하는 데에 크게 역할하였다. 종래 보갑에 관한 諭旨는 대부분 兵部에 내려졌던 것이나 雍正年間부터 주로 戶部를 통해 발해진 것은 보갑이 점차 위와 같은 民政事務에서의 역할이 강조된 것과 관련한다.

아무튼 향약・보갑제는 청조에 들어와서도 향촌질서를 유지시키는 데 중요한 역할을 담당하였고, 제도적으로 확립된 이후 부실한 면을 보이긴 하였으나 청조는 이를 보강하여 淸末에 이르기까지 이를 계속 시행해 나가고자 하였다.

이상에서 명청시대의 향촌사회 변화에 대응한 향촌지배제도로서 향약・보갑제의 형성과 그 전개과정을 살펴보았다. 이제 이 시대의 사회 및 국가권력의 성격과 관련해서 본다면, 먼저 기존의 里老人制에 대신해서 보다 철저한 조직을 바탕으로 한 향약・보갑제가 새로운 향촌제도로 대두된 것은 기존의 민간 自律의 訓導를 위주로 한 향촌지배에 있어 그 한계에 이르렀음을 의미한다. 또한 향약・보갑제의 시행을 官主導에 의해 시행코자 한 왕조권력의 의지를 볼 때, 사회변화에 조응한 국가권력의 대응에도 큰 변화가 일어났음을 알 수 있다. 이것은 곧 향약·보갑제가 나타나는 明 중기를 획기해서 그 이전과 이후 사회의 질적인 변화와 함께 국가권력의 성격면에서도 변화가 일어났음을 보여주는 것이다.

이제 이를 바탕으로 근래 明淸時代 연구의 초점이라 할 이른바 明末·淸初變革期論과 관련해서 본다면, 이 시기에 사회구조적인 큰 변화가 이루어지고 있다는 것은 一應 인정이 된다고 하겠다. 그렇지만 이 시기의 시대적 성격을 규정하는 데에는 아직 유보적일 수밖에 없다. 그것은 사회변화에 대응한 국가권력의 성격이 이전보다 더 專制的 성격을 보이고 있으며, 또한 명·청 양 왕조의 차별성이 보이거니와 이에 대한 충분한 성격규정이 되지 못했기 때문이다. 따라서 앞으로도 이들 문제에 대한 규명이 보다 활발하게 이루어져야 할 것으로 보이며, 향약·보갑제만 하더라도 앞으로 보다 추구되어야 할 문제가 많이 남아 있다. 그 몇 가지만 들자면, 우선 향약·보갑에 관한 구체적인 개별 사례를 발굴 검토해야겠지만 향약·보갑제 내에서 보다 구체적인 紳士層의 역할 및 국가권력과 신사층 간의 역학관계에 대한 해명, 거의 같은 시기에 행해진 社倉, 民壯, 綠營 등과의 구체적인 관련성 및 역할상의 구분, 향촌의 기본단위라 할 수 있는 同族組織과의 관계 등을 지적할 수 있겠다. 또한 당시 思想界의 변화와의 관련성 등도 검토의 대상이라 할 것이며, 청말 향촌사회의 변화와 관련해서도 향약·보갑제에 대한 체계적인 연구가 이루어져야 하리라고 본다. 이에 대해서는 今後의 課題로 삼고자 한다.

참 고 문 헌

〈資料〉

1. 政典類・文集・其他

〔明代〕

計六奇,『明季北略』(臺北：商務印書館, 1968).

計六奇,『明季南略』(臺北：商務印書館, 1968).

『古今圖書集成』, 雍正4年序, 武英殿聚珍字本.

顧炎武,『日知錄集釋』, 四部備要本(臺灣：中華書局, 1976).

顧炎武,『天下郡國利病書』, 四庫善本叢書初編, 1959~63年刊.

谷應泰,『明史紀事本末』, 光緒13年刊本(臺灣：商務印書館, 1956).

丘濬,『大學衍義補』, 文淵閣四庫全書本.

羅振玉,『吏曹章奏』, 四部叢刊本『史料叢編』所收.

盧象昇,『盧象昇疏牘』(浙江：古籍出版社, 1984).

談遷,『國榷』(北京：古籍出版社 排印本, 1958).

『大明會典』, 正德4年序刊本, 文淵閣四庫全書本.

『明實錄』, 臺北：中央研究院 歷史語言研究所 校引本, 1965~66(『太祖實錄』,
　　　　　『太宗實錄』,『宣宗實錄』,『英宗實錄』,『憲宗實錄』,『武宗實錄』,
　　　　　『世宗實錄』,『穆宗實錄』,『神宗實錄』,『熹宗實錄』)

『明清史料』(臺灣：中央研究院 歷史語言研究所編刊, 1930~75).

傅鳳翔,『皇明詔令』, 嘉靖27年刊本(臺北：成文出版社, 1967).

徐學聚,『國朝典彙』, 崇禎7年補刊本(臺灣：學生書局, 1965).

葉春及,『石洞集』, 文淵閣四庫全書本.

宋濂,『宋學士全集』, 文淵閣四庫全書本.

楊嗣昌,『楊文弱先生集』, 子山松等輯抄本.

呂坤,『實政錄』(臺北：文史哲出版社, 1971).

王夫之,『宋論』, 文淵閣四庫全書本.

王守仁,『陽明全書』, 四部備要本(臺灣：中華書局, 1979).

李永茂, 『邢襄題稿』(上海：中華書局 排印本, 1958).

張鹵, 『皇明制書』, 萬曆年間刻本(臺北：成文出版社, 1969).

張廷玉, 『明史』(北京：中華書局 校勘標點本).

章潢, 『圖書編』, 文淵閣四庫全書本.

鄭天挺 編, 『明清史資料』上・下(天津：人民出版社, 1979).

趙翼, 『二十二史箚記』(臺灣：世界書局, 1958).

朱逢吉, 『牧民心鑑』, 奎章閣所藏 永樂木版本.

朱元璋, 『明太祖文集』, 四庫明人文集叢刊(上海古籍出版社, 1991).

陳子龍, 『皇明經世文編』(臺北：臺聯國風出版社 再版本, 1964).

馮應京, 『皇明經世實用編』(臺北：成文出版社, 1967).

何良俊, 『四友齋叢說』, 萬曆7年重刊本(北京：中華書局, 1983).

海瑞, 『海瑞集』(中華書局, 1962).

黃佐, 『泰泉鄉禮』, 文淵閣四庫全書本.

〔清代〕

戴兆佳, 『天台治略』, 光緒23年活字印本.

『大清會典』, 乾隆26年撰, 文淵閣四庫全書本.

『大清會典則例』, 乾隆26年撰, 文淵閣四庫全書本.

『文獻叢編』上・下(臺北：國風出版社, 1964).

徐棟・丁日昌 輯, 『保甲書輯要』, 同治10年刊本, 臺北：成文出版社, 1968.

葉夢珠, 『閱世編』(上海：古籍出版社, 1981).

崇岡, 『欽定大清會典事例』, 光緒 25年刻本(臺北：新文豊出版公司).

楊家駱, 『皇朝經世文編』(臺北：世界書局印行, 1964).

吳偉業, 『綏寇紀略』, 文淵閣四庫全書本.

『雍正硃批諭旨』, 文淵閣四庫全書本.

于成龍, 『于清端政書』, 四庫全書珍本.

蔣良騏, 『東華錄』(北京：中華書局, 1980).

趙爾巽, 『清史稿』(北京：中華書局, 1986).

中國人民大學清史研究所・檔案系中國政治制度史教研室 合編, 『康雍乾時期城鄉人民反抗鬪爭資料(下冊)』(北京：中華書局, 1979).

『清國行政法(臨時臺灣舊慣調査會報告)』(東京：汲古書院, 1972).

『淸代農民戰爭史資料選編』第1冊　上·下(北京：中國人民大學出版社, 1984).
『淸代農民戰爭史資料選編』第3冊(北京：中國人民大學出版社, 1991).
『淸史列傳』(臺灣：中華書局　影印本, 1983).
『淸實錄』, 臺北：新文豊出版公社印行本, 1978(『太宗實錄』, 『世祖實錄』, 『聖
　　　　祖實錄』, 『世宗實錄』, 『高宗實錄』).
『淸朝文獻通考』(臺北：新興書局, 1965).
『淸朝通典』(臺北：新興書局, 1965).
黄六鴻, 『福惠全書』(東京：汲古書院, 1973).
『皇淸奏議』(臺北：文海出版社, 1967).
黄鴻壽, 『淸史紀事本末』(臺北：三民書局, 1974年　再版本).

2. 地方志

『贛州府志』, 天啓元年刊本.
『嘉興府志』, 康熙60年刊本.
『曲阜縣志』, 乾隆39年刊本.
『廣東通志』, 嘉靖37年刊本.
『麻城縣志』, 光緒3年刊本.
『武定府志』, 咸豊9年刊本.
『博平縣志』, 道光11年刊本.
『上虞縣志』, 嘉慶16年刊本.
『陝西通志』, 雍正13年刊本.
『紹興府志』, 乾隆57年刊本.
『安吉縣志』, 同治13年刊本.
『寧陽縣志』, 光緒5年刊本.
『龍游縣志』, 萬曆40年刊本.
『楡次縣志』, 同治元年刊本.
『濟寧直隷州續志』, 咸豊9年刊本.
『濟寧直隷州志』, 乾隆50年刊本.
『靑州府志』, 咸豊9年刊本.
『休寧縣志』, 萬曆35年刊本.

〈硏究書〉

1. 國文

金成俊,『牧民心鑑硏究』(高大民族文化硏究所, 1990).

閔斗基,『中國近代史硏究』(一潮閣, 1973).

서울大東洋史硏究室 編,『講座中國史』IV(知識産業社, 1989).

吳金成,『中國近世社會經濟史硏究』(一潮閣, 1986).

吳金成 外,『明末·淸初社會의 照明』(한울아카데미, 1990).

曹永祿 外 譯,『中國科擧制度의 社會史的 硏究』(東國大學校出版部, 1987).

曹永祿,『中國近世政治史硏究 - 明代 科道官의 言官的 機能 - 』(知識産業社, 1988).

黃元九,『東亞細亞史硏究』(一潮閣, 1976).

2. 中文

冷東,『葉向高與明末政壇』(廣東:汕頭大學出版社, 1996).

賴家度,『明代鄖陽農民起義』(武漢:湖北人民出版社, 1956).

戴逸,『簡明淸史』(北京:人民出版社, 1991).

馬西沙·韓秉方,『中國民間宗敎史』(上海:上海人民出版社, 1992).

聞鈞天,『中國保甲制度』(臺灣:商務印書館, 1971).

樊樹志,『中國封建土地關系發達史』(北京:人民出版社, 1988).

傅衣凌,『明淸農村社會經濟』(北京:三聯書店, 1961).

傅衣凌,『明淸社會經濟史論文集』(北京:人民出版社, 1982).

謝國禎,『明淸之際黨史運動考』(臺北, 1967).

梁方仲,『中國歷代戶口·田地·田賦統計』(上海:人民出版社, 1980).

余貽澤,『明代土司制度』(明史論叢 5권) (學生書局印行, 1968).

吳晗,『朱元璋傳』(香港:傳記文學社, 1948).

袁良義,『明末農民戰爭』(北京:中華書局, 1987).

李文治,『晚明民變』(上海:中華書局, 1948).

張紹良·鄭先進,『中國農民革命鬪爭史』(求突出版社, 1983).

鄭成功硏究學術討論會學術組 編,『鄭成功硏究論文選續集』(福建人民出版

社, 1984).

周谷城,『中國社會史論(上冊)』(濟南:齊魯書社, 1988).

彭德淸 主編,『中國航海史(古代航海史)』(北京:人民交通出版社, 1988).

韓大成,『明代城市硏究』(北京:中國人民大學出版社, 1991).

3. 日文

谷川道雄・森正夫,『中國民衆叛亂史』2・3・4(東京:平凡社, 1979・82・83).

宮崎市定,『アジア史硏究』(京都:同朋舍, 1978).

今堀誠二,『中國の社會構造』(東京:有斐閣, 1953).

旗田巍,『中國村落の共同體理論』(東京:岩波書店, 1976).

檀上寬,『明朝專制支配の史的構造』(東京:汲古書院, 1995).

島田正郎,『東洋法史』(東京:敎學社, 1976).

東京敎育大學アジア史硏究會 編,『中國近代化の社會構造』(東京:汲古書院,
1973).

東亞硏究所 編,『異民族の支那統治史』(東京:大日本雄辯會講談社, 1945).

北村敬直,『淸代社會經濟史硏究』(日本評論新社, 1972).

濱島敦俊,『明代江南農村社會の硏究』, 東京:東京大出版會, 1982).

山根幸夫,『明代徭役制度の展開』(東京:東京女子大學學會, 1966).

星斌夫,『明代漕運の硏究』(東京:日本學術進興會, 1963).

小野和子 編,『明淸時代の政治と社會』(京都大學人文科學硏究所, 1983).

松本善海,『中國村落制度の史的硏究』(東京:岩波書店, 1977).

安部健夫,『淸代史の硏究』(東京:創文社, 1971).

鈴木中正,『淸朝中期史硏究』(東京:燎原書房, 1971).

鈴木中正,『中國史における革命と宗敎』(東京:東京大出版會, 1974).

奧崎裕司,『鄕紳地主の硏究』(東京:汲古書院, 1978).

奧崎裕司 等 編,『東アジア世界史探究』(東京:汲古書院, 1986).

楢木野宣,『淸代重要職官の硏究』(東京:風間書房, 1975).

栗林宣夫,『里甲制の硏究』(東京:文理書院, 1971).

仁井田陞,『中國法制史硏究』(東京大學出版會, 1962).

早稻田大學文學部東洋史硏究室 編,『中國前近代史硏究』(雄山閣, 1980).

佐藤文俊,『明末農民反亂の硏究』(東京:硏文出版, 1985).

佐伯富,『淸代鹽政の硏究』(京都：東洋史硏究會, 1956).

佐伯富,『中國史硏究』1・2・3(京都：同朋舍, 1977).

周藤吉之,『淸代東アジア史硏究』(東京：日本學術振興會, 1972).

酒井忠夫,『中國善書の硏究』(東京：國書刊行會, 1972).

中山八郎,『明淸史論集』(東京：汲古書院, 1995).

重田德,『淸代社會經濟史硏究』(東京：岩波書店, 1975).

川勝守,『中國封建國家の支配構造 - 明淸賦役制度史の硏究 - 』(東京：東京
　　　大出版會, 1980).

靑年中國硏究者會議 編,『中國民衆反亂の世界』(東京：汲古書院, 1983).

淸水盛光,『支那社會の硏究』(東京：岩波書店, 1950).

淸水盛光,『中國鄕村社會論』(東京：岩波書店, 1951).

淸水泰次,『中國近世社會經濟史』(東京：西野書店, 1950).

淸水泰次,『明代土地制度史硏究』(東京：大安社, 1968).

平瀨巳之吉,『近代支那經濟史』(東京：中央公論社, 1942).

和田淸,『支那地方自治發達史』(東京：汲古書院, 1939).

4. 歐文

Beattie, Hilary J., *Land and Lineage in China : A Study of Tung-Cheng County ANHWEI, in the Ming and Ch'ing Dynasties*, Cambridge U.P., 1979.

Chang, Chung-li, *The Income of the Chinese Gentry*, Seattle, 1962.

Ch'u, T'ung-tsu, *Local Government in China under the Ch'ing*, HUP., 1962.

Ho, Ping-ti, *The Ladder of Success in Imperial China : Aspects of Social Mobility, 1368~1911*(『明淸社會史論』), New York, 1962.

Hsiao, Kung-chuan, *Rural China*, Seattle, 1960.

Hucker, Charles O., *The Censorial System of Ming China*, Stanford U.P., 1966.

Kuhn, Philip A., *Rebellion and Its Enemies in Late Imperial China Militarization and Social Structure, 1796~1864*, HUP., 1970.

Mark, Elvin, *The Pattern of the Chinese Past : A Social and Economic Interpretation*, Stanford U.P., 1973.

Marsh, Robert M., *The Mandarins : The Circulation of Elites in China, 1600~1900*, The Free Press of Glencoe, New York, 1961.

Parsons, James Bunyan, *Peasant Rebellions of the Late Ming Dynasty*, The University of Arizona Press, 1970.

Struve, Lynn A., *The Southern Ming, 1644~1662*, Yale U.P., 1984.

Wittfogel, Karl A. & Feng Chia-sheng(馮家昇), *History of Chinese Society : Liao(907~1125)*, Philadelphia, 1949.

〈研究論文〉

1. 國文

權重達, 「明代의 敎育制度 - 특히 明王朝의 君主獨裁性格과 관련하여 - 」, 『大東文化研究』 17, 1983.

金九鎭, 「明代 女眞社會와 姓氏의 變化」, 『金俊燁敎授華甲記念中國學論叢 : 史學』, 1983.

金鐘圓, 「八旗制度의 成立過程에 대한 一考察」, 『東亞研究』 6, 1985.

金漢植, 「明代里老人制의 研究」, 『大丘史學』 1, 1969.

金漢植, 「明代 學校敎育에 대한 考察」, 『大邱敎大論文集(人文・社會科學篇)』 5, 1969.

閔斗基, 「淸代 生監層의 性格 - 특히 그 階層的 個別性을 중심으로 - 」, 『亞細亞研究』 20, 1965.

宋正洙, 「明末・淸初 鄕村統治制度의 變遷」, 『學林』 5, 1983.

宋正洙, 「淸初期 綠營制의 理念과 그 機能」, 『全北史學』 7, 1983.

宋正洙, 「淸初 鄕村統治의 理想 - 黃六鴻의 保甲制를 中心으로 - 」, 『慶尙大學校論文集』 22, 1983.

宋正洙, 「明淸時代 鄕約의 成立과 그 推移」, 『裵尙史學』 1, 1985.

宋正洙, 「明末・淸初 賦役徵收와 保甲制」, 『宋俊浩敎授停年紀念論叢』, 1987.

宋正洙, 「滿洲族의 鄕村支配體制와 그 演變」, 『敎育論叢』 9, 1989.

宋正洙, 「淸官 海瑞와 그의 治績」, 『黃元九敎授定年紀念論叢 東아시아의 人間像』, 1995.

吳金成, 「明朝前期의 生員政策에 대하여 - 士人層 形成過程을 중심으로 - 」, 『歷史敎育』10, 1967.

吳金成, 「明太祖의 文敎政策」, 『歷史敎育』11 · 12, 1969.

吳金成, 「明代 提學官의 一硏究」, 『東洋史學硏究』6, 1973.

吳金成, 「日本에 있어서 中國 明 · 淸時代 紳士層硏究에 대하여」, 『東亞文化』15, 1978.

吳金成, 「明代 紳士層의 形成過程에 대하여」, 『震檀學報』48, 1979.

吳金成, 「睿親王 攝政期의 淸朝의 紳士政策」, 『韓㳓劤博士停年紀念史學論叢』, 知識産業社, 1981.

吳金成, 「日本에서의 明 · 淸社會의 性格硏究에 대하여」, 『東亞文化』22, 1984.

吳金成, 「海瑞(1513~1587)新論 - 明末의 江西南部의 社會와 그의 治績 - 」, 『高柄翊先生回甲紀念史學論叢 歷史와 人間의 對應』, 1984.

吳金成, 「順治親政期의 淸朝權力과 江南紳士」, 『歷史學報』122, 1989.

元廷植, 「乾 · 嘉年間 北京의 石炭 需給問題와 그 對策」, 『東洋史學硏究』32, 1990.

李成珪, 「淸初 地方統治의 確立過程과 鄕紳 - 順治年間의 山東地方을 중심으로 - 」, 『서울大東洋史學科論集』1, 1977.

全明姬, 「順治初期의 反淸運動 硏究」, 『淑大史論』10, 1979.

全淳東, 「明代監生의 履修制에 대하여」, 『忠北大論文集』31, 1986.

全淳東, 「明初 社學의 設立과 그 推移」, 『忠北史學』1, 1987.

曹永祿, 「陽明思想에 있어서의「分」의 問題」, 『東洋史學硏究』6, 1973.

蔡義順, 「明代의 敎育思想과 敎育制度에 대한 연구」, 『서울師大硏究論叢』1, 1971.

崔甲洵, 「淸朝前期 對農民政策의 一面」, 『東洋史學硏究』10, 1976.

黃元九, 「李朝 禮學의 形成過程」, 『東方學志』6, 1963.

2. 中文

樊樹志, 「明代荊襄流民與棚民」, 『中國史硏究』1980-3.

徐道隣, 「明太祖與中國專制政權」, 『淸華學報』8-1, 1932.

徐明德, 「張居正的經濟思想及其整理財政的措施」, 『明淸史國際學術討論會

　　　　論文集』, 天津 : 人民出版社, 1982.

梁方仲, 「明代的民兵」, 『中國社會經濟史集刊』 5-2, 1937.

吳景賢, 「金正希之地方自衛 - 金正希評傳之二 - 」, 『學風』 5-6, 1935.

吳含, 「明代靖亂之役與國都北遷」, 『淸華學報』 10-4, 1935.

王蘭蔭, 「明代之鄕約與民衆敎育」, 『師大月刊』 21期, 1935.

劉永成, 「淸代前期佃農抗租鬪爭的新發展」, 『淸史論叢』 1輯, 1979.

劉中日 · 趙貴林, 「淸官海瑞」, 『中國史硏究』 1979-1.

李光濤, 「記明季之鄕兵」, 『大陸雜誌』 29-10 · 11, 1964.

李文治, 「論淸代前期的土地占有關係」, 『歷史硏究』 1963年 5期

李文治, 「明末的寨堡與義軍」, 『明史硏究論叢』 2輯, 1983.

李洵, 「公元十六世紀的中國海盜」, 『明淸國際學術討論會論文集』, 天津 : 人
　　　　民出版社, 1982.

趙儷生, 「明正德間幾次農民起義的經過和特徵」, 『文史哲』 1954年 12期.

3. 日文

高橋孝助, 「淸朝專制支配の成立と小土地所有」, 『歷史學硏究』 421, 1975.

谷口規矩雄, 「明中期荊襄地帶農民反亂の一面」, 『硏究』 35, 1965.

谷口規矩雄, 「明末の鄕兵 · 義軍について」, 『硏究』 43, 1969.

谷口規矩雄, 「明代の農民反亂」, 『岩波講座世界歷史』 12, 1971.

谷口規矩雄, 「明末淸初の堡寨について」, 『東海史學』 9, 1973.

谷口規矩雄, 「于成龍の保甲法について」, 『東洋史硏究』 34-3, 1975.

谷口規矩雄, 「呂坤の鄕甲法について」, 『佐久間重男敎授退休記念中國史 · 陶
　　　　磁史論集』, 東京, 1983.

谷井俊仁, 「淸代外省の警察機能について」, 『東洋史硏究』 46-4, 1988.

喬炳南, 「中國近世の農民運動」, 『東洋史硏究』 10-1, 1947.

喬炳南, 「明淸時代の蘇州と輕工業の發達」, 『東方學』 2, 1952.

喬炳南, 「北宋時代の地方自治制度について」(上 · 下), 『帝塚山大學紀要』 12
　　　　~13, 1975~76.

喬炳南, 「保甲制度に對する批判(上)」, 『帝塚山大學紀要』 16, 1979

近藤秀樹, 「淸朝權力の性格」, 『岩波講座世界歷史』 12, 1971.

今堀誠二, 「淸代の抗租について」, 『史學雜誌』 76-9, 1967.

今西春秋,「ヌルハチ七大恨論」,『東洋史研究』1-4, 1936.

吉尾寬,「『楊文弱先生集』について‐張顯淸の所說によせて‐」,『東洋學報』
　　　65-3・4, 1984.

吉尾寬,「明末 楊嗣昌の剿餉案について」,『東方學報』(京都) 58, 1985.

吉尾寬,「明末 楊嗣昌の地域防衛案について」,『東洋史研究』45-4, 1987.

檀上寬,「明王朝成立期の軌跡‐洪武朝の疑獄事件と京師問題をめぐって‐」,
　　　『東洋史研究』37-3, 1978.

大谷敏夫,「雍正期を中心とした淸代綠營軍制に關する一考察」,『東洋史研
　　　究』34-3, 1975.

大澤顯浩,「明末宗敎的反亂の一考察‐礦徒と宗敎結社の結合形態‐」,
　　　『東洋史研究』44-1, 1985.

渡邊修,「貳臣傳と山東の貳臣」,『史苑』37-1, 1976.

藤井宏,「明代田土統計に關する一考察(3)」,『東洋學報』31-1, 1947.

藤井宏,「明代鹽場の研究」,『北海島大學文學部紀要』1・3, 1952・54.

藤井宏,「新安商人の研究」,『東洋學報』36-1～4, 1953～54.

目黑克彦,「淸末の反保甲鬪爭について」,『集刊東洋學』31, 1974.

目黑克彦,「淸朝初期の保甲法に關する一考察‐浙江省臨安縣の場合‐」,『愛
　　　知敎育大學硏究報告』25, 1976.

目黑克彦,「淸朝中期の保甲制について‐嘉慶期浙江平湖縣の場合‐」,
　　　『愛知敎育大學硏究報告』29, 1980.

百瀨弘,「明代の銀山と外國銀に就いて」,『靑丘學叢』19, 1935.

夫馬進,「明末の都市改革と杭州民變」,『東方學報』(京都) 49, 1977.

夫馬進,「明末反地方官士變」,『東方學報』(京都) 52, 1980.

寺田隆信,「商品生産と地主制をめぐる研究」,『東洋史研究』19-4, 1961.

寺田隆信,「明淸時代における商品生産の展開」,『岩波講座世界歷史』12, 1971.

山根幸夫,「明太祖政權の確立期について‐制度史的側面よりみた‐」,
　　　『史論』13, 1965.

山根幸夫,「'元末の反亂'と明朝支配の確立」,『岩波講座世界歷史』12, 1971.

山本英史,「淸初における包攬の展開」,『東洋學報』59-1・2, 1977.

山田秀二,「明淸時代の村落自治について」(1・2・3),『歷史學研究』2-3・5・
　　　6, 1934.

森紀子,「淸代四川の移民經濟」,『東洋史研究』45-4, 1987.

三木聰, 「明末の福建における保甲制」, 『東洋學報』 61, 1979.

三木聰, 「淸代前期福建の抗租と國家權力」, 『史學雜誌』 91-8, 1982.

三木聰, 「抗租と阻米 - 明末淸初期の福建を中心として - 」, 『東洋史研究』 45-4, 1987.

森正夫, 「明淸時代の土地制度」, 『岩波講座世界歷史』 12, 1971.

森正夫, 「十七世紀の福建寧化縣における黃通の抗租反亂」 (1・2・3), 『名古屋大學文學部研究論集』史學 20・21・25, 1973・74・78.

森正夫, 「日本の明淸時代史研究における鄕紳論について」 (1・2・3), 『歷史評論』 308・312・314, 1975・76.

森正夫, 「一六四五年太倉州沙溪鎭における烏龍會の反亂について」, 『中山八郎敎授訟壽記念明淸史論叢』, 東京 : 燎原書店, 1977.

森正夫, 「明末の社會關係における秩序の變動について」, 『名古屋大學文學部三十周年記念論集』, 1979.

上田信, 「明末淸初・江南の都市の無賴をめぐる社會關係 - 打行と脚夫 - 」, 『史學雜誌』 90-11, 1981.

相田洋, 「'元末の反亂'とその背景」, 『歷史學研究』 361, 1970.

生駒晶, 「明初科擧合格者の出身に關する一考察」, 『山根敎授退休記念明代史論叢(上卷)』, 東京 : 汲古書院, 1990.

西嶋定生, 「明代における木棉の普及について」, 『史學雜誌』 57-4・5・6, 1948.

西村かずよ, 「明淸時代の奴僕をめぐって」, 『東洋史研究』 36-4, 1978.

西村元照, 「劉六劉七の亂について」, 『東洋史研究』 3244(??), 1974.

西村元照, 「淸初の土地丈量について - 土地臺帳と隱田をめぐる國家と鄕紳の對抗關係を基軸として - 」, 『東洋史研究』 3343(??), 1974.

西村元照, 「淸初の包攬 - 私徵體制の確立・解禁から淸負徵稅制へ - 」, 『東洋史研究』 35-3, 1976.

西村元照, 「張居正の土地丈量」(上・下), 『東洋史研究』 30-1・2・3??, 1971.

細野浩二, 「里老人と衆老人」, 『史學雜誌』 78-7, 1969.

細野浩二, 「耆宿制から里老人制へ」, 『中山八郎敎授頌壽記念明淸史論叢』, 1977.

細野浩二, 「元・明交替の論理構造 - 南京京師體制の創出とその態樣をめぐって - 」, 『中國前近代史研究』(早稻田大學文學部東洋史研究室編),

雄山閣, 1980.

小山正明,「賦役制度の變革」,『岩波講座世界歷史』12, 1971.

小山正明,「明代の十段法について」,『千葉大學文理學部文化科學紀要』 10, 1968.

小山正明,「アジアの封建制 - 中國封建制の問題 - 」,『現代歷史學の成果と課題 2 - 前近代研究の課題と方法』, 1974.

小野和子,「明末・淸初における知識人の政治行動 - 特に結社をめぐって - 」,『世界の歷史』11, 筑摩書房, 1961.

小畑龍雄,「明代極初の老人制」,『山口大學文學會誌』1, 1950.

小畑龍雄,「明代鄕村の敎化と裁判」,『東洋史硏究』11-5・6, 1952.

小早川欣吾,「淸時代に於ける地方自治團體の牌の形式について」,『東亞人文學報』1-2, 1941.

小早川欣吾,「淸時代に於ける保甲冊の形式とその編制について」,『東亞人文學報』3-1, 1943.

松本善海,「明代における里制の創立」,『東方學報』(東京) 12-1, 1941.

松本善海,「淸代における總甲制の創立」,『東方學報』(東京) 13-1, 1942.

松本善海,「淸朝中期における保甲法の展開」,『東亞文化硏究所紀要』15, 1958.

松田吉郎,「明末淸初廣東珠江デルタの沙田開發と鄕紳支配の形成過程」,『社會經濟史學』46-6, 1981.

神田信夫,「康熙帝 - 三藩の亂について - 」,『世界の歷史』11, 1961.

安野省三, 「明末・淸初揚子江中流域の大土地所有に關する一考察 - 湖北漢川縣蕭堯寀の場合を中心として - 」,『東洋學報』44-3, 1961.

安野省三,「淸代の農民反亂」,『岩波講座世界歷史』12, 1971.

岩見宏,「明代の民壯と北邊防衛」,『東洋史硏究』19-2, 1960.

岩見宏,「淸朝の中國征服」,『岩波講座世界歷史』12, 1971.

奧崎裕司,「中國の專制主義と民衆 - 明・淸兩朝を中心に - 」,『東アジア世界史探究』, 東京：汲古書院, 1986.

王賢德,「明末動亂期における鄕村防衛」,『明代史硏究』2, 1975.

王賢德, 「海瑞に關する一考察」,『中山八郎敎授頌壽記念明淸史論叢』, 東京：燎原書店, 1977.

栗林宣夫,「一條鞭法の形成について」,『淸水博士追悼紀念明代史論叢』, 東

　　　　　京：大安, 1962.

栗林宣夫,「萬曆十年の杭州民變について」,『六村正雄先生退官記念東洋史
　　　　　論集』, 東京, 1976.

日比野丈夫,「鄉村防衛と堅壁淸野」,『東方學報』(京都) 22, 1953.

前田司,「淸初の保甲」,『鹿兒島短期大學研究紀要』14, 1974.

前田司,「淸初期の鄉約 - とくに黃州府を中心として -」,『史觀』90, 1975.

前田司,「王陽明の保甲法について」,『鹿兒島短期大學研究紀要』27, 1981.

前田勝太郎,「淸代の廣東における農民鬪爭の基盤」,『東洋學報』51-4, 1969.

田中正俊・佐伯有一,「十五世紀における福建の農民叛亂(1)」,『歷史學研究』
　　　　　167, 1954.

田中正俊,「民變・抗租奴變」,『世界の歷史』11, 1961.

田中正俊,「鄧茂七の亂の所傳について」,『淸水博士追悼明代史論叢』, 1962.

田中正俊,「補農書をめぐる諸研究 - 明末・淸初土地制度史研究の動向 -
　　　　　(上)」,『東洋學報』43, 1962.

田中正俊,「中國の變革と封建制研究の課題(1)」,『歷史評論』271, 1972.

井上徹,「黃佐『泰泉鄉禮』の世界 - 鄉約保甲制に關連して -」,『東洋學報』
　　　　　67-3・4, 1986.

足立啓二,「明淸時代の商品生産と地主制研究をめぐって」,『東洋史研究』
　　　　　36-1, 1977.

佐久間重男,「明代海外私貿易の歷史的背境」,『史學雜誌』62-1, 1953.

佐藤文俊,「土賊李靑山の亂について - 明末華北農民叛亂の一形態 -」,
　　　　　『東洋學報』52-3・4, 1971.

佐藤文俊,「光山縣・麻城縣奴變考」,『中山八郞敎授頌壽紀念明淸史論叢』,
　　　　　東京：燎原書店, 1977.

佐伯富,「明淸時代民壯について」,『東洋史研究』15-4, 1957.

佐伯富,「淸代の鄉約・地保について」,『東方學』28, 1964.

佐伯有一,「明末の董氏の變 - 所謂'奴變'の性格に關聯して -」,『東洋史研
　　　　　究』16-1, 1957.

佐伯有一,「1601年'織傭の變'をめぐる諸問題 - その一 -」,『東洋文化研究所
　　　　　紀要』45, 1968.

酒井忠夫,「明代前中期の保甲制について」,『淸水博士追悼記念明代史論叢』,
　　　　　東京：大安社, 1962.

中山八郎,「再び嘉靖朝の大禮問題の發端に就いて」,『淸水博士追悼記念明代史論叢』, 東京 : 大安社, 1962.

重田德,「鄕紳の歷史的性格をめぐって - 鄕紳觀の系譜 - 」,『人文硏究』22-4, 1971.

池田誠,「保甲法の成立とその展開 - 王安石の政治改革の問題 - 」,『東洋史硏究』12-6, 1954.

曾我部靜雄,「明太祖六諭の傳承について」,『東洋史硏究』12-4, 1954.

淺井紀,「明末徐鴻儒の亂の史料について」,『東洋學報』60-1・2, 1978.

淸水泰次,「明代の稅役と詭寄」,『東洋學報』17-3・4, 1929・1930.

淸水泰次,「明代における租稅銀納の發達」,『東洋學報』22-3, 1935.

淸水泰次,「明初の民政 - 官を抑え民をあく - 」,『東洋史硏究』13-3, 1941.

片岡芝子,「福建の一田兩主制について」,『歷史學硏究』294, 1694.

片山誠二郎,「明代海上密貿易と沿海地方鄕紳層」,『歷史學硏究』164, 1953.

片山誠二郎,「明帝國と日本」,『世界の歷史』11, 1961.

浦廉一,「淸初遷界令の硏究」,『廣島大學文學部紀要』5, 1954.

布目潮風,「明朝の諸王政策とその影響」,『史學雜誌』55-3・4・5, 1944.

戶田茂喜,「淸太祖の都城遷移問題」,『史學硏究』8-3, 1938.

鶴見尙弘,「明代の畸零戶について」,『東洋學報』47-3, 1964.

鶴見尙弘,「明代における鄕村支配」,『岩波講座世界歷史』12, 1971.

荒川淸,「淸代の鄕村に關する一考察 - 淸代の總甲・地方, 就中, 順治元年の總甲制について - 」,『史流』11, 1970.

橫田整三,「明代における戶口の移動現象に就いて」(上・下),『東洋學報』26-1・2, 1938.

4. 歐文

Angela Hsi, "Wu San-kuei in 1644 : A Reappraisal", *JAS.*, 34-2, 1975.

Charles O, Hucker, "The Tung-lin Movement of the Late Ming Period", *Chinese Thought and Institutions*, ed. by John K. Fairbank, Chicago U.P., 1957.

Frederic Wakeman Jr., "The Shun Interregnum of 1644", *From Ming to Ch'ing : Conquest, Region and Continuity in Seventeenth-*

Century China, ed. by Spence, Jonathan D. and Wills Jr., John E, Yale U.P., 1979.

Gertraude Roth, "The Manchu-Chinese Relationship, 1618~1636", *From Ming to Ch'ing*, ed.by Spence, Jonathan D.and Wills Jr., John E, Yale U.P., 1979.

Ho, Ping-Ti, "The Significance of Ching Period in Chinese History", *JAS.*, 26, 1967.

Huang Ray, "The Lung-ching and Wan-li Reigns, 1567~1620", in Mote & Twitchett eds., *The Cambridge History of China*, vol.7, The Ming History, 1368~1644, Part I, Cambridge U.P., 1988.

Jerry Dennerline, "Hsu Tu and the Lesson of Nanking : Political Integration and the Local Defense in Chiang-nan, 1634~1645", *From Ming to Ch'ing*, ed. by Spence, Jodathan D.and Wills Jr., John E, Yale U.P., 1979.

Kessler, Lawrence D., "Ethnic Composition of Provincial Leadership during the Ch'ing Dynasty", *JAS.*, 38-3, 1969.

Mark Elvin, "Market Towns and Waterways", *The City in Late Imperial China*, ed. by G. William Skinner, Stanford U.P., 1977.

Myers, Ramon H., "Some Issues on Economic Organization during the Ming and Ch'ing Periods : A Review Article", *Ch'ing-shih wen-t'i*, vol.3-2, 1974.

Robert Oxnam, "Policies and Institutions of the Obei Regency, 1661~1669", *JAS.*, 32-2, 1973.

Skinner, G. William, "Urban Social Structure in Ch'ing China", *The City in Late Imperial China*, ed. by Skinner, Stanford U.P., 1977.

Timothy Brook, "The Spatial Structure of Ming Local Administration", *Late Imperial China*, vol. 6-1, 1985.

Wills Jr., John E., "Maritime China from Wang Chih to Shih Lang : Themes in Peripheral History", *From Ming to Ch'ing*, ed. by Spence, Jonathan D. and Wills Jr., John E, Yale U.P., 1979.

Yuan, Tsing, "Urban Riots and Disturbances", *From Ming to Ch'ing*, ed. by Spence, Jonathan D. and Wills Jr., John E, Yale U.P., 1979.

ABSTRACT

The Local Administrative Institutions in the Ming and the Ch'ing Dynasties

−On the Organization and the Enforcement of the *Hsiang-yueh* and *Pao-chia* System(鄕約・保甲制)−

by Song, Jung-Soo

The main charateristics of Chinese traditional government system was a centralized absolutism. The absolute government had always to be interested in keeping up close relations between the bureaucratic system and the local community dn which it was based. then the way that it ruled the local community has been changed according to the trasitions of the government ideas of dynasties and the social conditions. Therefore the study of the local administrative institutions has an important meaning to understand the character of the state power and the social structure rightly. On this viewpoint, examining the making and enforcing of the *Hsiang-yueh, Pao-chia* system(鄕約・保甲制) organized under the purpose of maintaining the order of the local community during the period of the Ming and Ch'ing which is named as revolutionary era in Chinese history, I intend to look into the character of the social conditions and the state power.

From the beginning the Ming dynasty, founded on the power of the landed class, adopted Confucianism as the intellectual prop of the dynasty. The Ming controlled over the local community in accordance with the Confucian ideas, and after all the *Li-lao-jen* system(里老人制) resulted from the synthesis of a series of ways which have been devised to rule the local community from the very period of founding the state. The main function of the *Li-lao-jen* system was to enlighten local people, in addition to maintaining the order of local community. Using this system, the Ming not only reinforced the insufficient bureaucratic system, but also, having people live within their means, maintained the stability of the dynasty.

Then, from the middle of the Ming dynasty, local community became increasingly unstable by the classificasion of a social stratum and the enlargement of the social conflicts. Changes were so serious that the Ming could not recover the previous order even by the very *Li-lao-jen* system. So, the Ming was forced to take a proper step in consistence with the social changes. According to the dire need the Ming set up such organizations, as the *Shih-chia i-chia*(十家一甲) system in order prevent people from drifting and wandering, as the *Tsung-hsiao-chia* system(總小甲制) to check an illicit sale of salt, and as the *Hsiang-yueh* (鄕約) to educate local people more throughly. Just these organizations became the first step of succeeding *Hsiang-yueh, Pao-chia* system.

From the period of *Cheng-te*(正德), being due to the misconducts of the emperor and the corruptions of eunuchs, social changes of local community were more and more deepened. As a result of that, thousands of wandering people came into existence and innumerable rebellions rose in every place of the country. As a way to settle these difficulties *Shih-chia-pai-fa*(十家牌法) was devised by *Wang Yang-ming*(王陽明), a provincial governor of southern part of *Kiangsi*(江西), and *Tsung-hsiao-chia* system was formed as an organization for maintaining public order and waging war. And also *Nankan Hsiang-yueh*(南贛鄕約) which was based on *Lu-shih Hsiang-yueh*(呂氏鄕約) and *Liu-yu*(六諭), began to enforce. From this time the organization of joint liability of *Shih-chia-i-*

tsu(十家一組) began to link with a militia corps of *Tsung-hsiao-chia*, and besides *Hsiang-yueh* joined together with them. As a result of that, at last the typical frame of *Hsiang-yueh*, *Pao-chia* system was made.

In the beginning of *Chia-ching*(嘉靖) reign, wars were waged against *Pei-lu*(北虜) and *Nan-wo*(南倭), illicit sale of salt was prevalent, and tax corvee was increased. As a result of those events, the social classification of the Ming society was accelerated. This tendency was more deepened arriving at the period of *Lung-ts'ing*(隆慶) and *Wan-li*(萬曆) era. The order of the local community was in confusion and the social instability was increase because internally the insurrections of the people frequently took place and externally Manchurians was rose in the north-east district at that time. *Huang-tso*(黃佐) devised a good plan to solve these difficulties. The ideal plan of *Hsiang-yueh*, *Pao-chia* system, devised by him, was successfully enforced including *Chihi*(直隷) region.

Of course, *Hsiang-yueh*, *Pao-chia* system enforced at this time was the one that followed the model of *Wang Yang-ming*, but substantially the form and matter of the two was very different each other. Instead of *Lu-shih Hsiang-yueh*, weight of *Liu-yu* was more increased in respect of contents. And now *Pao-chia* system(保甲制) consisted of dual organization adding new *Shih-chia i-pao*(十甲一保) to previous *Shih-chia-i-chia*. Furthermore *Hsiang-yueh* and *Pao-chia* was jointed together and fixed in one system after that time. This transition resulted frome the fact that government have strived for the convenience of direct contrl over the local people, for devising the ways for mutual aids and common defense.

It was local magistrates that took a important role in carrying into effect *Hsiang-yueh*, *Pao-chia* system. Under the approval of central government they not only removed *Hsiang-shen*(鄉紳) class from official post and deprived them of privileged exemption but also kept control over them as they did over common people. This just shows that in putting into operation the *Hsiang-yueh*, *Pao-chia* system, there was a clash of interests between local magistrates and *Hsiang-shen* class. Of course, such administrative measures ended in failure, and this failure means that *Hsiang-shen* class had a very strong foundation in the society at that time.

Perhaps from the period of *T'ien-ch'i*(天啓) and *Ch'ung-chen*(崇禎), according as the control of central government over the local communities weakened, a defense organization called *Hsiang-ping*(鄉兵) was formed centering around *Hsiang-shen* class in several places of the country. At that time, there occurred such events as factional rivalry between *Tung-lin*(東林) and *non-Tung-lin*(非東林), advance into *Chung-yuan*(中原) of Machurians, outbreak of the insurrections, and occurrence of serious famine. The main purpose of the local army organization was to solve these several problems. Organizing the local army *Hsiang-shen* class began to use existing *Hsiang-yueh, Pao-chia* system as a basis because the system itself included the function of local army corps which was to maintain the order of the local community. The fact that *Hsiang-shen* class used *Hsiang-yueh, Pao-chia* system in organizing local army shows that the class played a liading part in enforcing the system, at the same time central government already lost its initiative to control over the local community. In a society of the Ming the system was never enforced uniformly on the whole country, on the ground that not central government but *Hsiang-shen* class substantially led it even though *Li-jia* system(里甲制) and *Li-lao-jen* system(里老人制) continued to exist as ever.

The *Hsiang-yueh, Pao-chia* system also continued to be used in maintaining the order of local community by the succeeding Ch'ing dynasty. Though the Ch'ing had succeed in entering Peking with strong army for a basis, yet in *Chung-yuan* district peasant rebels continued to take place and anti-Ch'ing movement continued to spread out. Accordingly the Ch'ing put the system as a way to solve such difficulties. As soon as the Ch'ing entered *Chaung-yuan*(中原) district, the Ch'ing enforced *Tsung-hsiao-chia* system around the *Chihli* areas as well as *Hsiang-yueh, Pao-chia* system which has been enforced since the late Ming. But the Ch'ing put into practice *Hsiang-yueh, Pao-chia* system in a different way from the late Ming. While duties of the local defense was excluded, joint liability was greatly strengthen in order to arrest fugitives or thieves easily and *Shih-chia-i-chia* system was reinforced. This made a characteristics of *Hsiang-yueh, Pao-chia* system of the Ch'ing.

According as its occupied territory was enlarged, the Ch'ing on the one hand organized *Shih-chia-i-pao* newly, on the other hand actively promoted *Hsiang-yueh* with a view to educate foreign people. In 1952, promulgating *Liu-yu*, emperor *Shun-chih*(順治) not only ordered to establish *Hsiang-yueh* in every place of the country but also firmly established this system as an independent institution different from *Pao-chia* system. After that, with promulgation of *K'ang-hsi Sheng-yu* (康熙聖諭) by emperor *K'ang-hsi*(康熙) in 1670, *Hsiang-yueh* of the Ch'ing had its own characteristics out of Ming's character centering auound *Liu-yu*.

Though later than *Hsiang-yueh* system, *Pao-chia* system was also reinforced and put into operation. Using the system, *Yu Ch'eng-lung*(于成龍) succeeded in putting down a serious revolt which rose in 1674. Thereafter, the system was more improved and widely enforced in several places. At this point of time, *Huang Liu-hung*(黃六鴻) devised the ideal type of *Pao-chia* system as a way to secure the order of local community.

The very *Pao-chia* system, which the Ch'ing promulgated all over the country in 1708, was made on the basis of *Huang Liu-hung's* plan. Under this system, households were classified firmly into the units of *Pai*(牌, 10families), *Jia*(甲, 10*Pai*), *Pao*(保, 10*Jia*). The purpose of the system was to strengthen to the local people not only the duties of mutual guarantee and public peace but also the auxiliary duties of the management of households and tax collection. With this, Ch'ing's *Pao-chia* system was firmly established. As a foreign people, it was necessary for che Ch'ing to reinforce the military and administrative forces in order to control over *Han*(漢) tribe effectively. For that reason, the Ch'ing pushed *Hsiang-yueh, Pao-chia* system forward more than the Ming did.

After fixing *Hsiang-yueh, Pao-chia* system the Ch'ing continued to reinforce it. In 1724, synthesizing various interpretations about *Sheng-yu* (聖諭), the emperor *Yung-cheng*(雍正) promulgated *Sheng-yu Kuang-hsun* (聖諭廣訓) included rules which local people had to observe. And also promulgating the *Pao-chia* acts in 1726, he ordered not only to apply it even to men of humble origin but also to use it to manage households and compulsory labor. In 1757 new *Pao-chia* acts was promulgated by emperor *Ch'ien-lung*(乾隆) again.

It was, in some respect, to give local people new duties conform to the changes of social condition that the reinforcement of *Hsiang-yueh, Pao-chia* system continued to be done like this. But the true reason for the continuous reinforcement of this system was caused by the insolvent operation of the system. the failure of operating largely resulted from negligence of local magistrates and irresponsibility of *Hsiang-shen* class. The fact that the Ch'ing persistently continued to enforce it through the continuous reinforcement shows that the ch'ing had a strong will for the goverment of the local community, and that it was a good system proper to the control over the local community by middle Ming means that the control over the local community by *Li-lao-jen* system come up to its limitation. This also shows that the society of this period was basically different from that of previous ages. In this viewpoint, the period from the late Ming to the early Ch'ing was the age of serious changes in a development course of the Chinese society. Though both the Ming and Ch'ing coped with the social changes in the same way, as we have seen through the *Hsiang-yueh, Pao-chia* system, the character of state power was very different each other, especially the Ch'ing held its own characteristics as a foreign people.

찾아보기